AF525273

Taschée / Postmann

# Das große Gewürzbuch

MIT FOTOGRAFIEN
VON MICHAEL RATHMAYER

braumüller

# INHALT

## Die Wiedergeburt der Würzerei



## Gewürze von A–Z

## Küchenpraxis

Als Gewürz werden die frischen Blätter genutzt, wobei man aufgrund des starken Knoblauchgeruchs auf die richtige Dosierung achten sollte. Frischen Bärlauch sollte man immer waschen und erst kurz vor der tatsächlichen Verwendung klein schneiden. Optimal eignet er sich für kalte Zubereitungen, wo er seine volle geschmackliche Vielfalt ausspielen kann. Durch Hitzeeinwirkung verändert sich das Knoblaucharoma rasch und kann sich bei überlangem Kochen verflüchtigen, womit der Bärlauch bitter wird. Wenn eine warme Zubereitung geplant ist, dann sollte Bärlauch jedenfalls nur sehr kurz mitgegart werden. Daher passt Bärlauch vor allem roh und klein geschnitten unter Salate oder andere Speisen gemischt und kann damit Schnittlauch oder Zwiebel ersetzen.

Auch wenn man alle Teile des Bärlauchs essen kann, empfiehlt es sich, die harten Stiele zu entfernen. Am besten schmecken die möglichst jungen Blätter, ebenso die Knospen, die man wie Kapern einlegen oder einfach so essen kann. Auch die weißen Blüten sind kulinarisch einsetzbar und schmecken besonders gut und intensiv als Dekoration auf Salaten, Risotto oder Nudelgerichten.

## Einkauf

Am besten kauft man Bärlauch während der Saison frisch im Supermarkt oder auf Märkten des Vertrauens. Vom Selbersammeln bei Waldspaziergängen sollte man Abstand nehmen, es sei denn, man kann die Pflanze eindeutig von seinen giftigen Doppelgängern Maiglöckchen und Herbstzeitlose unterscheiden.

## Heilwirkung

Als Heilpflanze wird Bärlauch bevorzugt bei Magen-Darm-Störungen eingesetzt. Die enthaltenen schwefelartigen Öle wirken sich stärkend auf Stoffwechsel und Verdauung, Leber, Galle, Darm und Magen aus. Auch gegen Frühjahrsmüdigkeit hilft Bärlauch wunderbar.

## Wissenswertes

Bereits die alten Römer nutzten den Bärlauch als ***Herba salutaris***, als Gesundheitskaut. Seinen charakteristischen Namen als ***Bärenlauch*** bekam die Pflanze ein paar Jahrhunderte später von den Germanen, die Bären als Seelentiere und Urwesen verehrten. Überlieferungen zufolge sollen Bären nach dem Winterschlaf Unmengen der gesunden Blätter zu sich genommen haben, um Magen, Darm und Blutkreislauf zu reinigen. Im Mittelalter geriet die Pflanze ein wenig in Vergessenheit, der Knoblauch löste den Bärlauch in Küche und Heilkunde ab. Erst durch die Arbeit der Kräuterpfarrer Sebastian Kneipp und Johann Künzle gegen Ende des 19. Jahrhunderts gewann das alte Heilkraut wieder an Beliebtheit, die es bis heute behalten konnte.

### *Praxistipp!*

*Frischer Bärlauch lässt sich ohne geschmackliche Einbußen einfrieren, im Ganzen oder klein geschnitten. Einem gewünschten Gericht wird er dann einfach noch gefroren beigegeben, womit man das Verlangen auch außerhalb der Saison stillen kann. Ebenso eignet sich getrockneter und klein geschnittener Bärlauch, wobei die Blätter durch den Trockenprozess an Aroma verlieren.*

# Basilikum

*Ocimum basilicum*

*Das beliebte Gewürzkraut ist heute Sinnbild für die italienische Küche, hat seine Heimat aber ganz und gar nicht im Mittelmeerraum.*

Basilie, Basilienkraut, Königskraut

## Aromatik

Das Basilikum ist in Europa vor allem als Gewürzpflanze bekannt, vorwiegend werden die eiförmigen, markanten Blätter verwendet. Frisches Basilikum zeichnet sich durch seinen aromatischen, leicht süßlichen, etwas pfeffrigen Geschmack aus.

## Beschreibung

Basilikum zählt zur Familie der Lippenblütler. Die grundsätzlich einjährige Pflanze wird bis zu einem Meter hoch und ist mit Kräutern wie Rosmarin und Salbei verwandt. Aus der mediterranen Küche ist Basilikum heute nicht wegzudenken – das ist umso erstaunlicher, weil die Basilikumpflanze im Mittelmeerraum ursprünglich nicht beheimatet war und eigentlich aus Nordwestindien stammt. Basilikum ist sehr artenreich, die Gattung umfasst mehr als 60 Kulturformen, die sich in Blattfarbe, Größe und Aroma unterscheiden. Von den in der Kulinarik vorkommenden Formen gibt es rund um den Globus wiederum zahlreiche Unterarten, wie etwa Anisbasilikum, Thai-Basilikum, Zimtbasilikum oder Zitronenbasilikum.

## Küchenpraxis

Da Basilikum geschmacklich sehr dominant ist, ist es in der Küche gerne ein Einzelkämpfer; harmonische Kombinationen ergibt es aber dennoch gemeinsam mit Oregano oder Majoran. Frisches Basilikum harmoniert perfekt mit Tomaten, Zucchini oder Melanzani. Andere Basilikumsorten, wie etwa das Thai-

Basilikum, sind in der südasiatischen Küche sehr beliebt und verleihen Glasnudelgerichten, Suppen und Salaten ihren typischen Geschmack. In jedem Fall sollte Basilikum frisch verwendet werden, da seine Aromastoffe nach dem Erhitzen allmählich verloren gehen. Auch sollte man die Basilikumblättchen erst kurz vor Gebrauch von den Stielen zupfen. Wird es für warme Speisen eingesetzt, ist es besser, es erst nach dem Kochen oder Braten hinzuzufügen – zumindest einen Teil frisch am Schluss als Garnierung verwenden oder locker unterheben. Basilikum kann auch eingefroren oder getrocknet werden, wobei die Blätter beim Trocknen das frische Aroma verlieren und herbe, an Pfeffer erinnernde Noten hervorbringen.

## Einkauf

Wer hierzulande frisches Basilikum kaufen möchte, wird inzwischen ganzjährig im Handel fündig. Beim Einkauf sollte man unbedingt auf reichhaltigen Blattwuchs, den aromatischen Duft und die satte grüne Farbe achten. Da die für den Massenmarkt produzierten Pflanzen häufig künstlich hochgezüchtet sind, halten sich die Kräutertöpfe oft nur wenige Tage. Auch kann, je nach Einsatzzweck, auf getrocknetes Basilikum zurückgegriffen werden, vor allem für Salzmischungen.

## Heilwirkung

Kräuterkundige empfahlen Basilikum schon in alten Zeiten gegen Unmut und Traurigkeit. Es stärkt die Verdauung, beruhigt die Nerven, wirkt gegen Migräne und leistet gute Dienste in der Frauenheilkunde. Seinem hohen Gehalt an ätherischem Öl ist zu verdanken, dass Basilikum auch Libido steigernde Wirkungen nachgesagt werden.

## Wissenswertes

In Vorderindien wurde Basilikum bereits rund 1.000 vor Christus als Heil- und Zierpflanze kultiviert und unter dem Begriff ***ocimum*** bekannt, worauf sein botanischer Name verweist. In puncto Verwendung in der Küche zur damaligen Zeit schieden sich die Geister. Im Kochbuch des Apicius ist Basilikum nur ein einziges Mal genannt, was aus Sicht der heutigen Popularität erstaunlich anmutet. Das lässt sich vermutlich auf den damaligen Ruf des Basilikums als schwarzmagische, teuflische, Unglück bringende Pflanze zurückführen. Seinen heutigen Namen trägt die Pflanze jedenfalls erst seit dem Mittelalter, abgeleitet vom griechischen Wort ***basileus*** für König – daher auch das Synonym *Königskraut*.

### *Praxistipp!*

*Eine weitere Möglichkeit, das Aroma von Basilikum bestmöglich zu erhalten, ist es, die Blätter in Olivenöl oder in Essig einzulegen. Auch das allseits bekannte Pesto (von pestare für stampfen) ist eine Option, Basilikum zu bevorraten. Und abgesehen von den Blättern sind auch die kleinen, bläulich-schwarzen Basilikumsamen, die wichtige Vitalstoffe enthalten, für den Genuss geeignet.*

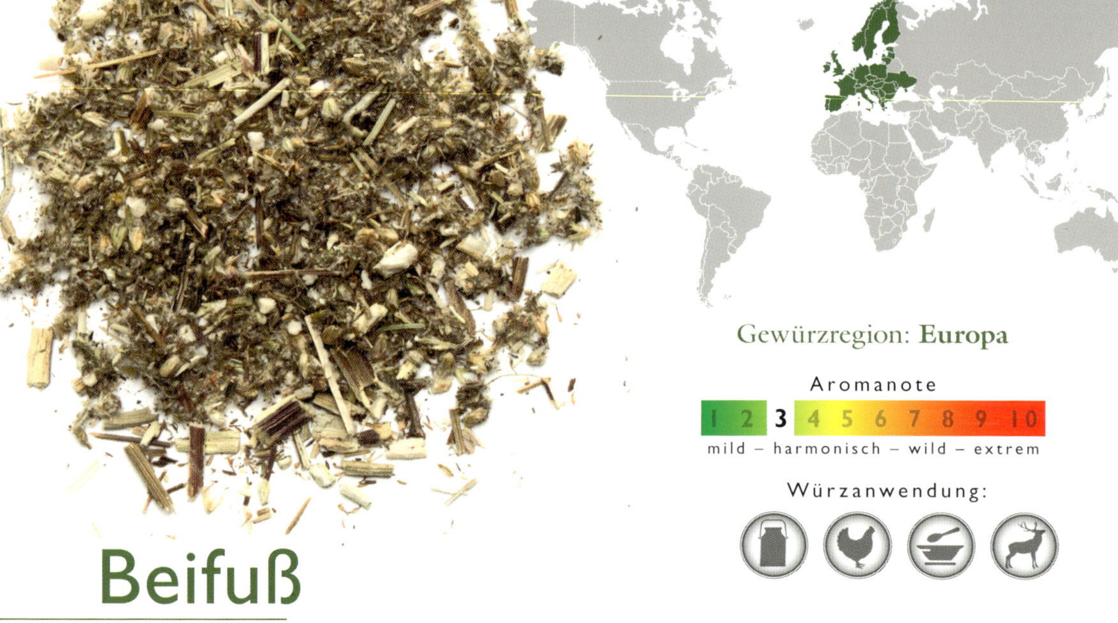


# Beifuß

*Artemisia vulgaris*

*Beifuß galt im Mittelalter als die Mutter aller Kräuter und war Standard in jedem Kräutergarten.*

Wilder Wermut, Gewürzbeifuß, Gänsekraut, Besenkraut, Sonnenwendkraut

## Aromatik

Beifuß hat ein feinherbes, erfrischend riechendes Aroma, das an Minze, Wacholder oder pfeffrigen Schnittlauch erinnert. Am Gaumen typisch sind seine Bitterstoffe mit zarter Schärfe und frischer Note.

## Beschreibung

Der Beifuß stammt aus der Familie der Korbblütler und ist eine nördlich des Äquators stark verbreitete, oft wild wachsende Pflanze. Er steht botanisch in enger Verwandtschaft zum Wermut, der jedoch eher die trockenen, sandig-tonigen Böden Nordafrikas oder Südeuropas bevorzugt. Den Beifuß findet man hingegen in ganz Nordeuropa, aber auch Nordamerika oder in Ostasien, wo seine echte Herkunft vermutet wird. Ähnlich der Brennnessel verhält sich der Beifuß wie eine anthropochore Pflanze, was bedeutet, dass sie den Menschen überallhin folgt. So bevorzugte der Beifuß bereits in der Steinzeit menschliche Siedlungen mit nährstoffreichen Böden für den Ackerbau. Heute findet man ihn auf vielen Äckern, entlang von Mauern, Böschungen oder in Steinbrüchen. Man erkennt ihn gut an seinen grünen, schmückenden gefiederten Blättern, die auf der Unterseite grau-weiß behaart sind.

## Küchenpraxis

Kulinarisch verwendet werden vom Beifuß die rispenartigen Zweigspitzen mit geschlossenen Blüten, deren Erntezeit von Juli bis

Oktober reicht. Sobald sich die Triebspitzen öffnen, werden die Blätter bitter und eignen sich nicht mehr zum Würzen. Als Küchenkraut verleiht der Beifuß eine dezente Wermut-Note mit würzig-herber Aromatik. Beim Kochen, Braten und Backen entfaltet sich sein Geschmack optimal, einerlei ob man frischen oder getrockneten Beifuß zur Hand nimmt. Nimmt man getrockneten, ist es handlicher, ihn in gerebelter Form zu verarbeiten. Als typisches Winterkraut ist er zum Würzen der klassischen Weihnachtsgans traditionell, er harmoniert aber auch hervorragend mit vielen anderen Speisen, zum Beispiel Käse, Eiergerichten, deftigen Fleischgerichten wie Ente, aber passt auch zu Kartoffeln, Salaten, Pilzen und verschiedenen Suppen. Saucen, die Fleisch begleiten sollen, erhalten mit Beifuß eine feine geschmackliche Abrundung.

## Einkauf

Beifuß gibt es in beinahe allen Würzvarianten, selten als frisches Kraut im Ganzen, meist jedoch als getrocknetes Extrakt, geschnitten oder gemahlen. Empfehlenswert sind auch die ganzjährig verwendbaren Kräutermischungen mit mediterranen Gewürzen wie Bohnenkraut, Thymian und Rosmarin.

## Heilwirkung

Beifuß empfiehlt sich vor allem zu fettigen, schweren Fleisch- und Fischspeisen. Er regt die Sekretion von Magensäure und Galle an und hilft so bei der Fettverdauung. Gerne wird Beifuß als Bestandteil von Kräutermischungen verwendet, um üppige Feiertagsgerichte wie die Weihnachtsgans oder den Sonntagsbraten bekömmlicher zu machen. Auch als Tee hilft Beifuß gut bei Verdauungsbeschwerden und Appetitlosigkeit. Jedenfalls zeigt Beifuß als Symbol der Kräuterküchen des Mittelalters, wie gut man es in der Vergangenheit verstand, Würzen und Heilen bei schwer verdaulichen Speisen zu verbinden.

## Wissenswertes

Folgt man der Beschreibung der Brüder Grimm, so leitet sich der Name Beifuß vom althochdeutschen ***bozen*** (für schlagen) ab, weil das Kraut als Gewürz geschlagen (geschnitten) in die Speisen kam. Auch das mittelhochdeutsche ***bivous*** (von vuoz für Fuß) steht als Erklärung nahe. Denn nach altem Volksglauben soll ein Wanderer nicht ermüden, wenn er ein Sträußchen Beifuß am Fuße (bei Fuße) trägt. Dem Teufel jedenfalls war er ein Dorn im Auge – dieser machte einen weiten Bogen um ein Haus, an das man Beifußwurzeln genagelt hatte. Und volkstümlich wurde das Kraut zum Fest der Sonnenwende beim Tanz um das Johannisfeuer getragen. Danach warf man es in die Glut in dem Glauben, dass die Kraft der Flammen Krankheit und Unheil des kommenden Jahres tilgen kann.

### *Praxistipp!*

*Beifuß enthält das Nervengift **Thujon**, ebenso wie die bekannten Gewürze Thymian, Rosmarin, Salbei und Wermut. Thujon wirkt bei richtiger therapeutischer Dosierung krampflösend, desinfizierend, schweißhemmend und schmerzberuhigend; bedenklich wird Thujon erst in Form eines alkoholischen Auszugs in hohen Mengen. In üblichen Gewürzmengen eingesetzt ist Beifuß unbedenklich.*

# Bockshornklee

## *Trigonella foenum-graecum*

*Früher als Schönheitselixier im Einsatz sorgt das Gewürz heute in den Kochtöpfen für Furore.*

Griechischer Klee, Griechisches Heu, Philosophenklee

### Aromatik

Bockshornklee riecht intensiv würzig und erinnert ein wenig an Liebstöckel, aber auch entfernt an frisch gemähtes Heu, was ihm seinen Beinamen ***Griechisches Heu*** eintrug. Im Geschmack sind die Samen eher bitter, etwas mehlig und entfalten ihr volles Aroma vor allem in gekochten Zubereitungen. In Indien, wo Bockshornklee gerne verwendet wird, verstärkt man, wie bei vielen anderen Gewürzen auch, seine Wirkung durch vorheriges, trockenes Anrösten.

### Beschreibung

Der Bockshornklee stammt ursprünglich aus dem Mittleren Osten und dem Mittelmeerraum. Er ist eine sehr alte Pflanze, die schon im antiken Ägypten in der Pflanzenheilkunde und im Rahmen religiöser Handlungen Einsatz fand. Heute ist Bockshornklee über Südeuropa, Afrika, den Nahen Osten, Indien, China und Australien verbreitet und wird in vielen Landesküchen als Gewürz eingesetzt. Er gehört innerhalb der Familie der Hülsenfrüchtler zur Unterfamilie der Schmetterlingsblütler und ist eng mit dem ***Schabzigerklee***, der in Südtirol starke kulinarische Verbreitung hat, verwandt. Er wächst als einjährige krautige Pflanze bis zu einer maximalen Wuchshöhe von 80 Zentimeter, seine Blätter sind kleeartig angeordnet.

## Küchenpraxis

Der Einsatz von Bockshornklee in der Küche verspricht neuartige Geschmackserlebnisse. Röstet man ihn ohne Fett in einer Pfanne, reduzieren sich sein bitterer Geruch und Geschmack, dafür entfalten sich vielfältige exotische Aromen. Man kann ihn aber auch getrost mitkochen, einen dezenten bitteren Ton hinterlässt er in allen Gerichten. Sehr häufig findet man ihn in indischen Currygerichten, nordafrikanischen Fisch- und Fleischspeisen sowie heimischen Eintöpfen und Gemüsegerichten. Die ganzen Samen werden gerne zum Bestreuen von gebratenem Fleisch vom Lamm, Rind oder Schwein, in Kleingebäck und Brot sowie in Käse verwendet. In Indien würzt man nicht nur mit seinen Samen, sondern auch mit seinen grünen Blättern, die ebenfalls als Gemüse gegessen werden können. Seine Keimlinge werden als würzende Zutat Salaten beigegeben oder als Sprossengemüse verzehrt, die gerösteten, gemahlenen Samen dienen in der Türkei, in Indien oder China als Kaffeeersatz.

## Einkauf

Vom Bockshornklee erhält man in Europa die Samen oder das Pulver. Wie bei vielen Gewürzen verfliegt sein intensives Aroma als Pulver recht rasch. Daher empfiehlt es sich, ihn am besten als ganze Samen zu kaufen, die man trocken und kühl in einem luftdicht verschlossenen Gefäß aufbewahrt. So halten die Körner problemlos mehrere Jahre und können bei Bedarf immer frisch gemörsert, gemahlen oder angeröstet werden.

## Heilwirkung

Schon in der Antike wusste man um die phänomenale Wirkung von Bockshornklee Bescheid; auch Hildegard von Bingen und Sebastian Kneipp war das Pflanzenheilmittel bekannt. Heutzutage wird Bockshornklee wegen seiner desinfizierenden und antibakteriellen Wirkung als Hausmittel gegen vielerlei Gebrechen eingesetzt. In China, Tibet und Indien ist er als Aufguss gegen Husten und zur Reinigung der Atemwege bekannt, zusätzlich wird er auch als Aromatikum, Tonikum, Aphrodisiakum und Carminativum angewendet. Schrittweise werden seine herausragenden Wirkungen, die in alten Büchern verschiedener Kulturen seit Langem nachzulesen sind, mittels wissenschaftlicher Studien wiederentdeckt.

## Wissenswertes

Schon vor Urzeiten kauten Gelehrte gerne Bockshornklee, so wie wir es heute mit Studentenfutter tun. Das trug ihm den Namen **Philosophenklee** ein. Bockshorn heißt die Pflanze übrigens aufgrund der markanten Form der Hülsenfrüchte, diese erinnern stark an ein Horn und enthalten jeweils bis zu 20 ei- bis herzförmige, ockergelbe bis hellbraune und intensiv duftende Samen.

### Praxistipp!

*Will man Bockshornkleesprossen selbst ziehen, gibt man zwei bis drei Esslöffel der Samen in ein Einmachglas, beträufelt sie ein- bis zweimal täglich mit Wasser und deckt das Glas mit einem Baumwolltuch ab. Überschüssiges Wasser gießt man immer ab. Nach wenigen Tagen sind die Sprossen essfertig – sie passen nicht nur in Salate, sondern auch zu Käse, Tomaten und Avocados.*

# Bohnenkraut

## *Satureja hortensis et al.*

*Setzt man das Kraut, seinem Namen folgend, ausschließlich für Bohnengerichte ein, verkennt man seine enorme kulinarische Vielfältigkeit.*

Sommerbohnenkraut (Gartenbohnenkraut), Winterbohnenkraut (Bergbohnenkraut), Saturei, Pfefferkraut

### Aromatik

Bohnenkraut schmeckt sehr würzig-pfeffrig mit einer pikanten Zitrusnote und erinnert an eine Mischung aus Rosmarin, Thymian und Pfeffer. Sein Aroma variiert je nach Erntezeitpunkt und Jahreszeit – das Winterbohnenkraut ***(Satureja montana)*** schmeckt zwar etwas intensiver als das Sommerbohnenkraut ***(Satureja hortensis)***, Letzteres wird aber im kommerziellen Anbau bevorzugt, da es nicht verholzt.

### Beschreibung

Korrekterweise dürfte man nicht von Bohnenkraut, sondern müsste von Bohnenkräutern sprechen. Es handelt sich nämlich um eine Pflanzengattung innerhalb der Familie der Lippenblütler, zu der eine Vielzahl an Satureja-Arten zählt. Die zweijährige Pflanze wird bis zu 80 Zentimeter hoch und ist eng mit anderen Kräutern wie Oregano und Majoran verwandt. Die beste Erntezeit ist vor der Blüte, die von Juli bis Oktober andauert. Blühendes Bohnenkraut ist mit seinen Farben weiß, blassrosa und lila sehr hübsch anzusehen und kann daher auch zur Dekoration in der Kulinarik eingesetzt werden. Angebaut wird es heute in beinahe allen Mittelmeerländern, auch in Österreich und Deutschland, wo es spätestens seit der Aufnahme in die Landgüterverordnung Karls des Großen im Jahr 812 fest verankert ist.

## Küchenpraxis

Lange Zeit war Bohnenkraut als typisches Gewürz auf jedwedes Bohnengericht abonniert, dabei kann mit dem pfeffrig-würzigen Kraut noch so einiges anderes gewürzt werden. Neben Hülsenfrüchten, die das Kraut besser verträglich macht, harmoniert es wunderbar mit deftigen Fleischgerichten mit starkem Eigengeschmack wie Lamm, Hammel oder Schweinsbraten oder mit im Ganzen gebratenen Fischen, etwa Karpfen, Aal oder Makrele. Es passt außerdem gut zu Gemüse, anderen Kräutern wie Basilikum, Petersilie, Dille und Estragon und es verfeinert Saucen auf delikate Weise. Die frischen, jungen Blätter des Sommerbohnenkrauts lassen sich sehr gut mit zartem Fleisch wie Kalb oder Geflügel kombinieren. Wer zu intensive Geschmackserlebnisse mit Bohnenkraut vermeiden möchte, kann das Kraut am Ende der Speisenzubereitung, also vor dem Servieren, wieder entfernen. So bleibt sein Hauch angenehm im finalen Gericht, ohne dabei zu stark zu dominieren.

## Einkauf

Heute findet man Bohnenkraut nicht nur in getrockneter Form, sondern auch frisch oder tiefgefroren. Aber selbst als getrocknetes Gewürz verfügt es über eine hohe Würzkraft, einerlei ob man es gerebelt, grob zerkleinert oder gemahlen verwendet. Plant man, frisches Bohnenkraut in Speisen einzusetzen, empfiehlt es sich, die frischen grünen Blätter kurz vor der Blüte, also im Juni, zu erstehen. Dann kann man sich auf seine volle Würzkraft verlassen.

## Heilwirkung

Das Bohnenkraut enthält das wertvolle ätherische Öl ***Carvacrol***, das wirksam gegen Durchfall, Erbrechen und Koliken ist. Vor allem aber ist Bohnenkraut verdauungsfördernd und stark Blähungen reduzierend, womit es perfekt zu Erbsen, Bohnen und Linsen passt. Gleichzeitig hat es auch eine antiseptische Wirkung bei Verletzungen im Hals- und Rachenbereich.

## Wissenswertes

Die zwei für den Einsatz in der Küche bevorzugten Varianten sind das holzige Winterbohnenkraut, auch Bergbohnenkraut genannt, und das nicht verholzende Sommerbohnenkraut, auch als Gartenbohnenkraut bekannt. Beide Arten können wunderbar getrocknet werden, da sie das Aroma gut behalten. Hierfür werden die Stängel zu Sträußen zusammengebunden und an einem dunklen Aufbewahrungsort kopfüber aufgehängt. Sobald der Trocknungsvorgang abgeschlossen ist, können die kleinen Blätter von den Stängeln entfernt und in einem verschlossenen Glas aufbewahrt werden.

**Praxistipp!**

*In der südfranzösischen Küche wird getrocknetes Bohnenkraut gerne gemeinsam mit bis zu neun anderen mediterranen, getrockneten Würzkräutern, von Oregano über Estragon bis Lavendel, für die traditionsreiche Würzkomposition Kräuter der Provence eingesetzt.*

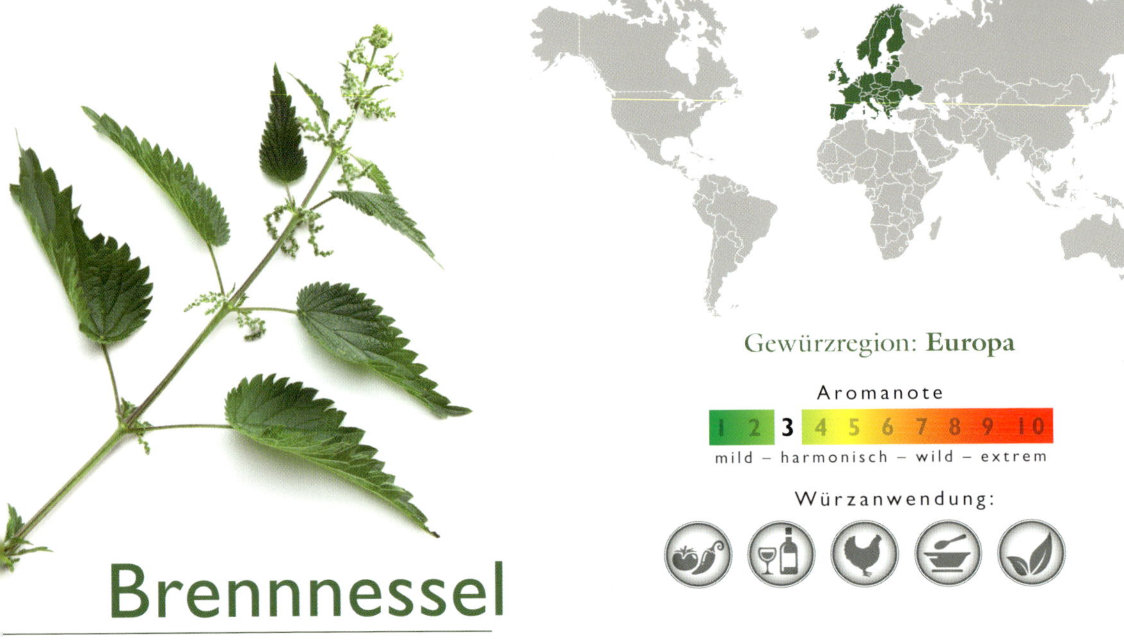


# Brennnessel

## *Urtica dioica et urens*

*Die Königin der Heilpflanzen feiert auch in der Küche zu Recht große Erfolge.*

Große Brennnessel, Kleine Brennnessel, Saunessel, Donnernessel

## Aromatik

Feinschmecker schätzen die cremig-krautige Konsistenz der Brennnessel, wobei junge Blätter generell frischer schmecken als ältere Brennnesseln mit viel Gerbsäure.

## Beschreibung

Die Brennnessel bildet hauptsächlich mit den beiden Arten Große (***Urtica dioica)*** und Kleine Brennnessel ***(Urtica urens)*** die Familie der Brennnesselgewächse, die in Mitteleuropa an Waldrändern, in Parks und in der Nähe von Gewässern anzutreffen sind. Die mehrjährige krautige Pflanze erreicht Wuchshöhen von bis zu drei Metern. Ihre Blütezeit liegt zwischen Juni und Oktober, für Küchenzubereitungen pflückt man am besten die jungen Blätter zwischen März und Mai, wobei man sowohl Blätter der Kleinen wie auch der Großen Brennnessel verwenden kann. Die Brennnessel enthält eine Vielzahl an Nähr- und Vitalstoffen. Mit fast sieben Mal so viel Vitamin C wie Orangen und fast der Hälfte der Carotin-Menge von Karotten hat sie selbst als Grundnahrungsmittel einiges zu bieten. In früheren (Kriegs-)Zeiten verdankten ihr breite Bevölkerungsschichten das Überleben – obwohl ihr das einst nur die unrühmliche Benennung als ***Arme-Leute-Essen*** eintrug. Heute ist sie selbst in der Haubenküche ein gern gesehener Gast.

## Küchenpraxis

Zugegeben: Wer die Brennnessel nicht kennt, wird ihr gegenüber bei der Verwendung anfangs gewisse Vorbehalte haben. Dabei ist sie aufgrund ihrer Fülle an Vitalstoffen und ihres Geschmacks ein wahres Geschenk in der Küche. Vor allem in Suppen, als Gemüse oder zu Saft oder Kräuterpesto verarbeitet schmeckt sie bei richtiger Zubereitung hervorragend. Plant man sie für den Einsatz als Küchenkraut, sollte man mit Handschuhen arbeiten und die Blätter immer von ***unten nach oben streichend*** ernten – die spröden Brennhaare sind überwiegend auf der Blattoberseite zu finden. Arbeitet man in entgegengesetzter Richtung, hinterlassen die Brennhaare schmerzhafte Erlebnisse. Glücklicherweise verflüchtigen sich die schmerzenden Brennhaare durch Kochen, Dünsten oder Trocknen. Eine simple, aber köstliche Zubereitung aus Großmutters Zeiten ist der Brennnessel-Spinat, für den die Blätter in etwas Wasser wenige Minuten gedämpft, nach Wunsch abgeschmeckt und wie Spinatgemüse serviert werden. Ebenso macht das Pürieren im Mixer die Brennnesselhaare unschädlich, sodass Säfte oder Smoothies ohne Bedenken zubereitet werden können.

## Einkauf

Ist man auf der Suche nach frischer Brennnessel, ist es ratsam, entweder in die Natur zu gehen, wo sie verwildert wächst, oder sich bei einem Kräuterfachhändler Samen zum Aussäen oder Frischpflanzen zur Selbstkultivierung im heimischen Garten zuzulegen. Getrocknete Brennnessel findet man ebenfalls im Fachhandel, kann diese aber auch selbst an einem schattigen, luftigen Ort langsam trocknen lassen und im Anschluss in fest verschließbaren Gefäßen aufbewahren.

## Heilwirkung

Die Brennnessel ist eine der wertvollsten Heilpflanzen, die der Mensch kennt. Man verwendet sie frisch, getrocknet als Tee, als Saft oder als Extrakt aus ihrem Kraut oder ihren Wurzeln. Sie ist nicht nur ein wahrer Motor bei der Ankurbelung des Stoffwechsels, weshalb sie zur Beseitigung von Winterschlacken gerne als Frühjahrskur eingesetzt wird. Sie wird auch vielfach zur Behandlung rheumatischer Beschwerden und entzündlicher Erkrankungen eingesetzt.

## Wissenswertes

Schon in der Antike waren die positiven medizinischen Eigenschaften der Brennnessel bekannt. Beim römischen Dichter Titus Petronius findet man Hinweise darauf, dass Männern mit Potenzstörungen geholfen werden könne, wenn man die Stelle „unter dem Nabel, die Lenden und das Gesäß" mit einem Brennnesselstrauß peitsche. Noch heute ist das Schlagen mit frischen Brennnesselzweigen auf rheumatische Glieder in Kuranwendungen gebräuchlich.

### *Praxistipp!*

*Um Brennnesseln als frischen Salat zu genießen, reicht es, diese mit einem kräftigen Essig-Dressing zur Deaktivierung der Brennhaare zu marinieren. Will man auf Nummer sicher gehen, wickelt man die Blätter in ein Tuch und überrollt sie mit einem Nudelholz, wodurch die Haare gänzlich abfallen. Auch die würzig-herben Brennnesselsamen leisten als Salatgewürz gute Dienste – diese hängen ab dem Spätsommer in prallen Stauden an den wildwachsenden Brennnesseln und lassen sich leicht ernten.*

# Cashew

## *Anacardium occidentale*

*Landläufig als Nuss bezeichnet, ist sie eigentlich eine Steinfrucht und per definitionem ein Gewürz.*

Cashewkern, Cashewnuss, Kaschunuss, Acajou

### Aromatik

Der Geschmack der Cashew ist süßlich-nussig, weniger intensiv als der von Erd- oder Walnüssen und erinnert an Mandeln. Da sie weniger Fett als andere Nüsse und einen hohen Nährstoff- und Vitamingehalt hat, wird sie gerne in der Küche verwendet. Ihr Geschmack bietet eine milde Abrundung vieler vegetarischer und veganer Gerichte.

### Beschreibung

Die nierenförmige Cashew stammt vom gleichnamigen, immergrünen Laubbaum, der bis zu zwölf Meter hoch wird. Die zur Familie der Sumachgewächse zählende Pflanze gedeiht in tropischem Klima und bringt die Cashewfrucht sowie einen fleischig verdickten Fruchtstiel, den sogenannten Cashewapfel, hervor. Dieser ist gelb, boxerhandschuhförmig und wird als Scheinfrucht bezeichnet, da er nicht fortpflanzungsfähig ist. Er ist wegen seiner stark druckempfindlichen Außenhaut so gut wie transportunfähig, weshalb er nur dort verarbeitet werden kann, wo er auch wächst. Die am Cashewapfel herabhängende, nierenförmige Cashewfrucht wird abgeerntet und daraus die bekannten gekrümmten Cashewkerne gewonnen. Die ersten Europäer, die den Baum in seiner Heimat im Nordosten Brasiliens entdeckten, waren die portugiesischen Seefahrer ab dem 15. Jahrhundert. Sie nahmen die Pflanze mit bis nach Indien und begannen den groß angelegten Anbau auf Plantagen. Seit Anfang des 20. Jahrhunderts ist Indien das Zentrum der Verarbeitung von Cashew, die von dort in die gesamte Welt exportiert werden.

## Küchenpraxis

Die Cashewnuss kann überall dort in der Küche eingesetzt werden, wo auch andere Nüsse ihre Berechtigung haben. Oftmals wird sie als Ersatz für teurere Nussarten, etwa Pinienkerne, zur Hand genommen. Wird sie nicht unverarbeitet als Knabbersnack genossen, ist sie eine optimale, weniger fettreiche Option in einem mediterranen Pesto. Ihr angenehmer, cremig-milder Geschmack kommt auch in vielen vegetarischen und veganen Gerichten sehr gut zur Geltung. In der Thaiküche ist sie in Kombination mit Huhn und anderem hellen Fleisch gerne in Verwendung. Viele Wok- oder Curry-Gerichte werden mit Cashew aromatisiert. Für Füllmassen, Saucen und Pasten ist sie ebenfalls geeignet, gehackt kommt sie in Backwaren und Desserts gut zur Geltung.

## Einkauf

Cashewkerne findet man im Handel roh, geröstet, gesalzen, karamellisiert oder gewürzt. Gänzlich roh gibt es die Nuss jedoch nie, da sie in ihrer Schale das toxische Öl ***Cardol*** enthält, das erst durch Röstung oder Erhitzung deaktiviert werden muss. Dazu wird in den meisten Fällen die Schale samt den darin enthaltenen Kernen im Öl geröstet oder mit Wasserdampf behandelt, um sie leichter zu öffnen und Spuren des toxischen Schalenöls zu beseitigen.

## Heilwirkung

In der Cashewnuss ist der Anteil an der essenziellen Aminosäure ***Tryptophan*** so hoch wie in kaum einem anderen Lebensmittel. Tryptophan ist unerlässlich bei der Produktion des Neurotransmitters Serotonin, das gemeinsam mit dem Vitamin B6 helfen kann, Depressionen zu behandeln. Gleichzeitig liefern Cashewkerne Mineralstoffe wie Magnesium, das bei der Stärkung der Knochen und der Aktivität von Enzymen eine wesentliche Rolle spielt, oder Eisen, das ein wichtiger Teil des Blutfarbstoffes Hämoglobin ist.

## Wissenswertes

Nach der Definition des Österreichischen Lebensmittelbuches ist die Cashew ein Pflanzenteil, „der wegen seines Gehaltes an besonderen Inhaltsstoffen geeignet ist, Geruch und Geschmack von Lebensmitteln zu beeinflussen", und muss folglich als Gewürz eingeordnet werden.

### *Praxistipp!*

*Cashewkerne kann man ganz leicht auch selbst im Backrohr rösten und daraus einen besonders leckeren Snack zubereiten. Die gerösteten Kerne mit etwas Walnussöl einlassen und anschließend je nach Vorliebe mit Gewürzen wie Paprikapulver, Chilipulver oder einer Curry-Würzmischung bestreuen. Anschließend die Kerne rasch verzehren!*

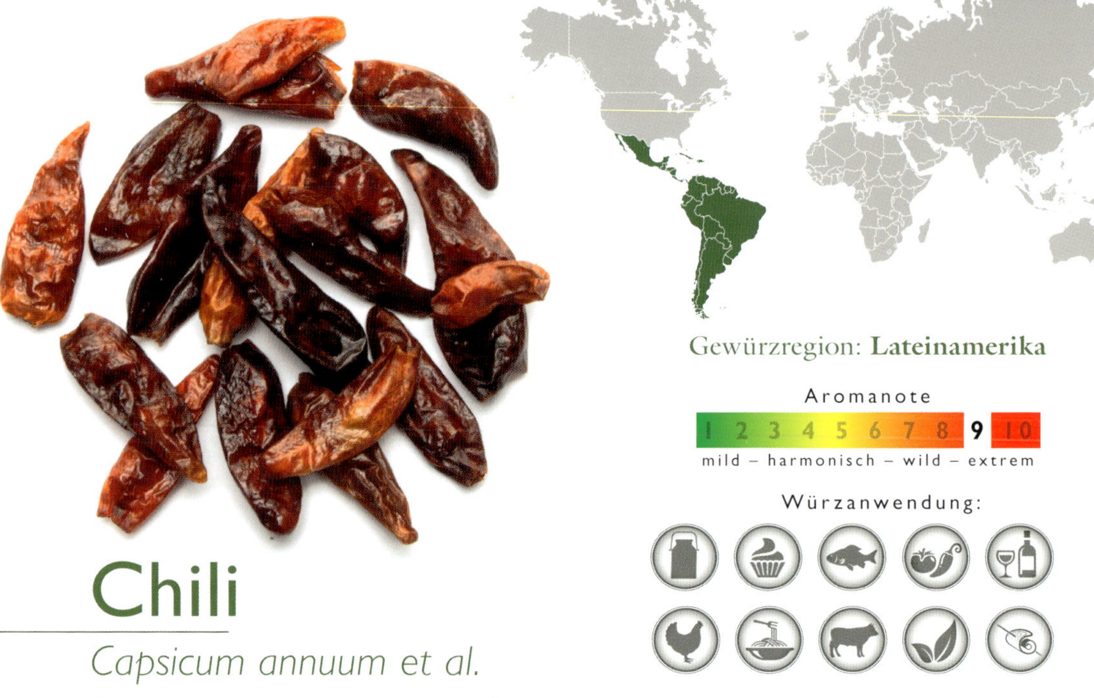


# Chili

*Capsicum annuum et al.*

*Eine der ältesten Kulturpflanzen der Welt, die viel mehr kann, als bloß scharf zu sein.*

Spanischer Pfeffer, Peperoni, Peperoncini, Pfefferoni, Cayennepfeffer

## Aromatik

Unter Kennern gilt die Chili als eine jener Gewürzpflanzen mit dem größten Aromenspektrum der Welt. Landläufig mag das verwundern, wird doch die Chili meist auf ihre wichtigste Eigenschaft, die Schärfe, reduziert. Es stimmt, Chilis sind der Inbegriff für Schärfe, verursacht durch ein Öl namens ***Capsaicin***. Dieses bildet sich in hoher Konzentration vor allem in der Plazenta und in den rundum liegenden Fruchtteilen, Samen und Samenscheidewänden. Im Gegensatz zu Gewürzen, die die Geschmacksnerven im Mund und auf der Zunge reizen und damit süß, sauer, salzig, bitter und umami ergeben, verursacht Capsaicin einen Hitze- oder Schmerzreiz, vergleichbar dem Kältereiz durch Menthol. Je mehr Capsaicin eine Chili enthält, desto schärfer ist sie. Und: Die Schärfe einer Chili nimmt mit zunehmender Entfernung von der Plazenta ab, so ist bei den meisten Chilis die Spitze gar nicht scharf. Vorsicht ist dennoch geboten, die Natur hält sich nicht immer an Gewohnheiten!

Für Chilikenner ebenso wichtig wie die Schärfe ist das herrlich duftende Paprikaaroma im Fruchtfleisch, das sich vor allem bei getrockneten und gemahlenen Chilis wunderbar entfaltet. Je nach Sorte, Herkunft und Reife verzaubern Aromen nach Mango, Banane, Kiwi oder Kakao und Kaffee.

## Beschreibung

Es gibt heute kaum noch eine lokale Küche, in der Chilis nicht in irgendeiner Form verwendet werden. Bevorzugt eingesetzt werden sie in warmen Gebieten, da die durch Capsaicin verursachte Hitzeempfindung die Schweißbildung und damit die Körpertemperatur reguliert. Bekannte Beispiele dafür sind die Tex-Mex-Küche oder die Einwandererküchen wie Cajun- oder Südstaatenküchen. Auch Asien ist für seine scharfen Kochstile bekannt, unter anderem die chinesische, indonesische, thailändische, koreanische und indische Küche. Die Kenntnis der eingesetzten Sorten beschränkt sich meist auf wenige bekannte Varianten, lediglich die Intensität an Schärfe und Aromatik ist stark an regionale Gewohnheiten angepasst.

## Küchenpraxis

Im Umgang mit der Chili gibt es in der Küche einige Spezifika zu beachten. Abgesehen von der Empfehlung, sich in puncto Schärfe langsam an die Chili heranzuwagen, sind noch andere Grundsätze bei der Verarbeitung wichtig. Essenziell ist es, vor allem wenn frische Chilis in den Kochtopf kommen, immer mit Einweg-Handschuhen zu arbeiten; andernfalls kann ein unbedachter Griff in Augen oder Nase nach erledigter Küchenarbeit zum schmerzhaften Erlebnis geraten. Ebenfalls ratsam ist das Verwenden eines eigenen Schneidbretts sowie Messers, wenn es an die Chili geht. Ihre Schärfe kann sich sonst ungewollt auf andere Lebensmittel übertragen. Außerdem lohnt es, einerlei in welcher Form die feurige Schote verarbeitet wird, auf einen ausreichenden Dunstabzug und eine optimale Belüftung der Küche zu achten; ungewollte Atembeeinträchtigungen könnten sonst im folgenden Kochprozess die Konsequenz sein. Je nach gewünschtem Effekt und gewünschten Angaben in Rezepten wird die Schote von ihren Trennwänden und Kernen befreit, in denen zumeist der größte Gehalt an Schärfe konzentriert ist. In Ländern, in denen die Chili vorwiegend auf dem Speiseplan steht, verzichtet man auf diese Praxis, ist doch gerade die hohe Schärfe, oftmals auch aus Gründen der Desinfektion, gewünscht. Hält man sich aber an die angeführten Grundregeln, macht der Einsatz des pikanten Gewürzes großen Spaß. Der Kreativität sind dabei keine Grenzen gesetzt: Neben der pikanten Schärfe überrascht die Schote vor allem mit ihrer vielfältigen Aromatik, von fruchtig oder frisch über zitruslastig bis zu süßlich oder schokoladig. Damit passt sie genauso zu Fleisch und Fisch wie zu Gemüse, zu Würzigem ebenso wie zu süßen Desserts und sogar in Getränke. In der veganen Küche ist sie eine akzeptierte und äußerst willkommene geschmackliche Bereicherung.

Auch enthalten Chilis die Paprikafarbstoffe ***Carotinoide***, die sich in den bekannten Farben Rot, Orange, Gelb oder Grün zeigen und als ideale Farbgeber in Saucen und Eintöpfen dienen.

## Einkauf

Supermärkte beschränken sich in ihrem Chiliangebot auf wenige bekannte Sorten, sowohl bei frischer wie auch getrockneter Ware. Mittlerweile gibt es aber auch gut sortierte Gewürzfachhändler, die Chilis in mannigfaltiger Auswahl verkaufen. Die Palette reicht von Chilisetzlingen zum Selbstanbau über frische Früchte bis zu getrockneten Schoten, fein gemahlenem Pulver und Chili-Fäden. Die frischen Chilis gibt es heute auch schon aus regionalem Anbau im Glashaus, meist zwischen April und Oktober. In den restlichen Monaten empfiehlt sich der Einsatz getrockneter Früchte, die nach Einweichen in Wasser wie frische Früchte zu verwenden sind. Gut eignen sich auch pürierte Chilis, eingelegt in Öl und Salz, die wie frische Ware verkocht werden können. Frische Chilis lassen sich wunderbar einfrieren, im Ganzen oder je nach Verwendungszweck grob aufgeschnitten.

## Heilwirkung

Bereits die lateinamerikanischen Ureinwohner nutzten die Chili als betäubendes Heilmittel, vor allem bei Zahnschmerzen oder Gelenksentzündungen. Die Chili wirkt antibakteriell, kreislaufanregend und schweißtreibend und findet bevorzugt bei Magen- und Verdauungsschwächen Anwendung. Zudem stellten Wissenschaftler fest, dass ein erhöhter Chilikonsum mit einer Verringerung des Körperfett-Anteils in Zusammenhang stehen soll.

## Wissenswertes

Der Ursprung der Chili liegt in Mittel- und Südamerika. Ausgrabungen in Tehuacán in Mexiko brachten Belege, dass die Chili bereits um 7.000 vor Christus als Nutzpflanze diente. Heute unterscheidet man je nach Herkunft unterschiedliche Arten, wobei historisch davon auszugehen ist, dass die Chili zeitgleich in verschiedenen Regionen kultiviert wurde. Generell gilt sie in Europa und Asien als junges Gewürz; mangels Wissens wurde sie lange Zeit nur als Zierpflanze genutzt. Erst im 18. Jahrhundert tauchten erste kulinarische Anwendungen auf, anfangs sehr sparsam zum Einlegen und Würzen von saurem Gemüse. Heute werden Chilis weltweit angebaut, in tropischen und gemäßigten Zonen. Generell zeigt sich, dass weltweit alle Regionen mit nennenswertem Weinbau ideale Bedingungen zum Chilianbau bieten. Interessant ist dabei auch, dass Indien mittlerweile den höchsten Pro-Kopf-Verbrauch an Chilis hat.

Zur Bestimmung der Schärfe von Chilis wird seit 1912 die nach dem US-amerikanischen Pharmakologen Wilbur L. Scoville benannte ***Scoville-Skala*** verwendet. Dieses Messverfahren bestimmt den Capsaicin-Gehalt auf chemisch-analytische Weise, frische Chilisorten erreichen dabei Scoville-Werte von bis zu 2.200.000 Einheiten.

### *Praxistipp!*

*Da Capsaicin nicht wasserlöslich ist und durch Händewaschen mit Seife nicht entfernt werden kann, empfiehlt sich die Reinigung der Hände mit Alkohol oder Desinfektionsmitteln. Auch sollte man bei der Verarbeitung Latexhandschuhe tragen, um Hautkontakt zu vermeiden. Hat man einmal zu scharf gegessen, helfen bewährte Hilfsmittel wie Milchprodukte mit hohem Fettanteil, Mascarpone auf Toast, Joghurt, Milch, Mango-Lassi oder aber klarer Alkohol wie Wodka oder Tequila.*

# Hier die in Europa am häufigsten verwendeten Sorten:

## *Jalapeño*

Mittelgroße Chilisorte der Gattung ***Capsicum annuum*** mit einem Scoville-Wert von rund 5.000 Einheiten, die nach der mexikanischen Stadt Xalapa benannt wurde. Die unreifen Früchte sind meist grün, zur Reife verfärben sie sich in ein kräftiges Rot. Frische Jalapeños werden ausschließlich unreif und grün verkauft und verarbeitet, bevorzugt für Salsas oder aber als Gemüse, meist als Ringe geschnitten in eingelegter Form. Aufgrund des dicken Fruchtfleisches eignen sich Jalapeños schlecht zum Trocknen, worauf sie gerne durch Räuchern haltbar gemacht werden. Diese getrockneten Früchte mit dem typischen Rauchgeschmack nennt man ***Chipotles***, zusammengesetzt aus den aztekischen Begriffen ***chil*** und ***poctli*** (für geräuchert).

## *Habanero*

Lange Zeit eine der schärfsten Chilisorten der Gattung ***Capsicum chinense*** mit einem Scoville-Wert von bis zu 500.000 Einheiten. Weil der Name Habanero so viel wie aus Havanna stammend bedeutet, wird oft vermutet, dass die Sorte ihre Wurzeln in Kuba hat. Der tatsächliche Ursprung liegt aber auf der Halbinsel Yucatán, von dort kommen die klassisch orangen und gelben Habaneros. Die bekannte rote Variante ist in der Karibik beheimatet.

## *Tabasco*

Eigentlich eine Chili-Sorte der Gattung ***Capsicum frutescens***, jedoch besser bekannt durch die Tabasco®-Saucen von McIlhenny in Louisiana/USA. Die Tabasco-Chilis sind recht kleinwüchsig, werden zunächst gelb, später leuchtend rot und erreichen einen Scoville-Wert von bis zu 50.000 Einheiten. Somit sind sie deutlich schärfer als die namensgleichen Würzsaucen.

## *Cayennepfeffer*

Der Name der aus der Gattung ***Capsicum annuum*** stammenden Chilisorte lässt sich als ***Scharfer Pfeffer*** übersetzen. Daraus ist die fälschliche Bezeichnung Cayennepfeffer entstanden, was botanisch betrachtet falsch ist. Cayennepfeffer ist das Pulver getrockneter Cayenne-Chilis und hat mit Pfeffer nichts am Hut. Auch ganze Früchte sind getrocknet erhältlich, da sich diese Sorte durch die dünne Fruchtwand gut zum Trocknen eignet. Charakteristisch für den Cayennepfeffer ist der leicht rauchige, zart bittere Geschmack und die betonte Schärfe mit einem Scoville-Wert von bis zu 50.000 Einheiten.

## *Carolina Reaper*

Das Guinness-Buch der Rekorde wählt regelmäßig die schärfste Chili der Welt. Rekordhalter seit 2013 ist die Carolina Reaper aus South Carolina, eine Züchtung der Gattung ***Capsicum chinense***. Der damals gemessene Scoville-Wert lag bei über 2.200.000 Einheiten, sie verdrängte damit die bisherigen Spitzenreiter Trinidad Moruga Scorpion und Bhut-Jolokia. Neben der unerträglich erscheinenden Schärfe dieser Züchtungen soll nicht vergessen werden, dass diese extremen Sorten auch aufgrund ihres unverkennbar karibisch-fruchtigen Geschmacks in den Küchen Indiens oder Thailands geschätzt werden.

# Cranberry

*Vaccinium macrocarpon*

*Wegen ihrer hohen Konzentration an Vitamin C und Antioxidantien zählt die Cranberry derzeit zum begehrten Superfood dieser Welt.*

Großfrüchtige Moosbeere, Kraanbeere, Kranbeere, Kranichbeere

## Aromatik

Die Cranberry schmeckt roh sehr gewöhnungsbedürftig. Am ehesten kann ihr Geschmack als herb, leicht bitter und sehr sauer sowie zusammenziehend beschrieben werden. In getrocknetem oder gekochtem Zustand jedoch offenbart sie ein sehr wohlschmeckendes Aroma, das sich deutlich von anderen Beeren unterscheidet. Unglücklich gewählt ist der für sie in Mitteleuropa häufig verwendete Name ***Kulturpreiselbeere***, denn mit der Preiselbeere hat sie geschmacklich wenig gemein. Sie sind zwar über die Heidekrautgewächse botanisch verwandt, um die gleiche Pflanze handelt es sich aber nicht.

## Beschreibung

Die Großfrüchtige Moosbeere ist eine Pflanzenart aus der Gattung der Heidelbeeren in der Familie der Heidekrautgewächse. Sie ist ein immergrüner Zwergstrauch und vor allem unter ihrer englischen Bezeichnung Cranberry bekannt, die sie ihrem Aussehen zu verdanken hat – die Staubfäden der Blüten erinnerten die ersten Siedler Amerikas an einen ***Kranichschnabel***. Die rote Beere ist nicht nur in Nordamerika, sondern auch in Europa und Asien heimisch, wobei die amerikanische Version im Vergleich robuster und weniger rund ist. Insgesamt sind rund 130 Sorten der Cranberry bekannt, die dunkelrote bis schwarze Früchte ausprägen.

## Küchenpraxis

In rohem Zustand wird die Cranberry wohl von den meisten Menschen als ungenießbar bezeichnet. Umso besser eignet sie sich zur Verarbeitung in der Küche. Dadurch entwickelt sie nämlich ein mildes, säuerliches Aroma, das großartig zu Fleisch- und Wildgerichten sowie Geflügel oder gebackenem Käse passt. Auch beim Backen leistet sie gute Dienste, da sie nicht selten als Ersatz für Rosinen zum Zug kommt. In Obstkuchen oder als Kompott ist sie gut aufgehoben. Müsli, Joghurt oder Salat peppt sie mit ihrem aromatischen Geschmack auf und getrocknet wird sie zur gesunden Nascherei.

## Einkauf

Cranberrys findet man im Handel – je nach Saison – als ganze Früchte, frisch oder in getrockneter Form. Auch als Kompott oder Saft trifft man auf die Beeren. In der modernen Variante des Cocktailklassikers ***Cosmopolitan*** ist ihr Saft neben Wodka jedenfalls eine wesentliche Zutat.

## Heilwirkung

Schon die amerikanischen Ureinwohner schworen auf die positive Wirkung der Cranberry auf Gesundheit und Körper. Immer wieder taucht ihre Heilkraft im Zusammenhang mit Harnwegsinfektionen auf. Ebenso sagt man ihr eine Verlangsamung des Alterungsprozesses nach. Belegt ist ihr außergewöhnlich hoher Gehalt an Antioxidantien, dessen positiver Effekt durch ihren Gehalt der Vitamine C, E und K verstärkt wird. Auch die Seefahrer nahmen die Beere früher hochdosiert zu sich, um sich vor der Vitamin-C-Mangelkrankheit Skorbut zu schützen.

## Wissenswertes

In Amerika gibt es kein opulentes Thanksgiving-Menü ohne Cranberrys. Die amerikanische Kranbeere wird vor allem in Neuengland großflächig angebaut. Ein Erlebnis ist es, einer Cranberry-Ernte beizuwohnen, denn dafür werden im kommerziellen Anbau die Felder mit Wasser geflutet. Mit speziellen Maschinen werden die Cranberrys vom Busch abgesaugt, sodass die reifen Früchte, die um vieles leichter sind als Wasser, schließlich obenauf schwimmen – vor den Augen macht sich dann ein unendlicher dunkelroter ***Teppich*** aus Kranbeeren breit. Schließlich werden die Früchte eingesammelt und ihrer weiteren Verwendung zugeführt.

*Praxistipp!*

*Frische Cranberrys halten dank ihres hohen Säuregehaltes und des festen Fruchtfleischs im Kühlschrank bis zu drei Monate. Getrocknete Beeren hingegen bewahrt man am besten in einem luftdicht verschlossenen Behälter bei Zimmertemperatur auf.*

# Curryblatt

*Bergera koenigii*

*Obwohl Namensgeber der heutigen Currys darf das Blattgewürz weder mit Currykraut noch mit Curry-Würzmischungen verwechselt werden.*

Curry-Orangenraute

## Aromatik

Das grüne Curryblatt verströmt keine typische Currynote, vielmehr duftet es leicht fruchtig, zitrus-nussig bis stark mandarinenartig, teils wirkt es auch rauchig, herb bis leicht bitter. Jedenfalls hat es ein rundes, sehr deutliches Aroma, das sich wunderbar mit anderen Ingredienzien kombinieren lässt, wie etwa Chilis, Senfsamen, Kokos oder Tamarinde. In einer heißen Pfanne angeröstet entfalten die Blätter dann umso mehr an Aromatik.

## Beschreibung

Das Blattgewürz stammt von dem in Asien beheimateten Currybaum, der zur Familie der Rautengewächse gezählt wird. Diese Pflanzenart findet sich vornehmlich auf dem indischen Subkontinent bis hin zum Himalaya sowie in Sri Lanka, wo das Curryblatt in den dortigen Landesküchen im Einsatz ist. In Indien werden die eiförmigen und bis zu fünf Zentimeter langen Curryblätter in beinahe jedem Haushalt selbst angebaut, damit man für den Eigenbedarf immer auf frische Blätter zurückgreifen kann. Und der tamilischen Bezeichnung ***kari vepillai*** (Saucenblatt, ***kari*** steht für Sauce) verdankt die Welt die Bezeichnung ***Curry***, als Sammelbegriff für alle saucigen und pikanten indischen Speisen – auch wenn diese mit dem Curryblatt gar nichts mehr zu tun haben.

## Küchenpraxis

Besteht die Möglichkeit, lohnt es sich, auf frische Curryblätter zurückzugreifen. Nur diese entfalten ein Optimum an Aromen. Meist brät oder röstet man die ganzen Zweige in heißem Öl (bevorzugt Kokosöl) oder ***Ghee*** (indisches Butterschmalz) in einer Pfanne gemeinsam mit Senfsamen, Kreuzkümmel, Asant, Chilis oder Zimt an, bevor man andere Zutaten beigibt. Man kann diese Zutaten auch in der Pfanne trocken anrösten und anschließend zu einem Pulver vermahlen. In sri-lankischen Currys werden sie mit Ingwer, Zimt, Kardamom und Chili angeröstet, mit einer kleinen Menge Kokosmilch eingedickt und anschließend zu Gemüse-, Lamm- oder Hühnercurrys weiterverarbeitet. Sollten nur getrocknete Curryblätter verfügbar sein, muss man einerseits die Menge der in Rezepten angegebenen frischen Curryblätter verdoppeln und andererseits die Kochdauer verlängern. Das heißt, je länger sie mitgekocht werden, umso intensiver kann man die Wirkung frischer Curryblätter imitieren.

## Einkauf

Frische Curryblätter findet man nur fallweise in speziellen Ethnoläden. Man sollte die Blätter bis zur Verwendung nicht vom Zweig nehmen, für die spätere Verarbeitung einfrieren oder bis zu ihrem Einsatz einige Tage im Kühlschrank lagern. Da sie sehr dünn sind, muss man sie aus einem fertigen Gericht nicht unbedingt entfernen, sie können mitgegessen werden. Einfacher erhältlich sind getrocknete, ganze Blätter oder Curryblatt-Pulver. Ganze getrocknete Blätter erfüllen einen ähnlichen Zweck wie die frische Version. Auch kann man sie vor der Anwendung im Mörser zerstoßen. Wählt man die Pulverform, muss man mit einer aromatischen Einbuße rechnen.

## Heilwirkung

In der traditionellen indischen Heilkunst Ayurveda werden nicht nur die Blätter, sondern auch die Wurzel und die Früchte des Currybaumes verwendet, einzig die giftigen Samen werden ausgespart. Das Anwendungsspektrum ist groß und reicht von Hilfe bei Magenverstimmungen und Blähungen über den Einsatz als Haarwuchsmittel bis hin zur Heilung von Insektenstichen. Aktuelle Forschungen zeigen auch, dass der Currybaum medizinisch wirksame Substanzen zur Behandlung von Diabetes enthält.

## Wissenswertes

Vor allem in der sri-lankischen und südindischen Küche sind Curryblätter in vegetarischen Gerichten ein Muss, auch in Currymischungen werden sie regional eingesetzt. In vielen Rezepten werden Curryblätter allerdings fälschlich angeführt, was auf eine Verwechslung mit den leicht erhältlichen Curry-Würzmischungen zurückzuführen ist.

### *Praxistipp!*

*Getrocknete Blätter sollte man vor dem Servieren aus der Zubereitung entfernen. Verwendet man das Curryblatt in zerstoßener oder pulverisierter Form, erspart man sich zwar das Entfernen, sollte aber für eine bessere Aromatik auf eine größere Menge und ausreichend lange Kochzeiten achten.*

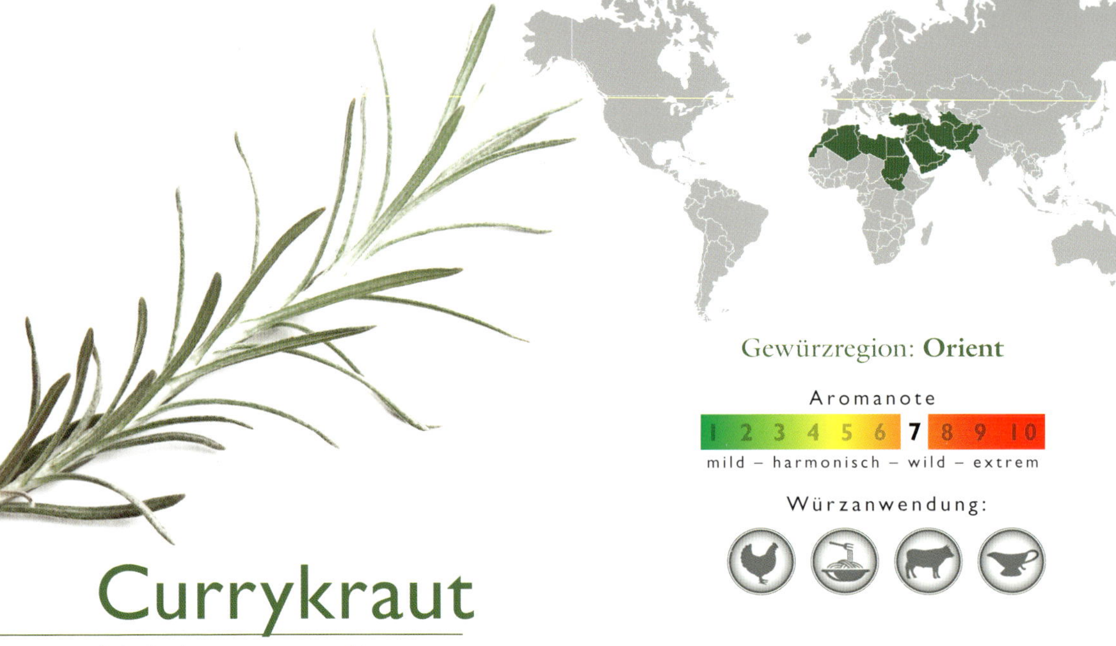


# Currykraut

*Helichrysum italicum*

*Obwohl es den alten Griechen und Römern schon als Heilpflanze bekannt war, beginnt der kulinarische Siegeszug des Currykrauts erst in der heutigen Welt.*

Currystrauch, italienische Strohblume

## Aromatik

Currykraut duftet süßlich-aromatisch und erinnert sowohl an Curry-Würzmischungen wie auch an mediterrane Kräuter wie Salbei oder Rosmarin, intensiv und angenehm bitter. Vor allem nach einem Regenguss entfaltet der Currystrauch dank seiner ätherischen Öle ein betörend kräftiges Aroma.

## Beschreibung

Das mediterrane Currykraut ist eine Pflanzenart in der Familie der Korbblütler, wächst als immergrüner Halbstrauch in der Regel sehr buschig und erreicht Wuchshöhen bis zu 60 Zentimeter. Die recht unscheinbare Pflanze, die mehrjährig ist und sonnige Standorte liebt, ist in Mittel- und Nordeuropa noch nicht allzu lange bekannt. Sie ist jedoch mit vielen anderen Kräutern verwandt, etwa der Ringelblume, dem Löwenzahn, Estragon oder Kamille. Ursprünglich kommt sie aus dem Mittelmeerraum und wächst auch heute noch in wilder Form in Ländern wie der Türkei, in Zypern oder entlang der Nordwestküste Afrikas.

## Küchenpraxis

Generell sollte man Currykraut nicht mit der erwähnten Gewürzmischung Curry verwechseln – trotz des ähnlichen Aromas weichen nämlich die Einsatzzwecke voneinander ab, es passt einfach nicht zu allen indischen und asiatischen Gerichten. Nichtsdestotrotz rundet Currykraut viele Reisspeisen wie eine Paella, Gerichte mit Nudeln oder Gemüse, Suppen oder auch Fleisch wie etwa Huhn oder Lamm delikat ab. Man verwendet dazu die Zweige im Ganzen oder aber hackt die gezupften Blätter fein wie Rosmarin und fügt sie so einer Speise hinzu. Nimmt man die ganzen Zweige, genügt es, diese kurz mitzukochen und vor dem Servieren wieder zu entfernen. Wenn man sie isst, riskiert man Magenbeschwerden.

## Einkauf

Man erhält das Kraut meist als frische Topfpflanze im Kräuterfachhandel, in gut sortierten Supermärkten oder gelegentlich in Baumärkten. Man sollte beim Kauf auf die korrekte botanische Bezeichnung ***Helichrysum italicum*** achten, um nicht eine der anderen Arten dieser Pflanzenfamilie zu erstehen, die kulinarisch zu einer Enttäuschung führen könnten. Die Blätter des frischen Currykrauts sollten silbrig-grau sein und nicht hängen. Am besten erntet und verwendet man sie vor der Blüte, da sie danach an Aroma verlieren. Fallweise findet man Currykraut im Handel auch in getrockneter Form.

## Heilwirkung

In der Antike war die Pflanze als Heilkraut bekannt, das Wissen ging dann aber verloren, sodass sie in mittelalterlichen Kräuterbüchern zwar als ***Helichrysum*** erwähnt wird, man um ihre Heilkraft zu dieser Zeit aber relativ wenig wusste. In der Volksmedizin wird Currykraut aufgrund seiner ätherischen Öle, die entzündungshemmend, antibakteriell, schleimlösend, krampflösend und entspannend sind, auch heutzutage noch eingesetzt.

## Wissenswertes

Currykraut erinnert im Aroma an Curry-Würzpulver, von daher stammt auch sein Name. Abgesehen davon hat es mit dieser aus Koriander, Kardamom, Kreuzkümmel, Pfeffer, Muskatnuss und anderen Gewürzen bestehenden Würzmischung aber nichts zu tun.

### *Praxistipp!*

*Aus frischem oder auch getrocknetem Currykraut lässt sich in Kombination mit Salbei und Thymian eine kreative, feinwürzig-mediterrane Gewürzmischung herstellen, die Eintöpfen oder Fleischspeisen einen Hauch von Süden verleiht.*

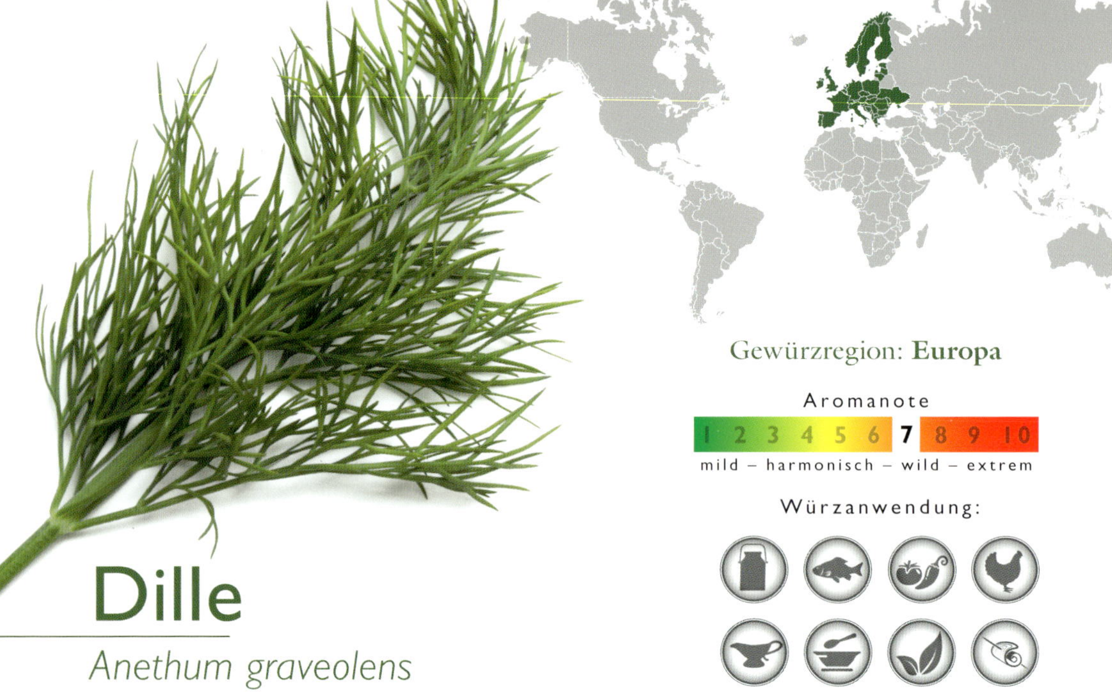


# Dille

## *Anethum graveolens*

***Die altbekannte Heilpflanze ist das optimale Gewürz für Fisch und aus dem nordischen Gravlax nicht wegzudenken.***

Dill, Dillkraut, Blähkraut, Gurkenkümmel, Gurkenkraut, Kapernkraut, Kümmerlingskraut

### Aromatik

Der Geruch der Dille ist unverwechselbar, ihr Geschmack markant krautig, süßlich würzig und eigentümlich, im Ansatz an Kümmel und Anis erinnernd, wie auch an der Bezeichnung Gurkenkümmel abzulesen ist.

### Beschreibung

Die Dille gehört zur Familie der Doldenblütler und ist eine einjährige Pflanze mit dottergelben Doppeldolden und einer Wuchshöhe von über einem Meter. Sie ist mit Kräutern wie Kerbel, Schafgarbe und Petersilie verwandt. Dillkraut bevorzugt sonnige, eher windarme Standorte, benötigt regelmäßig Wasser und ist anfällig für Schädlinge. Deshalb wird Dille bevorzugt mit natürlichen Schädlingsbekämpfern wie Gurke, Tomate oder mediterranen Kräutern wie Rosmarin, Thymian und Salbei verpflanzt. Nicht in ihrer Nähe angepflanzt werden sollten Kartoffeln, Schnittlauch oder Gartenzwiebeln. Das Kraut stammt vermutlich aus Südostasien, von wo es vor mehr als 5.000 Jahren nach Süd- und Westeuropa gebracht und dort kultiviert wurde. Es wurde bereits im Alten Ägypten als Heil- und Gewürzpflanze verwendet, der ägyptische Pharao Amenophis II. ließ sich 1.400 vor Christus Dille mit ins Grab legen. Nach Mittel- und Nordeuropa kam die Dille vermutlich durch Mönche, die sie in ihren Klostergärten anpflanzten, auch in der Landgüterverordnung von Karl dem Großen wird Dille angeführt.

## Küchenpraxis

Dille ist heutzutage quer durch die Küchen vieler Länder im Einsatz. Sie eignet sich bestens zur Verfeinerung von Fischgerichten, Salaten, Suppen und Saucen. Zur Konservierung von Gemüse, zur Herstellung von Kräuteressigen oder als Dekorationskraut ist sie gleichfalls beliebt. Traditionell findet man Dille in der Landesküche Skandinaviens, wo sie in der Spezialität ***Gravlax*** oder Graved Lachs, einem mit grobem Meersalz und viel Dille mariniertem Ostseelachs, besonders gut zur Geltung kommt. Auch im Baltikum sowie in der zentral- und osteuropäischen Küche hat sie einen hohen Stellenwert. Da Dille beim Mitkochen leicht an Würzkraft verliert, fügt man sie dem Gericht am besten unmittelbar vor dem Servieren hinzu.

## Einkauf

Dille erhält man für den Hausgebrauch als Kräutertopf, frischen Kräuterbund, als Tiefkühlprodukt oder in getrockneter Form. Da Aroma und Geschmack sowohl beim Einfrieren als auch beim Trocknen weitgehend erhalten bleiben, eignen sich diese Aggregatzustände wunderbar für den Einsatz in der Küche. Beim Kauf von frischer Dille sollte man darauf achten, dass die Pflanze kräftig im Topf steht und nicht hängt – alles andere wäre ein Hinweis auf eine mindere Qualität und längere Lagerung ohne Wasser. Kauft man getrocknete Dille, greift man optimalerweise zu Dillspitzen und achtet auf eine perfekte Versiegelung der Packung.

## Heilwirkung

Dille enthält ätherische Öle, allen voran das auch im Kümmel vorkommende ***Carvon***. Schon in der Antike wurde Dille zur Schmerzlinderung und Wundheilung eingesetzt, die Ägypter verwendeten sie gegen Kopfschmerzen, ab dem Mittelalter wurden ihre verdauungsanregenden, blähungstreibenden und krampflösenden Eigenschaften im Magen-Darm-Bereich geschätzt. Die Schulmedizin hat sich mit der Dille noch wenig befasst, dennoch gilt sie auch heute als appetitanregend, krampflösend, teilweise antibakteriell und verdauungsfördernd.

## Wissenswertes

Dille leitet sich vom altenglischen Wort ***dylle*** ab, was so viel bedeutet wie beruhigen oder mildern. Dahinter verbirgt sich seine ursprüngliche Bedeutung als blähungslinderndes Heilkraut. Ein amüsantes Volksbrauchtum aus früheren Zeiten war übrigens, Bräuten Dille in den Hochzeitsschuh zu legen und sie auf dem Weg zur Trauung leise folgenden Merkspruch aufsagen zu lassen: ***Ich habe Senf und Dill, und mein Mann muss tun, was ich will***. Ob es funktioniert hat, ist nicht überliefert.

### *Praxistipp!*

*Dille ist ein beliebter Aromageber beim Einmachen von Gurken, den Dillgurken, die man mit Salz, Knoblauch und etwas Öl ansetzt. Daher auch sein Synonym Gurkenkraut – nicht zu verwechseln mit Borretsch, der ebenfalls unter dem Begriff Gurkenkraut zu finden ist.*

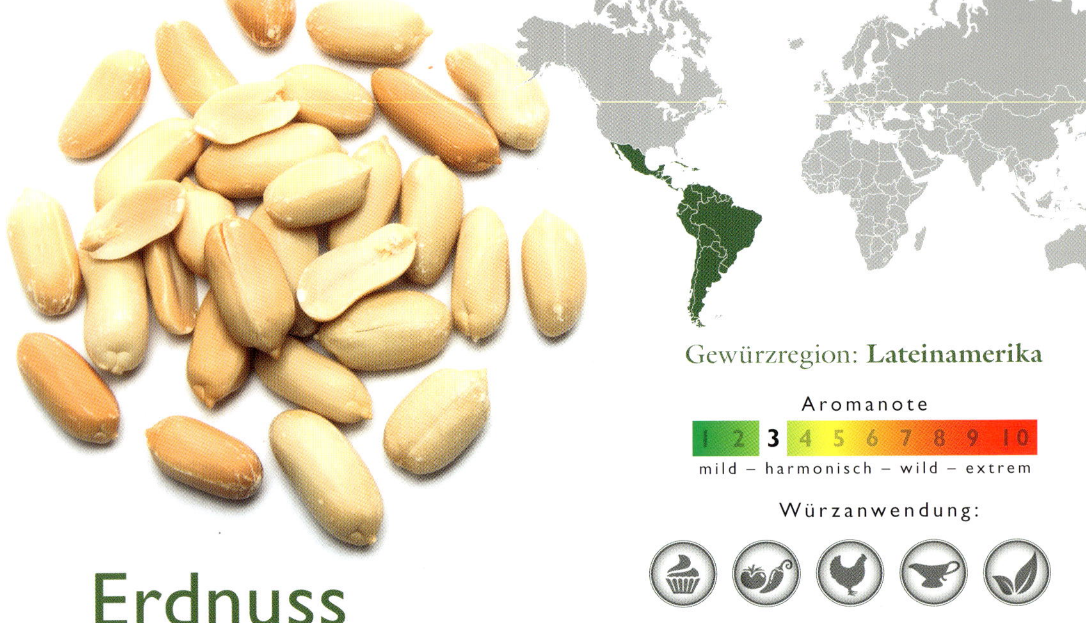


# Erdnuss

*Arachis hypogaea*

*Bei den Azteken einst als Kakaobohne der Erde bekannt, ist sie heute als wertvoller Eiweißlieferant in der veganen Küche im Kommen.*

Aschantinuss, Arachisnuss, Kamerunnuss

## Aromatik

Eine rohe Erdnuss ähnelt im Geschmack einer Bohne. Wird sie schließlich geröstet, entfaltet sie erst das für sie typische, cremige Aroma, mild und unaufdringlich, an Mandeln erinnernd.

## Beschreibung

Die ursprünglich in den Anden Südamerikas beheimatete Erdnuss zählt zu den Schmetterlingsblütlern in der Familie der Hülsenfrüchtler. Sie ist eine einjährige krautige Pflanze, die bis zu 80 Zentimeter hoch werden kann und ihre Blütezeit von Mai bis August hat. Anders als andere Hülsenfrüchte, die sich im Erdreich öffnen, bleibt die Erdnuss geschlossen und wird daher zu den *Nüssen* gezählt. In den unterirdischen Früchten befinden sich ein bis vier, selten bis zu sechs Samen. Die Samenschale der erntereifen Kerne ist braun, papierartig, schmeckt bitter und wird vor dem Verzehr oder der Verarbeitung entfernt.

## Küchenpraxis

Die Erdnuss findet sowohl in pikanten als auch süßen Gerichten Anwendung. Besonders in der asiatischen Küche ist sie beliebt und in vielen Wokgerichten anzutreffen. Sie wird gerne im Müsli, in Keksen, Kuchen oder Obstsalaten verwendet, in Saucen verarbeitet oder gibt Eintöpfen einen pfiffigen Touch. Sie passt auch gut zu Braten, Geflügel oder Fischgerichten und ist aufgrund ihrer Vitalstoffe eine wertvolle Zutat in der vegetarischen und veganen Küche.

## Einkauf

Frische Erdnüsse sind von September bis Februar erhältlich. In den anderen Monaten des Jahres kann auf bereits geschälte Erdnüsse zurückgegriffen werden. Frische Erdnüsse haben eine glänzende Oberfläche, die noch fest ist. Von Kernen, die dunkel verfärbt oder sogar verschrumpelt sind, sollte man die Finger lassen. Auch wenn man die Nuss unbehandelt essen kann, findet man sie im Handel in vielerlei Form, geröstet und gesalzen, gemahlen oder als hocherhitzbares, neutrales Öl, das vor allem in Indien und China für die Speisenzubereitung beliebt ist. Da ungeschälte Erdnüsse eine hohe Lagerfähigkeit haben, können sie an einem trockenen und dunklen Ort auch gut überwintert werden.

## Heilwirkung

Die Erdnuss ist eine sehr gute Eiweißquelle und verfügt gleichzeitig über einen hohen Anteil an Magnesium. Obwohl sie relativ fetthaltig ist, wirkt sie cholesterinsenkend und verbessert die Blutfettwerte. Sogar eine positive Wirkung bei Herzerkrankungen konnte ihr nachgewiesen werden. Dennoch Vorsicht: Rund 1,2 Prozent der Bevölkerung sind gegen Erdnüsse allergisch, ein im Vergleich zu anderen Nüssen hohes allergenes Potenzial. Die Symptome zeigen sich häufig in Form von tränenden Augen oder Atembeschwerden.

## Wissenswertes

Funde von Erdnüssen in Peru belegen, dass ihre Geschichte bereits mehrere Tausend Jahre alt ist. Auf den Märkten in Süd- und Mittelamerika trafen einst spanische Konquistadoren auf die sogenannte ***tlalcacáhuatl***, was in der Aztekensprache ***Náhuatl*** so viel wie Erdnuss bedeutet und übersetzt ***Kakaobohne der Erde*** ergibt. Noch heute lässt sich dieser Ursprung in ihren spanischen und französischen Bezeichnungen, nämlich ***cacahuete*** oder ***cacahuète***, erkennen. Nach Europa und Afrika kamen die Erdnüsse im 16. Jahrhundert durch die Portugiesen, in der westafrikanischen Republik Ghana entstanden große Anbaugebiete für den europäischen Markt. Und damit auch die Begriffe ***Aschanti*** und ***Aschantinuss***, Synonyme für die Angehörigen des Stammes der ***Aschanti*** in Süd-Ghana.

### *Praxistipp!*

*Eine vor allem im nordamerikanischen Raum beliebte Anwendung ist die Erdnussbutter, ein energiereicher Brotaufstrich aus gemahlenen Erdnüssen, pflanzlichem Öl, Salz und Zucker.*

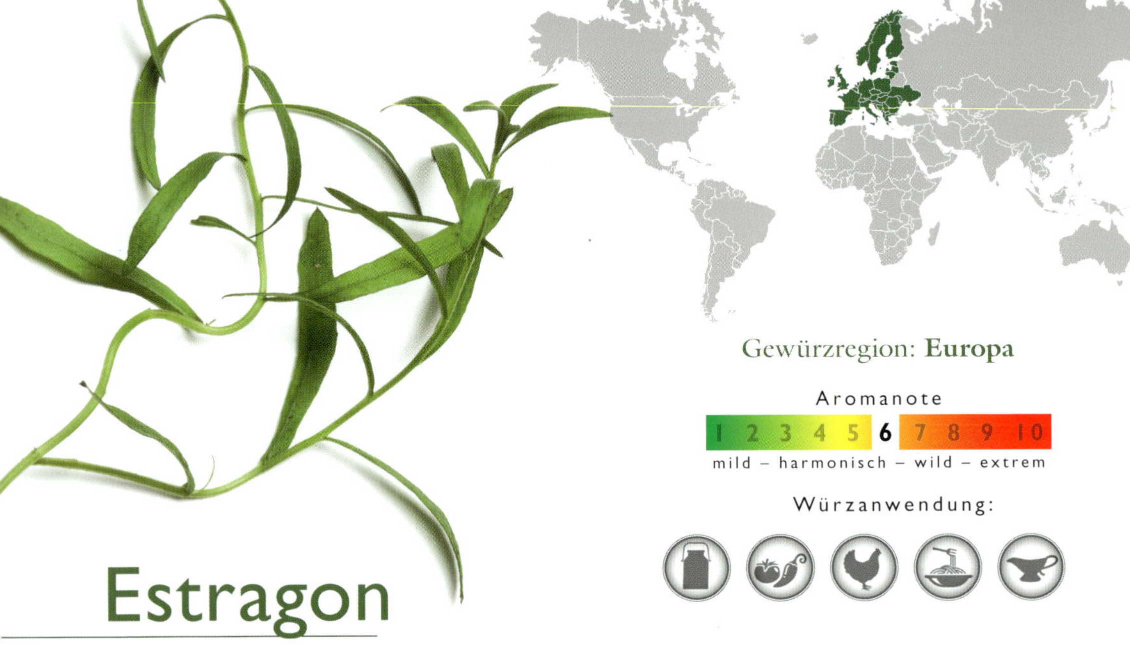


# Estragon

## *Artemisia dracunculus*

*Das seit Jahrtausenden bekannte Kraut ist in Österreich vor allem als Senfgewürz bekannt, empfiehlt sich aber für viele weitere Zubereitungen.*

Bertram, Dragon, Dragonbeifuß, Dragun, Zittwerkraut

### Aromatik

Das Würzkraut, dessen ätherische Öle vor der Blüte am intensivsten sind, erinnert im Geschmack zart an Anis und Wermut und hat leicht bittere Noten. Insgesamt ist es ein sehr intensives Gewürz, das recht moderat eingesetzt werden sollte.

### Beschreibung

Die aus der Familie der Korbblütler stammende Pflanze ist eine enge Verwandte des Wermut. Das mehrjährige krautige Gewächs wird bis zu eineinhalb Meter hoch und wächst in Osteuropa als Wildpflanze, wohin der Estragon vor langer Zeit aus dem Fernen Osten gelangt sein soll. Heute stammt der im Handel erhältliche Estragon meist aus landwirtschaftlichem Anbau, vom Balkan oder aus den Niederlanden. Traditionell werden in der Küche die jungen Triebe oder die Blätter der Pflanze eingesetzt, die man unmittelbar vor der Blüte erntet, da sie zu diesem Zeitpunkt am intensivsten schmecken.

### Küchenpraxis

Wird Estragon frisch verwendet, sollte man ihn fein hacken und Speisen immer erst unmittelbar vor dem Servieren beigeben. Ansonsten könnte man ein Überwürzen des Gerichts riskieren. Nimmt man das getrocknete Gewürz, gemahlen oder gerebelt, kann es ohne Weiteres wenige Minuten mitgegart werden. Will man Marinaden oder Kräuteressige herstellen, sind die jungen Triebe im

Ganzen optimal. Klassisch ist die Aromatisierung von Senf, in Österreich seit über 100 Jahren als mittelscharfer Estragon-Senf der Fa. Mautner Markhof bekannt. Generell passt Estragon sehr gut in Kräuterbutter, zu Saucen, Salaten, Gemüse, Ei, Kartoffeln, zu Huhn oder Reis- und Nudelgerichten.

## Einkauf

Handelsüblich sind frischer oder getrockneter Estragon. Das frische Kraut hat die höchste Würzkraft, man sollte nach Möglichkeit aber auf die konkrete Sorte achten, denn manche Sorten wie etwa der ***Russische Estragon*** sind wegen seines geringen Gehalts ätherischer Öle eher geschmacksarm. Hier empfehlen sich die Variationen ***Französischer und Deutscher Estragon***, die auch in getrockneter Form die typische Estragonnote entfalten.

## Heilwirkung

Dem früheren Glauben, dass mit Estragon Schlangenbisse geheilt werden können, verdankt das Gewürz seine botanische Bezeichnung ***dracunculus*** – im Lateinischen bedeutet ***draco*** so viel wie Drache oder Schlange. Tatsächlich eingesetzt wurde es in der Heilkunde zur Verdauungs- und Gallenflussförderung, bei Appetitlosigkeit, Magenschwäche oder Blähungen. Als Hausmittel gegen Rheuma und Muskelkrämpfe verwendet man Estragonöl, in Blattform kann es gegen Schluckauf wirken.

## Wissenswertes

Die ältesten Hinweise auf Estragon finden sich aus dem zweiten Jahrtausend vor Christus in China. Im alten Ägypten wurde das Duftöl des Estragons als Opferdarbietung für die Gottheit Isis herangezogen und in der griechischen Antike für Zaubereien verwendet. Schließlich gelangte es in den arabischen Raum, wo man es erstmals zum Würzen von Speisen einsetzte. Estragon ist das einzige unter den heute traditionellen westeuropäischen Küchengewürzen, das in römischer Zeit nicht benutzt wurde. Erstmalig erwähnt in der Landgüterverordnung von Karl dem Großen kam das Kraut demzufolge erst im Mittelalter ins Abendland, wo es seither gute Dienste im kulinarischen Umfeld leistet.

### *Praxistipp!*

*Lange Tradition hat Estragon in der französischen Küche, wo es quasi als Nationalgewürz verwendet wird. So ist es in der französischen Kräutermischung Fines herbes neben Petersilie, Schnittlauch und Kerbel eine unverzichtbare Zutat, auch in der berühmt-sündigen Sauce Béarnaise spielt Estragon neben Butter eine geschmackliche Hauptrolle.*

# Färberdistel

*Carthamus tinctorius*

*Als eine der ältesten Kulturpflanzen des mediterranen Raumes wird sie kulinarisch mehr als Farbgeber denn als Aroma eingesetzt.*

Saflor, Falscher Safran, Öldistel, Färbersaflor

## Aromatik

Da Saflor keine ätherischen Öle enthält, ist seine Aromatik recht einfach. Im Geschmack schlicht, leicht grasig und krautig, mit einem herben, zart bitteren Nachgeschmack.

## Beschreibung

Die Färberdistel zählt zur Familie der Korbblütler und ist von Ägypten und Vorderasien bis nach Mitteleuropa zu finden. Aufgrund ihrer ölhaltigen Samen wird sie meist als Ölpflanze kultiviert, aber auch als Färberpflanze ist sie sehr beliebt. Die distelähnliche, einjährige, krautige Pflanze bildet körbchenförmige Blütenstände mit bis zu 150 orangefarbenen Röhrenblüten, aus denen das rot färbende ***Carthamin*** und das gelb färbende ***Carthamidin*** gewonnen werden. Die wasserlöslichen Farbstoffe werden durch Auswaschen aus den Blüten gelöst und getrocknet. Mit dem damit gewonnenen Saflorrot lassen sich Seide, Wolle und

Baumwolle rosa, kirschrot, braunrot oder braungelb färben, der gelbe Farbstoff hingegen ist nicht lichtecht. Saflor wurde schon zu Zeiten der ägyptischen Pharaonen zur Färbung von Gewändern und Mumienleinwänden eingesetzt.

## Küchenpraxis

Die Farbstoffe der Färberdistel finden als Lebensmittelfarbstoff, etwa in Fruchtgummi, Verwendung. Zur Gewinnung des Färberdistelöls, das aufgrund seiner vielen essenziellen Fettsäuren als hochwertiges Speiseöl gilt, dienen ihre Samen. Da sein geschmacklicher Mehrwert jedoch eher zu vernachlässigen ist, ist der Einsatz von Saflor in der Küche nicht allzu weit verbreitet. In gewissen Regionen der Welt ist er als Farbgeber bei der Speisenzubereitung zwar häufig mit dabei, wird jedoch meist zusammen mit anderen, stärker geschmackgebenden Gewürzen kombiniert, etwa in deftigen Eintöpfen mit Hammel- oder Lammfleisch.

## Einkauf

In Gewürzläden sind oft die getrockneten Blütenblätter der Färberdistel, gewöhnlich unter dem Begriff Saflor, erhältlich.

## Heilwirkung

In Asien, besonders in China, gilt die Färberdistel als Arzneipflanze. Ihre Blütenblätter werden dort für Teeaufgüsse eingesetzt. Volksmedizinisch werden Verdauungsbeschwerden sowie Menstruations- und Klimakteriumsbeschwerden mit Saflor behandelt. Zur äußerlichen Anwendung kommt er bei Wunden, Entzündungen oder schmerzenden Gelenken. In den Himalaya-Regionen werden die Blüten außerdem als Räucherstoff verwendet.

## Wissenswertes

Nach Mitteleuropa kam Saflor mit den Römern, die ihre Blüten, oft gestreckt mit getrockneten Blütenblättern der Ringelblume, zum Färben von Speisen nutzten und die Früchte für medizinische Zwecke einsetzten.

### *Praxistipp!*

*Als ahnungsloser Reisender sollte man beim Besuch von Märkten in Kleinasien und Nordafrika aufmerksam sein, wenn einem besonders günstiger Safran angeboten wird: Dann handelt es sich nämlich nicht um echten Safran, sondern vermutlich um die orangefarbenen Blütenblätter der Färberdistel. Diese werden bei der Speisenzubereitung im Farbergebnis zwar ebenfalls Freude bereiten, können aber geschmacklich nicht einmal ansatzweise an die intensive Aromatik des teuersten Gewürzes der Welt heranreichen.*

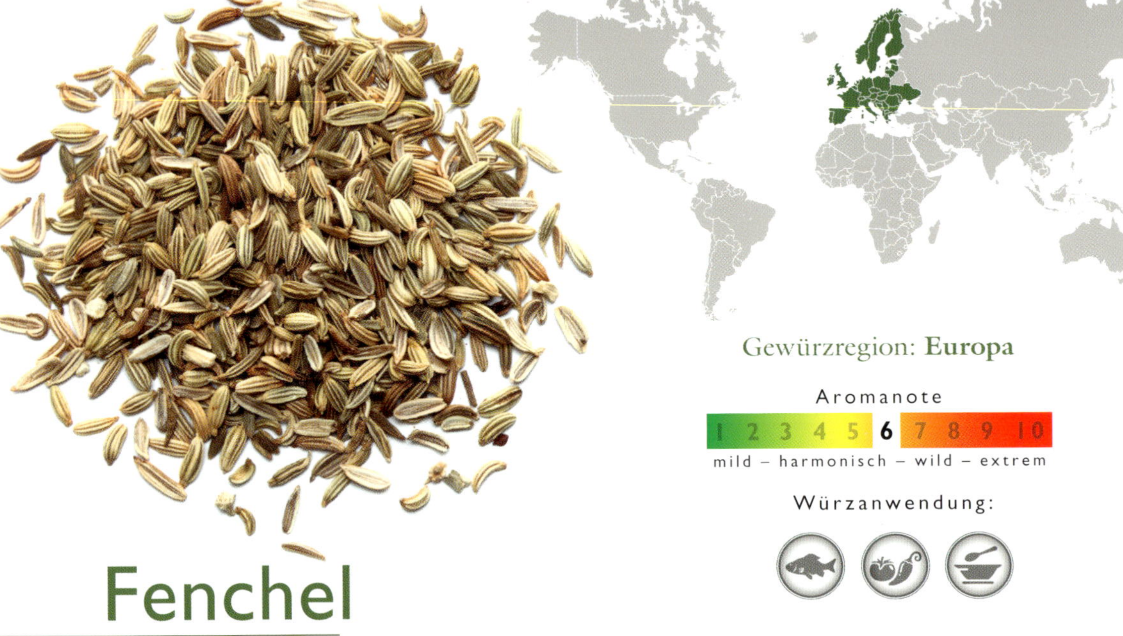


# Fenchel

*Foeniculum vulgare*

*In Asien schon seit dem Altertum eine geschätzte Gewürz- und Heilpflanze, heute in der ganzen Welt kultiviert.*

## Aromatik

Fenchel duftet sowohl als Gemüse wie auch als Gewürz zart süßlich mit lakritzeähnlichen Noten, milder jedoch als Anis. Frisch zerstoßene Samen verstärken den Anisduft, sind ätherisch frisch und betont süßlich, begleitet von einer herben, kampferähnlichen Aromatik. Durch schnelles Anrösten der Samen verstärken diese den ätherischen, leicht bitteren Geschmack und eignen sich damit besser zum Zerstoßen im Mörser oder in der Mühle.

## Beschreibung

Der Fenchel stammt aus der Familie der Doldenblütler und ist einer der wenigen gelb blühenden Doldenblütler. Seinen Ursprung hat er als Kulturpflanze in den mediterranen Regionen Mitteleuropas, heute findet man ihn als Gemüse-, Würz- und Heilpflanze auch in Asien oder in Amerika. Vom Fenchel gibt es drei Sorten, die sich vor allem in der kulinarischen Anwendung unterscheiden: ***Gemüsefenchel*** (auch Knollenfenchel), ***Gewürzfenchel*** (auch Süßfenchel) und ***Wilder Fenchel*** (auch Bitterfenchel). In der Kulinarik frisch eingesetzt wird vor allem der Gemüsefenchel, den man nicht des Krautes oder der Samen wegen pflanzt, sondern dessen Knollen man nutzt. Diese werden gerne roh als Salat oder gekocht als Gemüse gegessen und haben sich in den letzten Jahrzehnten aus der südeuropäischen Küche kommend auch nördlich der Alpen endgültig durchgesetzt. Als Gewürz geschätzt werden die Fenchelfrüchte des Gewürzfenchels, die gut mit dem Anis vergleichbar sind und oft als Mischung mit Anis und Kümmel angeboten werden. Sie sind reich an ätherischem Öl und aufgrund des süßlich-würzigen Aromas im süddeutschen Raum, in Österreich und in Italien vor allem im Schwarzbrot und in pikantem Gebäck wie den ***Pane Taralli*** (Fenchel-Kringel) sehr beliebt. Auch in eingelegtem Gemüse sollte der Fenchelsamen nicht fehlen.

## Küchenpraxis

Mit seinem lieblichen, anis- bis lakritzeartigen Geschmack ist Fenchel in der Kulinarik ziemlich einzigartig. Generell ist er ein ausgezeichnetes Kraut für Fischgerichte. Gemahlene Fenchelfrüchte können direkt auf den Fisch gegeben werden. Bereitet man einen Fisch im Ganzen zu, so arbeitet man entweder die ganzen Früchte oder feine Scheiben von Knollenfenchel in den Bauch des Fisches ein. Dabei harmoniert Fenchel optimal mit Limetten oder Zitronen, Pfeffer und Safran. Die Früchte sind außerdem eine Ergänzung bei deftigen Gerichten, gemahlen oder im Ganzen finden sie auch in Backwaren ihre Verwendung. Die Fenchelblätter wiederum, die weniger ätherische Öle als Samen und Knolle enthalten, machen sich zerkleinert fein in Suppen und deftigen Eintöpfen. Auch zum Garnieren von Salaten sind sie sehr gut geeignet.

## Einkauf

Knollenfenchel aus südländischen Glashauskulturen gibt es heute beinahe das ganze Jahr zu kaufen. Man kann sie gut im Gemüsefach des Kühlschranks lagern, wichtig ist dabei eine hohe Luftfeuchtigkeit. Auch die gefiederten Blätter, optisch der Dille ähnlich, können verwendet werden – am besten lagert man diese in einem feuchten Küchentuch ebenfalls im Kühlschrank. Trockenen Fenchel kauft man nur als Samen und lagert diese dunkel in einer gut verschließbaren Blechdose.

## Heilwirkung

Fenchel enthält viele ätherische Öle, Mineralsalze und die Vitamine A, B und C. Die Hauptanwendung von Fenchel liegt – vor allem als Sirup – im Bereich von Atemwegserkrankungen und leichter, krampfartiger Beschwerden in Magen und Darm. Fenchel wird gerne Verdauungstees beigemischt, um krampfartige Zustände zu mildern. Auch in Kindertees findet man Fenchelfrüchte, sie beruhigen und lösen Krämpfe, Husten oder Erkältungen. In der Volksmedizin gilt er als Muttermilch fördernd, was vor allem stillende Mütter schätzen.

## Wissenswertes

Als eines der ersten schriftlichen Fenchelrezepte gilt das ***Polli Infinocchiati***, das Huhn in Fenchel, von Ludovico Frati aus seinem ***Libro di cucina del secolo XIV***, dem Buch der Küche des 14. Jahrhunderts.

### *Praxistipp!*

*Eine Spezialität, selten genug findet man sie, sind Fenchelpollen des Wildfenchels. Dazu werden die gelben Blüten getrocknet und viele Male aufwendig gesiebt, bis die Pollen als das Gewürz der Engel übrig bleiben. Der Geschmack ist unverwechselbar ätherisch: Sie schmecken nach Fenchelsamen, sind aber feiner, zarter, eleganter und verzaubern mit Aromen von Lakritze, Anis oder Koriander.*

# Galgant

*Alpinia galanga et officinarum*

*Uralte asiatische Droge, angenehm im Geruch, kräftigend für Magen, Darm und Seele*

## Aromatik

Der Galgant hat ein einzigartig erdiges, würzig-harziges Aroma mit einer ausgewogenen Schärfe und kann gut als Pfeffer- oder Chiliersatz eingesetzt werden. Frisch geschnitten riecht der Galgant süßlich-apfelig mit kampferähnlichen Aromen. Am Gaumen zeigt er sich saftig, jedoch mit holzigem und fasrigem Fruchtfleisch. Getrocknet als Pulver riecht er holzig-bitter und aromatisch-herb, die schwach brennende Note erinnert an Ingwer. Geschmacklich erinnert getrockneter Galgant an ein süß-herbes Zimtpulver, jedoch mit deutlich mehr Schärfe.

## Beschreibung

Wie die nahen Verwandten Ingwer und Kurkuma gehört der Galgant ebenfalls zur Familie der Ingwergewächse, im Speziellen zur großen Gattung Alpinia, die mit über 230 Arten zur vielfältigsten in der Familie der Ingwergewächse zählt. Generell ist der Galgant eine krautige Pflanze mit einer Wuchshöhe von bis zu zwei Metern, auch er bildet das gelbliche, holzige ***Rhizom***, einen Erdspross, ähnlich einem Wurzelstock; allerdings fehlen die typischen Merkmale eines Wurzelsystems mit rosafarbenen Seitensprossen. Die Botanik unterscheidet zwei Arten von Galgant, wobei beide als Gewürz- und Heilpflanze verwendet werden und vor allem der Große Galgant für Heilkräuter in Arzneibuchqualität genutzt wird:

***Echter Galgant*** (Alpinia officinarum), auch Galgantwurzel oder Siam-Galgant genannt. Er stammt zum Großteil aus der südchinesischen Provinz Hainan.

***Großer Galgant*** (Alpinia galanga), auch Thai-Ingwer oder Blue Ginger genannt. Er stammt aus Indien, Myanmar, Thailand, Malaysia, Indonesien oder Vietnam.

## Küchenpraxis

Wegen seiner botanischen Nähe zu Ingwer wird Galgant oft durch diesen ersetzt, womit man dem Galgant unrecht tut. Aufgrund seiner einzigartigen Aromatik sollte man in Rezepten unbedingt das Original einsetzen – so etwa in der thailändischen Kokossuppe Tom Kha Gai, heißt die Zutat ***Kha*** doch genau Galgant. Er ist ein Geschmacksträger und – da er oft in dick geschnittenen Scheiben als Zutat eingesetzt wird, wodurch er hart und unkaubar ist – nicht immer für den Verzehr gedacht. Schneidet man ihn jedoch fein, ist er hervorragend zum Essen geeignet. Galgant wird frisch oder getrocknet verwendet. Frischer Galgant kann geschält, gehackt oder eben in Scheiben geschnitten werden. Getrockneter Galgant sollte gut verschlossen und dunkel aufbewahrt werden, dann kann er bis zu einem Jahr gelagert werden.

## Einkauf

Der Dominanz von Ingwer ist es geschuldet, dass frischer Galgant in Westeuropa eher selten vorkommt und wenn, dann in Asialäden als Rhizom oder als Pulver.

## Heilwirkung

Beim Galgant gilt das ***Gingerol*** als wichtigste Komponente der Pflanzenheilkunde. Neben der Anregung der Verdauung wirken die Inhaltsstoffe krampflösend und entzündungshemmend. Damit bietet sich eine optimale Anwendung bei Appetitlosigkeit, Verdauungsbeschwerden, Blähungen oder krampfartigen Beschwerden im Magen-Darm-Bereich. Die traditionelle asiatische Medizin empfiehlt Galgant besonders wegen der stark wärmenden Wirkung zur Behandlung von „kühlen" Magen-Darm-Erkrankungen durch zu viel kaltes Essen und Trinken.

## Wissenswertes

Der Galgant gilt als das bedeutendste Gewürz der ***Hildegard-von-Bingen-Küche***. Eine richtige Galgant-Pulvermischung nach Bingen enthält folgende Zutaten: Galgant, Fenchelsamen, Muskatnuss und Bertramwurzel. Zu feinem Pulver zerstoßen und vermischt soll man davon täglich vier Gramm auf nüchternen Magen mit einem Bissen Brot zu sich nehmen. Es hilft bei starker Verschleimung der Atemwege und rauer Stimme, begleitet von schlechtem Geschmack im Mund.

### *Praxistipp!*

*Zur Anwendung in der Küche passen grundsätzlich beide Galgantarten, geschält, geschnitten oder als Gewürzpaste auch püriert – und einmal angeschnitten kann man die frischen Rhizome in Folie gewickelt gut einige Wochen im Kühlschrank lagern. Auch das Pulver ist gut einsetzbar, wobei es sich in der Aromatik dank der zimtigen Noten deutlich vom frischen Galgant unterscheidet.*

# Gewürznelke

## *Syzygium aromaticum*

*Eine wahre Kostbarkeit von den indonesischen Gewürzinseln mit einer jahrtausendealten Geschichte.*

### Aromatik

Die kleinen, braunen Köpfchen schmecken intensiv süß, warm, rund und leicht pfeffrig, der Stängel selbst wirkt dagegen fast ein wenig bitter. Zerbeißt man Nelken im Mund, entsteht ein würziger, scharf-brennender Geschmack, der ein leichtes Taubheitsgefühl hinterlässt – ein ähnliches Gefühl wie bei Szechuanpfeffer. Besonders fein wird das Aroma bei im Mörser zu Pulver gemahlenen Nelken, die dann geschmacklich stark in die zimtige Richtung gehen.

### Beschreibung

Die Gewürznelken sind stark duftende, zartbrennende, zuweilen auch scharf schmeckende, getrocknete Blütenknospen des ursprünglich auf den indonesischen Molukken (Gewürzinseln) beheimateten Gewürznelken-Baums, einer Pflanzenart der Myrtengewächse. Die Bezeichnung Nelke stammt von der an Nägel erinnernden Form der Knospen, vom mittelniederdeutschen ***negelken*** für Nägelchen. Vereinzelt ist im deutschen Sprachraum auch noch die Bezeichnung ***Nägeli*** geläufig.

Im südostasiatischen Raum kannte man Nelken als Gewürz schon lange vor Christi Geburt, ebenso wird von Nelkenketten als Beigabe alter ägyptischer Grabstätten berichtet. Die sonst über Gewürze sehr gut informierten Römer wussten mit den Nelken offenbar wenig anzufangen, lediglich ***Plinius*** beschreibt sie als ***pfefferähnliches Korn***. Nach Nordeuropa fanden die Nelken erst über den Weg der späten Römer aus dem Byzantinischen Reich, zumal sie bereits unter Karl dem Großen bekannt waren und aufgrund ihrer von der Heilkunst hochgeschätzten Wirkung sogar mit Gold aufgewogen wurden. Der Nelkenhandel lag durch das gesamte Mittelalter in den Händen der Araber, bis sich im 16. Jahrhundert die Portugiesen und später die holländischen Kolonialherren, die die Knospen hauptsächlich aus Indonesien verschifften, der Nelken bemächtigten. Und auch heute noch werden Gewürznelken in Amsterdam und Rotterdam umgeschlagen. Angebaut werden sie vor allem in Brasilien, auf Madagaskar oder auf Pemba Island, woher der größte Anteil am Weltverbrauch stammt.

## Küchenpraxis

Aufgrund der fulminanten Würzkraft braucht man meist nur wenige ***Nägelchen***. Klassisch ist ihr Einsatz in Getränken, vom Glühwein bis zum indischen Chai Tee, sowie als typisches Lebkuchengewürz in der Weihnachtsbäckerei. Da sie schwer Verdauliches bekömmlicher machen und den Stoffwechsel anregen, werden Gewürznelken bei deftigem Essen wie Rot- und Sauerkraut oder auch Wild eingesetzt. Ihr Aroma passt wunderbar zu Fisch, hellem Fleisch und bereichert Saucen sowie Marinaden.

## Einkauf

Nelken sollte man als ganze Knospen kaufen und frisch vor der Anwendung zu Pulver mahlen. Gute, frische Nelken erkennt man daran, dass sie sich leicht fettig anfühlen und etwas Öl absondern, wenn man den Stiel leicht eindrückt. Hochwertige, frische Nelken sinken in Wasser ein oder stellen sich zumindest senkrecht mit dem Köpfchen nach oben auf. Schlechte, entölte und ausgetrocknete Nelken schwimmen waagerecht auf der Wasseroberfläche.

## Heilwirkung

Bestimmend für das intensive Nelkenaroma sind die enthaltenen ätherischen Öle mit einem Anteil von bis zu 25 Prozent. Das Hauptöl, ***Eugenol*** oder ***Nelkenöl*** genannt, wirkt keimtötend, schmerzstillend und betäubend, weshalb das Kauen von Gewürznelken als altes Hausmittel gegen Zahnschmerzen und Mundgeruch bekannt ist. In der in Gewürzmischungen üblichen Menge ist es dem Magen zuträglich, gegen Völlegefühl und für die Verdauung förderlich. Auch wirken Gewürznelken beruhigend und antidepressiv – ein Grund, warum sie gerade im Winter gerne eingesetzt werden.

## Wissenswertes

Das Nelkenöl ist bestimmendes Element der Nelkenzigaretten, der indonesischen ***Kreteks***. Sie beinhalten neben Tabak geschrotete Gewürznelken und sind mit Kräuter- und Fruchtextrakten aromatisiert. Zur Zeit ihrer Erfindung um 1880 sollte das Nelkenöl tatsächlich Asthma lindern, was zum weltweiten Siegeszug der Nelkenzigaretten führte. Heute ist jedoch allgemeinhin bekannt, dass Nelkenzigaretten genauso gesundheitsschädlich sind wie herkömmliche Tabakprodukte.

***Praxistipp!***

*Meistens werden Nelken mitgekocht, vor dem Genuss jedoch wieder aus der Speise entfernt – das Zerbeißen einer Gewürznelke wird eher als unangenehm empfunden. Wer es in der Küche praktisch bevorzugt, füllt die Nelken gemeinsam mit anderen harten, ungenießbaren Gewürzstücken in ein Gewürzsäckchen oder Tee-Ei, das man mitkocht und im Anschluss wieder entfernt.*

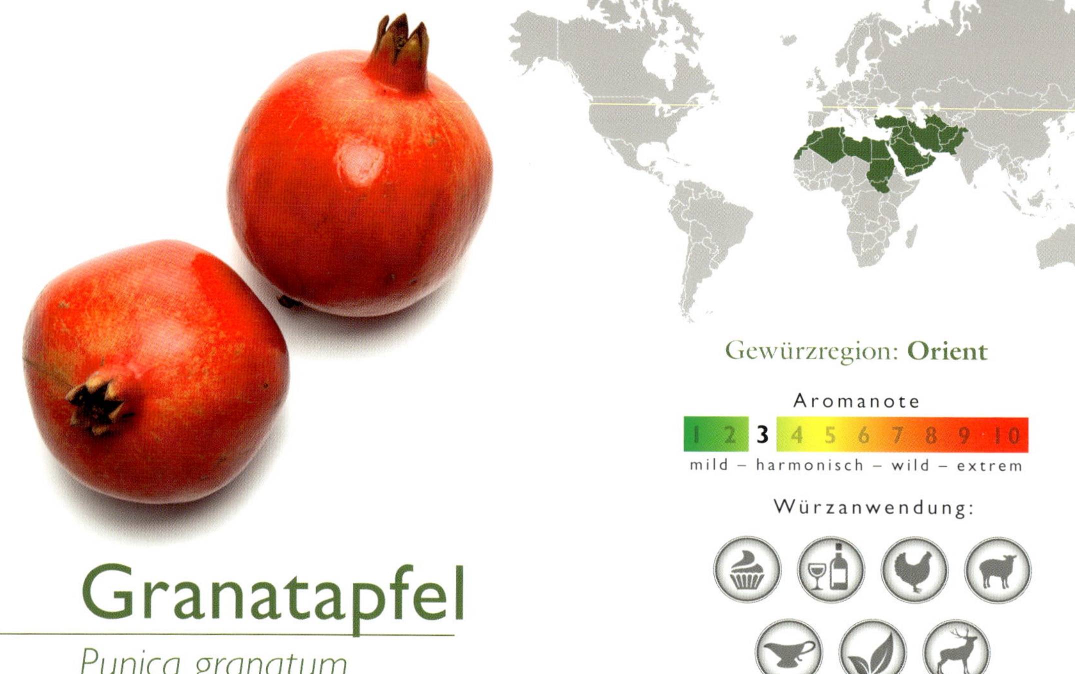


# Granatapfel

*Punica granatum*

*Das Symbol der Fruchtbarkeit und Liebe ist ein wertvoller Aromageber in der Küche.*

Echte Granate, Granatbaum, Grenadine

## Aromatik

Die Kerne und der Saft des Granatapfels weisen ein fruchtig-saures Aroma mit herber Süße auf, der charakteristische Geschmack harmoniert hervorragend mit Wildfleisch.

## Beschreibung

Der Granatapfel ist der Familie der Weiderichgewächse zuzuordnen und gedeiht als sommergrüner Baum, wobei er oft als Strauch kultiviert wird. Seine Wuchshöhe beträgt bis zu fünf Meter. Er ist verbreitet in West- bis Mittelasien zu finden, wird aber auch im Mittelmeerraum angebaut. Die Frucht selbst hat einen Durchmesser von bis zu zwölf Zentimetern, ist kugelig und apfelähnlich, mit ledriger Haut, anfangs grün, später orangerot bis rot-braun. Das Fruchtfleisch ist weder fleischig noch verholzt es. Eine einzelne Frucht kann in den in ihrem Inneren enthaltenen Kammern bis zu 400 Samen hervorbringen, die gelblichweiß oder rosa bis rubinrot sind. Sie wird zwischen September und Februar geerntet. Da die Früchte nach der Ernte nicht mehr nachreifen, spricht man von einer nichtklimakterischen Frucht.

## Küchenpraxis

Wer den wahren Schatz des Granatapfels, seine Kerne, kulinarisch verwenden will, muss sich vorerst durch die ledrige Schale der Frucht arbeiten. Der Granatapfel kann horizontal halbiert werden, allerdings besteht hierbei die Gefahr, viele Samen durchzuschneiden, was jedoch aufgrund der Optik unerwünscht ist. Möglich ist auch, die Schale ähnlich einer Orange einzuritzen und die Frucht dann sternförmig zu zerbrechen. Schließlich können die Samen, die fleischig ummantelt sind, mit den Fingern oder einem Löffel herausgelöst werden. Außerdem lassen sich die Kerne durch das Schlagen auf die Außenschale einer halbierten oder geöffneten Frucht lösen. Eine andere Möglichkeit ist, die beiden Kappen zu entfernen und dann den Granatapfel in einer Schüssel Wasser, quasi untergetaucht, von der Schale zu befreien. So vermeidet man ungewünschte Flecken auf der Kleidung, die nur schwer zu entfernen sind. Jedenfalls gibt es eine Vielzahl von Tricks zur Freilegung der Kerne. Granatapfel passt hervorragend zu Wild, Geflügel, aber auch zu Obstsalaten. Der aus ihm gepresste Saft wird als flüssiges ***Superfood*** gehandelt, in manchen Ländern wird daraus auch Granatapfelwein hergestellt.

## Einkauf

Frische Granatäpfel erhält man, je nach Herkunftsland, immer häufiger und das ganze Jahr über. Der Presssaft der Frucht ist in jedem gut sortierten Supermarkt ebenfalls ganzjährig erhältlich. In Gewürzläden und Ethnoshops finden sich als Küchenzutaten außerdem geschälte, teils sogar gewaschene Granatapfelkerne oder auch Granatapfelpulver.

## Heilwirkung

Der Granatapfel ist wohl eine der ältesten Heilfrüchte des Menschen. Aufgrund seines hohen Eisen-, Kalzium-, Kalium- und Vitamin-C-Gehalts ist seine Heilwirkung auf den menschlichen Körper als positiv zu bezeichnen. Man sagt ihm nach, das Gedächtnis zu verbessern, seine antioxidativen Wirkungen und damit sein vorteilhafter Effekt auf das menschliche Herz-Kreislauf-System sind erwiesen. Dabei ist der Anteil der Antioxidantien in der Schale am höchsten. Der Granatapfel verfügt, im Vergleich zu Rotwein oder Heidelbeeren, über besonders viele ***Polyphenole***, die für den positiven gesundheitlichen Effekt verantwortlich sein können. Auch in der Naturheilkunde hat er in Form von Tees, Lotionen und Cremes seinen fixen Platz.

## Wissenswertes

Schon bei den alten Römern war die Frucht als ***Punischer Apfel*** bekannt, was deutlich macht, dass man den Granatapfel über das in Nordafrika beheimatete Volk der Phönizier kennengelernt hatte. Im botanischen Namen ***Punica*** spiegelt sich diese Quelle ebenfalls wider. Der Granatapfel galt in dieser Zeit aufgrund seiner vielen Samen als Symbol der Fruchtbarkeit, aber auch für Macht (***Reichsapfel***), Blut und Tod. Bis hinein ins Christentum steht der Granatapfel symbolsprachlich für die Kirche als Ekklesia, als Gemeinschaft der Gläubigen. Er symbolisiert auch den Priesterstand, weil er in seiner harten Schale (die Askese des Priesterstandes) reiche Frucht trägt.

***Praxistipp!***

*Man kann getrocknete Granatapfelkerne auch gut im Mörser zerreiben, um sie über indische Gemüse- und Hülsenfrüchtecurrys zu streuen. Je nach Herkunft und entsprechender Sorte schmecken sie dann süß, süß-sauer oder nur sauer.*

# Haselnuss

*Corylus avellana*

*Eines der ältesten Nahrungsmittel der Welt – besaß schon zur Steinzeit hohen Stellenwert.*

Gemeine Hasel, Haselstrauch, Haselbaum, Nussbusch

## Aromatik

Die Haselnuss verbreitet bereits im frischen Zustand ihre typischen fruchtig-erdigen Nussnoten mit zart grasig-blättrigen Anklängen. Beim Rösten verstärken sich diese Aromen, der süßlich-pilzige Charakter mit den bekannt schokoladigen Verbindungen baut sich stark auf.

## Beschreibung

Der Haselnussstrauch gehört zur Familie der Birkengewächse und ist in ganz Europa und Kleinasien seit Jahrtausenden für die essbaren Nüsse bekannt. Der Großteil der heute im Handel erhältlichen Haselnüsse stammt jedoch von der ***Lambertshasel*** (Corylus maxima), einer genetisch eng verwandten Variante der gemeinen Hasel, die sich nur im Wuchs und nicht im Geschmack der Nüsse unterscheidet. Die wichtigsten Haselnussexporteure sind die Türkei und Italien, wobei die türkische Haselnussernte mit einem Anteil von über 70 Prozent der Weltproduktion den Preis bestimmt.

Die Kelten und die Wikinger sagten der Haselnuss weissagende Kräfte nach, noch heute verwendet man das Holz des Strauches zur Herstellung von Wünschelruten. Die Hasel im Garten soll vor Blitzschlag, Unwetter, wilden Tieren, bösem Zauber, vor Krankheiten und sogar vor dem Tod schützen.

## Küchenpraxis

Die Nuss hat primär in der süßen Küche, bei Desserts, im Joghurt oder als Eiscreme, aber auch beim Backen von Keksen und Kuchen einen fixen Platz. Dabei werden hauptsächlich gemahlene Haselnüsse eingesetzt, die Mehl oder Stärke ersetzen können und den Teig besonders aromatisch und saftig machen. In gehackter Form eignen sich Haselnüsse zum Verfeinern und Bestreuen von Kuchen, Desserts und zum Veredeln von Saucen, Fisch-, Pilz- und Gemüsegerichten. Außerdem sind sie eine beliebte Knabberei und finden sich in Nussmischungen oder im Studentenfutter wieder.

## Einkauf

Bei Haselnüssen verhält es sich ähnlich wie bei Mandeln oder anderen Nüssen: je frischer die Frucht, umso aromatischer. So gibt es heute regionale Anbieter, die Haselnüsse frisch geknackt oder schonend getrocknet verkaufen. In verarbeitetem Zustand trifft man auf gehackte, geriebene oder gemahlene Varianten, die jedoch rasch zu verwenden sind.

## Heilwirkung

Die Haselnuss ist grundsätzlich kalorienreich, die essbaren Teile enthalten etwa 60 Prozent Öl, aber auch wertvolle B-Vitamine sowie Mineralstoffe und Spurenelemente. Sie stärkt Nerven, Herz und Kreislauf und beugt Krebs und Herzinfarkt vor. Außerdem gilt die Haselnuss als Aphrodisiakum, ist sie doch seit jeher das Symbol für Fruchtbarkeit und sexuelle Kraft.

## Wissenswertes

Eine der bekanntesten Anwendungen der Haselnuss ist die besonders bei Kindern beliebte Nougatcreme. Der süße Brotaufstrich ähnelt dem echten Nougat, zugesetztes Pflanzenfett macht die Creme schön streichfähig. Das Fett dient dabei vor allem als Lösungsmittel für die nussig-röstigen Haselnussaromen. Bei ***echtem, dunklem Nougat*** hingegen wird aus gemahlenen Haselnüssen mit Puderzucker, Kakaobutter, Kuvertüre, Vanillin und Milchpulver eine homogene Rohmasse ähnlich dem Marzipan gebildet. Wenn diese kühler wird, erstarrt sie und das Nougat kann plattiert und geschnitten werden. Dunkler Nougat lässt sich in Geschmack und Konsistenz unterscheiden. Ein hoher Haselnussanteil mit über 30 Prozent, eine frische Röstung und die Verwendung von hochwertigen Haselnüssen der aktuellen Ernte sind Qualitätsindikatoren, ebenso wie der Grad der Zerkleinerung.
Dass es grundsätzlich ohne Nüsse kein Nougat geben würde, steckt vielleicht schon im Namen. Das Wort ***Nougat*** stammt aus dem Französischen und wurde vom galloromanischen ***nogat*** entlehnt, eine Ableitung von ***noga*** für Nuss, der lateinischen ***nux***. Dabei wird grundsätzlich zwischen dunklem Nougat mit Kakao und weißem Nougat ohne Kakao unterschieden. ***Weißer Nougat***, auch Türkischer Honig genannt, wird aus Mandeln und Pistazien gefertigt und ist mit dunklem Nougat nicht verwandt.

***Praxistipp!***
*Die Haselnuss ist auch in Form des Haselnussöls verfügbar – ein hervorragender Geschmacksträger für pikante Speisen. Es passt perfekt in Dressings für Salate oder in Gemüseaufläufe, verfeinert Fisch- oder Fleischgerichte und rundet Saucen geschmacklich ab. Auch auf Käse geträufelt entfaltet es sein besonderes Aroma.*

# Heidelbeere

## *Vaccinium myrtillus*

*Die süß-säuerliche Beere ist nicht nur für die süße Speisenzubereitung spannend, sondern auch in der pikanten Küche eine Bereicherung.*

Blaubeere, Schwarzbeere, Waldbeere, Wildbeere

### Aromatik

Während Kulturheidelbeeren geschmacklich eher unspezifisch sind, verströmen Heidelbeeren aus dem eigenen Garten oder wild gewachsen in der freien Natur sofort einen süßlich-fruchtigen Geruch. Ihr Geschmack ist süß-säuerlich und adstringierend, da die enthaltenen Gerbstoffe ein besonderes Mundgefühl erzeugen, das durch das Zusammenziehen des weichen organischen Gewebes entsteht.

### Beschreibung

Die zur Familie der Heidekrautgewächse zählende Heidelbeere gedeiht als blauschwarz gefärbte Beere auf sommergrünen, bodendeckenden Zwergsträuchern, die im Winterhalbjahr ihre Blätter abwerfen. Es gibt in dieser Gattung mehrere Arten, wobei die in Europa wild wachsende die eurasische Heidelbeere ist. Sie wächst auf humusreichen Böden im Halbschatten im Wald, an Wald- und Wiesenrändern und trägt über den Sommer, meist von Juli bis September, ihre schwarzblauen Beeren. Wild wachsende Beeren sind zwar viel kleiner, aber geschmacksintensiver als gezüchtete Heidelbeeren. Die im Handel erhältlichen Kulturheidelbeeren stammen nicht von der in Europa heimischen Heidelbeere ab, sondern von nordamerikanischen Arten wie der ***Amerikanischen Heidelbeere***. Die Zuchtbeeren sind markant größer und süßer sowie länger lagerfähig, haben allerdings im Gegensatz zu den Wildfrüchten viel weniger Aroma und Gerbstoffe.

## Küchenpraxis

Frische Heidelbeeren sind wegen der Mineralstoffe, Vitamine und Fruchtsäuren ein empfehlenswertes Obst, das sich auch zur Herstellung von Säften und Marmeladen eignet. Die Beeren selbst werden sowohl in der süßen als auch – seltener – in der pikanten Küche eingesetzt. Sie veredeln Torten, Kuchen und Muffins, können in Joghurts eingerührt oder zu Cremes und Eis verarbeitet werden. Ungewöhnlicher ist eine Beigabe der Beeren in Salate, Saucen oder als süß-säuerlicher Aromageber bei Wild, Huhn oder anderem Fleisch.

## Einkauf

Frische Heidelbeeren erhält man als Importware fast das ganze Jahr über. Dabei handelt es sich stets um gezüchtete Beeren. Selbst innerhalb der hiesigen Frischesaison, von Juli bis September, gibt es kaum mehr wild wachsende Heidelbeeren auf dem Markt zu kaufen. Auch bei den Kulturheidelbeeren sollte man auf eine pralle Optik achten; die Haut muss glatt und nicht verschrumpelt sein. Tiefgefroren stehen Heidelbeeren ganzjährig im Handel zur Verfügung, in getrockneter Form findet man die Heidelbeere, etwa für Teeaufgüsse, in Reformläden.

## Heilwirkung

Heidelbeeren sind wahre Vitaminbomben, besonders reich an Vitamin C sowie an den Vitaminen A, B6, B9 und E, und echte Gesundmacher. Neben der frischen Frucht werden sie in der Volksheilkunde vor allem in getrockneter Form verwendet. Man schwört auf getrocknete Heidelbeeren oder den mit Rotwein angesetzten Heidelbeerwein als Mittel gegen Durchfall, die frischen Früchte wirken in größeren Mengen hingegen abführend. Für frische Heidelbeeren wird zudem eine positive Wirkung bei venösen Durchblutungsstörungen und Schweregefühl in den Beinen genannt, neueste Untersuchungen zeigen bei leicht erhöhtem Blutdruck sogar eine geringe Senkung der Blutdruckwerte.

## Wissenswertes

Im Sommer in freier Natur Heidelbeeren zu pflücken, ist ein Freizeitspaß für die ganze Familie. Aufgrund der immer wieder auftretenden Warnungen von einer möglichen Anhaftung von Eiern des Fuchsbandwurmes sollte man selbst gepflückte Beeren jedoch nicht roh essen und sie vor dem Genuss zumindest waschen, besser noch kochen.

### *Praxistipp!*

*Frisch geerntete Heidelbeeren halten zwar nur relativ kurz, dafür färben sie Zähne und Mund schwarzblau. Das Phänomen wird durch die enthaltenen pflanzlichen Farbstoffe Anthocyanidine ausgelöst, was jedoch bei im Supermarkt gekauften Kulturheidelbeeren kaum festzustellen ist. Umso amüsanter ist dies für die Kinder, und mit einer Zitrone lässt sich die Färbung rasch wieder beseitigen.*

# Ingwer

*Zingiber officinale*

*Zauberdroge aus Asien, gleichermaßen als Küchengewürz und als Heilmittel geschätzt.*

## Aromatik

So wenig Aromatik der Ingwer im ungeschälten Zustand unter seiner silbrig glänzenden Schale vermuten lässt, so viel erlebt man dann, wenn man ihn frisch aufschneidet: in der Nase herrlich zitronig mit typischen Eukalyptusnoten, am Gaumen betont aromatisch, apfelig, brennend scharf und würzig. Dazu trägt vor allem das Gingerol bei, eine scharf aromatische Substanz. ***Gingerol*** verhält sich ähnlich wie Capsaicin der Chili, es ist nicht flüchtig und reizt direkt auf der Zunge und am Gaumen, was als scharf oder heiß wahrgenommen wird.

## Beschreibung

Ingwer ist eine ausdauernde krautige Pflanze mit Wuchshöhen von bis zu 150 Zentimetern; der dicke Stängel und die langen Laubblätter geben ihr eine schilfartige Optik. Kulinarisch verwendet wird ein verzweigtes ***Rhizom***, das horizontal in der Erde wächst und innen gelblich und sehr aromatisch ist. Ein Rhizom ist ein Erdspross, der zwar fälschlicherweise oft auch Wurzelstock genannt wird, jedoch nicht die typischen Merkmale eines Wurzelsystems aufweist.

## Küchenpraxis

Der zitrusartige, brennende Geschmack von Ingwer ist bei der Speisenzubereitung vielseitig anwendbar. Vor allem in der chinesischen, karibischen und indischen Küche ist er unverzichtbar. Auch in Currys ist er als fein-scharfes Gewürz fixer Bestandteil. Nutzt man ihn frisch, gilt es, zuerst die Erhebungen an seiner Oberfläche abzuschneiden und ihn dann mit einem Messer oder Sparschäler zu schälen. Nun schneidet man ihn entlang der Faser in dünne Scheiben und diese wiederum, wenn gewünscht, in feine Stifte und danach in kleine Würfel. Eine andere Möglichkeit ist, den Ingwer zu reiben – das funktioniert am besten mit der Küchen- oder einer speziellen Ingwer-Reibe, die man in Asialäden bekommt. Ob frisch, getrocknet oder gemahlen, Ingwer passt ganz wunderbar in Kuchen und Kekse oder Saucen, Suppen, Gemüse und Fleischgerichte. Sehr delikat ist Ingwer außerdem in kandierter oder in Sirup eingelegter Form. Letzteres harmoniert, genau wie ein Fruchtchutney mit Ingwer, hervorragend mit Käse. Über die Frage, Ingwerstückchen am Ende der Garzeit aus Suppen oder Saucen wieder zu entfernen, scheiden sich die Geister – dies bleibt letztendlich dem eigenen Geschmack überlassen.

## Einkauf

In Westeuropa kaum erhältlich ist der ***grüne Ingwer,*** der junge, nach rund acht Monaten geerntete Ingwer. Dieser in der indischen Küche eingesetzte Ingwer ist noch zart und dezent scharf. Erst nach weiteren acht bis zehn Monaten Wachstum wird mit der Ernte des echten Gewürzingwers begonnen. Wie so oft bei Gewürzen gilt auch beim Ingwer: je frischer verarbeitet, umso besser. Idealerweise zerreibt man ein geschältes Ingwerstück auf der Küchenreibe oder schneidet die Knolle in feine, kleine Stücke und verwendet den Ingwer direkt im Kochprozess. Wobei es für praktisch orientierte Menschen Ingwer auch getrocknet als Chips oder in Stückchen und natürlich als Pulver zu kaufen gibt. Ähnlich zur Chili kann man den Ingwer auch selbst recht einfach trocknen, dünn aufgeschnitten im Backrohr bei niedriger Temperatur. Damit hat man Ingwer ebenfalls als Trockengewürz bei der Hand, auch als Zutat einer scharfen Gewürzmischung, gemeinsam mit Salzflocken, Knoblauch und Chiliflocken.

## Heilwirkung

Ingwer enthält verdauungsfördernde, magenstärkende, appetit- und kreislaufanregende Stoffe sowie Vitamin C und eine Vielzahl an Mineralstoffen. Generell werden dem Ingwer antioxidative, entzündungshemmende und anregende Effekte auf die Magen- und Darmfunktionen zugesprochen, er wirkt vor allem Wunder bei Übelkeit und Erbrechen. Kein Wunder also, dass besonders südasiatische Regionen mit ihrer instinktiven Vorliebe für magen- und darmbekömmliche Gewürze auch eine Liebe zum Ingwer haben. Und traditionellen Überlieferungen zufolge gibt es kein besseres Mittel gegen Seekrankheit als das Kauen einer Ingwerwurzel. Die traditionelle asiatische Medizin verwendet Ingwer auch zur Behandlung von Rheuma, Muskelschmerzen und Erkältungen, so findet sich Ingwer aufgrund seiner wärmenden Wirkung in fast allen Erkältungstees – ergänzend dazu sei angemerkt, dass sich Ingwertee aus heißem Wasser mit einem frisch geschälten Stück Ingwer und einer halben

Zitrone oder Limette recht einfach selbst zubereiten lässt. Bei jedem Anflug von Halsschmerzen oder Husten regelmäßig ein kleines Stück frischen Ingwer zu kauen, beruhigt den Rachen und unterstützt das Bemühen, die Symptome verschwinden zu lassen. Einer Studie der US National Library of Medicine zufolge wirkt Gingerol ähnlich wie Acetylsalicylsäure und hilft, leichte Entzündungen oder Kopfschmerzen zu lindern. Doch wie so oft macht auch beim Ingwer die Dosis das Gift, zuviel vom Gewürz kann zu Blähungen, Durchfall oder Sodbrennen führen.

## Wissenswertes

Als Gewürz und Heilpflanze wird Ingwer vor allem in Asien schon seit Jahrhunderten verwendet, vermutlich stammt er aus dem südchinesischen Raum. Bis zur Einführung der südamerikanischen Chilis nach ihrer Entdeckung durch Christoph Kolumbus war Ingwer neben Pfeffer das einzige verfügbare scharfe Gewürz Asiens und zählt bis heute zu den wichtigsten Gewürzen typischer ***Masalas***, den Gewürzzubereitungen der indischen Küche. Auch bei den alten Römern war Ingwer beliebt, galt jedoch aufgrund der schwierigen Beschaffungsmöglichkeiten als eines der teuersten Gewürze.

Probleme mit dem Ingwer hatte hingegen eine der bekanntesten Gelehrten des Mittelalters, die Äbtissin Hildegard von Bingen. Während sie den nahe verwandten Galgant als Gewürz des Lebens einstufte, empfahl sie die Anwendung von Ingwer nur bei kranken Menschen. Ingwer soll in die Psyche des Menschen eingreifen, was nicht immer zum Nutzen sei. Ingwer zu essen, schade demnach einem gesunden und beleibten Menschen, weil er diesen unkonzentriert, vergesslich und lasziv macht. Sie empfahl ihn folglich nur als in Maßen gehaltenen Zusatz von Speisen. Heute weiß man, dass Hildegard von Bingen im Fall des Ingwers ausnahmsweise falschlag. Ingwer hat eine anregende Wirkung auf den Kreislauf und die Durchblutung, wodurch beispielsweise die Konzentrationsfähigkeit steigen kann. Der wahre Grund für die ablehnende Haltung zu Ingwer könnte jedenfalls in seiner anregenden Wirkung liegen. Hildegard von Bingen war als Ordensfrau dem Keuschheitsgelübde verpflichtet und könnte schlichtweg Probleme mit der aphrodisierenden Wirkung von Ingwer gehabt haben.

***Praxistipp!***

*Dass man Ingwer nicht nur als Gewürz kulinarisch einsetzen kann, hat der deutsche Uhrmacher Jacob Schweppe 1783 mit der Erfindung von Ginger Ale bewiesen, einer alkoholfreien Bitterlimonade aus Sodawasser und natürlichem Ingweraroma. Anfangs nur für medizinische Zwecke patentiert, wurde das Getränk vor allem am englischen Markt unter dem Namen Schweppes ein Erfolg.*

Gewürzregion: **Schwarzafrika**

Aromanote

1 2 3 4 5 6 7 **8** 9 10

mild – harmonisch – wild – extrem

Würzanwendung:

# Kaffeebohne

*Arabica-Kaffee (Coffea arabica), Robusta-Kaffee (Coffea canephora)*

*Die belebenden Bohnen überzeugen durch ihr kräftiges Aroma nicht nur als Getränk, sondern auch als Gewürz.*

## Aromatik

Ungeröstete Kaffeebohnen riechen sortenunabhängig zumeist grasig-grün und erdig, wobei die intensive ***Arabica-Bohne*** die deutlich duftigere und blumigere Aromatik entwickelt als die herbe ***Robusta-Bohne*** mit ihrer erdigen, trockenen, leicht muffigen Note. Da Kaffeebohnen roh ungenießbar sind, ist in jedem Fall eine Röstung notwendig. Diese verändert jedoch die aromatischen Eigenschaften der Bohnen individuell stark. Im Optimalfall versprühen geröstete Kaffeebohnen ein süßliches, schokoladiges Aroma mit frisch-fruchtigen, wohlschmeckenden Noten. Bittere oder verbrannte Töne sind in jedem Fall unerwünscht.

## Beschreibung

Botanisch betrachtet sind Kaffeebohnen die Samen der Kaffeepflanze, die zur Familie der Rötegewächse zählt. Obwohl mehr als 120 Arten in der Pflanzengattung bekannt sind, haben die Sorten Arabica und Robusta weltweit die größte Verbreitung. Die Pflanze selbst ist ein immergrüner Baum oder Strauch mit einer Höhe von bis zu vier Metern. Ihre kleinen, weißen Blüten betören mit einem wohlriechenden Duft nach Jasmin. Die Früchte des Kaffeebaums sind rote, kirschähnliche Steinfrüchte, auch als ***Kaffeekirschen*** bekannt. Sie enthalten meist zwei Steinkerne, in deren Inneren sich der Samen, umgangssprachlich ***Kaffeebohne*** genannt, befindet. Um daraus das Getränk Kaffee zu gewinnen, werden die Bohnen nass oder trocken aufbereitet und im Anschluss geröstet.

## Küchenpraxis

Kulinarisch ist es sehr spannend, einerseits die gemahlene Kaffeebohne und andererseits das fertige Kaffeegetränk bei der Speisenzubereitung einzusetzen. Dabei ist nicht nur das Abrunden und Aromatisieren süßer Gerichte möglich, sondern auch viele pikante Speisen erhalten durch die Kaffeebohne eine völlig neue Interpretation. Von Desserts, Torten und Eis bis zu Saucen oder Fleisch – sie alle erfahren durch die Bohne eine unverkennbare, aromatische Verfeinerung, die nicht nur Kaffeefreunde, sondern auch experimentierfreudige Genießer überzeugt.

## Einkauf

Der Handel unterscheidet Röstkaffee grundsätzlich in die ganze Bohne und in Kaffeepulver. Will man das Optimum an Aromen ausschöpfen, kauft man am besten die ganzen Kaffeebohnen direkt in einer Rösterei des Vertrauens und mahlt diese erst unmittelbar vor dem Gebrauch. Kaffeepulver verliert an Duft und Geschmack, zieht störende Fremdgerüche magisch an und trocknet schnell aus.

## Heilwirkung

Es ist das in der Kaffeebohne enthaltene ***Koffein***, das ihn vor allem als Getränk wertvoll macht. Seine den Kreislauf belebende und das Nervensystem anregende Wirkung ist bekannt, die Blutgefäße werden erweitert, der Herzschlag erhöht und die Durchblutung aller Organe verbessert. Koffein beeinflusst das Atemzentrum, die Atmung wird beschleunigt und die Bronchialgefäße erweitert. Außerdem wirkt Koffein harntreibend und führt zu vermehrtem Wasserlassen, entwässert aber nicht! Kaffee kurbelt den gesamten Stoffwechsel an und steigert den Kalorienverbrauch, der jedoch durch die beliebten Süßspeisen zum Kaffeegenuss rasch wieder kompensiert wird.

## Wissenswertes

Ursprünglich stammt Kaffee aus der Provinz ***Kaffa*** im heutigen Äthiopien, wo er bereits im 9. Jahrhundert nach Christus erwähnt wurde. Die Legende besagt, dass Ziegen von einem Strauch mit weißen Blüten und roten Früchten gekostet hatten. Ihre stundenlange Hyperaktivität brachte schließlich die Entdeckung der belebenden Wirkung der kirschenartigen Früchte mit sich. In die arabische Welt gelangte der Kaffee durch den Sklavenhandel zwischen Äthiopien und Arabien ab dem 14. Jahrhundert. Und mit den Türkenfeldzügen Richtung Europa ab 1520 gelangte der Kaffee vor allem als Heißgetränk in den deutschsprachigen Raum, wo er einen wahren Kaffeeboom auslöste.

### *Praxistipp!*

*Unangefochten ist die Verwendung der Kaffeebohne zur Zubereitung des weltweit beliebten Heißgetränks. Zu seiner Herstellung ist die Bohne jedenfalls zu rösten und immer frisch zu mahlen, wobei Röst- und Mahlgrad von der Zubereitungsart abhängen – je kürzer die Kontaktzeit mit heißem Wasser, umso feiner sollte der Mahlgrad von Kaffee sein.*

# Kaffirlimettenblatt

*Citrus hystrix*

*Das hocharomatische Blattgewürz ist in asiatischen Ländern so verbreitet und beliebt wie hierzulande die Zitronen.*

Kaffirzitronenblatt, Mauritius-Papeda, Makrutblatt

## Aromatik

Frische Kaffirlimettenblätter sind hocharomatisch, cremig-leicht und schmecken intensiv nach Zitrusfrüchten, hinterlegt mit einer feinen Bitternote. Je nachdem ob man ein junges, zartes oder ein älteres Blatt vor sich hat, gesellt sich bei Letzterem ein gewisser Bitterton dazu, den man durch das Entfernen der Mittelrippe und der Stängel vermeiden kann.

## Beschreibung

Die Kaffirlimette gehört zur Gattung der Zitruspflanzen aus der Familie der Rautengewächse und ist ein kleinwüchsiger Baum oder Strauch, dessen Äste mit Dornen besetzt sind. Die Pflanze trägt weiße, recht kleine Blüten, aus denen sich eine runde bis birnenförmige Frucht, die Kaffirlimette, entwickelt. Anders als die herkömmliche Limette hat sie eine eher unebene Schale mit Erhebungen, die an Warzen erinnern, und ist sehr saftarm. Sie wird stets unreif geerntet, wenn sie noch grünfarbig ist. Danach verfärbt sie sich gelb. Die Blätter haben Blattstiele, die den Eindruck zweier in Längsrichtung aneinandergewachsener Blätter erzeugen. Sie sind dunkelgrün, stark glänzend und verströmen wie die gesamte Pflanze einen intensiven, zitrusartigen Duft. Die Blätter sind in asiatischen Ländern wie Thailand, Indonesien, Kambodscha oder Laos so verbreitet und beliebt wie hierzulande Zitronen.

## Küchenpraxis

Kulinarisch bedeutsam sind vorwiegend die frischen Kaffirlimettenblätter. Vor ihrem Einsatz werden sie kurz abgewaschen und dann trocken getupft. Für eine spätere Speisenzubereitung können die Blätter im Ganzen oder klein gehackt eingefroren werden. Je nach Rezept gibt man sie ganz, in sehr dünne Streifen geschnitten oder extrem fein gehackt einem Gericht bei. Die Verwendung im Ganzen ist mit dem Lorbeerblatt zu vergleichen – eine Zeit lang in soßigen oder suppenartigen Speisen mitkochen und vor dem Genuss wieder entfernen, so geben die Kaffirlimettenblätter ihr pikant-zitronenartiges Aroma perfekt an das Essen ab. In geschnittenem Zustand lässt man sie meist im Gericht, sodass sie auch verzehrt werden können. Getrocknete Blätter sollten, um das typische Zitronenaroma möglichst lange zu erhalten, dunkel in einem luftdicht verschlossenen Behälter aufbewahrt werden. Man kann sie auch gut zu Pulver mahlen, zu Gewürzpasten verarbeiten und je nach Gusto asiatischen Gerichten für ihren authentischen Geschmack beigeben. Das Blattgewürz ist nicht nur in den thailändischen Suppen ***Tom Yam*** und ***Tom Kha Gai*** unverzichtbar, sondern passt perfekt zu Currys, Reisgerichten, Salaten, Gemüse oder Ragouts mit Fisch, Fleisch oder Geflügel.

## Einkauf

Während es in Asien kein Problem ist, frische Kaffirlimettenblätter zu bekommen, sind frische Blätter in Mitteleuropa schwer zu finden. Im gut sortierten Supermarkt oder in speziellen Asialäden erhält man sie getrocknet, manchmal tiefgekühlt oder in Pulverform. Eine Saison haben Kaffirlimettenblätter jedoch nicht, sie können das ganze Jahr über gekauft werden.

## Heilwirkung

Aufgrund der enthaltenen ätherischen Öle ***Citronellal*** und ***Limonen*** gilt die Kaffirlimette zahlreichen Quellen zufolge als Heilpflanze ohne Nennung konkreter Anwendungen. Volksmedizinisch gelten ihre Blätter als gesunde Speise, der Zitronenduft wird als sehr angenehm und entspannend empfunden.

## Wissenswertes

Da die grünen Kaffirlimetten selbst recht klein und saftarm sind, spielen sie in der Küche keine Rolle und dienen hauptsächlich zur Herstellung von bitterem Kaffirlimettenöl, das vor allem in der Parfümherstellung, für Duftkerzen und als Insektenabwehrstoff verwendet wird.

***Praxistipp!***

*Sind keine Kaffirlimettenblätter zur Hand, können – wenn auch mit geschmacklichen Abstrichen – die Schale einer Limette, gepresster Zitronensaft oder Lemongras als Alternative in der Küche eingesetzt werden.*

# Kakaobohne

*Theobroma cacao*

*Einst als Speise der Götter bekannt taugt Kakao heute zu weit mehr als zum glücklich machenden Seelentröster.*

## Aromatik

Je nach vorliegender Sorte offenbart Kakao ein extrem breites Geschmacksspektrum. In der Bohne finden sich an die 600 Komponenten, die für das letztendliche Aroma ausschlaggebend sind. Vor allem bei Erhitzen der fermentierten Bohnen entstehen eine ganze Reihe feinster Röstaromen von mild bis würzig, von wenig oder leicht bis kräftig säuerlich, von bitter bis kräftig. Dazu gesellen sich unzählige andere Nuancen von blumig bis pfirsichartig, von nussig über ledrig bis zu tanninig.

## Beschreibung

Die Kakaopflanze ist ein bis zu zwölf Meter hoher Baum, der grüngelbe bis rote Spaltkapsel-Früchte trägt, die in ihrem Fruchtfleisch zwischen 25 und 50 Samen – die ***Kakaobohnen*** – enthalten. Diese weisen einen hohen Gehalt an Bitterstoffen auf und schmecken roh gar nicht nach Schokolade. Um daraus wohlschmeckenden Kakao zu gewinnen, sind aufwendige Schritte notwendig von der händischen Ernte der Bohnen über deren Fermentation, Trocknung und Röstung bis zur Herstellung der Kakaomasse oder der Weiterverarbeitung zu Kakaobutter und gemahlenem Kakaopulver. Für ein Kilogramm Schokolade braucht man zwischen 300 und 600 Kakaobohnen. Die weltweit größten Produzenten von Kakao sind die westafrikanische Elfenbeinküste, gefolgt von Indonesien und Ghana.

Im Kakaohandel wird zwischen ***Konsumkakao*** und ***Edelkakao*** unterschieden. Die

Kakaosorten werden in die vier Grundtypen ***Criollo***, ***Trinitario***, ***Nacional*** und ***Forastero*** eingeteilt. Während Criollo, Trinitario und Nacional Edelkakaos sind, ist Forastero immer Konsumkakao und liefert mit einer Handelsmenge von rund 94 Prozent des gesamten Weltmarkts die mit Abstand größten Mengen an Kakao. Und weil der Geschmack eines Kakaos nicht nur von den Pflanzengenen, sondern auch vom jeweiligen Klima abhängt, in dem die Pflanze wächst, unterteilt man zusätzlich nach Anbaugebieten: Als Edelster gilt ***Criollo*** aus Lateinamerika, der wenig säuerlich und kaum bitter ist und abgesehen vom milden Kakaogeschmack vielfältige Nebenaromen aufweist. Für einen ursprünglich von der Insel Trinidad stammenden Trinitario sind ein kräftiger Geschmack, eine leichte Säure und intensive Aromen charakteristisch. Nacional-Kakao wie die bekannte Edelsorte ***Arriba*** aus Ecuador ist mild, würzig, fast blumig und wird häufig in dunklen Schokoladen mit erhöhtem Kakaoanteil verwendet. Der ursprünglich aus den Regenwäldern des Amazonasgebietes stammende Forastero wiederum ist wegen seiner Robustheit und seiner hohen Erträge jener Kakao, der für den Weltmarkt am bedeutendsten ist.

## Küchenpraxis

Vorwiegend wird Kakao in Form von Pulver in der süßen Küche beim Backen verwendet. Nimmt man eine geringe Menge von maximal einem Teelöffel, so lassen sich damit Kuchenteige wunderbar färben. Will man einen wahrnehmbaren schokoladigen Geschmack in einem Backwerk oder einer Süßspeise erzielen, erhöht man die Menge auf zwei bis drei Teelöffel. Kakaopulver passt ebenso zu Milch und Milchprodukten, etwa als Heiße Schokolade oder Speiseeis, zur Abrundung in Getränken wie Kaffee oder Cocktails, aber auch zur Verfeinerung pikanter Saucen auf Rotwein- oder Portweinbasis sowie zur Aufwertung von Fleischgerichten, vor allem Rind oder Wild. Kakao harmoniert auch wunderbar mit einer Vielzahl anderer Gewürze, mit Nüssen und Kaffee wegen der gemeinsamen Röstaromen, mit Zimt oder Gewürznelken wegen der warmen und süßlichen Noten oder mit Muskatnuss wegen der süßlich-herben Noten. Auch zu Früchten wie Himbeeren oder Orangen passt Kakao.

## Einkauf

Das ***braune Gold*** ist in vielerlei Form im Handel erhältlich. Im Supermarkt findet man es als Schokolade und Kakaopulver; in speziellen Schokogeschäften oder direkt bei Chocolatiers werden auch die ganzen, gerösteten Kakaobohnen oder die sogenannten Kakao-Nibs, Bruchstücke der Bohne, und weitere Produkte aus Kakao angeboten, natürlich mit Salz und Chili verfeinert. Kakao sollte kühl und trocken gelagert werden, aber nicht im Kühlschrank, dort ist es zu feucht.

## Heilwirkung

Kakao galt schon bei den Mayas und Azteken als kräftigend, leicht verdaulich und empfehlenswertes Aphrodisiakum, bis ins 19. Jahrhundert erhielt man Schokolade in Apotheken als stärkendes Mittel. Positive Effekte hat Kakao, sofern in purer, nicht gesüßter Form genossen, nachweislich auf das Herz-Kreislauf-System – sobald jedoch Zucker im Spiel ist, schwinden

seine Vorteile wieder. Vor allem das in Kakao enthaltene ***Theobromin*** ähnelt chemisch dem Koffein und wirkt daher leicht gefäßerweiternd und herzstimulierend. Die oft behauptete stimmungsaufhellende Wirkung von Schokolade, bedingt durch die Serotonin-Vorstufe ***Tryptophan***, ist jedoch durch die Inhaltsstoffe alleine nicht schlüssig erklärbar und schließt meist auch psychische Einflüsse vor allem durch den Zuckergehalt mit ein. In der Ernährungslehre nach Traditioneller Chinesischer Medizin gilt die Kakaobohne als warm, im Geschmack bitter und süß. Sie ist dem Feuerelement zugeordnet und stärkt den Funktionskreis Herz und Kreislauf, beruhigt den Geist und entspannt die Leber. Sie ist daher besonders empfehlenswert bei Unruhe, Nervosität, Schlafstörungen, Kraftlosigkeit, Konzentrationsmangel und geistiger Müdigkeit.

## Wissenswertes

Erstmals wurden die Früchte des Kakaobaums vermutlich von den Olmeken an der mexikanischen Golfküste um 1.500 vor Christus verwendet. Die Maya bauten Kakao nachweislich an und betrachteten die Pflanze als göttlich. Kakao galt als berauschend, wurde ausschließlich als Getränk und nur von männlichen Adeligen konsumiert, Frauen und Kindern wurde es nicht verabreicht. Sein Name lehnte sich an den Gott ***Xocóatl*** an, der Gewürztrank war eine bitter-scharfe Mischung aus Wasser, Kakao, Vanille, Chili und etwas Salz. Des Weiteren dienten Kakaobohnen im alten Mexiko als Zahlungsmittel, ein guter Sklave war rund 100 gute Kakaobohnen wert. Nach Europa kam der Kakao mit Christoph Kolumbus, es dauerte in der Alten Welt jedoch noch geraume Zeit, bis man – nach Zugabe von Honig und Rohrzucker – feststellte, dass man daraus ein bekömmliches und wohlschmeckendes Getränk herstellen konnte. Seine Verbreitung erfolgte schlussendlich durch den europäischen Adel, der Kakao zum Modegetränk erhob, da ihm besondere Bekömmlichkeit und allerlei Heil- und aphrodisierende Wirkungen nachgesagt wurden. Kakao war das Lieblingsgetränk Ludwigs XIV., viele große und kleine Machthaber eiferten ihm nach.

### *Praxistipp!*

*Kakaopulver als Gewürz sollte immer ungezuckert sein, mit fertigem Pulver für Trinkschokolade kann man nicht würzen, dieses enthält zu viel an Zucker, fremden Aromen, Zusatzstoffen wie Verdickungsmitteln und weichmachende Emulgatoren. Gutes Kakaopulver unterscheidet man in fetthaltiges und entöltes Pulver, wobei das fetthaltige Pulver eher warme, schokoladentypische Aromen aufweist und das entölte Pulver röstig-bitter-herb würzt.*

Gewürzregion: **Orient**

Aromanote

1 2 3 4 5 **6** 7 8 9 10

mild – harmonisch – wild – extrem

Würzanwendung:

# Kapern

## *Capparis spinosa*

*Die gesunden Blütenknospen sind seit der Antike eine würzig-pikante Bereicherung in der mediterranen und arabischen Küche.*

### Aromatik

Je nach Einlegeart in Salz oder Öl schmecken sie säuerlich-würzig und herb-bitter, je kleiner die Kapernknospe, desto kräftiger ihr Aroma. In Essig eingelegt wirken sie noch schärfer und ihre verhaltene Säure tritt in den Vordergrund. Ihr charakteristischer Geschmack kommt in der pikanten Küche wunderbar zur Geltung, auch als appetitanregende Kapernbeeren am Antipasti-Teller.

### Beschreibung

Im Mittelmeerraum gibt es gut zehn verschiedene Arten Kapernsträuche, die essbare Knospen liefern. Einer davon ist der ***Echte Kapernstrauch***, der ursprünglich vermutlich aus Kleinasien stammt, heute jedoch seine Heimat in Südeuropa und praktisch im gesamten Mittelmeerraum gefunden hat. Er gehört der Familie der Kaperngewächse an, die es warm und trocken mögen. Schon zu Zeiten der alten Römer war der Kapernstrauch rund um das Mittelmeer verbreitet, und wo der Strauch nicht wild wuchs, wurde er einfach kultiviert. Der als Gewürz interessante Teil ist die knapp vor dem Erblühen geerntete erbsengroße ***Knospe***, die roh aber völlig ungenießbar ist. Nach der händischen Ernte der geschlossenen Knospen im Frühjahr welken sie zuerst einige Tage, bevor sie in Salz, Öl oder Essiglake eingelegt werden. Sie sollen möglichst klein, geschlossen und von olivgrüner bis bläulich grüner Farbe sein. In Frankreich werden Kapern sogar nach ihrer Größe in sieben verschiedene Klassen eingeteilt, wobei die kleinsten als ***Nonpareilles*** bezeichnet werden, die auch geschmacklich nonpareille – auf Französisch so viel wie ohnegleichen – sind. Gerade so groß wie ein Pfefferkorn sind sie sicherlich die Besten ihrer Art. Auf griechischen Inseln gelten die in Essig und Salz eingelegten ***Kapernblätter***, die Blätter des Strauches, als kulinarisches Schmankerl. Aus Spanien und einigen arabischen Ländern stammen die in Essig oder Öl eingelegten, bis zu zwei Zentimeter großen Kapernfrüchte, besser als ***Kapernbeeren*** oder auch ***Kapernäpfel*** bekannt. Auch hier gilt: je kleiner das Exemplar, desto besser seine Qualität.

## Küchenpraxis

Im heutigen Küchenalltag des Mittelmeerraums sind Kapern genauso beliebt wie Salz und Pfeffer, zumal sie eingelegt in Salz, Öl oder Essiglake bereits eine kräftige Grundwürze mitbringen. Besonders sauer eingelegte Kapern sind gut für Speisen geeignet, die Säure vertragen. Man kann sie dabei sowohl als ganze Knospe wie auch gehackt oder zerdrückt beigeben. Da jedoch ihr typisches Aroma Kochen und Hitze nicht gut verträgt, fügt man sie idealerweise erst gegen Schluss oder nach dem Erkalten dem Gericht hinzu. Durch ihr dominantes Aroma kann man sie eher sparsam einsetzen und andere Gewürze getrost zurücknehmen. Sie harmonieren nicht mit allen Gewürzen: Passende Paarungen gehen sie mit Petersilie, Schnittlauch, Zitrone, Kren, Pfeffer und Salz ein. Nicht so gut kombinierbar sind Kapern mit Rosmarin, Salbei oder Oregano. Mit ihrem besonderen Aroma runden sie Saucen sehr gut ab und gehen mit Gemüse und veganen Gerichten ebenfalls eine vorteilhafte geschmackliche Symbiose ein wie mit Fisch oder Fleisch, etwa Huhn, Rind oder Kalb. Klassische Gerichte mit Kapern sind in der italienischen Küche das Vitello tonnato oder eine Pasta al tonno, im deutschsprachigen Raum landen Kapern gerne in Beefsteak Tatar aus hochwertigem, sehnenfreiem und fettarmem Hackfleisch vom Rind – oder aber in einem Paprika-Kapern-Gemüse zu gebratenem Fischfilet à la Steinbutt oder Scholle.

## Einkauf

In den Regalen der Supermärkte findet man üblicherweise Kapern, die in Essiglake, Öl oder Salz eingelegt sind, genauso wie auch Kapernbeeren. Entscheidet man sich für die Variante in Salz, sollten die Kapern vor ihrem Einsatz gut gewässert werden, damit ein Essen nicht ungewollt salzig gerät. Angebrochene Gläser unbedingt immer mit Öl oder Wasser auffüllen und ja nicht mit Essig – so können sie nicht schimmeln und halten über lange Zeit im Kühlschrank.

Als echte Spezialität gelten die Kapern von Salina, einer nördlich von Sizilien gelegenen Insel. Der auf dem vulkanischen Boden prächtig wachsende Kapernstrauch liefert würzig-pikante Kapern höchster Qualität. Zwischen Mai und August werden die Knospen nachts bis frühmorgens von Hand geerntet, einen Tag gewelkt und in großen Holzbottichen zur Konservierung ausschließlich in grobes Meersalz eingelegt. ***Salina-Kapern*** sind rundlicher und fester als herkömmliche Kapern – es ist kein Zufall, dass gerade diese als einzige weltweit die begehrte ***Presidio Slow***

*Food*-Auszeichnung tragen dürfen. Generell empfiehlt Slow Food, Kapern zur Beibehaltung des Geschmacks nur in Salz zu lagern, niemals in Essig oder Öl. Lediglich die als Antipasti gereichten Kapernbeeren können in Öl oder Essig eingelegt werden.

## Heilwirkung

Kapern waren schon vor Tausenden von Jahren als Heilmittel im Einsatz, was durch archäologische Funde belegt ist. Im alten Ägypten, im antiken Griechenland oder in Rom sowie bei den Arabern wurden alle Teile des Kapernstrauches – von der Wurzel über die Rinde, den Blättern bis hin zu den Blüten und Früchten – in der Heilkunde verwendet. Man setzte sie gegen Zahnschmerzen, Rheuma oder Entzündungen ein, auch zur innerlichen Reinigung aufgrund der schwach entschlackenden und entwässernden Wirkung. Ebenso soll die Kaper als frühes Aphrodisiakum gute Dienste geleistet haben. Heute weiß man, dass Kapern wie auch Senf und Kresse heilende ***Senföle*** enthalten. Diese wirken kräftigend auf das Immunsystem, beugen Infektionen vor, helfen den Blutdruck zu senken und Allergien entgegenzuwirken. Zudem sind Kapern appetitanregend und verdauungsfördernd, was ihren Einsatz als beliebten Appetizer bestätigt.

## Wissenswertes

Im Alten Testament wurden Kapern als Zeichen für die Vergänglichkeit der Welt betrachtet. Wird sie nicht geerntet, erblühen daraus zarte, weiß-violette Blüten, die sich in der Früh öffnen und zu Mittag bereits wieder verblühen.

***Praxistipp!***

*Da der Kapernstrauch in Mitteleuropa nicht heimisch ist, haben einfallsreiche Köche schon früh nach kostengünstigem Ersatz für die echten Kapern gesucht und auch einen gefunden: So können etwa auch die Blütenknospen von Gänseblümchen, Löwenzahn, Kapuzinerkresse, Bärlauchblüten oder der Sumpfdotterblume in Essig und Salz eingelegt werden und nach einer Woche Nachziehzeit anstatt der echten Kapern verwendet werden.*

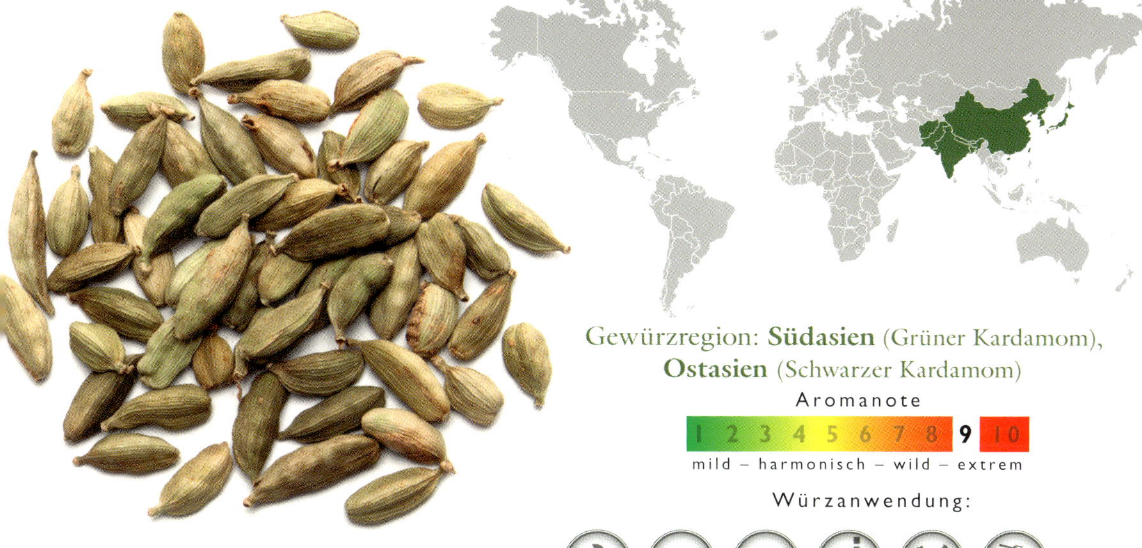

Gewürzregion: **Südasien** (Grüner Kardamom),
**Ostasien** (Schwarzer Kardamom)



# Kardamom

## *Grüner Kardamom (Elettaria cardamomum), Schwarzer Kardamom (Amomum subulatum)*

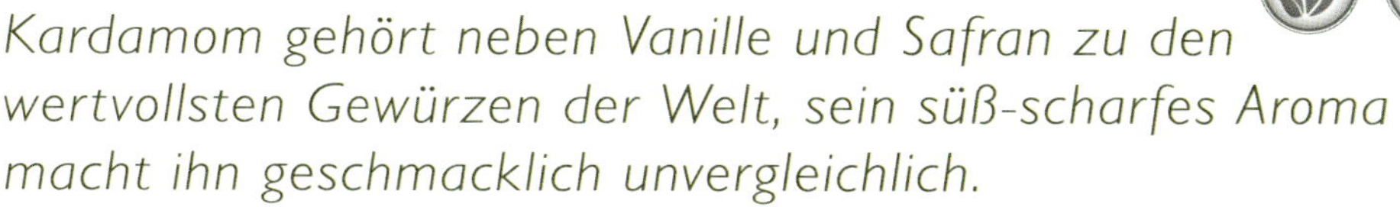

*Kardamom gehört neben Vanille und Safran zu den wertvollsten Gewürzen der Welt, sein süß-scharfes Aroma macht ihn geschmacklich unvergleichlich.*

### Aromatik

Aufgrund seines ätherischen Öls ist Kardamom einzigartig würzig und im Aroma süßlich-scharf. Auch wenn er an Kampfer und Bitterorange, manchmal auch an Eukalyptus erinnert, ist er dank seiner zitrusartigen, harzigen Geschmackskombination mit keinem anderen Gewürz vergleichbar.

### Beschreibung

Beim Kardamom unterscheidet man zwei Pflanzengattungen: den Schwarzen Kardamom und den Grünen Kardamom. Ersterer stammt aus den Bergregionen Nepals und aus dem Südwesten Chinas und spielt im internationalen Gewürzbusiness keine große Rolle. In den Welthandel gelangt vorrangig der Grüne Kardamom, der seine Wurzeln in Südindien hat, wo er nach wie vor in großen Mengen angebaut wird, aufgrund des hohen Inlandsverbrauchs jedoch kaum in den Export gelangt. Der heute mengenmäßig bedeutendste Produzent ist Zentralamerika, vor allem Guatemala, wo der Grüne Kardamom ausschließlich für den Export angebaut wird. Kardamom gehört generell zu den Ingwergewächsen und ist eine ausdauernde krautige Pflanze mit einer Wuchshöhe von drei bis fünf Metern. Er bildet wie alle Ingwergewächse ein bewurzeltes Rhizom als Überdauerungsorgan, das jedoch kulinarisch nicht verwendet wird. Aus den rispigen Blütenständen entwickeln sich dreifächerige, strohige Kapselfrüchte von grünlich-gelblicher Farbe, in jedem Fruchtfach sitzen vier bis acht unregelmäßig geformte Samen. Kulinarisch wird entweder die gesamte getrocknete Kapselfrucht oder der herausgelöste Samen verwendet. Damit die Samen nicht verloren gehen, werden die ***Kapselfrüchte*** ungeöffnet knapp vor ihrer Reife von Hand gepflückt. Die Kapseln werden dann gereinigt und bei künstlicher Hitze gedörrt – erst dabei entfalten sie ihr typisches Aroma. Guter Grüner Kardamom zeichnet sich durch die lebhaft grüne Farbe seiner Kapselfrucht und die ölig-schwarze Farbe der Samenkörner aus.

## Küchenpraxis

Die Kombination aus süßen und scharfen Geschmackskomponenten macht den Grünen Kardamom zu einem beliebten Gewürz für süße und pikante Speisen zugleich. Während er in Mitteleuropa eher mit dem Christstollen, Spekulatius und weihnachtlichem Lebkuchen assoziiert wird, ist er in Indien in Tees und im arabischen Raum im Kaffee für den besonderen Kick verantwortlich. Er ist zudem Bestandteil vieler Gewürzzubereitungen in der indischen Küche, allen voran im ***Garam Masala***, und aus vielen Landesküchen kaum wegzudenken. Egal ob zu Fleisch, Geflügel, Reis, Gemüse oder Obst – Kardamom passt sich hervorragend an. Selbst in Wurst, Pasteten oder Glühwein ist er anzutreffen, auch im Gewürztee ***Masala chai*** findet man das Gewürz. Bei der Zubereitung von arabischem Mokka wird dem Kaffeepulver gerne Kardamom zugegeben, entweder gemahlen oder als ganze Kapsel. Dabei wird nicht nur der Kaffeegeschmack verfeinert, das koffeinhaltige Getränk wird auch bekömmlicher. Und weil Kardamom gleichzeitig süßlich und angenehm scharf schmeckt, harmoniert sein Aroma wunderbar mit Desserts wie pochierten Feigen im Honig-Kardamom-Sud oder im Erdbeer-Schoko-Mousse. Dabei können die Kapseln im Ganzen, im Mörser leicht angestoßen oder zerrieben verwendet werden. Mörsert man die ganze Kapsel, drückt man am besten mit dem Stößel stark auf die Kapsel, bis sie aufspringt, entfernt danach die Hülse und legt so die Samen frei. Diese können dann für ein intensiveres Ergebnis auch geröstet und im Anschluss fein gemahlen werden. Da gemahlener Kardamom rasch an Aroma verliert, sollte er immer unmittelbar vor dem Einsatz zubereitet werden. Auch die Blätter des Kardamoms werden in seinen Anbauländern als Gewürz von Suppen, Saucen und Gemüse eingesetzt, sie duften herrlich nach Zimt.

## Einkauf

Kardamom findet man im gut sortierten Supermarkt oder in speziellen Gewürzläden, entweder als ganze Kapselfrucht, als Samen oder gemahlen. Da für das Pulver meist die geschmacksneutrale Fruchtschale mit vermahlen ist, sollte man die ganzen Kapseln vorziehen. So kann nach Bedarf der Samen frisch gemörsert werden.

## Heilwirkung

In der Antike wurde Kardamom als Abtreibungsmittel verwendet, im arabischen Raum setzte man auch auf die aphrodisierende Wirkung des Gewürzes. Grundsätzlich hat Kardamom aufgrund seines hohen Gehalts

an ätherischem Öl wichtige Funktionen bei Verdauungsbeschwerden und Darmträgheit, Atemwegserkrankungen und Erkältungsbeschwerden sowie bei Appetitlosigkeit. So enthält das Öl ***Borneol*** und ***Cineol***, beide Stoffe gelten als schleimlösend und antibakteriell, sowie das durchblutungsfördernde ***Kampfer***. Kardamom wirkt auch entkrampfend und stimmungsaufhellend und reduziert Mundgeruch. In Indien schwört man darauf, dass regelmäßiger Verzehr des Gewürzes die Leistung des Gedächtnisses verbessert.

## Wissenswertes

Auch der Schwarze Kardamom ist ein Ingwergewächs, dem Grünen Kardamom optisch ähnlich, kann ihm geschmacklich aber nicht das Wasser reichen. Er hat ein herbes, erdiges Aroma, oft mit einer starken Rauchnote und erinnert an Nadelhölzer und Kampfer. Er wird ebenfalls für Gewürzmischungen und zur Aromatisierung von Currys, Fleisch und Reisgerichten eingesetzt. In Indien hat sowohl der Schwarze wie auch der Grüne Kardamom seinen eigenen Anwendungsbereich; den Schwarzen bevorzugt man für würzig-deftige Speisen, besonders bei Gemüse, den Grünen in der hohen Kochkunst mit raffinierten und subtilen Mischungen von Düften und Aromen.

### *Praxistipp!*

*Kommen Kardamomsamen mit Luft und Licht in Berührung, verlieren sie recht schnell an Aroma und büßen viel von ihren ätherischen Ölen ein. Daher sollte man nur ganze Kardamomkapseln kaufen und diese am besten kühl in luftdichten, dunkel verschlossenen Behältern lagern. Um den Geschmack von Kardamom noch intensiver werden zu lassen, empfiehlt es sich, die Samen in einer Pfanne ohne Beigabe von Fett kurz anzurösten und anschließend rasch zu mörsern oder zu mahlen.*

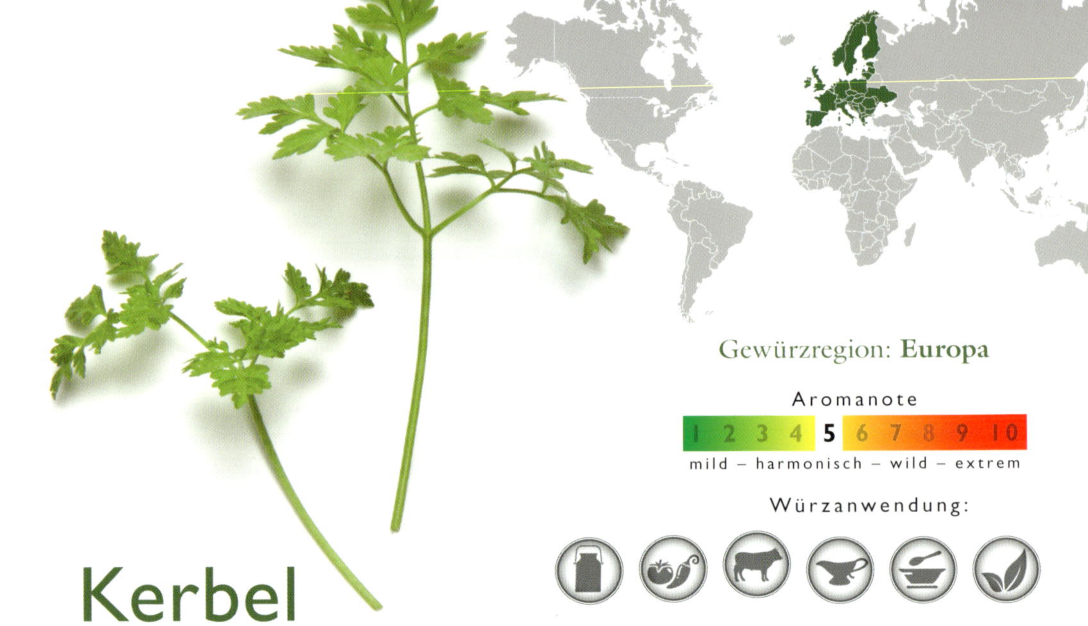


# Kerbel

## *Anthriscus cerefolium*

*Das Potenzmittel der Antike hat die besondere Eigenschaft, den Geschmack anderer Gewürze hervorzuheben.*

Küchenkerbel, Suppenkraut

## Aromatik

Der Geruch von Kerbel ist angenehm süßlich-warm und erinnert an Anis, Fenchel und Petersilie. Sein Geschmack ist leicht pfeffrig-minzig, würzig-aromatisch und ähnelt jenem des Estragons, bedingt durch das ätherische Öl ***Estragol***.

## Beschreibung

Das ursprünglich aus Osteuropa stammende Würzkraut gehört zur Familie der Doldenblütler. Zur Gattung Kerbel zählt neben dem Hundskerbel oder dem Wiesenkerbel vor allem der ***Echte Kerbel***. Dieser tritt in einer Wild- und einer Kulturform auf, die äußerlich jedoch kaum voneinander zu unterscheiden sind. Optisch ähnelt Kerbel der Petersilie und dem Koriander, die gefiederten Blätter sind jedoch feingliedriger, weicher und heller. Der Echte Kerbel ist eine einjährige Pflanze, alle Teile der Pflanze besitzen den typischen Anis-Fenchelgeruch.

## Küchenpraxis

Das aromatische Würzkraut ist in der Küche äußerst beliebt und passt besonders gut zu Speisen, die selbst ein feines Aroma aufweisen. Kerbel ist für Suppen und Saucen unverzichtbar, verfeinert Milchprodukte und harmoniert mit Huhn, Kalb, Fisch, Gemüse und Eiern. Das intensivste Aroma bringen die frischen, jungen Triebe und Blätter des Kerbels, daher sollte man das Kraut vor der Blüte verwenden. Danach verliert es sein

Aroma und verändert sogar leicht seinen Geschmack. Da Kerbel Hitze nicht besonders gut verträgt und sich nicht zum Garen eignet, sollte er – einerlei ob frisch oder getrocknet – in Gerichten niemals mitgekocht, sondern immer erst am Schluss zugegeben werden. Nimmt man getrockneten Kerbel, wird man mengenmäßig mehr benötigen, um in einer Speise einen vergleichbaren geschmacklichen Effekt zu erzeugen.

## Einkauf

Kerbel sollte bevorzugt frisch oder frisch aufgetaut gebraucht werden, wobei sich auch das getrocknete und gerebelte Kraut eignet, wenn es kurz vor der Anwendung eingeweicht wird. Der im Handel erhältliche frische Kerbel ist eine spezielle Zuchtform. Um sicherzustellen, dass man eine qualitätsvolle Pflanze im Super- oder Pflanzenmarkt ersteht, sollte man überprüfen, ob Pflanzenhöhe und Blattgröße im Verhältnis passen. Sehr oft findet man nämlich rasch hochgezüchtete Pflanzen, deren Blätter im Aroma unterdurchschnittlich ausgeprägt sind. Im Zweifelsfall sollte man einfach ein kleines Blatt probieren. Ebenfalls angeboten werden Kerbelsamen für die eigene Zucht zu Hause.

## Heilwirkung

Abgesehen davon, dass das duftende Kraut in der Antike gerne für Kränze verwendet wurde, war es damals vor allem bei älteren Herren als Potenzmittel sehr beliebt. Im Mittelalter war es als Heilkraut gegen Frauenbeschwerden, gegen Spulwürmer und zur Wundbehandlung im Einsatz. Heutzutage hat Kerbel als Heilkraut untergeordnete Bedeutung, wobei gelegentliche Anwendungen gegen Stress oder Erkältungen zu finden sind.

## Wissenswertes

Kerbel ist in Verbindung mit Petersilie und Estragon Hauptbestandteil der französischen Kräutermischung ***Fines Herbes***. Außerdem ist er eine wichtige Zutat der bekannten ***Frankfurter Grünen Sauce***, die aus mindestens sieben verschiedenen, auch variierenden Kräutern bestehen sollte.

### *Praxistipp!*

*Obwohl Kerbel in viele Gewürzkombinationen passt, versteht er sich nicht mit den kräftigen mediterranen Kräutern wie Rosmarin oder Thymian – diese überdecken sein breites, blumig bis erdiges Aromenspektrum. Demzufolge sollte man ihn auch besser zu Fisch und hellem Fleisch denn zu Wild oder zur italienischen Pasta genießen.*

Gewürzregion: **Orient**

Aromanote

1 2 3 4 5 6 7 8 **9** 10

mild – harmonisch – wild – extrem

Würzanwendung:

# Knoblauch

*Allium sativum*

*Heute noch als Vanille des armen Mannes bekannt, in Erinnerung an jene Zeit, als exotische Gewürze für den einfachen Haushalt unerschwinglich waren.*

Kulturknoblauch, Knobi, Knobel, Knofi, Knofel

## Aromatik

Im Geruch zeichnet sich Knoblauch durch eine betont erdig-schwefelige, oft stechende Note aus, im Geschmack ist er schwach brennend mit leicht süßem Nachhall.

## Beschreibung

Der Knoblauch stammt aus der großen Gattung Lauch (***Allium***), wie auch seine aromatischen Verwandten Schnittlauch, Bärlauch oder die Gemeine Zwiebel. Knoblauch gehörte schon im Altertum zu den wichtigsten Nahrungs- und Heilmitteln. Sowohl die Ägypter wie auch die Griechen und Römer nutzten ihn als Aphrodisiakum zur Stärkung der Manneskraft, zur Vertreibung von Läusen und Parasiten oder um dem Geist Reinheit und Klarheit zu geben. Als Nahrungsmittel selbst war er aber umstritten und galt eher als Speise der einfachen Landbevölkerung, der Soldaten und schwer arbeitenden Menschen. Einer der wichtigsten Inhaltsstoffe des Knoblauchs ist das geruchlose Enzym ***Alliin***, das bei

Verletzung des pflanzlichen Gewebes durch Zerschneiden, Quetschen oder Pressen eine Kette chemischer Reaktionen in Gang setzt, bei der ***Allicin*** entsteht, das für den typischen schwefeligen Geruch des Knoblauchs verantwortlich ist.

## Küchenpraxis

Knoblauch ist in beinahe allen Teilen der Welt als Gewürz oder Gemüse verbreitet. Besonders in der Mittelmeerküche und in zahlreichen asiatischen Gerichten ist er unverzichtbar, aber auch heimische Speisen kann man mit Knoblauch enorm aufwerten. Er passt optimal zu Fleisch-, Fisch- und Geflügelgerichten, aber auch in Salate, Saucen, Milchprodukte, Eier- und Gemüsegerichte sowie in Aufläufe. Die beste Aromaentfaltung verspricht Knoblauch, wenn man ihn – geschält oder ungeschält – mit der Breitseite eines Küchenmessers anquetscht. Eine so vorbereitete Knoblauchzehe schwenkt man dann für einige Minuten in etwas Öl in einer Pfanne. Sie muss nicht viel Farbe annehmen, gibt aber auf diese Weise ihr Aroma optimal an das Öl ab. Nachdem man die angebratene Knoblauchzehe wieder entfernt hat, kann man mit dem aromatisierten Öl weiterarbeiten und es seiner Verwendung zuführen. Wer es weniger intensiv mag, greift nach Verfügbarkeit zu jungen Knoblauchknollen. Diese sind im Geschmack außerordentlich mild und unaufdringlich und können, quer halbiert, vor allem in Schmorgerichten sehr gut mitgegart werden. Die einzelnen Zehen geraten dabei butterweich, lassen sich mit Gabel oder Löffel kinderleicht aus der Knolle herauslösen und schmecken extrem mild nach Knoblauch, geschmeidig und fast süßlich-buttrig. Zu starke Hitze sollte dem Knoblauch generell nicht zugemutet werden, da er sonst verbrennt und bitter schmeckt. Zudem verliert er an Schärfe, je länger der Kochvorgang dauert.

## Einkauf

Da frischer Knoblauch noch keimfähig ist, sollte man beim Einkauf darauf achten, dass die Häute zwischen den Zehen noch leicht rosa und nicht weiß sind. Lagern sollte man ihn auf jeden Fall dunkel, kühl und trocken. Knoblauch kauft man als ganze Zwiebel, aus der dann bis zu 20 Teilzwiebeln (Zehen) gebrochen werden. Geschälte Zehen gibt es genauso frisch oder eingelegt in Salzlake oder Öl. Die Zehen werden mittels Knoblauchpresse gepresst oder per Messer fein geschnitten, um die Wirkstoffe optimal freizugeben. Da sich Knoblauch außerdem wunderbar trocknen lässt, empfiehlt sich die Verwendung von getrockneten Knoblauchscheiben, die weniger scharf sind und durch die Trocknung zusätzliche süße Aromen aufbauen. Die getrockneten Scheiben kann man vor dem Gebrauch kurz in warmem Wasser einweichen und dann einfach mitkochen. In Südeuropa werden gerne auch die grünen Knoblauchsprossen (junge Blütenstiele) kulinarisch eingesetzt. Diese haben einen milden Geschmack, ähnlich den grünen Bohnen.

## Heilwirkung

Die ersten Aufzeichnungen über die Heilwirkungen von Knoblauch stammen vom griechischen Arzt Pedanios Dioskurides aus dem 1. Jahrhundert nach Christus, der den Knoblauch für vielfältige medizinische Einsätze empfahl. Dieses Wissen hielt sich bis ins Mittelalter, wo etwa Bisswunden von Hunden oder Schlangen, Haarausfall, Zahnschmerzen, Hautausschläge oder Lungenleiden mit Knoblauch behandelt wurden. Dank seiner entgiftenden Wirkung fand der Knoblauch sogar gegen die Pest seinen Einsatz. Heute gilt Knoblauch generell als antibakteriell, desinfizierend, krampflösend und sekretionssteigernd. Eine Vielzahl von Untersuchungen ergab, dass Knoblauch Blutfettwerte senken kann und als eine der wenigen Heilpflanzen vorbeugend gegen arteriosklerotische Veränderungen der Blutgefäße (vulgo „Arterienverkalkung") wirkt. Weitere typische Anwendungsgebiete von Knoblauch sind Bluthochdruck, Appetitlosigkeit, Verdauungsstörungen, Magen- und Darm-Infektionen oder Herzschwäche.

## Wissenswertes

Woher der Knoblauch stammt, lässt sich nur vermuten. Historische Berichte reichen von der russischen Kasachensteppe über China, Indien oder Ägypten, Israel oder Griechenland bis ins alte Rom, wo er angeblich aus dem damals wild wachsenden Ackerknoblauch gezüchtet wurde. Und es waren die Römer, die den Knoblauch in den heute deutschsprachigen Kulturraum brachten, wo er sich durch die Kultivierung in Klöstern rasch verbreitete. So wird er bereits in der um 812 von Karl dem Großen erlassenen Landgüterverordnung als Nutzpflanze genannt. Wer heute Knoblauch sucht, kommt an China nicht vorbei. Die Volksrepublik hat sich über Jahrzehnte die Vormachtstellung im Knoblauchmarkt mit Billigpreisen aufgebaut, sowohl im Bereich frischer Ware wie auch bei Granulaten für Gewürzmischungen. In normalen Jahren werden in China bis zu 12 Millionen Tonnen Knoblauch für den Weltmarkt produziert, ein Weltmarktanteil von bis zu 80 Prozent.

### *Praxistipp!*

*Wer nach dem Genuss von Knoblauch den im Atem wahrnehmbaren Geruch als unangenehm empfindet, dem seien diverse Hausmittel wie Milch, Petersilie, Ingwer, Honig oder das Kauen von Kaffeebohnen empfohlen. Damit lässt sich das schwefelige Allicin zumindest teilweise neutralisieren, die Geruchsstoffe werden aber auch über die Haut abgegeben. Am besten, alle Gäste essen Knoblauch, dann merkt man das Aroma nicht mehr.*

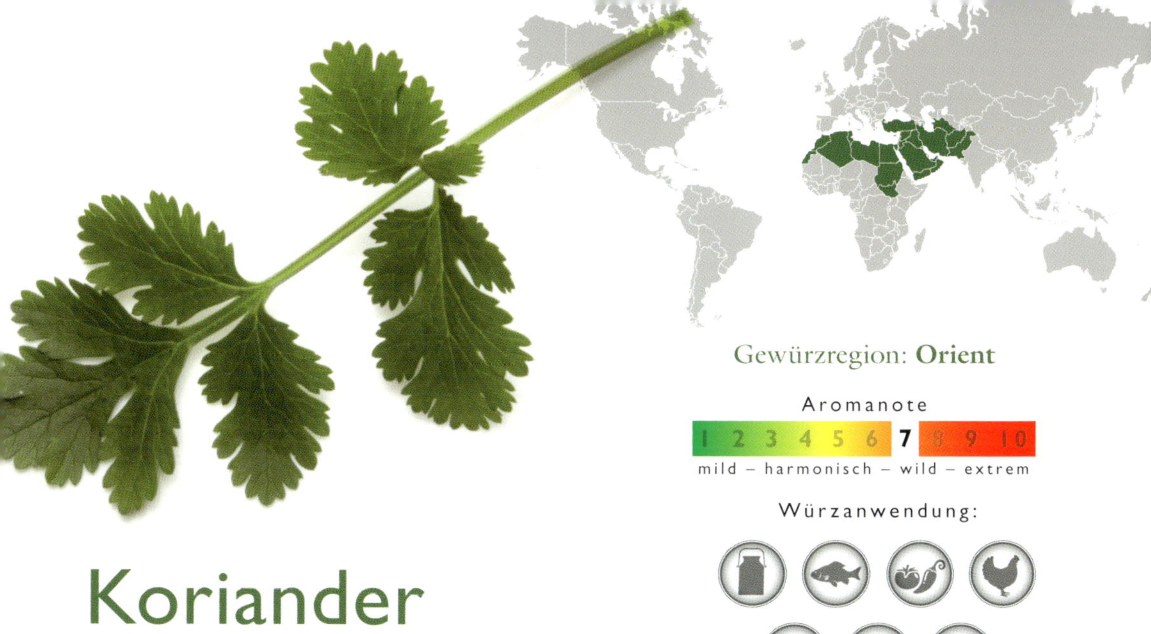

Gewürzregion: **Orient**

Aromanote

1 2 3 4 5 6 **7** 8 9 10

mild – harmonisch – wild – extrem

Würzanwendung:

# Koriander

## *Coriandrum sativum*

*Die schon von den ägyptischen Pharaonen verwendete Pflanze zählt zu den ältesten Gewürzpflanzen der Menschheit.*

Wanzenkraut, Asiatische Petersilie, Chinesische Petersilie, Gartenkoriander

### Aromatik

Aromatisch betrachtet haben Korianderblätter und Koriandersamen wenige Gemeinsamkeiten. Während das grüne Kraut kräftig, scharfbitter, moschusartig und salbeiähnlich riecht und schmeckt, sind die Samen angenehm mild-würzig, süßlich-blumig und zitrusähnlich. In ihren Einsatzzwecken sind die beiden daher auch kaum austauschbar.

### Beschreibung

Der Koriander, zur Familie der Doldengewächse gehörend, ist eine einjährige, bis zu 90 Zentimeter hohe Pflanze mit weißlichen bis zartrosafarbenen Blütendolden und kugelförmigen, zweigeteilten Früchten (Koriandersamen), die im Sommer geerntet werden können. Die Samen sind an der Außenseite gelb bis braun, außen vertikal gefurcht und innen hohl. Den über der Erde wachsenden Teilen des Korianders sagt man einen etwas eigenartig anmutenden, wanzenartigen Geruch nach, der nicht jedermanns Sache ist. Sein Name leitet sich vom griechischen Wort für Wanze ***koris*** ab, womit auch die für Korianderblätter alternative Bezeichnung ***Wanzenkraut*** nachvollziehbar wird. Dieser Geruch von Pflanze und Samen verliert sich allerdings, sobald im Sommer die Samenreife eintritt. Seine jungen Blätter sind eher rundlich, breit und dreigeteilt eingeschnitten und erinnern stark an Petersilie, während die älteren Blätter doppelt gefiedert und fein zerteilt sind, ähnlich der Dille.

## Küchenpraxis

Was dem Mitteleuropäer die Petersilie, ist dem Asiaten und Lateinamerikaner der Koriander. Anders als Petersilie werden vom Koriander aber nicht nur die Blätter, sondern auch die Stängel, die Samen sowie die Wurzeln zum Würzen genutzt, die sich im Geschmack deutlich voneinander unterscheiden. ***Frisches Korianderkraut*** ist wie Petersilie absolut hitzeempfindlich und wird gekochten Speisen erst gegen Ende hinzugefügt, um keinen Aromenverlust zu riskieren. Trocknen lässt sich das Kraut gar nicht. Frischer Koriander ist in der südamerikanischen und asiatischen Küche weit verbreitet, er passt wunderbar zu Salat, in Suppen und Saucen, zu Gemüse, Geflügel oder Käse. Seine Früchte, die ***Samen***, wiederum sind mit ihren Aromen eine wichtige Zutat von Gewürzmischungen wie Currypulver und -paste oder Lebkuchengewürz und verfeinern Gerichte mit Bohnen und Linsen, aber auch Fisch sowie Speisen mit verschiedenen Fleischsorten, von Huhn über Rind bis hin zu Lamm. Die Samen sind auch eines der Hauptgewürze im ägyptischen Falafel, den frittierten, würzigen Fleischbällchen aus Kichererbsen.

## Einkauf

Koriander ist als frisches Küchenkraut, in Form von Samen oder als gemahlenes Gewürz erhältlich. Frischer Koriander steht im Supermarkt meist als Topfpflanze oder als Kräuterbund zur Verfügung. Geschmacklich interessanter ist es jedoch, Koriandersamen einzusetzen und diese immer erst frisch vor der Anwendung zu mahlen. Die Samen bekommt man im gut sortierten Gewürzladen oder in exotischen Lebensmittelmärkten. Auch gibt es fertig gemahlenen Koriander, der jedoch nicht mit den ganzen Samen mithalten kann.

## Heilwirkung

Die medizinisch wertvollen Koriandersamen enthalten viel ätherisches Öl, vor allem ***Linalool*** und ***Geraniol***, die für den angenehmen Geruch der Samen sorgen und erst nach der Trocknung voll zur Geltung kommen. Das ätherische Öl wirkt gegen viele Magen-Darm-Störungen, es ist appetitanregend, verdauungsfördernd, krampflösend und entzündungshemmend, ideal auch in Kombination mit Rosmarin, Fenchel und Anis. Um diese Heilwirkung wusste im Mittelalter auch der französische Ordenszweig der Karmeliten Bescheid, der um 1622 im Pariser Kloster ***Eau de Carmes*** unter größter Geheimhaltung mit der Herstellung des berühmten Elixiers aus Heilpflanzen und Gewürzen, dem als ***Karmeliterwasser*** bekannten Kräutergeist begann. Das Karmeliterwasser ist kräftigend, belebend, entkrampfend und wirkt gegen Verdauungsstörungen, Müdigkeit und Reiseübelkeit. Es vereint eine Vielzahl an Heilpflanzen und Gewürzen, darunter als eines der wichtigsten Kräuter den Koriander, in Kombination mit Melisse, Kresse, Zimt, Beifuß und Bohnenkraut. Beim Karmeliterwasser handelt sich um das weltweit älteste Pflanzenelixier, das heute noch in Apotheken erhältlich ist – in Frankreich unter der Marke ***Eau de Mélisse des Carmes.***

## Wissenswertes

Der aus dem östlichen Mittelmeerraum und Kleinasien stammende Koriander gilt als eine der ältesten Gewürzpflanzen, deren Verwendung bereits im Ägypten der Pharaonen belegt ist. Seine erste schriftliche Erwähnung findet sich schon in der Zeit des babylonischen Königs ***Marduk-apla-iddina II.*** (biblisch Merodach-Baladan genannt) im späten 8. und frühen 7. Jahrhundert vor Christus, der die Pflanzen seines königlichen Heilkräutergartens auf Tontafeln aufzählen ließ. In Indien wurde Koriander durch Kontakte mit dem Perserreich im 4. Jahrhundert vor Christus bekannt, wo er noch heute wichtige Küchenzutat zahlreicher Rezepte ist. Nach Mitteleuropa kam er über die Griechen und Römer, die ihn sowohl als Heilpflanze wie auch kulinarisch einsetzten. In einer der ältesten griechischen Rezeptesammlungen von ***Epainetos*** aus dem 1. Jahrhundert vor Christus wurde Koriander häufig frisch verwendet, vor allem bei Innereien wie Leber oder Fleischspeisen. Frischer Koriander sowie Koriandersamen finden sich auch in der Gewürzliste der ***Apici Excerpa***, einer kleinen Sammlung von Kochrezepten von Vinidarius aus dem 5. Jahrhundert nach Christus. Zudem ist Koriander in der Landgüterverordnung von Karl dem Großen aufgelistet, ein Garant für die Verbreitung in Nordeuropa ab dem frühen Mittelalter.

### *Praxistipp!*

*Optimal ist es, Koriandersamen erst kurz vor ihrer Anwendung anzurösten und im Anschluss frisch zu mahlen. Anderenfalls überwiegen schwerflüchtige Bitterstoffe und die Speisen schmecken herb-würzig. Frisch gemahlene Samen passen wunderbar als Würze in Brotteig, Kleingebäck, Kohlgerichte, zu Hülsenfrüchten und Kürbis, besonders auch in Kombination mit Kreuzkümmel.*

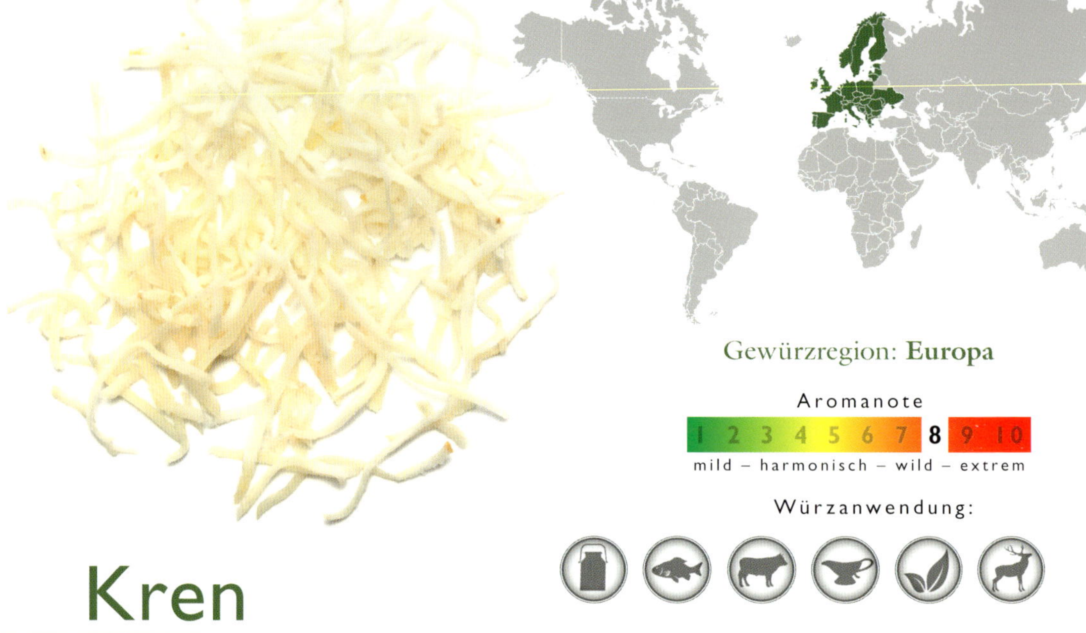


# Kren

*Armoracia rusticana*

*Die optisch unspektakuläre Wurzel offenbart erst durch Reiben ihr intensiv-scharfes Aroma, das Saucen im Handumdrehen unverkennbar macht.*

Meerrettich, Beißwurzel, Bauernsenf

## Aromatik

Da die rohe, unverarbeitete Krenwurzel völlig geruchlos ist, überrascht es umso mehr, welch stechend-scharfes Aroma durch Anschneiden oder Reiben freigesetzt wird, das rasch Tränen in die Augen treibt. Wird Kren gekocht oder getrocknet, verliert er sein flüchtiges Öl und damit seinen intensiven Geschmack.

## Beschreibung

Die ursprünglich aus Ost- und Südeuropa stammende Pflanze kam erst im Mittelalter mit den slawischen Völkern nach Mitteleuropa, in der römischen Küche spielte der Kren keine Rolle. Das in der süddeutschen und österreichischen Sprache verwendete Wort Kren lässt sich auf das slawische Wort ***koren*** für ***Wurzel*** zurückführen. In Österreich hat Kren eine lange Tradition, vor allem im Südosten der Steiermark, wo Kren seit dem 19. Jahrhundert landwirtschaftlich kultiviert wird und seit 2009 als Marke ***Steirischer Kren g.g.A.*** für die geschützte geografische Angabe geführt wird. Wie die Kresse, der Senf oder das Radieschen ist auch der Kren ein Kreuzblütler, allen gemein ist das ätherische Senföl ***Sinigrin***, aus dem sich durch Zellverletzung das scharf schmeckende ***Allyl-isothiocyanat*** bildet. Der Kren ist eine ausdauernde krautige, winterharte Pflanze mit einer Pfahlwurzel, die durchschnittlich 40 Zentimeter lang und vier bis sechs Zentimeter breit wird. Sie ist außen gräulich bis gelblich und innen weiß und faserig.

## Küchenpraxis

In alten Zeiten, als Pfeffer noch nicht landläufig erhältlich war, lag der Verbrauch von Kren und Senf vermutlich deutlich über den heutigen Mengen, stillten doch diese zwei Gewürze schon damals den Gusto auf Schärfe in mitteleuropäischen Gerichten. Heute ist Kren die erste Wahl, wenn es um die Verfeinerung von Saucen geht. Am feinsten ist es, immer die frische Wurzel zu verwenden, von der man nur jenen Teil wäscht und schält, den man auch direkt für die Speisenzubereitung benötigt. Will man das volle Potpourri der Krenschärfe ausschöpfen, sollte man den Rettich erst nach dem Kochvorgang zu einer Speise hinzufügen. Ähnlich wie sein japanisches Pendant, der grüne Wasabi, ist Kren der ideale Begleiter von Fischgerichten. Seine unverkennbar scharf-frische Note passt auch gut zu deftigem Fleisch wie Tafelspitz oder Roastbeef, zu Wild, zu Schinken und Würsten oder man kombiniert ihn mit Frischkäse zu köstlichen Brotaufstrichen. Senfen, Dipsaucen oder Cremes verpasst Kren ebenso eine besondere Note. Eine beliebte Zubereitung ist der österreichische ***Apfelkren***, eine Mischung aus geriebenem Kren, geraspelten, säuerlichen Äpfeln und Rahm. Gewürzt wird er mit Zitronensaft, Salz und etwas Zucker, serviert wird er vorwiegend zu warmem oder kaltem gekochten Rindfleisch, insbesondere zu Tafelspitz oder zu kaltem geräucherten Fisch. Ähnlich verhält es sich mit ***Semmelkren***, einer süßlich-milden Mischung aus Semmeln und geriebenem Kren, wo klein geschnittene Semmeln in Fleischbrühe gekocht, durch ein Sieb gestrichen und mit frisch geriebenem Kren vermischt werden. Die Spezialität serviert man fast ausschließlich zum Tafelspitz, einem Rindfleischklassiker aus der Wiener Küche. Ähnlich traditionell verhält es sich mit ***Krenfleisch***, gekochtes Schweine- oder Rindfleisch, das intensiv mit Kren gewürzt wird.

## Einkauf

Ab dem Spätsommer bis in den Herbst hinein ist die Erntezeit von Kren. Dann kann er, da er leicht zu lagern ist, gut auch über größere Distanzen transportiert und verkauft werden. Man findet ihn im Handel meist als ganze Wurzel gewaschen und einfoliert, um sein Austrocknen zu verhindern. Genauso wird er bereits abgepackt in frisch geriebener oder küchenfertiger Form, angerührt mit Apfelmus oder Schlagobers angeboten. Sein umfassendes Aroma entfaltet er, wenn man ihn erst unmittelbar vor der Verwendung frisch reibt und aufgrund seiner flüchtigen ätherischen Öle rasch verbraucht.

## Heilwirkung

Kren ist reich an Vitaminen, ätherischen Ölen – vor allem Senföl – und diversen Mineralstoffen wie Kalium, Calcium, Magnesium oder Eisen. Zu seinen Anfangszeiten als kultivierte Pflanze im deutschsprachigen Raum wurde Kren zunächst nur als Heilpflanze gegen eine Vielzahl von Krankheiten wie Durchblutungsstörungen bei Rheuma, gegen Rückenschmerzen oder bei Bienenstichen verwendet. Heute ist er aufgrund seiner antibiotischen Wirkung vornehmlich zur Stärkung der Abwehrkräfte und zum Schutz vor Erkältungskrankheiten im Einsatz. Er wirkt verdauungsfördernd, bakterientötend und antibiotisch.

## Wissenswertes

In alten lateinischen Quellen trifft man auf die Erwähnung einer wilden Rettichart namens armoracia, die möglicherweise auf den Kren hindeutet. Das althochdeutsche Wort für Meerrettich, merratih, findet sich erstmals in Schriften aus dem 10. Jahrhundert, wobei es über die Entstehung des Namens diverse Mutmaßungen gibt. Eine volkstümliche Überlieferung bringt die Wurzel mit der Mähre, dem alten Pferd, in Verbindung, wie es auch im Englischen von ***horseradhish*** oder dem Französischen ***radis de cheval*** bekannt ist. Möglicherweise gab das Wort ***meer***, als Vorsilbe verwendet, lediglich den Hinweis auf einen größeren, stärker schmeckenden Rettich. Jedenfalls war mit dem Kren früher viel Aberglaube verbunden, so soll eine Halskette aus Kren-Scheiben heilende Kräfte versprochen und ein Stück Kren in der Geldbörse finanziellen Segen bedeutet haben.

### *Praxistipp!*

*Zum Reiben der geschälten Krenwurzel die Krenstange senkrecht – im rechten Winkel – zur Reibefläche halten, sonst wird die Stange faserig und franst aus. Aus diesem Grund spricht man in Österreich auch vom Kren reißen und nicht vom Kren reiben.*

# Kresse

*Gartenkresse (Lepidium sativum) Brunnenkresse (Nasturtium officinale) Kapuzinerkresse (Tropaeolum majus)*

*Obwohl ein Blattgemüse spielt die Kresse als Würzmittel eine wichtige kulinarische Rolle.*

## Aromatik

Der Name der Pflanze, abgeleitet vom althochdeutschen Wort ***cresso*** für scharf, verrät ihren scharfen, rettichartigen Geschmack, verursacht durch die enthaltenen ***Senfölglycoside.***

## Beschreibung

Kresse ist grundsätzlich eine als Gemüse verwendete Pflanzenart, die jedoch aufgrund des kräftigen Aromas und des scharfen Geschmacks vor allem als Würzkraut im Einsatz ist. Obwohl Garten- und Brunnenkresse zur Familie der Kreuzblütler gehören und nicht näher mit der Kapuzinerkresse, die zur Familie der Kapuzinerkressengewächse zählt, verwandt sind, lassen sich die drei Arten wegen ihrer kulinarischen Ähnlichkeit und der weitgehenden Austauschbarkeit in der Küchenpraxis gut als Einheit betrachten.

*Brunnenkresse*: Eine wahre Renaissance erlebt diese Kresseart, bedingt durch eine Rückbesinnung auf alte und vergessene Gemüsesorten. Sie stammt ursprünglich aus Nordafrika und Westasien und war bereits bei den Griechen und Römern kulinarisch im Einsatz. Aufgrund zunehmender Umweltverschmutzung und Verbauungen von Fließgewässern drohte sie bis ins 20. Jahrhundert hinein auszusterben. Heute wächst sie wieder beinahe überall auf der Welt, meist jedoch in groß angelegten Wasserkulturen und Treibhäusern. Ihr Name leitet sich von ihrem bevorzugten Standort ab, vom mittelhochdeutschen Wort ***brunne*** für Quelle oder fließendes Wasser. Die mehrjährige, krautige Pflanze ist eine Sumpf- und Wasserpflanze, optisch erkennt man sie an hohlen, runden Stängeln, den rundlichen, grasgrünen, fleischigen Blättchen und den kleinen, weißen, traubenförmig angeordneten Blüten.

*Gartenkresse*: Die bekannteste Kresseart stammt aus Persien und den alten Kulturländern am Mittelmeer, wo sie auch heute noch wild wächst. Sie ist eine einjährige, krautige Pflanze, die auf unterschiedlichsten Materialien mit wenig Feuchtigkeit gedeiht und für ihre rasche Auskeimung und die Schnellwüchsigkeit geschätzt wird. Im Gegensatz zu den anderen Kressesorten verwendet man bei der Gartenkresse hauptsächlich die Keimlinge, die schon wenige Tage nach der Aussaat geerntet werden können. Da diese das ganze Jahr über leicht zu kultivieren sind, eignet sich Gartenkresse vor allem im Winter als tolles Würzmittel, wenn frisches Gemüse rar ist. Im ausgewachsenen Zustand zeigt sie Ähnlichkeiten zur Brunnenkresse, mit dünnen, hellgrünen Blättern und traubig angeordneten, kleinen, weißen Blüten.

***Kapuzinerkresse***: Sie stammt aus Süd- und Mittelamerika und ist eine mehrjährige, krautige Pflanze mit ihren typischen schildförmigen, handtellerartigen Blättern und den auffälligen, kräftig rot-orange gefärbten Blüten. Ihr Name lässt sich auf die Form der Blüten zurückführen, die Kapuzen von Mönchskutten ähneln. Der lateinische Gattungsbegriff ***Tropaeolum*** stammt von Carl von Linné und leitet sich vom griechischen Wort ***Tropaion*** ab, ein altes Siegessymbol mit Helm, Schild und Lanze; die Blattform erinnert an einen Schild und die Blüten an einen Helm.

## Küchenpraxis

Kresse bringt als Würzkraut eine senf- bis rettichartige Note sowie den typisch kräftig-pfeffrigen Geschmack in die Kulinarik und sollte deshalb immer sparsam eingesetzt werden. Fast alle Pflanzenteile – Keimlinge, Blätter, Knospen, Blüten und Samen – können zum Würzen verwendet werden. Keimlinge und Blätter werden mit einem scharfen Messer oder einer Schere relativ weit unten am Ansatz abgeschnitten und im Ganzen oder klein geschnitten als Salat oder mit anderen Blattsalaten angerichtet. Knospen werden mariniert und in Essig eingelegt und wie Kapern verwendet. Die Blüten sind essbar und bilden eine wunderschöne Dekoration auf sommerlichen Salaten, ähnlich wie Gänseblümchen, Lavendel, Löwenzahn oder Stiefmütterchen. Kresse ist zudem eines der traditionellen Kräuter in der ***Frankfurter Grünen Sauce***: Borretsch, Kerbel, Kresse, Petersilie, Wiesenknopf, Sauerampfer und Schnittlauch. Die Saison der Grünen Sauce beginnt traditionell am Gründonnerstag und dauert bis zum ersten Frost im Herbst, wobei die Kräuter die beste Qualität üblicherweise im Frühsommer haben. Die Grüne Sauce ist eine meist kalte Kräutersauce, die üblicherweise zu gekochten Eiern und Pellkartoffeln gegessen wird. Die Tradition der Grünen Sauce in Europa reicht mehr als 2000 Jahre zurück, schon die Römer übernahmen das Rezept aus dem Orient.

## Einkauf

Da Kresse für gewöhnlich keinen grünen Daumen braucht, pflanzt man diese entweder selbst oder kauft sie vorgezogen in Schalen oder Töpfen im Gartenfachhandel oder im Lebensmittelhandel, wo es oft neben der klassischen, grünen Gartenkresse auch Brunnen- und Kapuzinerkresse sowie weitere, rötliche bis braunviolette Züchtungen zu kaufen gibt.

## Heilwirkung

Die Kresse, allen voran die Brunnenkresse, gilt als alte Heilpflanze seit jeher als appetitanregend, stoffwechselfördernd und harntreibend, die Naturheilkunde empfiehlt sie zur Entschlackung von Leber, Lunge und Magen. Heute werden sowohl das frische wie auch das getrocknete Kraut der Kresse pharmazeutisch verwendet, beide enthalten die wirksamen Senföle, ähnlich dem Kren, den Radieschen oder dem Senf selbst. Die Inhaltsstoffe haben ein recht breites Wirkungsspektrum gegen Bakterien sowie viren- und pilzhemmende Eigenschaften. Auch äußerlich kann Kresse als durchblutungsförderndes Mittel bei Muskelschmerzen und Prellungen eingesetzt werden.

## Wissenswertes

Aus Südamerika stammt eine weitere Kresse, die ***Parakresse*** (***Acmella oleracea***), die außer dem Namen jedoch keine Nähe zur echten Kresse hat. Sie ist ein Korbblütler und hat körbchenförmige Blüten, leuchtend gelb mit einem roten Zentrum, gerne auch ***Husarenknöpfe*** genannt. Sowohl die Blätter, vor allem aber die Blüten sind bekannt für ein auf der Zunge stark kribbelndes, prickelndes und elektrisierendes Geschmackserlebnis. Ähnlich der Wirkung von Brausepulver, wobei sich ein aromatischer Kräutergeschmack verbreitet – sehr an den Szechuanpfeffer erinnernd. Durch das kurzfristig betäubende Gefühl im Mundraum wurde die Pflanze von den Ureinwohnern Lateinamerikas zur Schmerzbetäubung bei Zahnbehandlungen eingesetzt, was ihr den Beinamen Zahnweh-Pflanze eingebracht hat. Kulinarisch können die Blüten ähnlich wie Szechuanpfeffer gebraucht werden – auf Salaten, am frischen Steak oder auf Gemüseaufläufen –, müssen aber aufgrund der Aromatik sehr sparsam verwendet werden.

### *Praxistipp!*

*Da Kresse am besten frisch schmeckt, erntet man sie unmittelbar vor dem Verzehr. Kresse sollte nicht gewaschen werden, da das Kraut dadurch ausgelaugt wird und an Geschmack verliert. Weil Kresse hohe Temperaturen nicht gut verträgt, sollte sie einer Speise erst kurz vor dem Servieren hinzugegeben werden. Beim Trocknen oder Einfrieren verliert sie ihr Aroma. Außerdem entwickelt sie in gefrorenem Zustand einen bitteren Geschmack und wird beim Auftauen matschig. Sollte einmal zu viel frische Kresse geerntet worden sein, kann sie in geschmacklich neutralem Öl – wie beispielsweise Raps- oder Olivenöl – einige Wochen konserviert werden. In Folie eingepackt kann man sie auch für einige Tage im Kühlschrank lagern.*

# Kreuzkümmel

*Cuminum cyminum*

*Das Charaktergewürz Indiens findet sich in beinahe sämtlichen Currygerichten der Welt.*

Kumin, Cumin, Mutterkümmel, Weißer Kümmel

## Aromatik

Kreuzkümmel hat ein erdiges, bitter-scharfes und leicht süßes Aroma. Er ist weniger dominant als der europäische, herb-würzige Wiesenkümmel und lässt sich dadurch besser mit anderen Gewürzen mischen. Der unverwechselbare Geschmack wird vom im ätherischen Öl enthaltenen ***Cuminaldehyd*** verursacht, das auch angenehm riechender Bestandteil in Eukalyptus, Myrrhe oder Cassiazimt ist.

## Beschreibung

Der Kreuzkümmel ist eine alte asiatische Pflanze aus der Familie der Doldenblütler; die Bezeichnung leitet sich von der gekreuzten Blattstellung und vom kümmelähnlichen Aussehen der getrockneten Früchte ab. Der Kreuzkümmel ist nicht mit dem Wiesenkümmel verwandt und wächst im Gegensatz zu diesem nur in warmen Ländern wie Indien, Indonesien, dem südlichen Mittelmeergebiet und vor allem in der Türkei, wo sich die weltweit größten Anbaugebiete befinden. Ursprünglich stammt der Kreuzkümmel aus dem östlichen Mittelmeergebiet, erst in der Zeit des Indienfeldzuges Alexander des Großen um 326 vor Christus gelangte er in jene asiatischen Regionen, wo er heute als eines der typischen Curry-Gewürze in allen indischen Küchen verwendet wird. Allein die indische Produktion an Kreuzkümmel beträgt aktuell rund 150.000 Tonnen, wovon nur wenig exportiert wird.

## Küchenpraxis

Als eines der zehn ayurvedischen ***Königsgewürze*** ist Kreuzkümmel ein essenzieller Bestandteil indischer Curry-Würzmischungen, auch in der orientalischen und mexikanischen Küche wird das intensive Gewürz sehr gerne eingesetzt. In Mitteleuropa ist die Verwendung von Kreuzkümmel noch nicht allzu weit verbreitet, zumal aufgrund falscher Übersetzungen und damit Verwechslungen mit dem Kümmel indische Gerichte oft falsch gekocht werden. Die scharfe und kräftige Note von Kreuzkümmel, mit einem leichten Anflug von Anis und Zitrone, passt hervorragend zu Fisch- und Fleischgerichten, Currys, aber auch zu Gemüse. Dank der hohen Würzkraft empfiehlt es sich, nur geringe Mengen des Gewürzes zu verwenden. Hat man ausreichend Würzerfahrung oder kennt seine Vorliebe für Kreuzkümmel, dann darf er gerne großzügig eingesetzt werden.

## Einkauf

Am besten kauft man ganze Kreuzkümmelsamen, vorwiegend zu finden in türkischen oder arabischen Lebensmittelgeschäften. Oft gibt es dort auch gemahlenen Kreuzkümmel, der jedoch nur für eine sofortige Anwendung zu empfehlen ist. Kreuzkümmel ist ein ideales Gewürz für den Mörser, ob grob oder ganz fein gestoßen, entfaltet er so sein Aroma perfekt.

## Heilwirkung

Kreuzkümmel ist Balsam für gestresste Bäuche, schon das Kauen von Kreuzkümmelsamen hilft bei Blähungen, Völlegefühl und Bauchkrämpfen. Gibt man ihn in schwer verdauliche Speisen, dann beugt er den oft anschließend eintretenden Verdauungsproblemen vor. Auch beim Abnehmen soll der Kreuzkümmel gute Dienste leisten, zumal er die Darmperistaltik stimuliert und dadurch Verstopfungen beheben kann. Nach ayurvedischer Auffassung soll er auch das Blut reinigen, Bluthochdruck reduzieren und Leber- und Nierenfunktion unterstützen.

## Wissenswertes

Eine der weltweit bekanntesten indischen Gewürzmischungen, ***Garam Masala***, baut auf Kreuzkümmel auf. Ergänzt mit Koriandersamen, Pfeffer und süßen Gewürzen wie Zimt, Kardamom, Gewürznelken und Indischen Lorbeerblättern kombiniert die Mischung persische und indische Geschmacksvorlieben und ist unentbehrlich für die feine Küche Nordindiens. Ein echtes Garam Masala ist chilifrei und mild, aber es gibt natürlich regionale Ausnahmen wie das ***Tandoori Masala***, deren Basis Chili und Ingwer bilden. Ein Masala versteht sich als Pfeffer und Salz der indischen Küche und sollte daher sparsam als Komponente für den Grundgeschmack verwendet werden.

### *Praxistipp!*

*Sein aromatisches Optimum gibt der Kreuzkümmel preis, wenn man die ganzen Samen in einer Pfanne ohne Fett kurz erhitzt, bis sie zu duften beginnen. Nach der Abkühlung im Mörser zerstoßen, ist er dann, gut verschlossen, mehrere Monate haltbar.*

Gewürzregion: **Südostasien**

Aromanote

1 2 3 4 5 6 7 8 **9** 10

mild – harmonisch – wild – extrem

Würzanwendung:

# Kubebenpfeffer

## *Piper cubeba*

*Bis zum Mittelalter kulinarisch gebräuchlich verschwand er im Zuge der Pfefferkriege gänzlich aus der europäischen Küche.*

Schwanzpfeffer, Stiefpfeffer, Schwindelkörner

### Aromatik

Kubebenpfeffer überzeugt durch sein holzig-frisches, an Eukalyptus und Minze erinnerndes Aroma und dem dezent scharfen, mentholigen, zitronigen Geschmack, der sich beim Kochprozess in Richtung des nelkenartigen Piments ändert.

### Beschreibung

Der Kubebenpfeffer stammt aus der Familie der Pfeffergewächse ***Piperaceae*** und ist auf den südostasiatischen Inseln der Republik Indonesien beheimatet, hier vor allem auf Java. Ähnlich dem Schwarzen Pfeffer (***Piper nigrum***) ist auch er eine bis zu zehn Meter hohe Kletterpflanze mit einem langen, ährigen Blütenstand mit bis zu 50 kleinen, weißen Blüten. Aus diesen entwickeln sich gestielte Beerenfrüchte mit rund fünf Millimeter kleinen Pfefferbeeren. Die Oberfläche ist rau und furchig, am Scheitel leicht zugespitzt. Typisch ist das stielartige Stängelschwänzchen, weshalb man ihn auch als ***Stielpfeffer*** bezeichnet. Die Beeren werden noch grün geerntet und an der Sonne schwarzbraun getrocknet. Kubeben ist bekannt für seinen hohen Anteil ätherischer Öle wie dem würzig-holzigen ***Nerolidol***, dem zitronig-frischen ***Sabinen*** oder dem süßlich-fruchtigen ***Myrcen*** sowie dem nur sehr geringen Gehalt an dem für Schärfe verantwortlichen ***Piperin***.

## Küchenpraxis

Vor allem in der indonesischen Küche fehlt Kubeben nie, bevorzugt auf Fischgerichten und Meeresfrüchten in Kombination mit Reis und Gemüse. Auch Lamm, die typische Fleischsorte des Orients, wird meist mit Kubeben gepfeffert. Er verfeinert Wildgerichte mit dunklen Saucen und unterstützt geräucherte Würste oder Selchfleisch mit seinem kräftig-harzigen Geschmack. Um das ätherische Öl in den Zellwänden zu behalten, die Körnung beim Mahlen etwas gröber belassen. Ganze Körner können hingegen wunderbar in Schmorgerichten mitgegart werden. Auch Bergkäse oder reifer Camembert freuen sich über eine Prise Kubeben. Aufgrund seiner zitronig-minzigen Frische passt Kubeben sogar perfekt in Desserts wie Fruchteis oder Sorbets.

## Einkauf

Kubebenpfeffer kauft man im guten Fachhandel als ganze Körner, in der Gewürzdose halten sie gut verschlossen über mehrere Jahre. Zubereitet wird er immer frisch in der Mühle oder im Mörser.

## Heilwirkung

Eine der ersten schriftlichen Erwähnungen von Kubeben als wichtiges arabisches Heilmittel stammt aus ***Tausendundeine Nacht***, der berühmten Sammlung morgenländischer Erzählungen aus der Zeit um 500 nach Christus. Darin wird Kubeben vor allem wegen seiner schleimlösenden Wirkung bei Atembeschwerden, Husten und Verkühlungen geschätzt, auch als Mittel gegen Kopfschmerzen und Gedächtnisschwäche, woher der in der Volksheilkunde gebräuchliche Name ***Schwindelkörner*** stammt. Ebenso wurde Kubeben früher bei entzündlichen und bakteriellen Erkrankungen der Harnwege eingesetzt. Auch die heutige Volksmedizin bedient sich all dieser bekannten positiven Effekte des Kubeben, genauso wie er noch heute in Indien aufgrund seiner aphrodisierenden Wirkungen hoch geschätzt wird.

## Wissenswertes

Während Kubeben besonders im Mittelalter in vielen europäischen Rezepten auftauchte, verschwand er ab dem 17. Jahrhundert zunehmend aus den heimischen Küchen. Der englische Botaniker ***John Parkinson*** berichtete in seinem 1640 erschienenen Buch über Heilpflanzen ***Theatrum Botanicum***, dass König Johann IV. von Portugal den Verkauf von Kubeben verboten hatte, um denjenigen des Schwarzen Pfeffers zu fördern, der deutlich mehr Gewinn einbrachte. In der Folge kam er dem europäischen Gewürzmarkt völlig abhanden, erst seit wenigen Jahren erlebt er seine Renaissance als tolle Alternative zu Schwarzem Pfeffer.

### *Praxistipp!*

*Wer Schokolade mit höherem Kakaoanteil schätzt, sollte für wahre Aromenhöhenflüge unbedingt einmal die Kombination mit Kubeben probieren, da dieser den dunklen Schoko-Röstaromen eine perfekte Frische und zarte Schärfe verleiht. Dabei den Pfeffer vor dem Mörsern kurz anrösten, um die harzig-stechenden Kampfernoten zu verflüchtigen.*

# Kümmel

## *Carum carvi*

*Geliebt oder gehasst – Kümmel ist nicht jedermanns Gewürz.*

Echter Kümmel, Wiesenkümmel

### Aromatik

Im Geruch frisch ätherisch, betont zitronig-nussig mit dumpfer Pfeffernote, im Geschmack holzig-nussig mit kräftigem Zitrusaroma. Die ruhige, ausgewogene Schärfe unterstützt den schönen, langen Aromabogen. Für diese betonte Aromatik sind vor allem die ätherischen Öle der Kümmelsamen verantwortlich, die wichtigen Geschmacksträger sind dabei ***Carvon*** (verantwortlich für den scharfen Geschmack) und ***Limonen*** (verantwortlich für den frischen, minzig-zitronigen Geschmack).

### Beschreibung

Trotz der ähnlichen Bezeichnung ist Wiesenkümmel nicht mit dem Kreuzkümmel verwandt. Die Pflanzen gehören verschiedenen Gattungen an und unterscheiden sich stark im Geschmack. Gemein ist beiden jedoch, dass sie zu den ältesten Gewürzen der Welt zählen und aus der großen Familie der Doldenblütler stammen. Wiesenkümmel wird als Kultursorte vor allem in Europa seit Jahrhunderten feldmäßig angebaut und findet sich dadurch auch in verwilderter Form an Wegrändern und auf Wiesen. Als Gewürzpflanze im gewerblichen Sinne wird Kümmel heute in weiten Teilen Nordeuropas, am Balkan, in Nordafrika und in Nordamerika kultiviert. In diesem Zusammenhang sollte auch der ***Kümmeltürke*** erwähnt werden. Der Ausdruck stammt aus der Studentensprache des 18. Jahrhunderts aus der Gegend um die deutsche Stadt Halle an der Saale, die zu dieser Zeit aufgrund des starken Kümmelanbaus als ***Kümmeltürkei*** bezeichnet wurde. Als „Türkei" wurden in Deutschland damals generell Landstriche genannt, die trostlos und wenig erbaulich waren.

## Küchenpraxis

Kümmel wird bedingt durch seine Herkunft vorrangig in der europäischen Küche eingesetzt. Er aromatisiert mit seiner bitter-herben, an Anis erinnernden Note vor allem deftige Speisen optimal. Herzhaftes Schwein oder Lamm sowie schwere Gemüsesorten wie Kohl oder Kraut erleben durch ihn eine tolle geschmackliche Aufwertung und werden durch ihn bekömmlicher. Kümmel passt aber auch hervorragend zu Milchprodukten, seien es Aufstriche auf Topfen- oder Joghurtbasis, verschiedene Käsesorten oder Gerichte auf Basis von Käse. Suppen und Saucen verleiht er ein delikates Aroma und in vielen Getränken darf er keinesfalls fehlen. Im Optimalfall wird er bei der Speisenzubereitung möglichst früh hinzugefügt und mitgegart – so verteilt sich seine typische Note in vollem Umfang.

## Einkauf

Kulinarisch verwendet werden die leicht sichelförmig gebogenen, gerippten und an den Enden spitzen Einzelfrüchte, die volkstümlich ***Kümmelsamen*** genannt werden und beim Zerreiben den einzigartigen Duft verbreiten. Kümmelsamen kauft man im Ganzen oder gemahlen, wobei wie so oft das Pulver rasch an Aroma verliert. Frisch geerntet sind auch die Blätter des Kümmels kulinarisch einsetzbar. Sie ähneln nicht nur optisch der Dille, sondern haben einen ähnlich milden Geschmack wie diese und werden gerne als Würze für Suppen und Salate eingesetzt.

## Heilwirkung

Kümmel ist ein Klassiker in schwer verdaulichen Gerichten. Er regt die Verdauung an, hat beachtlich entblähende und krampflösende Wirkungen und eignet sich wunderbar bei leichten Krämpfen im Bereich Magen, Darm und Galle sowie bei nervösen Herz-Magen-Beschwerden. Bevorzugt verwendet man die Kümmelsamen als Tee in Kombination mit Fenchel, Anis oder Koriander. Im ***Vierwindtee***, einem alten bäuerlichen Hausmittel, ist Kümmel mit Fenchel, Pfefferminze und Kamille enthalten.

## Wissenswertes

Die kulinarische Verwendung von Wiesenkümmel lässt sich bis ins 3. Jahrhundert nach Christus zurückverfolgen. Im römischen Apicius wird Wiesenkümmel oft in Ergänzung zum Namensvetter Kreuzkümmel eingesetzt, bevorzugt in äußerst aromatischen Saucen in Kombination mit damals meist sehr teuren Gewürzen wie Pfeffer, Minze oder Lorbeer – offenbar für Genießer mit entsprechend dickem Geldbeutel. Auch in der Landgüterverordnung Karls des Großen fehlte der Kümmel nicht, womit sich dieses aromatische Gewürz bis in die heutige Zeit erhalten konnte.

***Praxistipp!***

*Eine angeblich positive Wirkung auf die Verdauung versprechen die in nordeuropäischen Ländern beliebten Verdauungsschnäpse aus Kümmel, wie der skandinavische Aquavit oder der norddeutsche Köm, eine Art Korn mit Kümmel verfeinert – wobei die dabei gefühlte positive Wirkung medizinisch betrachtet eher als Placeboeffekt eingestuft werden sollte.*

# Kürbiskerne

*Cucurbita pepo*

*Von Südamerika bis Europa, von der Volksmedizin bis auf die Teller der Haute Cuisine – der Kürbis hat schon einen weiten Weg hinter sich.*

## Aromatik

Roh schmecken Kürbiskerne leicht säuerlich-herb und nussig-buttrig, erst geschnitten und geröstet sowie im Öl kommen die bekannt duftigen, grünlich-grasigen Aromen voll zur Geltung.

## Beschreibung

Mit Kürbis verbinden Menschen weltweit die verschiedensten Erfahrungen: Die einen sehen vor allem in den Kürbiskernen eine wunderbare Volksmedizin, den anderen geht es beim Kürbis ausschließlich um die leckeren kulinarischen Zubereitungen. Andere wiederum haben schöne Bilder einer Reise durch die Steiermark im Süden Österreichs im Kopf, wo der Kürbis am freien Feld wächst und zu köstlichem Kürbiskernöl verarbeitet wird. Und zuletzt denken die meisten Kinder bei Kürbis an Halloween, das alte irisch-amerikanische Brauchtum rund um Allerheiligen, wo Kürbisse ausgehöhlt und zu Laternen umgebaut werden.

Der Kürbis bildet eine riesige Pflanzengattung aus der Familie der Kürbisgewächse. Neben bekannten Sorten wie den Riesenkürbissen (u. a. Hokkaidokürbis) und den Moschuskürbissen (u. a. Birnenkürbis) spielt in Europa vor allem der Gartenkürbis ***Cucurbita pepo*** eine tragende Rolle, zu dem neben dem hier näher beschriebenen Ölkürbis auch die Zucchini zählt. Kürbisse sind grundsätzlich einjährige, krautige Pflanzen, meist niederliegend oder auch kletternd. Die großen Blüten sind goldgelb bis cremefarben, die Früchte selbst nennt man botanisch korrekt Panzerbeeren, aufgrund ihrer harten Außenschicht. Form, Größe und Farbe der Früchte unterscheiden sich je nach Sorte und Herkunft sehr stark. Die Samen, umgangssprachlich Kürbiskerne genannt, sind flach, oval und mit verdickter Schale.

## Küchenpraxis

Neben der kulinarischen Verwendung von Kürbis als gekochtes, gebratenes oder gebackenes Gemüse oder püriert als Kürbiscremesuppe sind vor allem die Kürbiskerne das Objekt der geschmacklichen Begierde – besonders die Samen aus dem Steirischen ***Ölkürbis Cucurbita pepo*** var. ***styriaca***, eine einzigartige Züchtung aus der Südsteiermark in Österreich. Der Samen des Ölkürbisses hat die verholzende Samenschale verloren, womit der Samenkern sowohl zur Pressung von Kürbiskernöl als auch als Würzmittel perfekt genutzt werden kann. Das Kürbiskernöl setzt man vielseitig ein, vor allem in der kalten Küche oder als Aroma auf warmen Speisen kurz vor dem Servieren: auf Salaten, Rindfleisch, Sülzen, Suppen, auf der Eierspeise oder als Dessert auf Vanilleeis. Da sich das Öl jedoch nicht erhitzen lässt, eignet es sich nicht zum Kochen oder Braten. Die Kerne sind hingegen flexibler zu verwenden, sie lassen sich schneiden und rösten, wodurch man die Aromatik deutlich steigert. Als Gewürz bringen sie einen röstig-dunklen, kakaoartigen, zart grasigen Geschmack in die Kulinarik, unterstützt durch den nussig-lakritzeartigen Duft.

## Einkauf

Kürbiskerne bekommt man in jedem Supermarkt, gesalzen oder ungesalzen, geröstet oder ungeröstet; es gibt sie auch als süße Versuchung mit Schokolade überzogen oder als Snack mit Wasabi. Die rohen Kerne eignen sich nicht für eine lange Lagerung, da durch das Einwirken von Luft, Wärme und Licht der Fettverderb angekurbelt wird und die Kerne ranzig werden. Das Gleiche gilt für Kürbiskernöl, das grundsätzlich lichtgeschützt, in dunklen Flaschen, luftdicht verschlossen und vor Wärme geschützt gelagert werden soll – auch im Kühlschrank möglich, wobei sich dann das Kürbiskernöl vor der Verwendung immer erst der Raumtemperatur anpassen muss, damit sich das volle Aroma entfalten kann. Je kürzer die Lagerung, umso frischer und nussiger ist der Geschmack. Geöffnete Flaschen sollten innerhalb weniger Monate verbraucht werden.

## Heilwirkung

Kürbiskerne und Kürbiskernöl sind wahre Gesundheitselixiere, die Naturheilkunde verwendet sie seit Jahrhunderten zur Behandlung von Prostataleiden, bei hohem Blutdruck, bei Blasenentzündungen, bei Reizblasen, Bandscheibenproblemen oder Muskelkrämpfen. Der hohe Gehalt ungesättigter Fettsäuren wirkt gefäßerweiternd und blutdrucksenkend und kann mithelfen, Herz-Kreislauf-Problemen und Blasenschwäche vorzubeugen. Und das Glückshormon Serotonin hilft, an Tagen ohne Sonne für gute Laune zu sorgen. Nicht umsonst galt Kürbiskernöl über Jahrhunderte mehr als Medizin denn als kulinarische Spezialität; zur Zeit Maria Theresias war es ausschließlich Apotheken zur Herstellung von Heilmitteln vorbehalten. Erst mit einem wachsenden Ernährungsbewusstsein ab den 1980er-Jahren begann die Verbreitung der Kürbiskerne und des Öls in die großen und kleinen Küchen dieser Welt.

## Wissenswertes

Kürbis zählt neben der Chili und der Gartenbohne zu den wichtigsten Früchten Süd- und Zentralamerikas, wo er neuesten Samenfunden zufolge schon vor rund 10.000 Jahren vor Christus angebaut wurde. Dabei wurde der Gartenkürbis in Peru, Mexiko und im Süden der USA domestiziert, der Moschuskürbis in Zentralamerika und der Riesenkürbis in Südamerika. Die Entdeckung durch Christoph Kolumbus brachte die große Sortenvielfalt ab dem 16. Jahrhundert nach Europa, wo der Kürbis rasch kultiviert wurde. Die Portugiesen nahmen den Kürbis auch nach Asien mit, wo er sich in diversen Züchtungen bis heute weiterentwickeln konnte – allen voran der Hokkaidokürbis, der erst in den 1990er-Jahren nach Europa kam und mittlerweile ganzjährig im Handel erhältlich ist.

Die bereits in der römischen Antike und bis ins Mittelalter hinein kulinarisch verwendeten Flaschenkürbisse haben hingegen nichts mit den heute bekannten Gartenkürbissen zu tun. Die Wildform des Flaschenkürbisses ***Lagenaria siceraria*** stammte aus den Tropen Afrikas und gelangte über Ägypten in den Mittelmeerraum. Seine Früchte besitzen eine große Vielfalt an Formen und Größe, von kugelig, birnen- und keulen- bis hin zu flaschenförmig. Die Römer nannten den Flaschenkürbis ***cucurbita***, abgeleitet von der Bezeichnung curvus für gebogen, hohl oder bauchig und ***capitis*** als Genitiv des Kopfes – ein Name, der später auf die gesamte Gattung der Kürbisse übergegangen ist.

### *Praxistipp!*

*Zur besseren Erkennbarkeit von Original Steirischem Kürbiskernöl gibt es eine grün-weiße Banderole mit fortlaufender Kontrollnummer, die auf jeder Flasche kleben muss. Nur in diesen Flaschen ist garantiert heimisches Kernöl enthalten, das in der EU geografisch geschützt ist und den Namen Steirisches Kürbiskernöl g.g.A. als geschützte geografische Angabe führen darf.*

# Kurkuma

*Curcuma longa*

*Seit Menschengedenken kulinarisch im Einsatz, extrem gesund und geschmacklich spannend.*

Gelber Ingwer, Gelbwurzel, Safranwurzel

## Aromatik

Frisch gegessen hat die Kurkuma einen harzigen, leicht brennenden, zitronigen Geschmack, in der Beschaffenheit ähnlich der Karotte, der Pastinake oder dem Ingwer. Getrocknet schmeckt sie hingegen mildwürzig, blumig-floral mit betörender Orange und ruhiger Exotik. Begleitend dazu baut sich eine angenehme Schärfe auf, mit fülliger Muskatnuss und pfeffrigem Abgang.

## Beschreibung

Die Kurkuma stammt aus der Familie der Ingwergewächse, das kulinarisch verwendete Rhizom ähnelt stark jenem des Ingwers, ist jedoch deutlich gelb-orange eingefärbt. Rhizome sind Erdsprossen, die fälschlicherweise gerne auch Wurzelstock genannt werden, jedoch keine typischen Wurzelmerkmale aufweisen. Neben der Kurkuma zählen Ingwer und Galgant zu den bekannten, essbaren Rhizomen. Kulinarisch entscheidend am Kurkuma-Rhizom sind die ätherischen Öle, die zu einem Großteil aus den für Geruch und Geschmack verantwortlichen ***Sesquiterpenen*** bestehen, sowie der für die gelbe Färbung verantwortliche Farbstoff ***Curcumin***. Sesquiterpene sind chemische Verbindungen und vor allem als Riech- und Aromastoffe von tragender Bedeutung. Man findet sie in vielen aromatischen Lebensmitteln, unter anderem im Rosen- oder Orangenöl, im Schwarzen Pfeffer, im Pfefferminzöl, im Kümmel, in den Gewürznelken, im Kubebenpfeffer oder im Wacholder.

In ihrer Heimat Indien ist die Verwendung von Kurkuma als Gewürz seit über 4.000 Jahren belegt. Bis heute ist sie Bestandteil vieler Hindu-Rituale zur Symbolisierung der gelben Farbe der Sonne, im Buddhismus wird Kurkuma traditionell zur Färbung der gelben Kleidung der Mönche verwendet. Ab wann und in welchem Ausmaß Kurkuma in Europa im Einsatz war, ist historisch unklar. Der Römer Plinius erwähnte in seiner ***Naturalis historia*** um 50 nach Christus eine aus Indien stammende Pflanze namens ***cypira***, deren Wurzeln der des Ingwers ähneln, die wie Safran gelb färbt und im Geschmack bitter ist – vermutlich handelte es sich dabei um Kurkuma. In der mittelalterlichen Küche Europas spielte Kurkuma keine Rolle, sie wurde jedoch gerne als Medizin und Farbstoff verwendet.

Heute gilt Indien als das weltweit größte Anbauland und verbraucht selbst rund 80 Prozent der Welternte. Während in Indien meistens Kurkumapulver zur Anwendung kommt, ist beispielsweise in der südostasiatischen, thailändischen Küche der Einsatz des frisch geriebenen Rhizoms gebräuchlich. In der europäischen und amerikanischen Kulinarik spielt die Kurkuma bislang noch eine untergeordnete Rolle, als Teil von Currypulvern, billiger Safranersatz oder als Farbstoff in der Lebensmittelindustrie für Senf oder Teigwaren.

## Küchenpraxis

Abgesehen davon, dass Kurkuma in der Küche sehr gerne aufgrund seiner typischen gelb-orangen Farbe eingesetzt wird, darf sie in kaum einer Curry-Würzmischung fehlen. Vor allem in der Kulinarik Indiens und anderer asiatischer Länder sowie in der Ayurveda-Küche wird Kurkuma als reinigendes und energetisierendes Gewürz verwendet. Ihr an Ingwer erinnernder, würziger Geschmack verleiht neben Currys auch Linsen- und Bohnengerichten eine spezielle Note. Sie schmeckt wunderbar in Eigerichten und zu Gemüseaufläufen. Darüber hinaus veredelt Kurkuma italienische Nudelgerichte, marokkanische Speisen und macht in Smoothies und ayurvedischen Heilgetränken sprichwörtlich eine gute Figur, etwa in der Goldenen Milch – heiße Milch verrührt mit Kurkumapaste. Generell ist Vorsicht in puncto Dosierung geboten: Allzu große Mengen an Kurkuma sind nicht empfehlenswert, da Gerichte damit schnell bitter geraten können.

## Einkauf

Kurkuma wird bevorzugt als geschältes, frisches Rhizom angeboten, wobei auch die getrocknete, feine Pulvervariante als Gewürz und Farbstoff einsetzbar ist. Sobald getrocknet, muss Kurkuma dunkel gelagert und rasch aufgebraucht werden, da die Farbe bei Licht schnell verblasst und das Gewürz stark an Aroma verliert. Kurkumapulver sollte nicht zu stark dosiert werden, da die Speisen sonst schnell muffig-modrig schmecken können.

## Heilwirkung

Kurkuma zählt zu den gesündesten Gewürzen der Welt, in der traditionellen indischen Heilkunst Ayurveda wird sie zu den heißen Gewürzen gerechnet, denen eine reinigende und energiespendende Wirkung zugesprochen wird. Zu Recht, denn das Rhizom wirkt anregend auf die Magensaftproduktion und hilft so bei der Fettverbrennung, um nach einem üppigen Essen Blähungen, Völlegefühl und Magenbeschwerden zu bekämpfen. Zudem verbessert das Gewürz die Blutfettwerte und soll sogar gegen Diabetes wirken. Kurkuma kann auch einen erstaunlichen Einfluss auf den Blutdruck haben und hohen Blutdruck leicht senken. Darüber hinaus kann, wie aktuelle Studien zeigen, der Farbstoff Curcumin krebshemmende, antioxidative und entzündungshemmende Wirkungen aufweisen.

## Wissenswertes

Der Farbstoff Curcumin findet heute in der Kulinarik weitreichende Anwendungsgebiete, bevorzugt als Lebensmittelzusatzstoff E 100 zur Einfärbung von Nahrungsmitteln wie Margarine, Teigwaren, Kartoffelflocken, Reis-Fertiggerichten, Marmelade oder Senf. Kurkuma ist dabei wesentlich preiswerter als der ebenfalls gut färbende Safran, weshalb es von Fälschern häufig zum Strecken von Safran verwendet wird. Zudem bildet Curcumin als Pulver den traditionell gelben Teil aller indischer Currys, so zählt Kurkuma mit Koriander und Kreuzkümmel zu den berühmten ***3 Ks der Curry-Gewürzmischungen***.

### *Praxistipp!*

*Die gesunden Inhaltsstoffe von Kurkuma sind nicht wasserlöslich und können nur schwer vom Körper aufgenommen werden. Daher sollte man das Gewürz immer in Verbindung mit einer Prise Schwarzen Pfeffer und etwas Öl aufnehmen. Hilfreich kann es außerdem sein, Kurkuma vorab in Öl zu erhitzen, was nicht nur seine Aromatik intensiviert, sondern auch die Aufnahme seiner Wirkstoffe erleichtert.*

# Langer Pfeffer

*Piper longum*

*Gilt als der Urpfeffer der europäischen Kulinarik – und ist als Piper auch Namensgeber der gesamten Pfefferfamilie.*

Stangenpfeffer, Langschotenpfeffer

## Aromatik

Langer Pfeffer ist etwas schärfer als Schwarzer Pfeffer, seine süßlich-erdige und wärmende, dumpfe Aromatik übertrifft diesen geschmacklich aber deutlich.

## Beschreibung

Wie der Schwarze Pfeffer (***Piper nigrum***) ist auch der Lange Pfeffer eine Kletterpflanze, die ährenförmige Fruchtstände bildet, wo die winzigen Pfefferbeeren im Gegensatz zum Echten Pfeffer zu einer grau-schwarzen Stange (auch Kätzchen genannt) zusammenwachsen, die in verschiedenen Reifestadien geerntet und zu Langem Pfeffer getrocknet werden. Der Lange Pfeffer stammt aus der Familie der Pfeffergewächse ***Piperaceae*** und gilt aufgrund seines indischen Namens ***Pippali*** als Namensgeber der gesamten Gattung Piper.

## Küchenpraxis

Leider spielt der Lange Pfeffer in der Kulinarik nur eine untergeordnete Rolle, zumal ihm die Chili im Segment der scharfen Gewürze starke Konkurrenz bereitet. In der Küche wird er jedenfalls als vollwertiger Ersatz für Schwarzen Pfeffer eingesetzt und passt ideal zu pikanten wie auch süßen Gerichten, von exotischen Früchten über Dressings bis zu Hackfleisch und Gemüse, perfekt auch in feinen Currys, auf gegrilltem Fisch oder Steaks und in cremig-molligen Saucen. Ebenso schmeckt er frisch gerieben auf reifem Weichkäse, auf Beef Tatar oder Thunfisch.

## Einkauf

Langer Pfeffer stammt heute fast ausschließlich aus kleinen indonesischen Wildbeständen. Man bekommt ihn jedoch wieder vermehrt in gut sortierten Gewürzläden zu kaufen, ausschließlich in ganzen Stangen. Bricht man die Stangen auseinander, zerfallen diese in einzelne, rotbraune Pfefferbeeren. Zunehmend in Europa verfügbar ist auch Langer Pfeffer aus dem im Nordosten Indiens liegenden Bundesstaat Assam, bekannt für den kräftig-herben Assam-Tee. Der Assam-Langpfeffer ist geschmacklich feingliedrig und warm-süßlich, ein wenig an Kardamom erinnernd.

## Heilwirkung

Traditionellen ayurvedischen Schriften zufolge hat der Lange Pfeffer einige überzeugende Vorteile, da er die Verdauung anregt sowie den Körper reinigt und somit verjüngend wirken soll, zudem ist er nervenstimulierend, herzstärkend und krampflösend. Zusammen mit Schwarzem Pfeffer und getrocknetem Ingwer bildet der Lange Pfeffer die ayurvedische Gewürzmischung ***Trikatu***, hervorragend geeignet zur Unterstützung der Verdauungskräfte und den Aufschluss von Nahrung. Trikatu soll Stoffwechselschlacken verbrennen, weshalb die Mischung besonders gut zu schweren Speisen passt. Als Tee getrunken, hat sie auch eine schleimreduzierende und die Atmung erleichternde Wirkung, weshalb sie gut gegen Erkältungen eingesetzt werden kann.

## Wissenswertes

Langer Pfeffer wächst in ganz Indien und gilt als die erste Pfefferart, die das Mittelmeer erreichte und damit in Europa noch vor dem Echten Pfeffer bekannt war. Alexander der Große soll ihn um 325 vor Christus von seinem Indienfeldzug mitgebracht und in Europa eingeführt haben, wo er über die Griechen und Römer bis weit ins Mittelalter als Gewürz und Heilmittel oft mehr geschätzt war als der Echte Pfeffer. Da vor allem die Römer gerne süß-scharf kochten, passte der Lange Pfeffer mit seinem warmen Aroma perfekt zum damaligen Kochstil, trotz des meist doppelt so hohen Marktpreises.
Mit der Gründung der Handelsmonopole ab dem 16. Jahrhundert wurde der Lange Pfeffer vom Schwarzen Pfeffer als begehrtes Handelsgut abgelöst; bis heute gilt er als exotisches Gewürz und ist nur in Fachgeschäften oder Asialäden zu kaufen.

***Praxistipp!***

*Da der Lange Pfeffer deutlich mehr kostet als der Schwarze Pfeffer, empfiehlt es sich, die Stangen erst unmittelbar vor der Anwendung in kleine Stücke zu schneiden und diese mit dem Mörser oder in der Gewürzmühle frisch zu mahlen. Ganze Stangen mitzukochen, rentiert sich aufgrund des Preises und der betonten Schärfe nicht.*

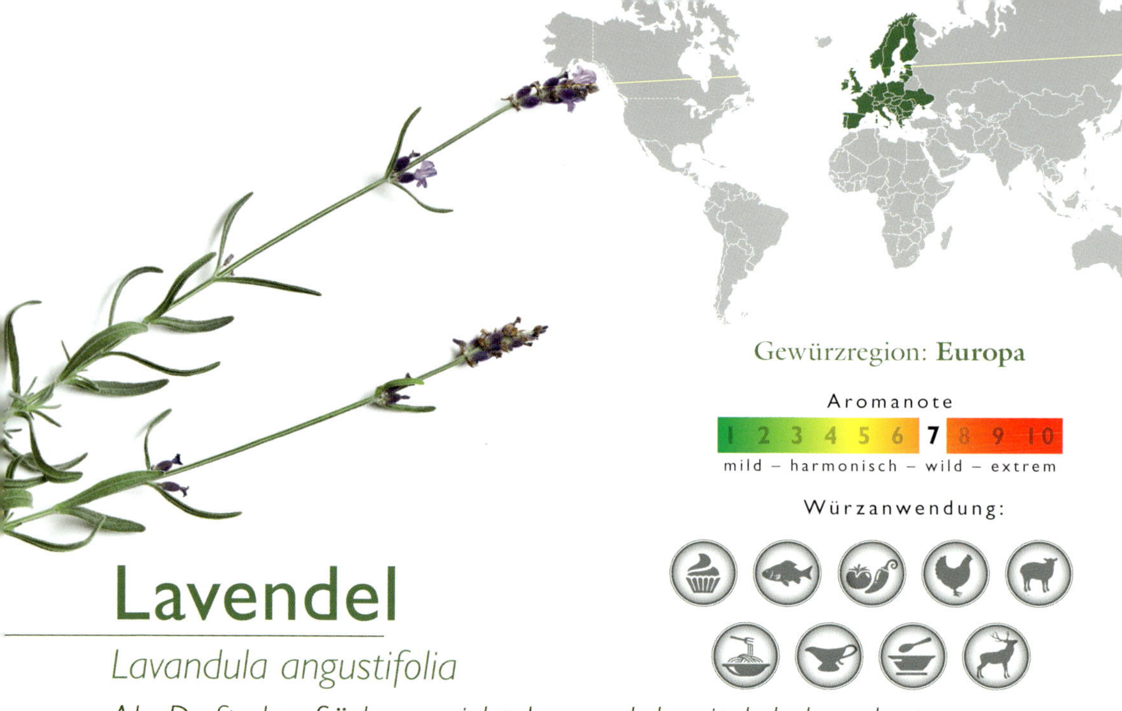


# Lavendel

*Lavandula angustifolia*

*Als Duft des Südens wirkt Lavendel seit Jahrhunderten betörend auf Menschen und Tiere.*

Echter Lavendel, Berglavendel, Schmalblättriger Lavendel

## Aromatik

Lavendel duftet nach frisch gepflückten Wiesenblumen, intensiv würzig, zart bitter bis herb, oft auch parfümiert-aromatisch.

## Beschreibung

Lavendel stammt aus der Familie der Lippenblütler und ist ein graufilzig behaarter, aromatisch duftender Strauch mit aufrecht stehenden Zweigen und ährenförmigem Blütenstand. An jedem Stängel wächst jeweils nur eine blauviolett gefärbte, flaumige Blütenrispe. Die wahre Heimat des Lavendels sind die Küstenregionen des Mittelmeers, wo er an den trockenen, felsigen Meereshängen zwischen Griechenland, Italien und Frankreich wächst. Im alpinen Raum sowie nördlich der Alpen wurde er von den Benediktinermönchen eingeführt, zumal er winterhart ist und die kalten Wintermonate gut übersteht. Noch heute erinnern die Lavendelfelder der französischen Provence an die Bedeutung der Pflanze im Mittelalter, wobei in der Lavendelindustrie zunehmend ***Lavandin*** verwendet wird, ein natürlicher Klon aus Echtem und Speik-Lavendel (***Lavandula latifolia***). Lavandin ist deutlich frostresistenter, jeder Stängel trägt mehrere kleine Blütenrispen. Er duftet zwar deutlich stärker als Echter Lavendel, der Geruch ist jedoch chemisch-kampferartig, weniger zart und nicht geeignet als Heil- und Gewürzmittel. Lavandin dient meist als Basis preiswerter, industrieller Essenzen, Waschpulver und Öle – so benötigt man für die

Herstellung von einem Liter Öl aus Echtem Lavendel rund 130 Kilogramm Rispen, vom billigeren Lavandin hingegen nur rund 40 Kilogramm.

## Küchenpraxis

Neben seinem urtypischen Gebrauch als Duftpflanze eignet sich Lavendel ideal als Gewürz, vor allem bei Produkten mit intensivem Eigengeschmack. Man verwendet die weichen Blüten, frisch vom Stock oder als Trockenware aus dem Gewürzregal. Lavendel passt perfekt in Eintöpfe, zu Fisch, Geflügel, Wild und Lamm oder in Saucen und Suppen, in kleineren Mengen auch auf Salate. Ebenso lassen sich die Blüten zum Verfeinern von Desserts einsetzen, im Schokomousse, im Fruchtsorbet oder in Marmeladen schmecken sie besonders lecker. Anstelle der Blüten kann man übrigens auch Lavendelhonig oder Lavendelöl nehmen, wobei aufgrund deren Intensität geringe Mengen genügen.

## Einkauf

Lavendelblüten bekommt man als getrocknete Ware in Supermärkten, luftdicht und lichtgeschützt verpackt hält das Gewürz über längere Zeit, verliert aber an Aroma und Farbe. Spezialisten achten auf die Herkunft: Nur der Echte Lavendel ist der für den feinen Duft und das ätherische Aroma bestimmte feine Lavendel. Man kann Lavendel auch im Garten oder am Balkon ziehen, die frischen Blüten erntet man immer nur mittags bei Sonnenschein, da enthalten sie das meiste ätherische Öl.

## Heilwirkung

Seinen Durchbruch als Heilpflanze erfuhr Lavendel durch Hildegard von Bingen, die ihn in verschiedenen Indikationen verwendete. Sie vertrat zwar die Meinung, er nütze dem Menschen nicht zum Essen, seine Wärme und sein Duft wären aber gesund. So erfreut man sich seither an den beruhigenden und blähungswidrigen Eigenschaften und an der Milderung innerer Unruhe, nervöser Erschöpfung, Einschlafstörungen und Migräne. Daher darf er auch in keinem Duftsackerl fehlen. Lavendel hilft zudem gut bei nervösen Magen-Darm-Beschwerden, die sanfte Wirkung wird gerne in der Aromatherapie genutzt. Einreibungen mit Lavendelöl dienen zur Bekämpfung rheumatischer Beschwerden, als Badezusatz wird Lavendel gegen Kreislaufstörungen angewendet.

## Wissenswertes

Lavendel ist seit der Antike als Duftzusatz in Seifen und Badeessenzen bekannt, was sich an seinem Namen ablesen lässt: Lavendel kommt vom lateinischen Wort ***lavandula***, das wiederum vom lateinischen Verb ***lavare*** für ***waschen*** abgeleitet ist. Es waren die alten Römer, die Lavendel nutzten, um ihre Bäder zu parfümieren und um schlechte Düfte zu vertreiben.

***Praxistipp!***

*Lavendel verleiht auch als getrocknetes Kraut mediterranen Würzmischungen eine unvergleichliche Note. So enthält der Gewürzklassiker Herbes de Provence neben Bohnenkraut, Rosmarin und Thymian meist duftige Lavendelblüten.*

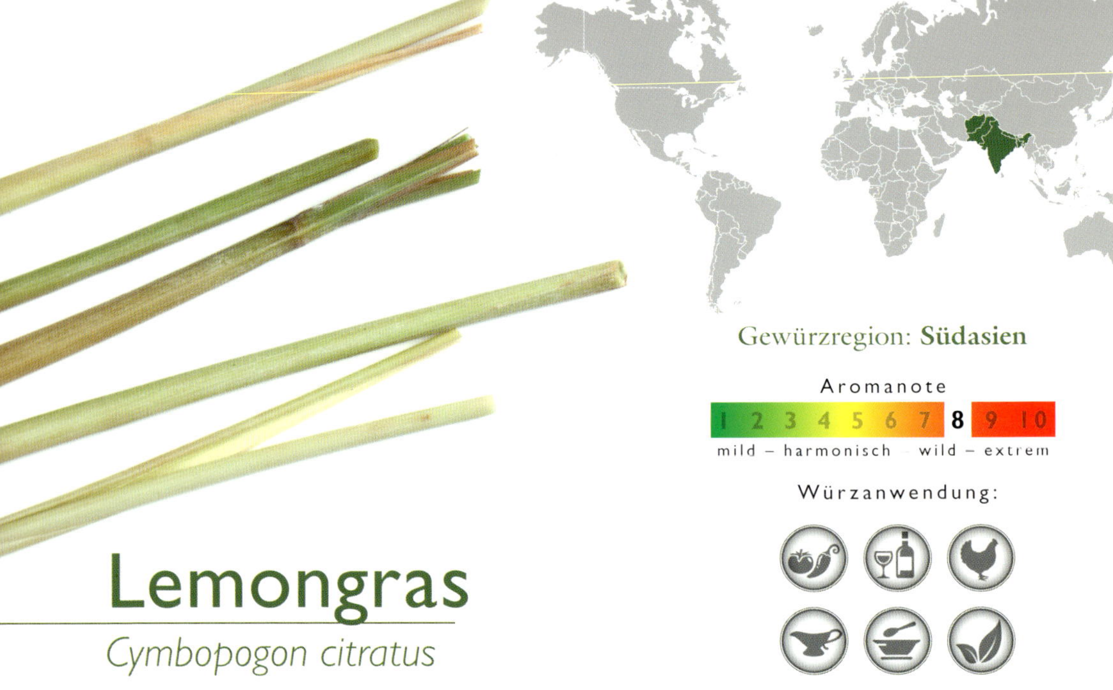


# Lemongras

*Cymbopogon citratus*

*Das in Asien als Alltagsgewürz geltende Kraut überzeugt mit erfrischendem Zitrusaroma immer mehr Genießer Europas.*

Zitronengras, Westindisches Zitronengras, Guatemaltekisches Zitronengras

## Aromatik

Lemongras ist würzig, duftet und schmeckt blumig-frisch und bringt einen Hauch von frisch geriebener Zitronenschale mit sich. In asiatischen Ländern klopft man die robusten, schilfartigen Pflanzenhalme vor ihrem Einsatz weich, um die Entfaltung der ätherischen Öle ***Citral*** und ***Myrcen*** zu unterstützen. Diese sind für den exotischen, zitrusartigen Charakter von Lemongras verantwortlich, der die Aromen von Speisen und Getränken besonders intensiv zur Geltung bringt.

## Beschreibung

Die immergrüne, ausdauernd krautige Pflanze gehört zur Familie der Süßgräser und kann Wuchshöhen von bis zu zwei Metern erreichen. Auch wenn über die ursprüngliche Heimat von Lemongras nicht völlige Übereinstimmung besteht, so erscheint ihre Herkunft im südlichen Indien oder Sri Lanka glaubhaft. Heute findet man Lemongras-Kulturen nicht nur in Asien, wie etwa in China, sondern auch in Afrika oder Lateinamerika. Das Klima muss jedenfalls feucht, warm und sonnenreich sein.

## Küchenpraxis

Während Lemongras in Mitteleuropa schrittweise an Beliebtheit gewinnt, ist es in der südostasiatischen Küche schon lange eine unverzichtbare Zutat für eine Vielzahl an Gerichten und Getränken. Currys, Suppen, Gemüse, Salate, Gewürzmischungen und Süßspeisen, von Backwaren bis Konfekt, aber auch Tees und nicht alkoholische Getränke verdanken ihr besonders rundes Aroma dem Einsatz von Lemongras. Geschmacklich perfekte Liaisonen geht das erfrischende Gewürz mit Zutaten wie Huhn, Pilzen, Kokosmilch, Grapefruit, Chili, Ingwer und Erdnüssen ein. Verwendet man frisches Lemongras, wird dieses meist im Ganzen oder in handliche Stücke geschnitten einer Speise beigegeben und mitgegart. Profis stoßen den unteren harten Teil des Halmes mit einem Stößel oder Messerrücken an. So tritt der Pflanzensaft aus und die Wirkung als Geschmacksträger kann beginnen. Da Lemongras dabei seine harte Konsistenz behält, wird es vor dem Genuss wieder entfernt oder wie in Thailand mitserviert und anschließend bei Tisch an den Tellerrand geschoben. Entfernt man die äußeren, eher hölzernen Blätter und schneidet nur das innere Fruchtfleisch in besonders feine Ringe, kann das Gewürz sogar im Essen, etwa Suppen oder Wok-Gerichten, bleiben und mitgegessen werden.

## Einkauf

Im heimischen Handel findet man die Halme von Lemongras immer öfter in frischer Form, auf jeden Fall fündig wird man in Ethnosupermärkten, wo man auch tiefgekühlte Ware erhält. Das Gewürz gibt es ebenfalls getrocknet oder gemahlen, wobei in diesen Formen das Aroma nicht an das frische Lemongras heranreicht. Hat man frische Halme erstanden, sollten sie in Papier eingewickelt im Gemüsefach des Kühlschranks aufbewahrt oder für zukünftige Einsätze tiefgefroren werden.

## Heilwirkung

Im asiatischen Raum schwört man auf die antibakterielle Wirkung von Lemongras; man setzt es bevorzugt gegen Erkältungen, Magenbeschwerden oder Blähungen ein. Aufgrund der enthaltenen ätherischen Öle findet es in vielen Räucherstäbchen Verwendung.

## Wissenswertes

Die Duftindustrie schätzt Lemongras für das *Citronellaöl*. Dieses ätherische Öl gewinnt man durch Wasserdampfdestillation, wobei 100 Kilogramm Halme lediglich einen Liter Öl ergeben. Der besonders fruchtige Duft steht für viele Menschen für Frische und Sonne, nebenbei vertreibt er auch Fliegen und Mücken. Man kann es des Weiteren in Duftlampen einsetzen, wo das Öl entspannend und entkrampfend wirkt und so den Stress vergessen sowie Seele und Körper in Einklang bringen lässt. Außerdem sind Seifen erhältlich, die das Öl enthalten und dadurch schonend die Hände reinigen.

**Praxistipp!**

*Kreative Köche setzen Lemongras gerne aus optischen wie auch aromatischen Gründen als Spieß ein. Dazu entfernt man die äußeren Blätter des Halmes und spießt darauf Fleisch- oder Fischwürfel auf, die in der Pfanne oder auf dem Grill gebraten werden.*

Gewürzregion: **Europa**

Aromanote

1 2 3 4 5 6 **7** 8 9 10

mild – harmonisch – wild – extrem

Würzanwendung:

# Liebstöckel

*Levisticum officinale*

*Das im Mittelalter hochgeschätzte Küchenkraut erlebt heute dank seiner prägnanten Aromatik eine Renaissance in den Küchen Europas.*

Maggikraut

## Aromatik

Liebstöckel ist unvergleichlich würzig und kräftig-markant. Optisch erinnern die Blätter an Staudensellerie, und diese Ähnlichkeit schmeckt man auch, wobei Liebstöckel intensiver und lieblicher mundet als Sellerie. Sein Beiname ***Maggikraut*** ist auf die Geschmacksähnlichkeit mit dem verbreiteten Würzmittel zurückzuführen, obwohl dieses paradoxerweise keinen Liebstöckel enthält. Das bekannte Schweizer Unternehmen soll zu Anfangszeiten Gärtnereien sogar gerichtlich untersagt haben, diese Gewürzpflanze als Maggikraut zu bezeichnen.

## Beschreibung

Liebstöckel stammt aus der Familie der Doldenblütler, seine deutsche Bezeichnung entstand durch eine Wortbildung aus dem lateinischen ***levisticum***. Liebstöckel ist eine winterharte, ausdauernde, krautige Pflanze mit intensiv grünen, großen und stark gelappten Fiederblättern. Der doppeldoldige Blütenstand blüht gelb bis hellgrün von Juni bis August; daraus entstehen anschließend die dunkelbraunen Samenfrüchte, die optisch an Korianderkörner erinnern.

## Küchenpraxis

Die Einsatzmöglichkeiten von Liebstöckel in der Kulinarik sind sehr vielfältig. Klassisch ist die Verwendung in Suppen und Saucen, man denke an die bekannte Frankfurter Grüne Sauce. In deftigen Gerichten hilft das Kraut, die Verdaulichkeit zu verbessern – daher lässt es sich wunderbar zum Würzen von Fleisch, Fisch, Eintöpfen, aber auch Pilzgerichten einsetzen. Die getrockneten Samen des Liebstöckels werden gerne zur Aromatisierung in der Käseherstellung sowie in Brot und Gebäck verwendet. Perfekten Geschmack erzielt man, wenn man Liebstöckel mit Knoblauch, Majoran oder Zwiebel kombiniert. Da gerade das frische Kraut eine hohe Würzkraft aufweist, ist bei der Dosierung Maßhalten notwendig. Glücklicherweise entfaltet das Gewürz sein Aroma beim Kochen nicht so stark, weshalb man getrost ein bis zwei Stängel frischen Liebstöckel bei der Zubereitung vorsehen kann. Greift man statt frischem Liebstöckel zur getrockneten oder gerebelten Variante, empfiehlt sich zur stärkeren Geschmacksausbeute eine feine Vermahlung im Mörser.

## Einkauf

Für den Küchengebrauch ist frischer Liebstöckel als Kräutertopf oder fallweise als Kräuterbund, in getrockneter Form oder als Samen erhältlich. Für Gartenfreunde lohnt sich der Versuch des Eigenanbaus – wenn einem Liebstöckelstrauch einmal ein Plätzchen gefällt, wird er gut gedeihen und die Eigenversorgung des Haushalts ermöglichen. Hat man dann eine reiche Liebstöckel-Ernte, lassen sich die abgezupften Blätter gut einfrieren oder zerkleinert mit Salz und Öl zu einer Paste vermischen.

## Heilwirkung

Die ätherischen Öle sowie Harz-, Bitter- und Gerbstoffe werden von Kräutergelehrten seit jeher geschätzt. Die Volksmedizin empfiehlt das Kraut zur Wundheilung, verschreibt es in der Frauenheilkunde und setzt es gegen Blähungen, zur Bildung von Magensekret oder Linderung von Verdauungsproblemen ein. In alten Kräuterbüchern liest man oft, dass Liebstöckel ***einen guten Magen macht und den Wind aus den Därmen treibt***.

## Wissenswertes

Die Herkunft von Liebstöckel wird im Orient vermutet, die lange gehegte Vermutung, Liebstöckel wäre als ligusticum oder ligisticum bereits im antiken Rom bekannt gewesen, scheint jedoch aufgrund neuer Forschungen nicht korrekt zu sein. Im Mittelmeerraum ist die Pflanze jedenfalls schon seit Jahrhunderten heimisch, von wo aus sie im Mittelalter von Geistlichen über die Alpen in den Norden gebracht wurde, wo sie zu Recht Einzug in die Landgüterverordnung Karls des Großen fand und sich rasch in vielen Kräutergärten ausbreitete.

### *Praxistipp!*

*Hocharomatisch schmeckt auch eingesalzener Liebstöckel, zudem eine schnell erledigte Arbeit, um das Kraut haltbar zu machen: Dazu verwendet man ausschließlich Blätter ohne Stiele, säubert diese mit Wasser und trocknet sie gut ab, anschließend den Liebstöckel mit Salz pürieren und die Paste in saubere Gläser abfüllen. Kühl gelagert ist die Paste so über Monate haltbar.*

# Lorbeer

*Laurus nobilis*

*Früher als Pflanze der Sieger bekannt, heute fixer Bestandteil aller europäischen Gewürzregale.*

Echter Lorbeer, Gewürzlorbeer, Wundblatt, Suppenblatt

## Aromatik

Im trockenen Zustand ist Lorbeer beinahe geruchlos, erst durch das Auslaugen im Kochprozess offenbart er einen würzig-frischen, leicht eukalyptusartigen Duft. Geschmacklich punktet er mit seiner zitronig-fruchtigen Aromatik.

## Beschreibung

Der Lorbeerstrauch ist ein immergrüner Strauch oder Baum mit einer Wuchshöhe von bis zu zehn Metern. Der Echte Lorbeer hat sich, aus Vorderasien kommend, über den Schwarzmeer- und Mittelmeerraum bis Nordamerika verbreitet. Da er jedoch nur bedingt winterhart ist, hat er nur in klimatisch milden Gebieten überlebt, ist jedoch in Westeuropa als Kübelpflanze mit entsprechendem Winterschutz auch ganzjährig auspflanzbar. Als Küchengewürz verwendet werden die glänzenden, ledrig-zähen Laubblätter sowie die blauschwarzen Beeren. Durch Auspressen der erwärmten und zerkleinerten Beerenfrüchte wird Oleum lauri, Lorbeeröl, gewonnen – eine grün gefärbte, salbenartig schmelzende Masse, die gerne als Duftkomponente in Salben, Likören und Parfüms verwendet wird.

## Küchenpraxis

Das aromatische Lorbeerblatt, früher auch ***Suppenblatt*** genannt, wird seit jeher als beliebte Würze für Suppen und Saucen verwendet. Wie die Beeren enthält auch das Lorbeerblatt viel ätherisches Öl wie Cineol und ***Sesquiterpene***, das besonders im getrockneten Zustand stark wirksam bleibt und sich im Kochprozess gut auslaugen lässt. Frische Lorbeerblätter schmecken oft deutlich bitterer als getrocknete und sollten daher nur sehr sparsam eingesetzt werden. Das angenehme Lorbeeraroma passt nicht nur zu Kartoffelgerichten, Suppen, Fischmarinaden und Wildgerichten, sondern auch zu Eintöpfen, Hackfleisch oder Fisch. Die Blätter dienen ebenfalls zum Würzen eingelegter Gurken, Tomaten oder Heringe und zur Essigaromatisierung. Zudem sind Lorbeerblätter fixer Bestandteil des französischen ***Bouquet garni***, jenem Kräutersträußchen, das zum Aromatisieren von Bouillon, dickflüssigen Suppen oder Eintöpfen mitgekocht und erst kurz vor dem Servieren entfernt wird. Traditionell besteht es aus Petersilie, Thymian und Lorbeerblättern, je nach Intensität des Gerichts variiert die Zusammensetzung. Die in antiken Rezepten, etwa bei Apicius, als ***folium*** verwendeten Gewürzblätter wurden in der späteren Literatur oft fälschlich als Lorbeerblatt übersetzt. Tatsächlich gemeint waren jedoch die Indischen Lorbeerblätter (***Cinnamomum tamala***), die über den Fernhandel mit Indien in die römische Welt kamen und geschmacklich stark an Zimt und Gewürznelken erinnern.

## Einkauf

Lorbeer bezieht man als trockenes Blatt, wobei es auch getrocknetes Lorbeerblattpulver zu kaufen gibt. Das Pulver hat den Vorteil der besseren Dosierbarkeit, verliert aber rasch an Aromatik. Richtig eingesetzt bekommen die Blätter den Vorzug, sie bringen den feineren, fruchtigeren, typisch an Zitronen erinnernden Geschmack.

## Heilwirkung

In der Volksheilkunde wird Lorbeeröl in hautreizenden Salben verwendet, zum Einreiben bei Prellungen, Verstauchungen oder rheumatischen Beschwerden. Das Öl eignet sich auch bei Beschwerden der Atemwege oder bei bakteriellen Entzündungen der Haut, woher wohl der Name Wundblatt rührt. Lorbeerblätter eignen sich im Tee gegen Bronchitis und bei Verdauungsproblemen.

## Wissenswertes

Der Lorbeer spielte bereits in der Antike eine große Rolle, weniger als Gewürz, vielmehr als Schmuck und Auszeichnung für Sieger verschiedenster Wettkämpfe – galt er doch lange Zeit als heilig, um ihn rankten sich viele Göttersagen. Beim Einzug als erfolgreicher Triumphator in die Stadt Rom war jeder Feldherr mit einer Corona triumphalis aus Lorbeer bekränzt; mit dem Übergang zum Kaiserreich trugen auch die römischen Kaiser einen Lorbeerkranz. Damit steht er bis heute für ein besonderes Symbol des Ruhmes, Sieges und Friedens.

***Praxistipp!***

*Ein Klassiker der römischen Küche war das pikante Käsegebäck libum, ein aus Fetakäse, Mehl und Eiern vermengter Teig, der in Form von kleinen Laiben auf Lorbeerblätter aufgelegt und gebacken wird. Heute empfiehlt sich mangels einfacher Bezugsmöglichkeiten des Indischen Lorbeers sehr wohl die Verwendung des Echten Lorbeerblatts beim Backen von libum, zumal es geschmacklich gut passt.*

# Macis

## *Myristica fragrans*

*Die kleine Schwester der Muskatnuss punktet mit ihrem eleganteren Muskataroma, das in eine Vielzahl von Gerichten passt.*

Muskatblüte

### Aromatik

Das Aroma von Macis lässt sich als würzig, herb-bitter und schärfer, insgesamt eleganter, harziger und balsamischer als Muskatnuss beschreiben, im Geschmack an Nelken und Pfeffer erinnernd.

### Beschreibung

Der irreführende Name Muskatblüte bezieht sich auf den roten, fleischigen Samenmantel der Frucht des Muskatnussbaums. Dieser stammt von den indonesischen Molukken und kam einst mit den Kreuzfahrern nach Europa. Aufgrund seines Aussehens wurde Macis früher von arabischen Händlern irrtümlich für die getrockneten Blüten des Muskatnussbaumes gehalten. Macis wird in Handarbeit von der dicken Fruchtfleischhülle der Muskatnuss abgezogen, an der Sonne oder in Trockenhallen getrocknet und anschließend in grobe Stücke gebrochen. Bedingt durch den Wildwuchs und das aufwendige Produktionsverfahren ist Macis ein teures Gewürz, das man aber recht sparsam einsetzen kann.

### Küchenpraxis

Da die Muskatblüte ein feines Muskataroma besitzt, eignet sie sich für all jene Speisen, die auch mit Muskatnuss gut kombinierbar sind. Da sie aber etwas eleganter und dezenter wirkt, kann man mit ihr ebenso all das würzen, wofür Muskatnuss zu dominant wäre. So passt Macis wunderbar zum Aromatisieren von Saucen wie der bekannten Béchamelsauce, von Fleischspeisen, Pasteten, Ragouts oder mit Käse überbackenen Kartoffelaufläufen. Gerne wird Macis auch in diversen Wurstsorten, unter anderem der bayerischen Weißwurst, verwendet. Auch weihnachtliche Lebkuchen, Kompotte, Cremes und Süßspeisen sowie zahlreiche exotische Gewürzmischungen erlangen erst durch Macis ihre geschmackliche Abrundung. Jedenfalls kann sie in Stücken bei der Speisenzubereitung frühzeitig hinzugefügt und ohne Probleme in Gerichten mitgekocht werden. Das Pulver hingegen sollte erst direkt vor dem Servieren über die fertig gekochten Speisen gestreut werden.

## Einkauf

Für die kulinarische Verwendung bietet der Handel entweder die getrocknete Muskatblüte im Ganzen, die man bei Bedarf im Mörser sehr gut zerstoßen kann, oder das gemahlene Gewürz. Selbst Letzteres behält an einem dunklen, kühlen Ort in luftdichter Verpackung über mehrere Monate sein typisches Aroma. Fallweise findet man in Gewürzregalen auch ganze Streifen von getrocknetem Macis, die sich sehr gut zum Dekorieren asiatischer Gerichte eignen.

## Heilwirkung

Als Heilmittel war Macis in Europa vor allem im Mittelalter sehr beliebt, in der indonesischen und indischen Medizin ist dies bis heute so geblieben. Die Einsatzmöglichkeiten ähneln jener der Muskatnuss, sie gilt als anregend, stimmungsaufhellend und antidepressiv, wird bevorzugt bei Magen- und Darmproblemen verabreicht und verspricht Linderung bei Übelkeit. Doch Vorsicht vor zu hohen Dosierungen, ab fünf Gramm Gesamtmenge kann es zu Halluzinationen und Panikattacken kommen.

## Wissenswertes

Kulinarisch erlebte die Muskatblüte ihren Höhepunkt im 17. und 18. Jahrhundert, zur Zeit der Niederländischen Ostindien-Kompanie, als sich die Holländer 1622 nach Eroberung der Banda-Inseln innerhalb der Molukken das Monopol für Muskatnuss und Muskatblüten für rund 150 Jahre sicherten.

***Praxistipp!***

*Da die Macisblüte recht hart ist und sich nur schwer zerkleinern lässt, ist zum Zerkleinern eine Gewürz- oder Kaffeemühle recht hilfreich, falls man Macis nicht gleich im Ganzen mitkochen möchte.*

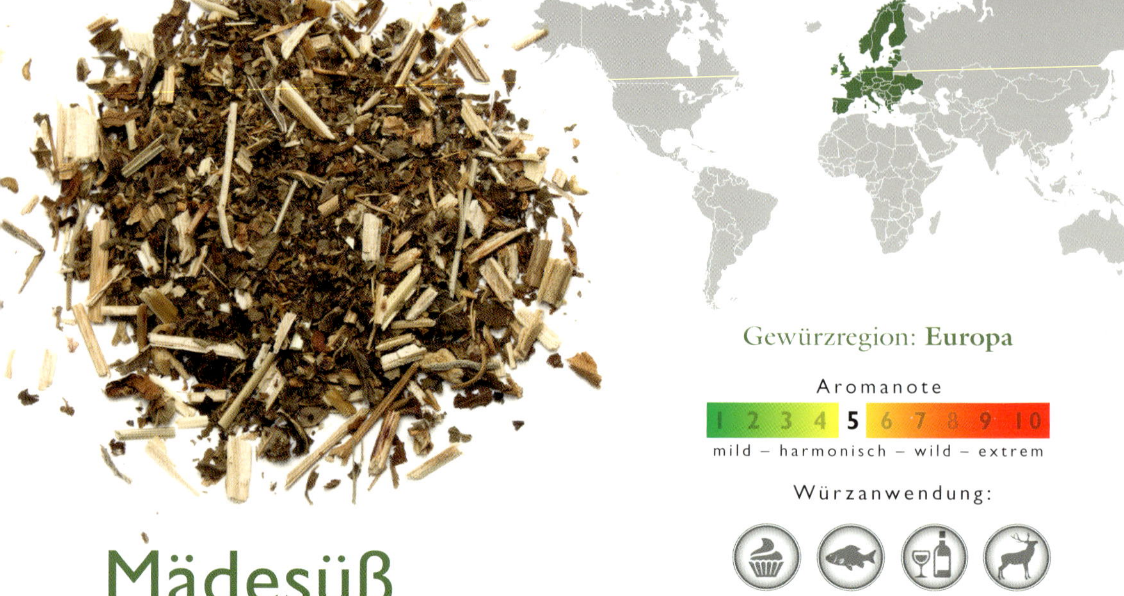


# Mädesüß

*Filipendula ulmaria*

*Obwohl bereits von den alten Germanen zum Süßen von Speisen und Getränken genutzt, hat das Mädesüß nichts mit süßen Mädels zu tun.*

Echtes Mädesüß, Wiesenkönigin, Federbusch

## Aromatik

Die Blüten erinnern an Bittermandeln mit einem Hauch von Vanille, selbst das getrocknete Kraut verströmt einen intensiven, honig- bis mandelartigen Duft.

## Beschreibung

Das Mädesüß gehört zur Familie der Rosengewächse und ist in fast ganz Europa heimisch. Man findet es auf feuchten Wiesen, an Bachufern sowie in Erlen- und Eschenwäldern. Während der Blütezeit im Sommer bilden sich aus unzähligen Einzelblüten rispenartige, gelblich-weiße Blütenstände, die gegen Abend hin ihren intensiven Duft verströmen, der sich über die Wiesen legt. Für den üppigen Duft verantwortlich zeichnen sich Salicylsäureverbindungen, die beim Zerreiben der Blätter und Stängel den süßen Geruch nach ***Salicylaldehyd*** freigeben. Besonders intensiv wird dieser, wenn nach dem Mähen der Wiesen die Pflanzenteile verwelken – möglicherweise eine Erklärung für den deutschen Namen Mädesüß als Ableitung von Mahdsüße. Mede ist zugleich auch ein mittelalterlicher Begriff für Grasland, auf dem das Mädesüß tatsächlich wächst – für diese Namensherkunft spricht auch der englische Name ***meadow sweet***, zu Deutsch ***süße Wiese***. Die jedoch am häufigsten erwähnte Namenserklärung bezieht sich auf die Verwendung von Mädesüß zum Süßen und Aromatisieren von Met. Der Name könnte daher ***Metsüße*** bedeuten, wobei Mädesüß vor allem wegen seiner betörenden Aromatik dem eher eintönigen Honigwein beigefügt wurde.

## Küchenpraxis

Als getrocknetes Kraut eignet sich Mädesüß aufgrund des mandeligen Aromas perfekt als Würzkraut für Fisch- und Wildgerichte, idealerweise als Mischung in der Kräutermühle. Da alle Teile der Pflanze essbar sind, lässt sich Mädesüß hervorragend zum Aromatisieren von Getränken verwenden, denen es einen süßlich-bitteren Geschmack verleiht. Dazu laugt man getrocknetes Mädesüßkraut in der gewünschten Flüssigkeit aus, nach längerem Ziehen nimmt die Flüssigkeit den honig-mandelartigen Geschmack an. Auf diese Weise lassen sich vor allem Honig, Met, Liköre oder Limonaden aromatisieren. Mit den Blüten verfeinert man auch Pudding, Eis oder Fruchtgelees, sie bekommen einen der Bittermandel ähnlichen Geschmack, mit einem Hauch von Vanille.

## Einkauf

In Supermärkten ist Mädesüß kaum erhältlich, idealerweise kauft man das getrocknete Kraut im Reformladen oder in Apotheken – die Preise sind meist recht hoch; da Mädesüß aber sehr sparsam verwendet wird, lohnt sich die Investition. Freunde der Blüten schaffen sich im Pflanzencenter eine frische Staude für den Garten oder den Balkon an. Sie ist winterhart, mehrjährig und sehr ausdauernd.

## Heilwirkung

Mädesüß galt schon bei den keltischen Druiden als eine der wichtigsten Heilpflanzen, bis heute ist sie bekannt für die fiebersenkende, schmerzlindernde und entzündungshemmende Wirkung bei Erkältungen und grippalen Infekten. Zur Unterstützung der Abwehrkräfte des Körpers empfiehlt sich ein Tee aus Mädesüßblüten, gemischt mit Linden- und Holunderblüten. Einzig bei Überempfindlichkeit gegenüber Salizylaten ist Vorsicht geboten, da sie bei hohen Dosen zu Schädigungen der Magenschleimhaut führen können.

## Wissenswertes

In der Medizingeschichte spielt Mädesüß eine große Rolle, da lange Zeit aus den Blütenknospen ***Salicylaldehyd*** gewonnen wurde – jener entzündungshemmende Wirkstoff, der heute in abgewandelter Form als synthetisch hergestellte Acetylsalicylsäure eingesetzt wird. Dabei hat Mädesüß, im 19. Jahrhundert noch unter dem botanischen Begriff Spiraea ulmaria in Verwendung, zur Entwicklung des Markennamens ***Aspirin®*** beigetragen: A steht für Acetyl, spirin für Spiraeasäure.

### *Praxistipp!*

*In frischer Milch eingelegt und kurz aufgekocht kann Mädesüß herrliche Vanillemilch liefern, die sich bestens für Milchmischgetränke oder Vanillepudding eignet. Die Blüten sollten dabei jedoch sparsam dosiert werden, sonst wird der Geschmack rasch bitter und unangenehm üppig.*

# Majoran

*Origanum majorana*

*Alte volkstümliche Bezeichnungen wie Bratenkräutel, Kuchelkraut oder Kuttelkraut zeugen von der verdauungsstärkenden Wirkung von Majoran.*

Wurstkraut, Gartenmajoran

## Aromatik

Majoran schmeckt aromatisch-würzig, leicht süß, warm, etwas brennend, harzig und leicht bitter. Sein Gehalt an ätherischem Öl kann stark schwanken, je wärmer das Klima, desto besser die Qualität.

## Beschreibung

Der Majoran ist ein niedrig wachsender Halbstrauch, der meist nur einjährig gedeiht. Er zählt zur Gattung Dost aus der Familie der Lippenblütler, seine Wildform stammt aus Kleinasien, er wurde bereits vor 3.000 Jahren in Ägypten angebaut. Heute wird er als Gewürz nicht nur in den Mittelmeerländern, sondern auch in Mittel- und Osteuropa angebaut. Gute Qualität setzt jedoch ein warmes, mediterranes Klima voraus, weshalb er im Gegensatz zu seinem wilden Bruder, dem Oregano, in Mitteleuropa wild wachsend kaum zu finden ist.

## Küchenpraxis

Die gute Köchin sowie der gute Koch wissen, dass Majoran nicht nur in der Wurst, sondern auch in Kartoffelsuppen, in Pilzgerichten und Pilzsaucen, bei Erbsen, Bohnen und vor allem Linsen enthalten sein muss. Reibt man Bratengerichte wie Schweine- oder Wildbraten mit Majoran ein, dann bürgt das Gewürz nicht nur für Schmackhaftigkeit, sondern auch für Bekömmlichkeit – kein Wunder, dass fette, kräftige, schwer zu verdauende Kost mit Majoran kombiniert werden sollte.

## Einkauf

Majoran wird als Gewürz sowohl frisch wie auch getrocknet verwendet. Zum Trocknen werden die ganzen Stängel geerntet und gerebelt, weshalb getrockneter Majoran Blätter, Stängel, Knospen und Blüten enthält. Majoran-Pflanzen erntet man am besten kurz vor oder zu Beginn der Blütezeit, dann ist der Gehalt an ätherischem Öl am höchsten.

## Heilwirkung

Die Hauptwirkung von Majoran ist die Stärkung der Verdauung sowie die Bildung von Magensaft. Er wirkt günstig gegen Blähungen, Appetitlosigkeit und Krämpfe der Verdauungsorgane, auch gegen See- und Reisekrankheit kann man ihn einsetzen. Durch seine entkrampfende, beruhigende Wirkung hat der Majoran fördernde Wirkungen auf das Nervensystem, wo man ihn gegen nervöse Unruhe, Kopfschmerzen und Migräne anwendet. Noch besser eignet sich das durch Wasserdampfdestillation aus blühendem Majoran gewonnene ***Majoranöl***, dünnflüssig, gelblich, stark riechend und würzig schmeckend. Dieses wirkt muskelentspannend und verdauungsfördernd sowie bei normaler Dosierung gut gegen Stress und damit verbundenen Ein- und Durchschlafproblemen.

## Wissenswertes

Bereits Aphrodite, die griechische Göttin der Liebe und Schönheit, bezeichnete Majoran als ein Symbol der Glückseligkeit – so war es in Griechenland lange Zeit üblich, frisch verheirateten Paaren Majorankränze um den Hals zu legen. Im Alten Rom wurde Liebhabern ein anregender, mit Majoran gewürzter Wein gereicht. Als Majoran im Mittelalter in Mitteleuropa auftauchte, schätzte ihn vor allem die Volksheilkunde, nicht so sehr ob seiner Liebeskraft, sondern vielmehr ob seiner Fähigkeit, Krämpfe zu lindern, den Magen zu stärken, Wunden zu heilen und Erkältungen zu verhindern. Entscheidend für seine feste Einbürgerung in Mittel- und Nordeuropa war jedoch die Tatsache, dass dieses Gewürz Würsten, vor allem der Leberwurst, einen unvergleichlichen Geschmack verleiht. Kein Wunder, dass man Majoran bis heute gerne ***Wurstkraut*** nennt.

### *Praxistipp!*

*Majoran harmoniert sehr gut mit Lorbeerblättern, Schwarzem Pfeffer und Wacholder – man sollte ihn jedoch sparsam einsetzen, da ein Zuviel davon leicht bitter schmecken kann.*

Würzanwendung:

# Mandel

*Prunus dulcis*

*Mit über 4.000 Jahren Kultivierung eines der ältesten Gewürze der Welt.*

Süßmandel, Krachmandel, Bittermandel

## Aromatik

Im Geruch recht neutral, verhalten grasig – erst im geriebenen Zustand zeigt die Frucht, was in ihr steckt. Anfangs cremig-mild, zunehmend füllig-nussig mit kräftigem Marzipanaroma, betont lieblich mit durchgängiger Grundsüße.

## Beschreibung

Bei der Mandel handelt es sich botanisch betrachtet nicht um Nüsse, sondern um Samen der Steinfrüchte des Mandelbaums. Somit ist die Mandel als Steinobstgewächs nahe mit Pflaumen beziehungsweise Zwetschken oder Kirschen verwandt. Die heute bekannteste Art ist die ***Süßmandel***, oft auch Essmandel genannt, mit fester, holziger Schale. Als Rohware sehr gesund, reich an Vitaminen und ungesättigten Fettsäuren, wird sie aufgrund ihrer Aromatik bevorzugt zu Fett und Butter beigegeben, weshalb man sie in einer Vielzahl Süßspeisen findet – oft als Ersatz von Haselnüssen, da Mandelkerne nicht allergieauslösend sind. Von der Süßmandel gibt es unzählige regionale Züchtungen, darunter die ***Krach- oder Knackmandel*** mit einer weichen, leicht zu knackenden Schale. Bekannte Sorten stammen aus dem deutschen Weinbaugebiet Pfalz, darunter die Dürkheimer Krachmandel, die Palatina und die Keilmandel – was wohl den Römern zu verdanken ist, die am Rhein neben den Weinreben auch die Mandeln angesiedelt haben. Eine weitere bekannte Art, die ***Bittermandel***, ist nicht zum Verzehr geeignet. Sie schmeckt, wie der Name schon verrät, bitter und enthält Amygdalin, aus dem im menschlichen Körper giftige Blausäure gebildet wird – ähnlich zu Marillenkernen. Keine Angst jedoch vor Bittermandelöl, es wird aus speziell gezüchteten Bittermandeln gewonnen und von Blausäureverbindungen befreit (entbittert). Dieses Öl bildet die Grundlage des marzipanähnlichen Geschmacks von Amaretto, dem italienischen Mandellikör.

## Küchenpraxis

Der Klassiker schlechthin ist die Forelle Müllerin Art, wo die Mandel die nussigfülligen Röststoffe beim Anbraten an den Fisch abgibt. Auch in kalte Salate passt sie gestiftet oder geschnitten wunderbar. Die beliebteste süße Anwendung ist der Bienenstich mit seinem üppigen Belag aus Zucker und Mandeln, der beim Backen karamellisiert. Gemahlene Mandeln ersetzen Mehl oder Stärke und machen Kuchenteige genauso aromatisch und saftig, wie man es von frischen Amaretti aus Italien kennt. Und wer schätzt sie nicht als karamellisierte, gebrannte Variante vom Christkindlmarkt in der Vorweihnachtszeit? Dazu werden Mandeln unter ständigem Rühren im offenen Kupferkessel bei mittlerer Hitze unter Beigabe von Zucker und Wasser karamellisiert (***gebrannt***), Vanillezucker und Zimt können das Aroma noch verfeinern. Am bekanntesten ist die Mandel wohl aber als Bestandteil von ***Marzipan***. Dazu wird zuerst Marzipanrohmasse aus gemahlenen Mandeln und Zucker hergestellt, die unter Rühren erhitzt (abgeröstet) wird, um den Wassergehalt zu verringern. Anschließend wird aus der Rohmasse durch das Ankneten mit Puderzucker verkaufsfertiges Marzipan produziert. Die Qualität ist umso höher, je niedriger der Zuckergehalt ist. So besteht Niederegger Marzipan zu 100 Prozent aus Marzipanrohmasse, Lübecker Edelmarzipan enthält mindestens 90 Prozent Marzipanrohmasse und maximal 10 Prozent Zucker. Nicht weniger bekannt ist die Mandel als Bestandteil im ***weißen Nougat*** aus Eischnee, Honig und Mandelkernen, der je nach Herkunft als Gaz, Türkischer Honig, Turrón oder Torrone bekannt ist. Weißer Nougat hat als Gaz griechisch-römische und persische Wurzeln und konnte sich über Jahrhunderte in ganz Europa ausbreiten. Auch die bekannte Schweizer Süßware ***Toblerone*** ist ein Wortspiel aus den Namen ***Tobler*** nach dem Erfinder Theodor Tobler und ***Torrone***, der italienischen Bezeichnung für Honig-Mandel-Nougat, in diesem Fall mit dunkler Vollmilchschokolade ergänzt.

## Einkauf

Mandeln kauft man am besten abgepackt im Supermarkt. Dort gibt es sie in fast jeder Form: als ganze Kerne, blanchiert, geschnitten, gehobelt, gestiftelt oder gemahlen – wobei sich die Aromatik wie so oft bei Gewürzen durch die Verarbeitung deutlich reduziert. Spezialisierte Fachhändler bieten auch frisch geknackte Mandeln an, oft in Bioqualität aus den klassischen Anbaugebieten am spanischen Festland und von Mallorca. Weniger bekannt ist dabei wohl, dass heute rund 85 Prozent der Weltproduktion von Mandeln aus Kalifornien kommen und nur rund 10 Prozent aus den Mittelmeerregionen Europas.

## Heilwirkung

Als Heilpflanze wird die Mandel gerne bei Magen-Darm-Störungen eingesetzt. Mandeln sind basisch und können so wunderbar in eine basische Ernährungsweise integriert werden, beispielsweise zur Reduzierung von Übersäuerung oder Sodbrennen. Zudem liefern Mandeln viele ungesättigte Fettsäuren, Mineralstoffe wie Magnesium und Calcium sowie große Mengen an Vitamin B und E. Studien weisen auch darauf hin, dass der regelmäßige Verzehr von Mandeln zu gesunden Cholesterinwerten führt.

## Wissenswertes

Um den Ursprung des Marzipans rankt sich so manche Legende. So soll es seinen wahren Ursprung im Orient haben, vermutlich in Persien, dem Kernland des heutigen Iran. Im Mittelalter kam es mit den Kreuzzügen nach Europa, vor allem über Spanien, wo es als ***Mazapán de Toledo*** heute noch populär ist. Es wurde zunächst wie andere Süßwaren von Apothekern hergestellt und gehandelt, die den Süßteig als Arzneimittel gegen Verstopfungen, Blähungen und sogar als Potenzmittel verkauften. In Venedig wurde es ab dem 13. Jahrhundert als ***marzapane*** erwähnt und gewann rasch an Beliebtheit als Konfekt des gehobenen europäischen Adels. Zur Herstellung wurde der Berufsstand der Zuckerbäcker gegründet, der für die naturnahen Nachbildungen von Früchten, Blumen und Tieren aus Marzipan bekannt war – die wertvolle Mandelspeise wurde sogar mit Blattgold verziert. Im Jahr 1514 erließ die Stadt Venedig ein eigenes Verbot, Marzipan zu vergolden. Die erste prominente Marzipangenießerin war die englische Königin Elisabeth I., die genauso süchtig nach Marzipan war wie einige Jahrzehnte später Sonnenkönig Ludwig XIV., der aus der Mandelmasse möglichst naturgetreue Nachbildungen von Früchten, Geflügel und Wild anfertigen ließ. Erst mit der Industrialisierung der Zuckerherstellung Anfang des 19. Jahrhunderts und den dadurch deutlich günstigeren Zuckerpreisen fand Marzipan seinen endgültigen Weg in die breite Bevölkerung.

### *Praxistipp!*

*Gebrannte Mandeln selbst gemacht: Mandeln auf einem Backblech bei höchster Temperatur kurz anrösten. Wasser, Zucker und Zimt in einen Topf geben, aufkochen lassen und die Mandeln dazugeben. Unter ständigem Rühren köcheln, bis die Flüssigkeit verdampft ist und der Zucker bröslig wird. So lange weiterrühren, bis sich der Zucker wieder verflüssigt hat, herausnehmen, wieder auf dem Backblech verteilen und abkühlen lassen. Fertig!*

Gewürzregion: **Europa**

Aromanote

1 2 3 4 5 6 **7** 8 9 10

mild – harmonisch – wild – extrem

Würzanwendung:

# Minze

*Mentha piperita et al.*

*Mit dem hocharomatischen Gewürzkraut erzielt man selbst mit geringen Mengen große Wirkung.*

## Aromatik

Bereits der Geruch von Minze ist, je nach Sorte, intensiv frisch, durchdringend kühl und aromatisch, im Geschmack zuerst leicht brennend, danach kühlend und erfrischend zitronig.

## Beschreibung

Minze ist nicht gleich Minze. Unter diesem Begriff wird eine ganze Pflanzengattung von an die 200 verschiedenen, anerkannten Sorten subsumiert. Die meisten davon haben ihre Heimat auf der nördlichen Erdhalbkugel, breit gestreut von China über Europa bis Nordamerika. Bei der Minze handelt es sich um anspruchslose, ausdauernde, krautige Pflanzen aus der Familie der Lippenblütler, die am besten an feuchten Standorten gedeihen. Kulinarisch verwendet werden die einfachen Laubblätter, häufig mit gezähntem oder gesägtem Rand. Der germanische Pflanzenname Minze geht auf den lateinischen Begriff ***menta*** zurück, der in engem Zusammenhang mit der griechischen ***Minthe*** steht, eine Nymphe der griechischen Mythologie, die über Quellen, Bäche, Flüsse und Seen wacht – die wohl beliebtesten Standorte aller wild wachsenden Minzearten. Die meisten der heute gängigen Minze-Sorten, die als Gewürz oder Teekraut zum Einsatz kommen, tragen in ihrem Namen einen Hinweis auf ihren Geschmack. Man denke an die Orangen-Minze, die Apfel-Minze, die Erdbeer-Minze, die Schoko-Minze oder die beliebte Pfefferminze. Diese Arten unterscheiden sich nicht nur in ihrem Aussehen, sondern auch in ihrer Würzkraft deutlich voneinander.

## Küchenpraxis

Kulinarische Relevanz haben die Varietäten der Grünen sowie der Pfefferminze, wobei immer das frische Blatt den klar aromatischen Vorteil gegenüber getrockneter oder gerebelter Minze hat. Dabei genügen schon kleine Mengen für große geschmackliche Effekte. In vielen Ländern wird Minze zur Zubereitung von Tees und anderen Getränken verwendet, im arabischen Raum und in Nordafrika ist Pfefferminztee ein Nationalgetränk. Exotische Cocktails wie Caipirinha und Mojito sowie so mancher Likör sind ohne Minze nicht denkbar. Zum Aromatisieren von Bonbons und Kaugummis, zum Füllen von Schokoladen, für Speiseeis, Sorbets, Cremes oder Gelees findet Minze genauso Anwendung. Daneben gibt es nationale Traditionsgerichte, die ohne Minze nicht auskommen. In England ist Mint-Sauce zu Lammbraten und Roastbeef klassisch, in arabischen Ländern erfreuen sich Fleischgewürze mit Minze für Lamm und Ziege großer Beliebtheit, jedes indische Mintchutney wird stets mit frischer Minze zubereitet. Nicht zu vergessen den Nudelklassiker aus Österreich, die Kärntner Kasnudeln, die mit der eigenen süß-würzigen Kärntner Minze zubereitet werden. Außerdem passt das Gewürzkraut perfekt zu Fisch, Gemüse, Reisgerichten, Zitrusfrüchten oder Milchprodukten, etwa als Joghurtsuppe und -sauce, und eignet sich mit seinen dekorativen Blättern wunderbar zum Garnieren.

## Einkauf

Im klassischen Handel wird frische Minze in Form von Kräutertöpfen oder als Bündel abgepackt angeboten. Spezialisten bevorzugen den Einkauf in türkischen oder orientalischen Supermärkten, wo sich meist frische, intensiv duftende, dicke Bündel an Minze finden. In diesem Fall sollte man sie eher rasch verwenden oder die Minze gewaschen und trocken geschüttelt in einem Plastiksack im Gemüsefach des Kühlschranks aufbewahren. Außerdem ist vielfach getrocknete Minze erhältlich, die nicht nur als Gewürz, sondern auch für Teezubereitungen verwendet werden kann.

**Folgende im Handel erhältliche Minzearten sind in Westeuropa von Bedeutung:**

***Rossminze*** (***Mentha longifolia***, auch Waldminze): wild wachsende Form, häufig in tieferen alpinen Lagen. Sie ist ungiftig und essbar, schmeckt und riecht jedoch unangenehm dumpf und herb.

***Pfefferminze*** (***Mentha piperita***): Von anderen Minzen unterscheidet sie sich durch den hohen Mentholgehalt sowie durch den scharfpfeffrigen Geschmack. Die Laubblätter sind am Rand grob gezähnt und häufig mit einer rötlich-violetten Nervatur. Die Entdeckung der Pfefferminze im Jahr 1696 können die Briten für sich verbuchen.

***Grüne Minze*** (***Mentha spicata***, auch Krauseminze, Speerminze oder Spearmint): Ihr Geschmack ist milder und süßer als jener der Pfefferminze, es fehlt die Schärfe des Menthols. Die Blätter sind gekräuselt, mit scharfem, stark gesägtem Blattrand.

***Wasserminze*** (***Mentha aquatica***, auch Bachminze): Die Blätter sind eiförmig bis elliptisch, glänzend und mit gesägtem Blattrand. Sie wächst wild entlang von Ufern und Gräben und zählt seit jeher neben dem ***Mädesüß*** und dem ***Eisenkraut*** zu den heiligen Kräutern der Druiden.

## Heilwirkung

Eines der wesentlichen ätherischen Öle der Minze ist das ***Menthol***, je nach Minzeart in unterschiedlichen Anteilen enthalten. So beinhalten die Pfefferminze oder die Ackerminze mit bis zu 90 Prozent Mentholgehalt den höchsten Anteil aller Minzearten. Dem Menthol und weiteren Bitter- und Gerbstoffen verdankt die Minze ihren intensiven Einsatz als Heilkraut, mancherorts sogar als Aphrodisiakum. Sie gibt nicht nur ein erfrischendes, kühlendes Mundgefühl, sondern wurde bereits bei den alten Römern als Mittel gegen Zahnfleischschwund verwendet. Damals und im Mittelalter wurden Polei- und Katzenminze als Abtreibungsmittel eingesetzt. Die höchste Heilkraft verspricht dabei die Pfefferminze, die mit dem hohen Mentholanteil besonders krampflösend, beruhigend und schmerzlindernd sowie sehr effektiv gegen verdorbenen Magen ist. Eine Überdosierung von Minze sollte man jedoch vermeiden, will man ihre positiven Effekte nicht ins Gegenteil umwandeln. Vorsicht auch bei minzhaltigen Zubereitungen für Säuglinge, hier besteht die Gefahr von Atemnot.

## Wissenswertes

Minzen werden schon sehr lange in Gärten kultiviert, bereits in römischen Rezepten finden sich verschiedene Minzearten wie die Grüne Minze oder die Poleiminze, mit denen Saucen, Fleisch, Geflügel, aber auch Fisch, Meeresfrüchte, Gemüse und Hülsenfrüchte gewürzt wurden. Im 9. Jahrhundert nach Christus schrieb Karl der Große bereits vier Minzearten für den Anbau in seiner Landgüterverordnung vor. In England, der Minze-Metropole der Neuzeit, wurden seit jeher nach dem Abendessen Pfefferminzpastillen, sogenannte ***After Dinner Mints*** gereicht, um die positiven Wirkungen der Minze auf die Verdauung zu nutzen und nach dem Essen einen frischen Geschmack im Mund zu erhalten. Unter der 1962 gegründeten Marke ***After Eight***® wurden Pfefferminzpralinen entwickelt, mit Minze-Creme gefüllte Schokotäfelchen. Der Name leitet sich von jener Uhrzeit ab, zu der für gewöhnlich ein Dinner endete und Mints gereicht wurden: nach acht Uhr.

Nicht unter die echten Minzen fallen übrigens die Vietnamesische Minze (auch Vietnamesischer Koriander), die Katzenminze (auch Katzenmelisse) und die Pferdeminze (auch Punktierte Indianernessel). Während die Vietnamesische Minze dank ihrer zitronigen und angenehm pfeffrigen Schärfe in der asiatischen Küche Verwendung findet, werden Katzen- und Pferdeminze vorrangig als Zierpflanzen eingesetzt.

### *Praxistipp!*

*Im Handumdrehen lassen sich aus Minzblättern und Schokoladekuvertüre köstliche Atemerfrischer zaubern: dafür auf jedes Blatt etwas geschmolzene Kuvertüre geben, diese mit einem Messer gut verstreichen und auskühlen lassen. Die Schokominzblätter schmecken frisch und gut gekühlt am besten.*

# Mohn

*Papaver somniferum*

*Der bereits in der Steinzeit als Rauschmittel verwendete Schlafmohn findet heute seinen fixen Platz in der süßen Kulinarik.*

Schlafmohn, Traummohn, Opiummohn

## Aromatik

Die ölhaltigen Mohnsamen duften und schmecken angenehm nussig-würzig-herb.

## Beschreibung

Die Pflanzenart Schlafmohn aus der Familie der Mohngewächse stammt ursprünglich aus dem Orient. Das Gewächs hat es gerne warm und bevorzugt nährstoffreichen Humusboden. Alle Teile der einjährigen, krautigen Pflanze, ausgenommen ihre Samen, sind giftig. Die in den kugeligen Kapselfrüchten (***Mohnkapsel***) enthaltenen Samen werden als Nahrungsmittel und zur Ölgewinnung eingesetzt, die Kapseln enthalten je nach Sorte und Herkunft blauschwarze, gräuliche oder weiße Samen. Mohn ist eine der ersten Kulturpflanzen der Menschheit, deren Verwendung bereits mehrere Tausend Jahre vor Christi Geburt nachgewiesen werden konnte. Alte Völker, von Sumerern über Ägypter, Griechen und Römer, wussten über den Einsatz von Mohn als Rauschmittel Bescheid. Durch Anritzen der unreifen Mohnkapseln gewann man seit jeher den Milchsaft, aus dem durch Trocknen Opium entsteht. Diese Droge war im Altertum das bedeutendste schmerzstillende Mittel; der mit ihrem Konsum verbundenen Gefahren war man sich durchaus bewusst. Heute wird der Mohnanbau in vielen Ländern restriktiv gehandhabt, um vor allem die Opiumproduktion zu unterbinden.

## Küchenpraxis

Mohn wird vornehmlich für Süßspeisen eingesetzt, da er durch Rösten oder Backen zusätzliche nussige Aromen freisetzt: Mohnkuchen, Mohnstrudel, Mohnzelten, Germknödel, Mohnflesserl, Mohnstangen und viele andere süße Versuchungen profitieren vom einzigartigen Geschmack. Dabei gehen die meisten Süßgebäcke auf nahöstliche und byzantinische Originalrezepte zurück, die über die Türkei nach Österreich und Ungarn gelangten. Die beste Geschmacksentfaltung von Mohn erreicht man übrigens, wenn man die Mohnsamen vorab ein wenig anquetscht oder anmörsert.

## Einkauf

Die Ernte des schwarzen Mohns findet im Hochsommer statt, man verwendet ihn gekörnt als Mohnsaat, gemahlen als Backmohn oder als kalt gepresstes Speiseöl. Gutes Mohnöl aus kalt geschlagenen Samen ist dünnflüssig, klar, von lichtgelber Farbe und von mildem, süßlichem Geschmack, der sich jedoch mit der Zeit verliert, wenn das Öl ranzig wird. Aufgrund des hohen Ölgehalts werden auch Mohnsamen schnell ranzig, weshalb man nur kleine Mengen bevorraten, diese dunkel und kühl lagern sowie binnen eines Monats verbrauchen sollte. In Ethnogeschäften findet man auch ***weißen, indischen Mohn***, der zum Aromatisieren und Eindicken von Currys verwendet wird.

## Heilwirkung

Mohn ist reich an Kalzium und B-Vitaminen und damit sehr gesund. Als Heilpflanze wird er zur Beruhigung, zur Krampflösung und zur Schmerzlinderung eingesetzt. Zusätzlich wurde in der Antike das Opium auf sogenannten Schlafschwämmen zur Narkose von Patienten bei chirurgischen Operationen genutzt, jedoch immer mit dem Problem der abhängig machenden Wirkung. In der mittelalterlichen Medizin Europas geriet der Mohn zunehmend in Vergessenheit, zumal er als Sucht- und Schmerzmittel auf religiösen Widerstand stieß.

## Wissenswertes

Alle Teile des Schlafmohns enthalten Alkaloide, sekundäre Stoffwechselverbindungen, in Form eines weißen Milchsaftes, der getrocknet das Rauschgift ***Opium*** ergibt. Der lateinische Name für Mohn somniferum bedeutet Schlaf bringend und verweist auf den Einsatz als Schlafmittel für Kinder in früheren Zeiten – manche Karikatur von Wilhelm Busch erinnert noch an den bäuerlichen **Mohnzuz** (Mohnschnuller), den man früher Kindern zur Beruhigung in den Mund gesteckt hat.

### *Praxistipp!*

*Eine regionale Mohn-Spezialität aus Österreich ist der Waldviertler Graumohn g.U. mit geschütztem Ursprung. Dieser wird im Waldviertel schon seit dem 11. Jahrhundert kultiviert und ist aufgrund des etwas größeren Samenkorns fettiger, öliger und nahrhafter und damit auch besser zu lagern. Im Geschmack ist er rund, weich und nussig und passt damit perfekt zum Drüberstreuen auf Mohnnudeln oder als Füllung von Mehlspeisen.*

# Muskatnuss

*Myristica fragrans*

*Würde man die Bedeutung von Gewürzen nach den Kämpfen messen, die um sie geführt wurden, dann wäre die Muskatnuss wohl eines der wertvollsten Gewürze der Welt.*

Muskat

## Aromatik

Geruch und Geschmack der Muskatnuss beschreiben sich am besten als aromatisch, süßlich-harzig, bitter, leicht terpentinartig und dezent scharf.

## Beschreibung

Die Muskatnuss, der Name kommt aus dem Lateinischen und bedeutet so viel wie nach Moschus duftende Nuss, ist der Keimling oder Samen des Muskatnussbaums. Dieses ursprünglich in Indonesien beheimatete Gewächs gehört der Familie der Muskatnussgewächse an, ist immergrün und erreicht mehrere Meter an Wuchshöhe. Neben dem Samen wird auch der Samenmantel der Pflanze, als Macis bekannt (siehe auch unter ***Macis***), zum Würzen verwendet. Die Muskatnuss gelangte einst von den als ***Gewürzinseln*** bekannten, indonesischen ***Molukken*** mit den kreuzfahrenden Portugiesen nach Europa. Die Molukken waren damals der einzige Ort weltweit, an dem Muskatnüsse vorkamen. Heute werden Muskatnussbäume auch in anderen Gebieten Asiens, in Schwarzafrika und in Lateinamerika kultiviert. Rund 20 Prozent des Weltverbrauchs an Muskatnüssen stammt mittlerweile vom zentralamerikanischen Inselstaat Grenada, die Nuss ist als Symbol der Landwirtschaft Grenadas sogar auf der Nationalflagge dargestellt. Auf eigenen Plantagen werden bevorzugt weibliche Bäume angebaut, die nach der Blüte rund fünf Zentimeter gelbe bis orangefarbene, kugelige Balgfrüchte (auch ***Muskatpfirsich*** genannt) hervorbringen, die nach der Reife aufspringen und den gut drei Zentimeter großen, rundlichen Samen (Muskatnuss) freigeben, umhüllt vom roten, fleischigen, ölhaltigen Samenmantel (Macis).

## Küchenpraxis

Auch wenn die Muskatnuss schon bei den alten Römern als Heilpflanze bekannt war, hielt sie ihren Einzug als Gewürz der Küchen Europas erst mit Beginn der Neuzeit – und blieb bis heute dank dem unverwechselbaren Aroma eine gern verwendete Ingredienz. Sie verfeinert Kartoffelgerichte genauso wie Eintöpfe, Suppen, Saucen – vor allem den Klassiker Béchamelsauce – oder Fleischspeisen. Diverses Gemüse, von Karfiol über Kohlsprossen bis Karotten und Pastinaken, aber auch Käse, Gebäck oder Eigerichte profitieren von ihrem herb-würzigen Aroma. Selbst so mancher Süßspeise verleiht sie eine besondere Note. Im Optimalfall nimmt man bei Bedarf die speziell feine Muskatreibe zur Hand und reibt sich die benötigte Menge frisch. Aufgrund des intensiven Aromas genügen stets geringe Mengen, die man ohne Weiteres erst gegen Ende des Kochvorgangs oder kurz vor dem Servieren hinzufügt.

## Einkauf

Für kulinarische Zwecke erhält man die Muskatnuss im Ganzen, die nach ihrer Größe in Qualitätsklassen eingeteilt wird, oder in gemahlener Form. Der Erwerb als Pulver sollte stets die zweite Wahl bleiben, denn abgesehen vom aromatischen Vorteil – das Aroma von Muskatnüssen ist eher flüchtig – entgeht man so der Gefahr, Gemahlenes von möglicherweise minderwertigen Nüssen zu erstehen. Ganze Nüsse kann man sehr gut trocken und lichtgeschützt über lange Zeiträume aufbewahren.

## Heilwirkung

In der Volksheilkunde ist die Muskatnuss aufgrund ihrer antiseptischen und desinfizierenden Wirkung beliebt, die traditionelle indische Ayurveda-Medizin verwendet sie gegen Durchfallerkrankungen sowie als leichtes Schmerzmittel oder zur Behebung männlicher Potenzstörungen als Aphrodisiakum. In Europa erkannte man rasch ihre Vorteile für Magen, Leber und Herz, jedoch auch ihren berauschenden Effekt sowie die daraus resultierenden Gefahren bei übermäßigem Verzehr. Neben halluzinogenen Wirkungen warnt man ab einer Dosis von fünf Gramm vor möglichen Vergiftungssymptomen – das entspricht in etwa einer ganzen Muskatnuss, somit um ein Vielfaches mehr als die übliche Würzdosis.

## Wissenswertes

Zu Zeiten der Pest meinte man in Europa mit der Muskatnuss das einzig probate Mittel gegen die hochgradig ansteckende Infektionskrankheit in Händen zu haben, was den Preis für die Pflanze in unermessliche Höhe trieb. Der Samen des Muskatnussbaums war im Verlauf der Geschichte mehrfach Grund wirtschaftlicher, teils blutiger Auseinandersetzungen und wurde von den Niederländern mehr als 150 Jahre mit einem Monopol belegt, sodass die Preise für das exotische Gewürz durch die holländische ***Ostindien-Gesellschaft*** (VOC, Vereenigde Oostindische Compagnie) entsprechend gesteuert wurden: Die Muskatnuss entwickelte sich zwischen dem 16. und 18. Jahrhundert zum Gold Südostindiens. Briten, Spanier, Portugiesen und Niederländer bekriegten sich wegen dieser Frucht. Tausende Menschen fanden dabei ihren Tod, vor allem große Teile der lokalen Inselvölker. Die starke Nachfrage und damit die Preise fielen erst im 18. Jahrhundert, als die Franzosen geschmuggelte Muskatpflanzen weiterzüchten konnten und somit das holländische Monopol zu Fall brachten.

***Praxistipp!***

*Muskat ist traditioneller Bestandteil der französischen Gewürzmischung quatre-épices (Viergewürz) bestehend aus Weißem Pfeffer, getrocknetem Ingwer, Muskat und Gewürznelken. Das Viergewürz gehörte lange Zeit zu den wichtigsten Gewürzen Frankreichs und war begehrter Handelsartikel; verwendet wird es bevorzugt für Wildragouts, Pasteten und Würste, für Gewürzgurken, eingelegte Zwiebeln, Kürbisse, Terrinen, in Schmorgerichten oder auch als Lebkuchengewürz.*

# Myrte

*Myrtus communis*

*Die seit der Antike bekannte Kulturpflanze findet als Gewürz vor allem in den Gebieten ihres Vorkommens Verwendung.*

Brautmyrte, Gemeine Myrte

## Aromatik

Myrtenblätter duften frisch und sehr aromatisch, sie erinnern ein wenig an Eukalyptus, Lorbeer und Weihrauch. Im Geschmack ist Myrte intensiv und recht bitter, die Dosierung sollte daher entsprechend achtsam vorgenommen werden. Wichtig in der aromatischen Beschreibung ist die Abgrenzung zur namensähnlichen Myrrhe, das Gummiharz aus der Familie der Balsambaumgewächse, das aufgrund seines üppigen, balsamischen Duftcharakters analog zu Weihrauch zwar als Räucherwerk verbrannt wird, kulinarisch jedoch keine Bedeutung hat.

## Beschreibung

Der immergrüne Strauch stammt aus der Familie der Myrtengewächse und ist im Mittelmeerraum heimisch, wo er häufig verwildert wächst. Weltweit gibt es Tausende Arten an Myrtengewächsen, in Europa hat aber nur die Myrtus communis ihre Heimat. Myrte wird seit Urzeiten kultiviert, schon in der Antike war sie ein beliebter Gartenstrauch und bei den Griechen und Römern den jeweiligen Liebesgöttinnen Aphrodite beziehungsweise Venus geweiht. Sie wurde zu dekorativen Zwecken, zur Raumbeduftung, in der Heilkunde sowie in der Küche eingesetzt. Im Kochtopf würzte sie damals vor allem Fleischgerichte sowie Saucen für Geflügel, Fleisch und Fisch. Genoss man in alten Zeiten vor einem Trinkgelage Myrtenwein, soll dieser dem anschließenden Rausch entgegengewirkt haben.

## Küchenpraxis

Als appetitanregendes Gewürz wird Myrte besonders in den Gegenden verwendet, in denen ihr natürliches Vorkommen ist: Von den Kanarischen Inseln über Korsika bis Sardinien taucht sie in verschiedenen typischen Rezepten auf. Die getrockneten, dunkelblauen Myrtenbeeren können als feiner Pfefferersatz eingesetzt werden und passen optimal zu kräftigen Fleischspeisen. Bevor Pfeffer in Europa beliebt wurde, versetzte man die landläufig bekannte italienische Traditionswurst ***Mortadella*** mit Myrte, ursprünglich daher auch ***Myrtatella*** genannt. Myrtenblätter werden aufgrund des intensiven Aromas hingegen nur zum Einwickeln von Fleischstücken während des Garprozesses empfohlen und werden vor dem Servieren wieder entfernt. Fügt man Myrtenblätter lose einem Gericht hinzu, sollte man sie zum Schluss ebenfalls wieder herausnehmen, ähnlich einem Lorbeerblatt.

## Einkauf

Im herkömmlichen Supermarkt wird man Myrte meist nicht finden. Trifft man beim Gärtner oder im Baumarkt auf Myrte, wird es sich vermutlich um eine speziell gezüchtete Zierpflanze handeln, die sich nicht für kulinarische Zwecke eignet. Dafür wird man in spezialisierten Kräuterläden mit Sicherheit fündig, die sowohl getrocknete und gerebelte Myrtenblätter als auch die getrockneten Myrtenbeeren für den Einsatz im Kochtopf anbieten. Myrtenbeeren verwendet man auch im süßen, roten, sardischen Likör ***Mirto Rosso***, der weiße ***Mirto Bianco*** entsteht hingegen aus Blättern und Blüten der Pflanze.

## Heilwirkung

Die heilende Wirkung beruht auf dem ätherischen Öl der Myrte, das in der Parfümindustrie als ***Engelswasser*** bekannt ist. Das Öl wirkt antibakteriell, entzündungshemmend und hautreinigend. In der Volksmedizin wird die Pflanze bei Erkrankungen der Atemwege, als Bestandteil von Hustensirup zur Schleimlösung, aber auch bei Nebenhöhlenentzündungen und Harnwegsinfektionen verabreicht. Ein übermäßiger Verzehr der Blätter kann jedoch zu Übelkeit und Kopfschmerzen führen.

## Wissenswertes

Die Symbolkraft von Myrtenzweigen ist noch heute bekannt. Sie stehen für Jungfräulichkeit, Lebenskraft, viele gesunde Kinder und die über den Tod hinausgehende Liebe. Wer in Italien eine traditionelle Hochzeit feiert, trägt noch heute als Braut einen Myrtenkranz und als Bräutigam ein Myrtensträußchen. Aber nicht nur in südlichen Ländern, sondern auch in Mitteleuropa ranken sich zahlreiche Bräuche anlässlich Hochzeit, Liebe und Ehe um die Myrte.

***Praxistipp!***

*Der Myrtenstrauch wird gerne auch als Feuerholz eingesetzt, damit das Grillgut über der Flamme den angenehmen Geruch aufnimmt. Gleichfalls können Myrtenblätter zwecks der Aromatisierung in die Glut geworfen werden.*

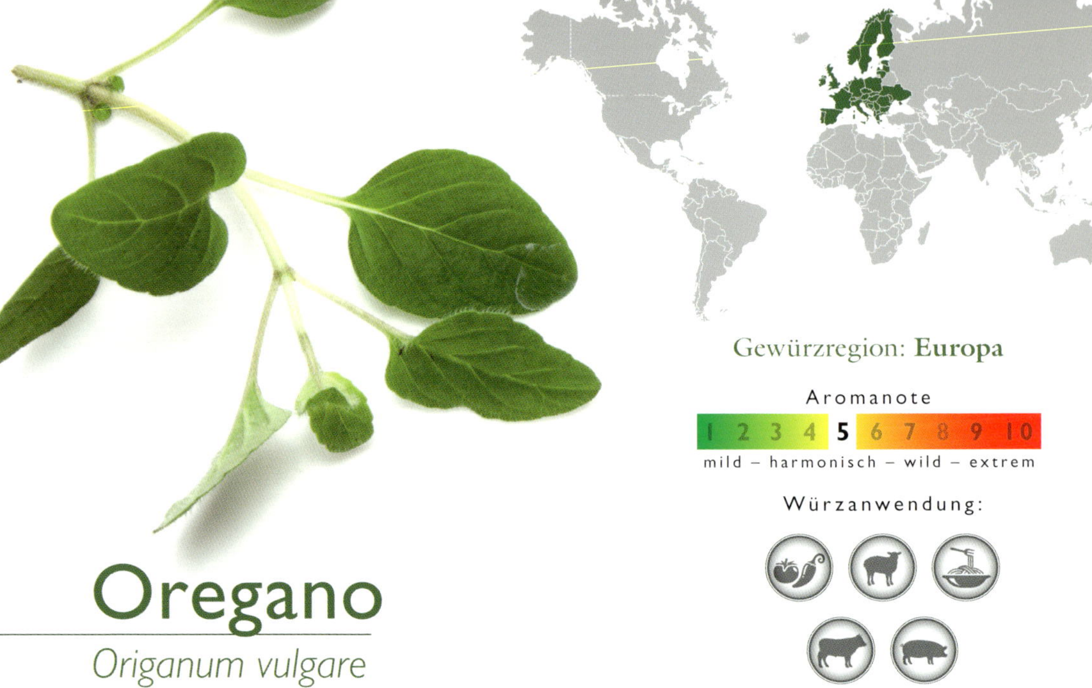


# Oregano

## *Origanum vulgare*

*Neben Thymian, Majoran, Rosmarin und Basilikum zählt Oregano zu den urtypischen mediterranen Gewürzen.*

Dost, Wilder Majoran, Gemeiner Wohlgemuth

### Aromatik

Oregano ist stark aromatisch, ätherisch, würzig-herb, mit leicht bitterem Geschmack, erinnert ein wenig an Pfeffer und verströmt den typisch mediterranen Flair.

### Beschreibung

Oregano, eine ausdauernde, krautige Pflanze mit ausgeprägtem Geschmack, gehört zur Gattung Dost aus der Familie der Lippenblütler. Sein Name leitet sich aus dem Altgriechischen ***Oros*** für Berg und ***Ganos*** für Freude ab, in die deutsche Sprache kam er über das italienische ***origano***. Er ist nahe mit dem Majoran verwandt, daher auch das Synonym Wilder Majoran, sozusagen als der etwas derbere und kräftigere Bruder des feinen Majorans. Und wie dieser stammt auch der Oregano aus dem Mittelmeerraum, vermutlich von der Insel Kreta, wo er schon von den alten Griechen als Heilmittel und Gewürz „von eigenthümlichem, starkem, gewürzhaftem Geruch und scharfem, gewürzhaft bitterlichem Geschmack" verwendet wurde – wie in der ***Pharmakognosie*** von Theodor Wilhelm Christian Martius aus dem Jahr 1832 nachzulesen ist. Mittlerweile gibt es zahllose Hybriden, die aufgrund der robusten und anspruchslosen Art beinahe weltweit angebaut werden, gerne an warmen Standorten, in trockenen und lichten Wäldern, an Wegrändern und auf sonnigen Hängen.

## Küchenpraxis

Heute verleiht Oregano jeder Pizza ihren typisch mediterranen Geschmack, ebenso in Melanzani- und Zucchinigemüse, zu Faschiertem oder als tolles Gewürz auf Tomaten mit Mozzarella. Oregano würzt perfekt beinah alle Fleischgerichte vom Grill, auch scharfes Gulasch oder Chiligerichte vertragen eine Prise dieses intensiven Gewürzes. In Kombination mit Basilikum bietet Oregano eine einzigartige Kombination für italienische Pastagerichte.

## Einkauf

Oregano wächst hervorragend im eigenen Gartenbeet oder am Balkon, so kann man stets und reichlich ernten, zumal die Blätter und Blüten als Gewürz am besten frisch verwendet werden. Man kann Oregano auch gut trocknen, dazu bei beginnender Blüte die ganzen Stängel mit Blüten und Blättern abschneiden, zusammenbinden und kopfüber an einem luftig-schattigen Ort aufhängen. Danach die getrockneten Blätter und Blüten abreiben und in einem luftdicht verschlossenen Glas lagern. Getrockneten Oregano gibt es auch in guter Qualität in den Gewürzregalen aller Supermärkte.

## Heilwirkung

Die Oreganopflanze selbst wird kaum von Krankheit befallen und hält im Sommer Insekten fern – ein guter Hinweis, wie kräftig das thymolreiche, ätherische Öl des Oreganos ist. Seine antibakterielle und entzündungshemmende Wirkung ist vor allem im Umgang mit Lebensmitteln entscheidend, wo ***Thymol*** das Wachstum von Kolibakterien in Hackfleisch verhindern kann. Kein Wunder, dass Oregano in heißen Regionen beliebt ist, zumal es desinfizierend auf Magen und Darm wirkt, aber auch appetitanregend und verdauungsfördernd ist.

## Wissenswertes

In der nordeuropäischen Küche spielte Oregano als Gewürz früher kaum eine Rolle, so richtig bekannt geworden ist er erst durch die Mode, italienisch zu kochen und zu essen. Im Vordergrund stand über Jahrhunderte seine Heil- und Zauberwirkung, so wurde er im Mittelalter als wichtige Räucherpflanze zur Hexenabwehr verwendet, ebenso galt er als Schutzkraut vor dem Teufel. Zudem diente Oregano früher als Kraut, das Kummer verschwinden ließ, erloschenen Lebensmut wieder aufrichtete und die Menschen fröhlich machte. Aus diesem Grund trug die Pflanze früher auch den Namen ***Wohlgemuth***.

**Praxistipp!**

*Die frischen, duftenden Oregano-Blüten eignen sich perfekt als Würze auf Salaten, man kann sie aber auch gut zum Aromatisieren von Öl, Essig, Limonaden oder Likören einsetzen.*

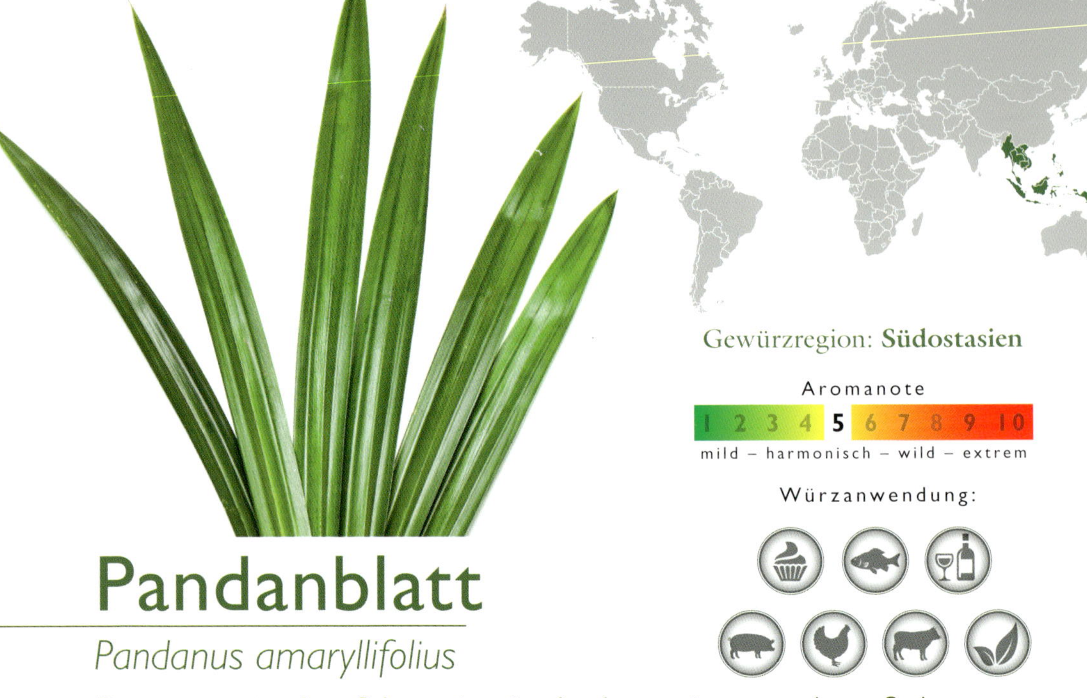


# Pandanblatt

*Pandanus amaryllifolius*

*Das exotische Blatt ist in Indonesien und auf den Malediven als Aromengeber eine unverzichtbare Würzzutat.*

Pandan, Pandanusblatt

## Aromatik

Das frische Pandanblatt duftet intensiv aromatisch, süßlich-dumpf und angenehm nussig bis vanilleartig, sein Geschmack erinnert an Kokosnuss.

## Beschreibung

Die immergrüne Pflanze aus der Familie der Schraubenbäume oder Schraubenpalmen ist, verglichen mit anderen Gewürzen, erst recht kurz bekannt; erstmals beschrieben wurde sie Mitte des 19. Jahrhunderts. Über ihre ursprüngliche Heimat besteht Uneinigkeit, die Vermutungen reichen von den indonesischen Molukken bis nach Madagaskar. Heute ist das Pandanblatt in ganz Südostasien verbreitet, klimatisch bedingt kann die Pflanze kaum anderweitig angebaut werden. Die Blätter werden bis zu zwei Meter lang, haben eine schwertförmige Form und sind von dunkelgrüner Farbe.

## Küchenpraxis

In der indonesischen Küche und auf den Malediven sind die duftenden Blätter vielfach im Einsatz, am liebsten verwendet man sie dort natürlich frisch. Fallweise findet sich Pandan auch als Essenz, die jedoch einen leicht chemischen Ton mit sich bringt. Das frische Blatt wird – aufgrund seiner Länge häufig mehrfach verknotet – als Aromengeber mitgekocht und vor dem Genuss rechtzeitig entfernt. Dies bevorzugt in indonesischen Reisgerichten, um gewöhnlichem Reis ein stärkeres, dem Basmatireis ähnliches Aroma zu geben. Beliebt ist außerdem das Garen von Speisen in den Blättern, wie man es beispielsweise von Bananenblättern kennt. Dazu werden Fleisch, Geflügel, Fisch oder Meeresfrüchte in die Blätter eingewickelt und im Anschluss gedämpft oder frittiert. Diese Art der Zubereitung minimiert störende, fischige Gerüche und verleiht das dezent nussige, vanilleähnliche Aroma. Pandan eignet sich zudem für süße Einsatzzwecke: etwa im traditionellen ***Kue Pandan*** aus Indonesien, einem grünen Rührkuchen, ist das exotische Blatt unverzichtbar. Kombiniert man Pandanblätter mit Mangos und Ingwer, entsteht eine fruchtig-exotische Marmelade.

## Einkauf

Im herkömmlichen Supermarkt wird man kaum auf dieses exotische Gewürz treffen. Im gut sortierten Asiamarkt hingegen werden, unregelmäßig und zumeist in größeren Bündeln, frische Pandanblätter oder das getrocknete Gewürz zu finden sein. Ersteht man die Blätter in frischer Form, können sie für den späteren Gebrauch gut tiefgefroren und bei Bedarf aufgetaut werden.

## Heilwirkung

Pandanblätter werden in der Volksmedizin ihrer Anbaugebiete gerne zur Schmerzlinderung und Wundheilung verwendet, so soll das Baden in Pandanwasser gut für Linderung bei Sonnenbrand sorgen. Die Blätter werden gekaut als Schmerzmittel bei Kopf- und Ohrenschmerzen eingesetzt, Kräutertees beigemischt dienen sie zur Linderung von Magenkrämpfen und als leichtes Abführmittel.

## Wissenswertes

Mit Pandan wird in Thailand Trinkwasser wohlschmeckender gemacht. Und aus den Blättern wird ein tiefgrüner Lebensmittelfarbstoff extrahiert, der zum Färben von Süßigkeiten, Reis oder Nudeln dient. Abseits der kulinarischen Verwendungsmöglichkeiten werden Pandanblätter in ihren Herkunftsländern aufgrund des vanilleartigen Aromas gerne als Raumduft genutzt.

### *Praxistipp!*

*Hat man nur getrocknete Pandanblätter zur Hand, können diese in Streifen geschnitten und in einem Gericht mitverkocht werden, sodass sie vor dem Verzehr nicht mehr entfernt werden müssen. Oder aber man belässt sie zur Aromatisierung während des Kochvorgangs in einem Gewürzsäckchen und beseitigt dies am Ende der Zubereitung. Getrocknete Pandanblätter sind jedenfalls eine wunderbare Zutat in Currys.*

# Paprika

*Capsicum annuum*

*In seiner milden, schärfefreien Form eine der jüngsten Gemüsesorten der Kulinarikgeschichte.*

Gemüsepaprika, Gewürzpaprika

## Aromatik

Im Gegensatz zur Chili, die zunächst auf ihre ursprüngliche Eigenschaft, die Schärfe, reduziert wird, genießt der Paprika den Startvorteil, dass statt der Schärfe die Aromatik dominiert. Und diese ist in der Tat vielfältig, schon im Geruch frischer Früchte überwiegen grün-erdige, leicht fruchtsüße Noten. Diverse Fruchtsäuren und ätherisches Öl im Fruchtfleisch erinnern in der Nase an das Bukett üppiger Weinsorten wie von Sauvignon Blanc oder Gelbem Muskateller. In getrockneter Form schmeckt Paprikapulver erdig, würzig und röstig und hat im Gegensatz zu diversen Chilipulvern immer einen süßlich-fruchtigen Beigeschmack. Bei ausgewählten spanischen Pulverzubereitungen ergänzen rauchig-würzige Kaffee- und Kakaoaromen den ursprünglichen Paprikageschmack, das bekannteste dieser Gewürzpulver ist wohl das ***Pimentón***. Dabei ist das aus der westspanischen Extremadura stammende ***Pimentón de la Vera*** eine geschützte Herkunftsbezeichnung. Das Paprikapulver entsteht aus getrockneten und über Eichenholz geräucherten Paprikaschoten und wird bis zu fünfmal gemahlen, bis es einen beinahe schon staubartigen Feinheitsgrad erreicht. Danach wird das fertige **Pimentón** in die typisch roten Blechdosen verpackt. Pimentón gibt es klassisch als ***dulce*** (mild-süßlich) oder als ***picante*** mit einer zarten Schärfe und ist die wichtigste Zutat in der spanischen Chorizo oder in einer richtigen Paella. Auch vegetarische Gerichte erhalten mit Pimentón ein perfektes, fleischähnliches Raucharoma.

## Beschreibung

Der heute weitverbreitete Gemüsepaprika ohne Schärfe stammt ursprünglich aus Ungarn, wurde erst in den 1950er-Jahren aus der scharfen Chili gezüchtet und enthält fast kein ***Capsaicin***. Nach Ungarn gelangte der Paprika ursprünglich als Chili über die Ausdehnung des Osmanischen Reichs nach 1520, wo er als Pfefferersatz verwendet wurde. In alten ungarischen Wörterbüchern findet man Paprika noch als ***türkischen Pfeffer***. Über Ungarn kam der Begriff Paprika dann auch in die deutsche Sprache, vom ursprünglich serbischen Ausdruck ***pàprika***, welcher wiederum eine Ableitung von ***pàpar*** (Pfeffer) ist. Und obwohl alle Paprikasorten, ob mild oder scharf, derselben Gattung ***Capsicum*** zugeordnet werden, gibt es in allen Regionen Europas sprachliche Unterschiede zwischen Chilis und Paprika. In Deutschland und Österreich heißt das Gemüse Paprika, in der Schweiz und in Südtirol hingegen Peperoni. Im Spanischen bezeichnet ***pimienta*** den Pfeffer, ***pimienta roja*** das Chilipulver und ***pimienta de Jamaica*** den Piment, ***pimiento*** hingegen die Speisepaprika.

## Küchenpraxis

Wie auch bei der scharfen Chili ist die Verwendung des Paprikas extrem vielseitig. So kann man ihn roh in Salaten, sauer eingelegt, gedünstet oder gebraten genießen, als Gemüse wie auch als Gewürz. Als mit Faschiertem gefüllte Paprika sind die Schoten ein Klassiker aus dem pannonischen Raum. Ebenso entfaltet Paprika in Öl eingelegt spannende zusätzliche Aromen, und natürlich kann das süße, mild-würzige Aroma perfekt mit der Schärfe von Chilis, Ingwer oder Pfeffer kombiniert werden. Dazu passt ideal der Liptauer, der pikante Paprika-Brotaufstrich aus dem slowakischen und österreichischen Raum, der Name leitet sich von der slowakischen Region Liptau ab. Die Einbürgerung der Gewürzpaprika in der internationalen ***Haute Cuisine*** gelang über die französische Küche. Der französische Meisterkoch Auguste Escoffier, bekannt für seine adaptierten Spezialitäten fremder Länder, ließ 1879 Paprikapulver über den befreundeten ungarischen Koch Karoly Gundel aus Szeged in Ungarn nach Monte Carlo kommen und verschaffte damit dem „ungarischen Gewürz" internationale Beachtung. Zu heutigen Klassikern, die er damals servierte, gehört Poulet au Paprika (Paprikahuhn) und Goulash à la Hongroise (Gulasch). Auch eine Ratatouille ist ohne Paprika unvorstellbar.

## Einkauf

Milden Paprika kauft man roh als Gemüse oder gemahlen als Pulver. Frischer Paprika hält sich bei Zimmertemperatur etwa zwei bis drei Tage, im Kühlschrank circa eine Woche. Vor der Verwendung sollten Stiel, Plazenta sowie Samen entfernt werden, diese schmecken vor allem bei jungem Paprika bitter. Grüner, unreifer Paprika ist etwas grasiger und kräftiger im Geschmack, während reife gelbe oder rote Früchte süßer sind. Die bekannteste Art, Paprika als Gewürz einzusetzen, ist das Paprikapulver aus getrockneten und gemahlenen Früchten.

## Heilwirkung

Paprika enthält neben einer kleinen Menge Capsaicin einen großen Anteil an Vitamin B1 und C (sogar mehr als Zitronen) und eine Vielzahl an Mineralstoffen. Diese wirken schmerzstillend und entzündungshemmend, zudem stärkend auf Herz und Kreislauf. Capsaicin fördert die Durchblutung und löst Verspannungen, ebenso wird die Verdauung angeregt.

## Wissenswertes

Das in Österreich als Gulasch bekannte Schmorgericht leitet sich vom ungarischen Wort ***gulyás*** ab, eine alte Bezeichnung für Viehhirten. Und obwohl es verschiedene Schreibweisen wie Gulyás oder Gujasch gibt, nennt man es in Ungarn Pörkölt. Für ein Gulasch wird traditionell Rindfleisch mit Zwiebeln angeschmort, lange mit relativ geringer Hitze gegart und anschließend in einer Suppe aus Paprikagemüse, viel Paprikapulver, Kümmel und Knoblauch eingedickt.

Die Kardinalwürze im richtigen Gulasch ist das Chilipulver, das „brennt wie mit Höllengluthen, die weder Bacchus noch Gambrinus zu löschen vermögen". So steht es launig beschrieben im ***Appetit-Lexikon*** von 1894 von Robert Habs und Leopold Rosner. Die Chili als Hauptgewürz war damals noch das Kriterium, ob man die Schärfe von Gulasch vertrug oder nicht. Denn der schärfefreie Paprika, wie er heute verwendet wird, wurde ja erst viele Jahrzehnte später in Ungarn gezüchtet.

***Praxistipp!***

*Den größten Reichtum an Kategorien von Paprikapulver besitzen natürlich die Ungarn, von scharfem Rosenpaprika über halbsüß, edelsüß, delikatess bis zu extra (süß). Paprikapulver behält, luftdicht verpackt, auch über längere Zeit sein typisches Aroma und kann so mit vielen Geschmacksrichtungen jedes kompetente Gewürzregal ergänzen.*

# Paradieskörner

*Aframomum melegueta*

*Eines der ersten Gewürze europäischer Entdeckungsreisen mit kurzem Höhenflug als Pfefferersatz.*

Guineapfeffer, Meleguetapfeffer

## Aromatik

Paradieskörner duften kaum, entwickeln aber im gemörserten oder gemahlenen Zustand ein angenehm würzig-süßes Aroma nach pudriger Vanille. Der Geschmack ist überraschend pikant-scharf wie bei Ingwer oder Kardamom, jedoch nicht brennend – die Schärfe klingt rasch wieder ab, nur ein leicht herber Nachhall bleibt bestehen.

## Beschreibung

Paradieskörner entspringen der Familie der Ingwergewächse. Sie sind in vielen Gebieten Westafrikas beheimatet und wachsen dort als krautige Pflanzen mit einem für Ingwergewächse typischen ***Rhizom***, einem als Überdauerungsorgan dienenden Erdspross ohne Eigenschaften eines Wurzelsystems. Aus den rosaroten bis weißen Blütenständen bilden sich bis zu zehn Zentimeter große, rotgelbe Kapselfrüchte mit kleinen, rotbraunen Samen, die optisch an Kardamom erinnern. Der prägnant scharfe Geschmack der Paradieskörner ist jenem des Ingwers ähnlich, jedoch verlieren Paradieskörner durch längere, offene Lagerung an Intensität, sodass die Schärfe verloren gehen kann.

## Küchenpraxis

Grundsätzlich kann man Paradieskörner überall einsetzen, wo Schwarzer Pfeffer geeignet ist. Da die Schärfe nicht ganz so stark ist wie bei Echtem Pfeffer, verträgt sich das Gewürz sehr gut mit Gemüse, Kartoffeln, Kürbis, Pilzen oder Fisch. Die Körner passen perfekt in die afrikanische, vor allem in die tunesische oder marokkanische Küche, bevorzugt zu Lamm, Geflügel oder Meeresfrüchten. Wegen des süßlich-vanilligen Aromas verleihen sie Süßspeisen wie Kompotten und Sorbets aus exotischen Früchten oder Schokoladigem wie Mousse au Chocolat das gewisse Etwas. Nicht zu vergessen die Einsatzmöglichkeiten in Heißgetränken wie etwa dem Hippokras, dem mittelalterlichen Würzwein, wo Paradieskörner neben Ingwer und Zimt als Hauptzutat galten. Oder aber als scharfer Geschmacksgeber in der nordischen Kümmelspirituose Aquavit und ähnlichen Magenbittern.

## Einkauf

Man kauft sie im guten Fachhandel ausschließlich als ganze, getrocknete Samen. Ungemahlen, luftdicht abgepackt, trocken und lichtgeschützt sind sie dann lange haltbar.

## Heilwirkung

Bereits der englische Botaniker John Gerard berichtete 1597 in seinem Hauptwerk ***The Herball or Generall Historie of Plantes*** über die entzündungshemmenden, antibakteriellen und verdauungsfördernden Eigenschaften von Guineapfeffer, vor allem aber über die stark wärmende Wirkung auf den gesamten Körper von im Mund zerkauten Körnern.

## Wissenswertes

Während der portugiesischen Kolonialexpansionen im 15. Jahrhundert eroberten die Portugiesen das Küstengebiet entlang des Golfs von Guinea in Westafrika, zwischen den heutigen Staaten Liberia und Sierra Leone, und nannten diesen Streifen Pfefferküste, abgeleitet vom dort wachsenden Guineapfeffer. Um 1486 gelangte der erste Guineapfeffer nach Lissabon und von dort über den Landweg nach Nordeuropa, wo er rasch als günstigerer Pfefferersatz beliebt wurde. Wegen seiner Herkunft erhielt das Gewürz den Namen Paradieskörner, worin sich zudem die mittelalterliche Vorstellung von einem irdischen Paradies mit seinen paradiesischen Düften widerspiegelte. Erst nachdem die portugiesischen Expeditionen Indien erreicht hatten und sich damit neue Importmöglichkeiten des Schwarzen Pfeffers eröffneten, verloren die Paradieskörner mit Beginn der Neuzeit an Bedeutung.

### *Praxistipp!*

*Paradieskörner sind frisch vor der Anwendung in der Pfeffermühle zu gräulich-weißem Pulver zu mahlen, man sollte sie nicht im Ganzen mitkochen. Obwohl sie scharf schmecken, kann man sie beim Kochprozess großzügig dosieren, da sich ihre Schärfe durch Wärmeeinwirkung verflüchtigt.*

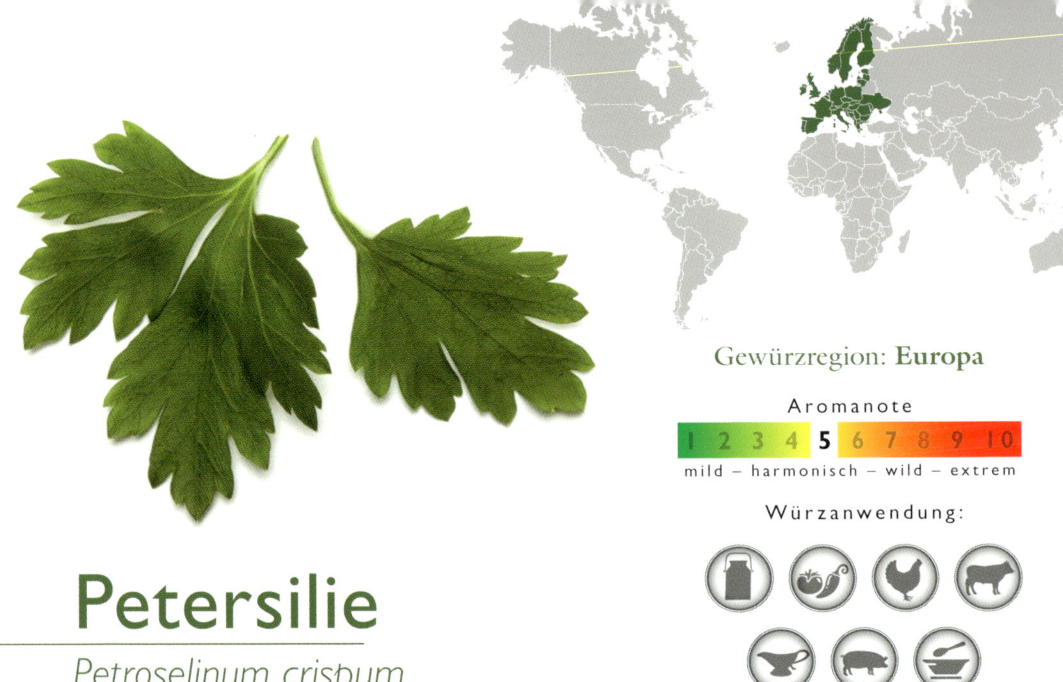


# Petersilie

*Petroselinum crispum*

*Die ursprünglich heilige Pflanze wird heute in vielen kalten und warmen Zubereitungen geschätzt.*

Blattpetersilie, Petersil, Petergrün, Suppenwurzel, Peterli, Peterlein

## Aromatik

Die Petersilie schmeckt duftig-frisch und würzig-pfeffrig, mit einem Hauch von Anis und Zitrone. Glatte Petersilie ist dabei wesentlich kräftiger im Geschmack als die krause Sorte.

## Beschreibung

Der Ursprung der Petersilie liegt vermutlich im östlichen Mittelmeerraum, heute wird sie beinah weltweit angebaut. Das beliebte Würzkraut ist eine zweijährige Pflanze aus der Familie der Doldenblütler mit grünlich gelben bis rötlichen Blüten. Während die Pflanze im ersten Jahr eine rübenförmige, cremeweiße Pfahlwurzel und eine niedrige Blattrosette ausbildet, wächst im zweiten Jahr ein bis zu 80 Zentimeter hoher Stängel mit hellgelben bis dunkelgrünen Blättern. Als Küchenkraut werden je nach Zuchtform die glatten, gefiederten (***Farnblättrige Petersilie***) oder krausen, moosartigen Blätter (***Mooskrausige Petersilie***) verwendet. Zudem findet man die Rübenwurzel als Bestandteil im ***Suppengrün*** (Wurzelgemüse aus Karotten, Sellerie und Petersilie).

## Küchenpraxis

Die Petersilie ist Universalkraut in den meisten europäischen, mediterranen und auch orientalischen und asiatischen Küchen. Sie würzt Saucen, Suppen, Salate, gebratenes Fleisch sowie Gemüse und passt fein gehackt in Milchprodukte, Kräuteraufstriche und Dips.

Dabei gilt zu beachten, dass sie immer ihr Aroma einbüßt, sobald man sie mitkocht, wodurch sich die Zugabe erst gegen Ende des Kochvorgangs empfiehlt. Im ***Bouquet garni*** hingegen, dem französischen Kräutersträußchen, ignoriert man dies und fügt das Sträußchen samt Petersilie bereits am Anfang der Garzeit hinzu. Hier macht es die Summe an Kräutern, die ihre Wirkung entfalten.

## Einkauf

Alle zum Würzen relevanten Teile der Petersilie findet man ganzjährig im Supermarkt, vom Kräutertopf über frische Blattbündel bis tiefgefroren und getrocknet. Beim frischen Kraut kann man meist zwischen der glatten und der krausen Petersilie wählen, wobei die glattblättrige Sorte eine Spur mehr ätherisches Öl enthält als die krausblättrige, wodurch die krause Petersilie weniger würzig schmeckt als glatte Petersilie. Damit der Petersilientopf in der Küche oder die Pflanze im Garten kräftig und buschig weiterwächst, immer nur einzelne Blätter abzupfen und frisch verwenden.

## Heilwirkung

Die Petersilie enthält viel ätherisches Öl sowie die Vitamine A, B und C und wird seit jeher als Heilpflanze geschätzt, wobei Blätter wie Wurzeln die gleichen Inhaltsstoffe besitzen. Wichtige Bestandteile des ätherischen Öls sind ***Myristicin***, wesentlicher Aromengeber der Muskatnuss, und ***Limonen***, das Aromen bestimmende Öl im Kümmel, in der Dille, im Koriander oder in der Zitrone. Ähnlich dem Sellerie wurde die Petersilie in der Antike bei Erkrankungen der Harnwege und bei Verdauungsstörungen eingesetzt, auch sagt man ihr eine aphrodisierende Wirkung nach. Die Volksmedizin verwendet sie darüber hinaus gegen eine Vielzahl an Leiden von Wassersucht über Verschleimung bis zur Behandlung von Mückenstichen. Seit Sebastian Kneipp gilt die Petersilie als appetitanregend. Die moderne Medizin schätzt sie besonders aufgrund ihres Reichtums an ***Chlorophyll***, das blutreinigend und entgiftend wirkt und die Alterung von Zellen schützen soll.

## Wissenswertes

Um die Pflanze eindeutig vom Sellerie (***selinon***) unterscheiden zu können, stellten ihr die alten Griechen das Wort ***petro*** (für Stein) voran, woraus der Name ***Petroselinon*** (so viel wie Steinsellerie) entstand, später ***Petrosilium*** und schlussendlich das deutsche Wort Petersilie. Die kulinarische Liebe zur Petersilie hielt auch bei den alten Römern an, wobei sie gerne als die elegantere Variante des Selleries eingesetzt wurde. Ab dem Mittelalter waren es die Klöster, die das Gewächs als Heilkraut kultivierten und es zunehmend in der Küche einsetzten. Zur Vermeidung letaler Verwechslungen mit der wild wachsenden und stark giftigen Hundspetersilie (***Aethusa cynapium***) begann man schon damals, Sorten mit krausen Blättern zu züchten.

### *Praxistipp!*

*In puncto warme Zubereitungen ist das kurze Frittieren der ganzen, krausen Petersilienstängel in heißem Öl sehr beliebt – dies erhält nicht nur das Aroma, sondern eignet sich als gefällige Dekoration auf allen möglichen Speisen. Vorsicht, beim Ausbacken besteht starke Spritzgefahr, immer nur gänzlich trockene Petersilie verwenden!*

# Pfeffer

*Piper nigrum*

*Begehrtes Gewürz, Zahlungsmittel und vielleicht sogar Auslöser der Entdeckung Amerikas – der Pfeffer gilt zu Recht als König aller Gewürze.*

## Aromatik

Je nach Sorte bietet Pfeffer ein breites Spektrum an Aromen: Grüner Pfeffer riecht krautig-frisch und gemüsig, seine Schärfe ist eher mild-mineralisch. Schwarzer Pfeffer riecht dunkelwürzig und zart nach getrockneten Orangenschalen, manchmal mit erdigen Anklängen von Holz, Eukalyptus und Rauch. Seine Schärfe entwickelt sich angenehm langsam, fruchtig-rauchig mit frisch-minzigen Noten. Weißer Pfeffer kann je nach Herkunft etwas streng riechen, gute Qualitäten verströmen jedoch ein mineralisch-würziges, cremig-frisches Aroma. Die Schärfe ist kräftig, der Geschmack zitronig frisch. Echter Roter Pfeffer riecht süßlich-frisch und fruchtig nach Kirschen, im Geschmack ist er lieblich-würzig ähnlich zu Hagebutten oder getrockneten Tomaten, die Schärfe ist mit der des Schwarzen Pfeffers vergleichbar.

## Beschreibung

Der Pfefferstrauch stammt aus der Familie der Pfeffergewächse ***Piperaceae*** und ist eine ausdauernde und verholzende Kletterpflanze, die sich an Bäumen emporschlängelt und bis zu zehn Meter hoch werden kann. Aus den kleinen, unscheinbaren Blüten bilden sich rund zehn Zentimeter lange, hängende Ähren oder Rispen, an denen bis zu 150 erbsengroße Pfefferbeeren (***Steinfrüchte***) ausreifen. Von einem Pfefferstrauch kann zweimal pro Jahr geerntet werden, die Pflanzen bleiben viele Jahrzehnte aktiv. ***Pippali*** ist der Name für Pfeffer im altindischen Sanskrit, von den Indern lernten die Perser den Pfeffer kennen und machten ihn zum ***Pippari***, im Lateinischen wurde er zum ***Piper***, später zum ***Pepper*** und dann zum Pfeffer. Die wahre Heimat des Pfeffers ist Indien, vor allem die Malabarküste, von wo aus er sich mit der indischen Kultur über ganz Südostasien bis in das heutige Malaysia und Indonesien ausbreitete. Von dort wird er bereits seit der Antike nach Europa gebracht, zuerst mit Karawanen auf dem Landweg, später mit Schiffen über das Rote Meer. Seine extreme Haltbarkeit machte ihn zum idealen Fernhandelsgut, womit er über Jahrtausende den Gewürzhandel zwischen Asien und Europa dominierte. Kein Wunder, dass der Preis für die begehrten Kügelchen über lange Zeit sehr hoch war. Im Römischen Reich galt der Pfeffer unter den Gewürzen als das beste, in nahezu allen überlieferten Rezepten des römischen Apicius ist Pfeffer die häufigste Würzzutat. Auch nach den Römern bleibt er ein geschätzter Gegenwert für Geld und Gold, ein bevorzugtes Geschenk für Könige und Fürsten, oft auch als Lösegeld oder Tribut. Im Mittelalter waren es Venedig und Genua, die um die Vorherrschaft im Gewürzhandel kämpften und Unmengen an Pfeffer nach Europa brachten, um ihn an die großen deutschen Handelshäuser zu verkaufen, deren Reichtum hauptsächlich auf den vielen Pfeffersäcken gründete, die auf Maultierrücken die Alpenpässe überquerten. Daran erinnert das ***Bremer Pfefferkorn***, das 1989 bei Ausgrabungen in der Bremer Innenstadt entdeckt wurde. Es stammt aus dem 13. Jahrhundert und gilt als ältester Nachweis für die Verwendung von Pfeffer nördlich der Alpen. Und wäre der Tatendrang der portugiesischen Seefahrer nicht so groß gewesen, hätten sie sich nicht von den fernen Küsten, die sie suchten, den kostbaren Pfeffer erwartet. Nach Christoph Kolumbus war es Vasco da Gama, der als Erster den direkten Seeweg rund um Afrika wagte und 1499 eine große Ladung an Pfeffer aus Indien nach Lissabon brachte. Damit war das portugiesische Handelsmonopol begründet, das im 17. Jahrhundert an die Holländer mit ihrer Niederländischen Ostindien-Kompanie überging, um dann nach fast zwei Jahrhunderten bei den Briten zu landen.

## Küchenpraxis

Man kann gar nicht alle Speisen aufführen, in oder auf die man Pfeffer geben kann. Es ist vielmehr Geschmackssache, wie viel an Schärfe und Aromatik man liebt. Aus der Küche ist Pfeffer jedenfalls nicht wegzudenken. Man kocht ihn grundsätzlich im Ganzen mit, idealerweise in einem Gewürz-Ei. Man kann ihn aber auch mörsern, wobei sich der recht mürbe, trockene Grüne Pfeffer am besten zerkleinern lässt. Oder aber man füllt ihn in eine Pfeffermühle, wenn möglich sortenrein, um geschmackliche Verwirrungen zu vermeiden. Von den handelsüblichen bunten Pfeffermischungen sollte man jedoch Abstand nehmen, da diese fast immer auch billigeren Rosa Pfeffer enthalten, der den Geschmack negativ beeinflussen kann. Die eingelegten Pfeffersorten sollte man vor der Verwendung in einem Sieb gründlich durchspülen, um einen Fremdgeschmack der Lake zu vermeiden. Anschließend werden die Körner im Ganzen oder gequetscht in das Essen gegeben. Schwarzer Pfeffer ist neben Salz eines der am meisten verwendeten Gewürze und somit ein echter Allrounder in der Küche, von der Suppe bis zum Dessert. Weißer Pfeffer passt perfekt zu hellem Fleisch und Fisch oder in weiße Saucen, vor allem dann, wenn es mehr um Schärfe als um Aroma geht. Grüner Pfeffer harmoniert mit mediterranem Fisch und Gemüse, mit seiner klaren Aromatik und dezenten Schärfe. Echter Roter Pfeffer veredelt hingegen eher dunkles Fleisch wie Wild, Rind, Ente oder roten Thunfisch.

## Einkauf

Pfeffer kauft man bevorzugt immer im Ganzen und zerkleinert ihn frisch zur Anwendung. Gemahlener Pfeffer verliert extrem schnell an Aroma und wird dumpf und bitter. Ganzen Pfeffer gibt es grundsätzlich in vier verschiedenen Arten, je nach Erntezeitpunkt und Behandlung von grün über schwarz nach weiß und rot gefärbt:

***Grüner Pfeffer*** wird aus unreifen, früh geernteten Früchten gewonnen und entweder sofort in Salzlake eingelegt oder schnell bei hohen Temperaturen getrocknet oder gefriergetrocknet. Dadurch behält er seine ursprüngliche, leuchtend grüne Farbe.

Für ***Schwarzen Pfeffer*** werden unreife, grün bis gelborange Früchte geerntet und an der Sonne getrocknet, bis sie typisch runzlig und schwarz werden.

***Weißer Pfeffer*** ist von der Schale befreiter vollreifer Pfeffer, wozu reife, rote Pfefferbeeren rund 14 Tage gewässert und eingeweicht werden, bis sich die Schale mechanisch ablösen lässt. Danach werden die Körner getrocknet und an der Sonne gebleicht, bis die glatten, cremefarbenen Kerne übrig bleiben. Weißer Pfeffer enthält zwar weniger ätherisches Pfefferöl als Grüner und Schwarzer Pfeffer, ist dafür aber schärfer.

***Roter Pfeffer*** besteht aus vollausgereiften, ungeschälten Pfefferfrüchten und wird meist ähnlich zu Grünem Pfeffer in Salzlake eingelegt, manchmal auch getrocknet. Verglichen mit den anderen Pfefferarten ist echter Roter Pfeffer jedoch eine Rarität und wird in den meisten Pfeffermischungen durch den billigeren Rosa Pfeffer ersetzt – rote Steinfrüchte vom Brasilianischen Pfefferbaum, die zwar wie Roter Pfeffer aussehen, aber so gut wie keine Schärfe und wenig Aroma enthalten.

## Heilwirkung

Ausschlaggebend für die Pfefferschärfe ist das Alkaloid ***Piperin***. ***Alkaloide*** sind natürlich vorkommende, organische Verbindungen in Pflanzen, die eine Pflanze nicht zum Überleben benötigt, die aber auf den menschlichen Organismus wirken. Ein ähnliches Phänomen kennt man vom Capsaicin der Chili, vom Koffein bei Kaffee und Tee oder vom Morphin des Schlafmohns. Beim Pfeffer ist es der scharf brennende Geschmack auf Zunge und Gaumen, der über die Anregung von Wärme- und Schmerzrezeptoren durch Piperin zustande kommt. Dabei werden reflektorisch auch Speichel- und Magensaftsekretion angeregt, der Körper schaltet in den Verdauungsmodus, der Appetit wird deutlich angeregt, körpereigene Endorphine werden ausgeschüttet und sorgen für ein Wohlbefinden. Zudem wirkt Pfeffer durchblutungsfördernd und entzündungshemmend, was gut gegen Zahnfleischentzündung, Rheuma oder Verspannung genutzt werden kann. In der indischen Volksmedizin Ayurveda wird Pfeffertee mit Ingwer, Zimt, Nelken und Fenchel angesetzt, um rasch Fieber, Husten, Halsschmerzen und Verkühlungen zu lindern.

## Wissenswertes

Die heute größten Anbauländer von Pfeffer sind Vietnam, Indonesien, Indien, Brasilien und Malaysia. Weltweit werden etwa 200.000 Tonnen Pfeffer jährlich produziert, wobei Vietnam eine tragende Rolle spielt: Mit weit mehr als 120.000 Tonnen im Jahr liefert das Land rund zwei Drittel des weltweiten Bedarfs – und dieser steigt, vor allem in China, wo jedes Jahr Millionen von Menschen in die Mittelschicht aufsteigen und damit der Fleischkonsum stark zunimmt. Und damit auch die Zahl jener, die beim Kochen zur Pfeffermühle greifen. Ähnlich hat sich die Situation in Indien entwickelt, wo beinahe die gesamte Ernte im eigenen Land aufgebraucht wird. Dennoch gibt nach wie vor die indische Pfefferbörse die Entwicklungen am Weltmarkt vor, wo die Preise seit Jahren deutlich nach oben gehen. Und das nicht nur der Nachfrage wegen, sondern auch aufgrund schlechter Ernteprognosen für Indien und Sri Lanka sowie angetrieben durch Spekulanten, die den Markt leer kaufen – immerhin wird der Wert einer gesamten Jahresweltproduktion von Pfeffer auf 300 bis 600 Millionen US-Dollar geschätzt.

### *Praxistipp!*

*Zwei regionale Formen des Schwarzen Pfeffers zählen heute zu den gehobenen Pfefferarten, mit entsprechend gepfefferten Kilopreisen: Von der ältesten und besten Pfefferanbauregion der Welt, der westindischen Malabarküste, kommt der Malabar Pfeffer. Kleine bäuerliche Erzeugergemeinschaften ernten diese Spezialität noch unreif zwischen November bis Jänner per Hand und lassen sie danach schonend zu Schwarzem Pfeffer trocknen. Die Beeren sind größer als herkömmlicher Schwarzer Pfeffer, angenehm frisch in Aroma und Schärfe und damit vielfältig einsetzbar. Als noch edler gilt der Tellicherry Pfeffer, der ausschließlich im bewaldeten Hinterland der Hafenstadt Thalassery (von den Briten Tellicherry genannt) an der Malabarküste geerntet wird. Während der Schwarze Pfeffer aus den unreifen, grünen Früchten entsteht, die an der Sonne getrocknet werden, bleiben beim Tellicherry Pfeffer die Beeren länger an der Pflanze hängen und werden erst kurz vor ihrer Reife von Hand geerntet, sobald sie sich gelb-orange-rot einfärben. Man nennt ihn deshalb oft auch Spätlese-Pfeffer, in der Fachsprache als TGSEB bezeichnet, Tellicherry Garbled Special Extra Bold. Die Pfefferkörner sind rötlich schwarz und deutlich größer als jene des Schwarzen Pfeffers, das Aroma ist wärmer und intensiver, der Geschmack edel und nussig, die Schärfe prägnant mit starken Zitrusnoten. Bedingt durch seine Herkunft passt er perfekt in die indische Küche, zu Hühnerbrust mit Salbei, dunklen Saucen und natürlich zu Rindfleisch. Aufgrund seiner Größe passt Tellicherry Pfeffer nicht in alle Pfeffermühlen und sollte daher immer frisch vor der Anwendung im Mörser gestoßen werden.*

## Hier die in Europa am häufigsten verwendeten Pfefferarten:

Grüner Pfeffer

Kubebenpfeffer

Paradieskörner

Piment

Senegalpfeffer

Szechuanpfeffer

Langer Pfeffer

Malabar Pfeffer

Rosa Pfeffer

Schwarzer Pfeffer

Tasmanischer Pfeffer

Weißer Pfeffer

# Piment

## *Pimenta dioica*

### *Das Wundergewürz mit Geruch und Geschmack nach Nelken und der Schärfe von Pfeffer.*

Nelkenpfeffer, Neugewürz, Allgewürz (allspice)

## Aromatik

Die trockenen Früchte weisen ein typisch warmes Nelkenaroma auf mit feinen Anklängen von süßem Zimt, im Geschmack aromatisch-brennend und intensiv.

## Beschreibung

Piment stammt aus der Familie der Myrtengewächse und ist mit dem Gewürznelkenbaum verwandt. Der immergrüne, bis zu zwölf Meter hohe Baum bildet kugelige Steinfrüchte mit einem Durchmesser von bis zu 0,8 Zentimeter aus, die halb reif, noch grün geerntet werden müssen, da bei Vollreife ihr Ölgehalt stark abnimmt und damit das Aroma verloren geht. Anschließend werden die Früchte getrocknet, dabei bilden sie ihr typisches Aroma aus, das im Geschmack zugleich an Pfeffer und an Gewürznelken erinnert, jedoch deutlich schärfer schmeckt als Nelken. Dafür verantwortlich zeichnet sich das ätherische Öl ***Eugenol***. Als neuzeitlicher Entdecker des Piments gilt Christoph Kolumbus, der die Gewürzpflanze in der Karibik kennenlernte und sie als Gewürz nach Europa brachte. Bis heute ist mit zwei Dritteln der Welternte Jamaika das Hauptanbaugebiet. Den Namen verdankt Piment dem Irrtum der spanischen Entdecker, die glaubten, echten Pfeffer gefunden zu haben – einer der Hauptgründe der Entdeckungsfahrten mutiger Seeleute aus der Alten Welt.

Pfeffer hieß auf Spanisch ***pimienta***, Allgewürz nannten es die Engländer aufgrund der vielfältigen Gewürzkomponenten. Die Spanier selbst hatten wenig Erfolg, Piment in Europa einzuführen, erst die Engländer forcierten den Anbau.

## Küchenpraxis

Piment wird zu Recht Allgewürz genannt, es passt vor allem in die Bratwurst, zu gekochtem oder eingelegtem Fisch, Kalbs- und Lammbraten, zum Beizen von Wild wie Kaninchen, aber auch zu Kompotten, Puddings, Marmeladen oder Chutneys aus verschiedenen Früchten. Die Engländer benutzen es zudem gerne im sauren Gemüse wie dem Relish oder den Mixed Pickles. Bei Gerichten mit langer Garzeit empfiehlt es sich, die ganzen Körner mitzukochen. Bei kürzeren Garzeiten ist es besser, Piment vorher im Mörser anzustoßen oder fein zu mahlen, je nach Intensität. Ein Klassiker aus der lokalen jamaikanischen Küche ist ***jerked meat***, Fleisch, das mit Jerk-Paste mariniert, kurz angebraten und dann weich geschmort wird. Die Jerk-Paste ist eine leicht scharfe, fermentierte Mischung aus Piment, Pfeffer, Salz, Chilis, Zwiebeln, Knoblauch und Ingwer.

## Einkauf

Die kugeligen, rot-braunen Körner mit der rauen Oberfläche gibt es heute in jedem gut sortierten Supermarkt zu kaufen, bevorzugt als ganze Früchte oder fertig gemahlen.

## Heilwirkung

Die gesundheitliche Wirkung von Piment beruht auf den Eigenschaften seiner ätherischen Öle, die appetitfördernd und verdauungsfreundlich sind. Piment regt die Verdauung an, was seinen Einsatz in schwer verdaulichen Gerichten empfiehlt. Pimentöl hilft, Verspannungen zu lösen, und wirkt bei Zahnfleischproblemen antibakteriell und entzündungshemmend – ähnlich den Gewürznelken.

## Wissenswertes

Besonders beliebt ist Piment im gesamten deutschsprachigen Raum als Gewürz für Lebkuchen und Pfefferkuchen. So erzählte Peter Rosegger im Jahr 1902 in einer seiner schönsten Geschichten ***Als ich Christtagsfreude holen ging***, dass er neben „Safran um zwei Groschen auch Neugewürz um zwei Kreuzer" mitbringen musste.

### *Praxistipp!*

*Aufgrund der Vielschichtigkeit kann man Piment in der Tat wie eine ganze Gewürzmischung verwenden, vor allem bei orientalischen oder südasiatischen Gerichten. Der reichhaltige Geschmack erinnert dabei zugleich an vier verschiedene Gewürze, die sich in der traditionellen, französischen Gewürzmischung quatre-épices, vier Gewürze, wiederfinden: Pfeffer, Zimt, Muskat und Gewürznelken – aus diesem Grund ist Piment auch als Viergewürz bekannt.*

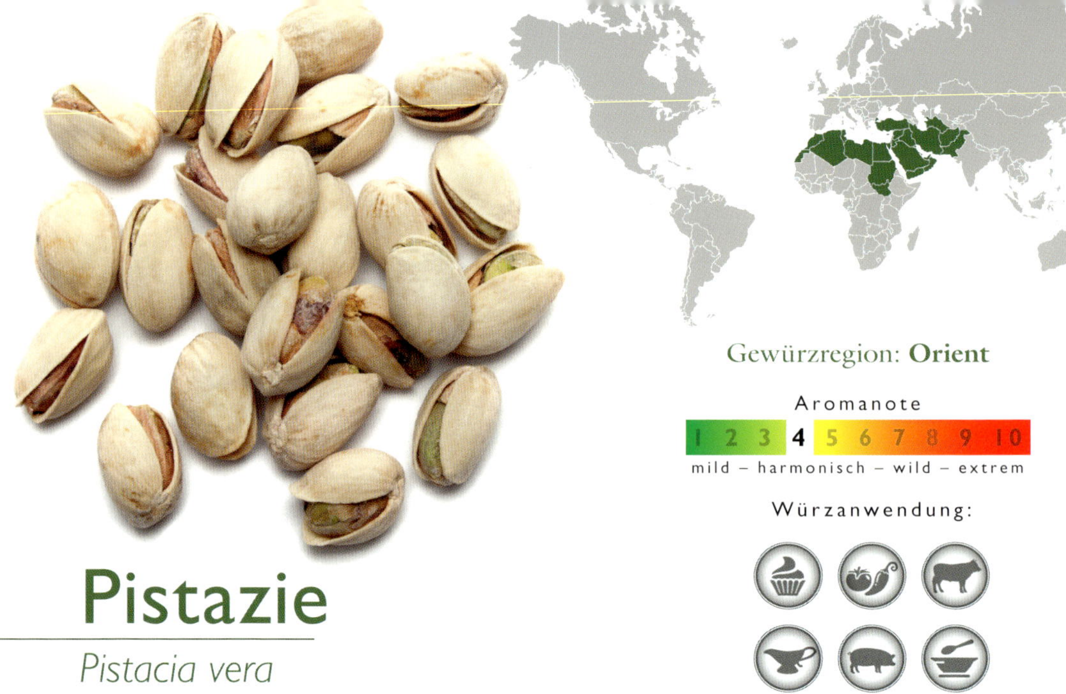

Gewürzregion: **Orient**

Aromanote

1 2 3 **4** 5 6 7 8 9 10

mild – harmonisch – wild – extrem

Würzanwendung:

# Pistazie

*Pistacia vera*

*Die Nuss, die eigentlich eine Steinfrucht ist, kann mehr als nur hübsch für Dekorationszwecke herhalten.*

## Aromatik

Roh gegessen schmecken Pistazien fruchtig-nussig und zart bitter, mit einem süß-sauren, leicht herben Abgang. Geröstet entstehen zusätzlich fruchtig-würzige und süßlich-mandelartige Noten.

## Beschreibung

Die Ursprünge des Pistazienbaumes, der zur Familie der Sumachgewächse gehört, sind im Nahen Osten, in Syrien, zu suchen. Um 37 nach Christus kam er durch den Vater des späteren Kaisers Vitellius nach Rom und breitete sich von dort entlang der Mittelmeerküste bis Spanien aus. Pistazienbäume erreichen Wuchshöhen von über zehn Metern und werden bis zu 300 Jahre alt. Die Pistazie selbst ist im botanischen Sinn keine Nuss, sondern eine Steinfrucht. Der innen liegende hellgrüne Samen, die Pistazie, ist oval und von einer dünnen, bräunlichen Haut umgeben. Die Ernte findet im September statt und ist, man spricht von ***abwechselnd tragend***, in einem Jahr hoch und im folgenden Jahr niedrig, im guten Jahr bis zu 20 Kilogramm an Nüssen. Die heute größten Anbauländer sind der Iran, die USA, die Türkei und Sizilien, wobei eines der besten Anbaugebiete der Welt die Region um Aleppo in Syrien ist, aktuell vor allem durch den blutigen Bürgerkrieg bekannt.

## Küchenpraxis

Gemahlen in Eis, gehackt in der Mortadella, beliebte Knabberei – die Pistazie macht in der Kulinarik einen gekonnten Spagat. Von süß bis pikant ist sie vielseitig einsetzbar und passt genauso gut zu Obst, in Desserts oder Suppen wie zu Gemüsespeisen. Sie verfeinert Saucen und rundet geschmacklich Salate ab. Um die echte kulinarische Qualität zu zeigen, muss sie jedoch die Hauptzutat sein. Damit veredelt sie im arabischen Raum und im Orient viele traditionelle Gerichte mit ihrem buttrigen Aroma. Gerne wird sie auch als essbare Dekoration verwendet. Ihr Maximum an Röstaromen fördert man erst zutage, indem man sie hackt und kurz in der Pfanne schwenkt.

## Einkauf

Pistazien werden im Handel geschält oder ungeschält, geröstet und gesalzen angeboten. Ist man einmal in den Anbauländern unterwegs, trifft man sie auch frisch und ungeröstet an – in dieser Form bekommt man sie in Westeuropa nur ganz vereinzelt in gut sortierten orientalischen Läden; sie sind so nur wenige Wochen haltbar und setzen leicht Schimmel an.

## Heilwirkung

Ayurveda und die Traditionelle Chinesische Medizin schätzen die Pistazie als wärmendes Lebensmittel, das nicht nur die Durchblutung, sondern auch Magen und Milz stärkt und die Verdauung unterstützt – vor allem in der kalten Jahreszeit sehr wichtig. Ihr hoher Gehalt an Pflanzenfetten, ihr Reichtum an Vitamin E und andere wertvolle Inhaltsstoffe sollen das Immunsystem stärken, Blutfettwerte senken helfen und Krankheiten vorbeugen.

## Wissenswertes

Gezielt angebaut wird die Pistazie seit der Antike, allerdings wurde sie bei den Römern ausschließlich für medizinische Zwecke verwendet. Erst spät lernte man sie als kulinarische Köstlichkeit zu schätzen und ihr Verzehr soll der Legende nach ausschließlich Königen vorbehalten gewesen sein. Wegen ihres hohen Nährstoffgehalts und der langen Haltbarkeit als geröstete Nuss wurde sie gerne von Reisenden und Händlern auf ihren Wegen mitgenommen und verbreitete sich damit umso schneller über die gesamte Welt.

### *Praxistipp!*

*Eine Delikatesse ist das duftende Pistazienöl, tief dunkelgrün, nussig-röstig im Duft und reich an ungesättigten Fettsäuren. Das Öl eignet sich besonders gut für die Zubereitung von cremigen Süßspeisen, Gemüse-, Nudel- und Fischgerichten; auf Salaten empfiehlt sich eine Kombination mit Zitronensaft oder sehr milden Essigen.*

# Quendel

*Thymus serpyllum*

*Diente schon im Mittelalter als schützendes Kraut zur Vertreibung des Teufels aus der Küche.*

Feldthymian, Sandthymian, Wilder Quendel, Karwendel

## Aromatik

Die Aromatik von Quendel erinnert stark an Thymian, er ist jedoch etwas milder und weist einen zarten Duft nach Zitronen und einen bitteren, süßlich-würzigen Geschmack auf, mit einem Hauch von Kiefernnadeln.

## Beschreibung

Der Quendel ist der wild wachsende Bruder vom Echten Thymian (***Thymus vulgaris***). Er zählt zur Familie der Lippenblütler und ist in ganz Mitteleuropa heimisch. Er wächst gerne an Stellen, die anderen Pflanzen zu trocken und zu steinig sind. Gerade unter direkter Sonneneinstrahlung bildet der Quendel ganze Teppiche, die im Sommer rosafarben blühen und schon von Weitem süßlich-würzig duften. Der Quendel ist ein immergrüner, bodenbedeckender Halbstrauch mit vielen kleinen, ovalen Blättern. Am liebsten wächst er wild auf trockenen Wiesen oder entlang von lichten Nadelwäldern und Wegrändern. Kulinarisch verwendet werden die gesamten oberirdischen Pflanzenteile (Quendelkraut), sowohl frisch wie auch getrocknet, wobei die beste Aromenausbeute bei einer Ernte während der Blüte erzielt wird. Für den typischen Geschmack entscheidend ist das ***Thymol***, ein ätherisches Öl, das auch bei Ajowan, Oregano und dem Bohnenkraut für die Aromatik verantwortlich ist.

## Küchenpraxis

Der Quendel ist ein echtes Universalgewürz. Bedingt durch die angenehm zitronige Aromatik kann man sowohl das frische Kraut auf Salaten wie auch das getrocknete Kraut auf fetten, schwer verdaulichen Gerichten einsetzen. Wichtig ist dabei, dass man den Quendel mitkocht, denn nur so können die ätherischen Öle voll zur Geltung gebracht werden. Wenn die Gewürzwirkung noch verstärkt werden soll, kann man Quendel mit Wermut und Rosmarin zu gleichen Teilen vorsichtig zu einem aromatischen Pulver verreiben und dieses als ein verdauungsförderndes Trockengewürz den Speisen beigeben.

## Einkauf

Quendel kauft man zur frischen Anwendung bevorzugt als Pflanze in Töpfen im Gartenfachhandel oder als getrocknetes Kraut im gut sortierten Reformladen oder in Apotheken.

## Heilwirkung

In der Pflanzenheilkunde verwendet man Quendel ähnlich wie Thymian. Er regt die Verdauung an und eignet sich daher ideal als Gewürz für deftige Gerichte. Auch bei Blähungen und Sodbrennen kann er unterstützend wirken. Sehr gut hilft Quendel bei Erkrankungen der Atmungsorgane, durch die entzündungshemmenden, schleim- und krampflösenden Eigenschaften bekämpft er Husten und Erkältungen. Quendel soll zudem bei Einschlafstörungen wahre Wunder bewirken und ist damit eine feine, duftige Ergänzung in jedem Duftsackerl.

## Wissenswertes

Der Quendel war einst der nordischen Muttergöttin Freya geweiht, nach der Christianisierung wurde er zu einem heiligen Marienkraut und als Liebfrauenbettstroh in Bettdecken und Matratzen gestopft, um schwangeren Frauen die Geburt zu erleichtern und böse, gar teuflische Einflüsse zu vertreiben. Bei Hildegard von Bingen diente er als Heilmittel für schöne Haut, sie beschrieb ihn als warm und gemäßigt, ideal zur innerlichen Reinigung und Heilung. Auch gegen Vergesslichkeit, Nervenschwäche und Stress setzte sie die Pflanze ein: Dazu empfahl sie eigene Quendelkekse, die aus pulverisiertem Quendelkraut, Mehl und Wasser gemischt zu Törtchen gebacken wurden und täglich gegessen werden sollten.

***Praxistipp!***

*Quendel eignet sich wunderbar zum Ansetzen von würzigen Likören, ebenso als frisches Kraut in sommerlichen Bowlen oder alkoholfreien Zitruslimonaden.*

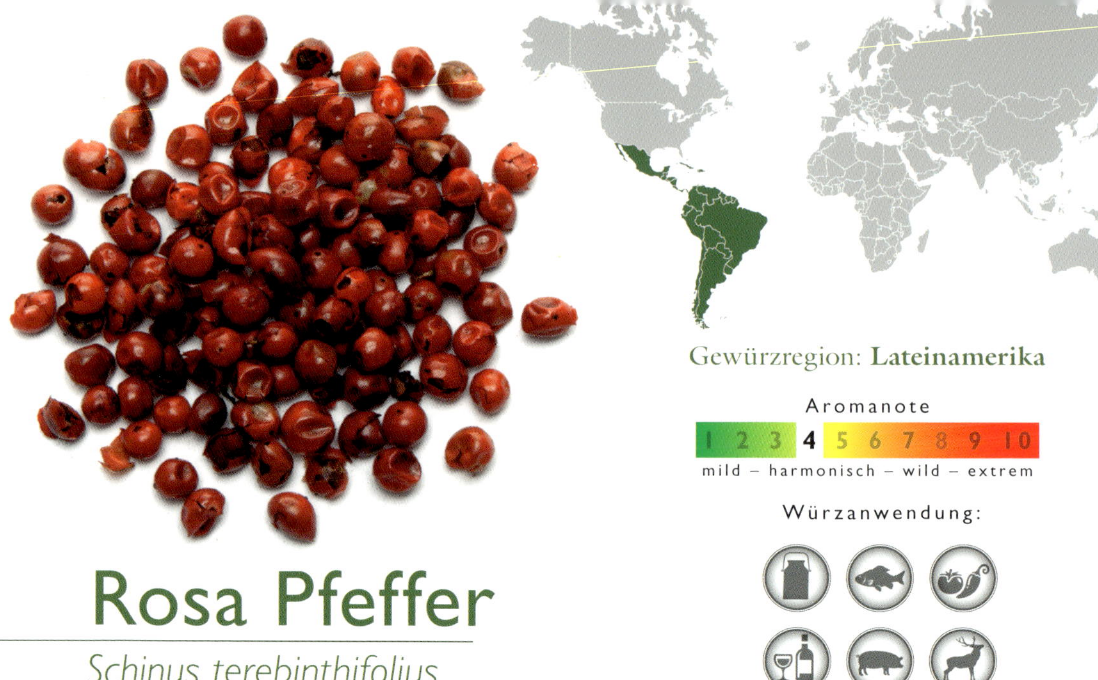


# Rosa Pfeffer

## Schinus terebinthifolius

*Heißt Pfeffer und sieht aus wie Roter Pfeffer, hat aber deutlich weniger Aroma und keine Schärfe.*

Rosa Beeren, Rosa Pfefferbeeren, Brasilianischer Pfeffer

### Aromatik

Rosa Pfeffer ist bekannt für seinen mild-aromatischen Geschmack, süßlich-blumig, feinholzig und frisch, leicht harzig unterlegt. Zerkaut man die Körner, entfaltet sich ein herbes, etwas terpentinartiges Aroma mit einer würzig-pfeffrigen, aber nicht scharfen Note.

### Beschreibung

Der Rosa Pfeffer stammt vom Brasilianischen Pfefferbaum aus der großen Familie der Sumachgewächse, einer vorwiegend in den Tropen und Subtropen vorkommenden Pflanzengruppe, von der auch die Mango, die Pistazie, die Cashew oder der Gewürz-Sumach abstammen. Der Brasilianische Pfefferbaum wächst als Strauch oder kleiner Baum mit Wuchshöhen von bis zu zwölf Metern und bildet nach der Blüte rispenförmig angeordnete, kleine grüne Steinfrüchte, die zu den bekannten roten Beeren, dem Rosa Pfeffer, reifen. Die Außenhaut ist pappig-brüchig, im Inneren befindet sich ein klebriger Kern mit mild-süßlichem Geschmack. Mit dem echten Pfeffer sind die roten Beeren in keinster Weise verwandt, mangels ***Piperin*** haben sie so gut wie keine Schärfe und kommen eher optisch an echten Roten Pfeffer heran. Ein kleiner Anteil verschiedener ätherischer Öle verleiht den Früchten ihren frisch-fruchtigen Geschmack, leicht an Wacholderbeeren erinnernd. Den meisten Gewürzmischungen wird Rosa Pfeffer rein aus optischen Gründen beigegeben, geschmacklich tut er selten etwas zur Sache.

## Küchenpraxis

Der Rosa Pfeffer ist ein Trendgewürz der 1980er- und 1990er-Jahre, kaum ein Restaurant der europäischen Nouvelle Cuisine wollte auf die roten Beeren als Dekoration auf beinahe jedem Gericht verzichten. Tatsache ist, dass der Rosa Pfeffer ein völlig eigenständiges Geschmacksbild hat und kein Ersatz oder gar Partner von Echtem Pfeffer sein kann. Rosa Pfeffer passt gut zu leichten oder mild gewürzten Speisen, ideal in Kombination mit Salz und Ingwer, oder in gestoßener Form in einer Marinade für Wild- und Schweinefleisch – wobei die Beeren erst zum Schluss beigefügt werden und nicht mitgekocht werden sollten. Gut eignen sie sich auch als süßlich-herbe Ergänzung zu Fisch, Garnelen, Jakobsmuscheln, Spargel oder Frischkäse, in Kombination mit Olivenöl und Salz. Als Dekoration lassen sie sich ausgezeichnet einsetzen – für alle, die Pink lieben!

## Einkauf

Rosa Pfeffer kauft man als Gewürz ausschließlich als ganze Beeren. Aufgrund der weichen und brüchigen Struktur sollten sie nur mit Gewürzmühlen und nicht mit Pfeffermühlen gemahlen werden.

## Heilwirkung

Einige der in den Beeren enthaltenen ätherischen Öle wirken zwar antibakteriell und entzündungshemmend, von zu häufigem Verzehr ist aber abzuraten, da die Früchte in größeren Dosen schleimhautreizend wirken sowie Kopf- und Bauchschmerzen hervorrufen können.

## Wissenswertes

Wie der Name schon sagt, stammt der Brasilianische Pfefferbaum ursprünglich aus Mittel- und Südamerika, wurde aber vor allem im 19. Jahrhundert gerne als Zierpflanze exportiert und überwuchert heutzutage in verwilderter Form die Ostküste der USA, weshalb die Pflanze unter anderem in Florida mittlerweile verboten ist. Der größte Teil des heute als Gewürz angebotenen Rosa Pfeffers stammt von der Insel Réunion im Indischen Ozean.

### *Praxistipp!*

*Die roten Rispen werden gerne als Weihnachtsschmuck verwendet, weshalb der Rosa Pfeffer im deutschsprachigen Raum auch Weihnachtsbeere genannt wird. Meist in Kombination mit den leuchtend-grünen Zweigen des Stechenden Mäusedorns verbreiten sie eine tolle winterliche, dekorative Wirkung.*

Gewürzregion: **Europa**

Aromanote

1 2 3 4 5 6 **7** 8 9 10

mild – harmonisch – wild – extrem

Würzanwendung:

# Rosmarin

*Rosmarinus officinalis*

*Das uralte Küchenkraut rangiert auf der Beliebtheitsskala ganz oben und harmoniert mit einer Vielzahl anderer mediterraner Kräuter.*

Meertau, Weihrauchkraut, Brautkraut

## Aromatik

Der kräftig-aromatische Geruch von Rosmarin erzeugt schnell Bilder vom Mittelmeer, passt doch der herbe, kampferartige, pfeffrig-harzige Geschmack wunderbar in die mediterrane Kulinarik. In der Nase erinnert Rosmarin an Kampfer, Eukalyptus und Weihrauch und kann daher auch als Ersatz für diese Räuchergewürze verwendet werden.

## Beschreibung

Rosmarin ist mit Kräutern wie Lavendel, Salbei und Thymian verwandt und wächst als immergrüner, intensiv duftender Strauch im Wildwuchs mit einer Höhe von bis zu zwei Metern. Das beliebte Küchenkraut mit den nadelähnlichen Blättern wird der Familie der Lippenblütler zugerechnet, die Oberseite tiefgrün und runzlig, die Blattunterseite weißfilzig behaart. Ursprünglich aus dem mediterranen Raum stammend, wo er heute noch verwildert wächst, wird er als Gewürz- und Heilpflanze seit der Antike kultiviert. Während Rosmarin von den alten Römern und Ägyptern als verehrungswürdig betrachtet und für viele Feierlichkeiten eingesetzt wurde, war die Pflanze ab dem Mittelalter vor allem in Klostergärten zu finden, wo sie aufgrund ihrer Heilkraft gerne kultiviert wurde.

## Küchenpraxis

Rosmarin ist ein gern gesehener Gast in der mediterranen Küche und Teil der südfranzösischen Kräutermischung ***Herbes de Provence*** – sowohl für pikante wie auch süße Gerichte. Man kann Rosmarin mitbraten und mitkochen, wobei aufgrund der Intensität keine großen Mengen notwendig sind. Will man das Aroma bestmöglich erhalten, fügt man das Kraut sparsam kurz vor dem Anrichten hinzu. Seine Vielschichtigkeit entfaltet er auch in gebratenen Speisen, wenn man ihn frisch in Butter mitbrät. Deftige Gerichte, von Fleisch wie Rind oder Lamm über Geflügel bis hin zu Fisch, Salaten, Kartoffel- oder Pilzgerichten, Suppen und Saucen profitieren von der geschmacklichen Note. In süßen Speisen empfiehlt sich fertiger ***Rosmarinhonig***, den man aus Akazienhonig mit ein paar Zweigen Rosmarin und einem Spritzer Zitronensaft selbst recht einfach ansetzen kann – ideal zum Glasieren von Fleisch, in Dressings und Saucen.

## Einkauf

Das beliebte Würzkraut ist frisch als Kräutertopf oder im Bündel erhältlich. Beim Kräutertopf sollte man einen Strauch wählen, der unten bereits leicht verholzt und reich benadelt ist. Gut geschützt übersteht das frische Kraut sogar den Winter, braucht aber als mediterrane Pflanze viel Licht. Darüber hinaus wird getrockneter und gerebelter Rosmarin angeboten, der auch zufriedenstellende Würzkraft bietet.

## Heilwirkung

Als Heilpflanze ist Rosmarin seit Langem für den Menschen wertvoll, seine Bitterstoffe und das ätherische Öl wirken auf die Verdauungsorgane, bei leichten oder krampfartigen Beschwerden des Magens, des Darms und der Galle. Auch kommt es zu einer Sekretionssteigerung im Magen und zur Verbesserung des Appetits. So können Zubereitungen aus Rosmarin Völlegefühl, Blähungen und leichte krampfartige Beschwerden günstig beeinflussen. Sebastian Kneipp verwendete Rosmarin gerne in seinen Therapien, um Erschöpfungszustände, Nervosität und Nachlassen der allgemeinen Spannkraft zu behandeln. In der Volksmedizin wird dem Rosmarinöl eine positive Stimulanz auf den Kreislauf zugeschrieben, es fördert die Durchblutung und soll sogar Morgenmuffel aktivieren.

## Wissenswertes

Der Name geht auf die lateinische Wendung ***ros marinus***, der ***Tau des Meeres***, zurück. Dies deutet wohl auf den Umstand hin, dass Rosmarinsträucher an den Mittelmeerküsten wachsen und sich in der Nacht Tau auf ihren Blättern sammelt. Eine noch ältere Deutung der Herkunft des Namens verweist auf den griechischen Begriff rhops myrinos für einen balsamischen Strauch.

### *Praxistipp!*

*Aus frischen Rosmarinzweigen und eher neutralem Speiseöl lässt sich im Handumdrehen ein gefälliges Kräuteröl ansetzen, als wunderbare Ergänzung für die Zubereitung von Marinaden und Salatdressings.*

# Safran

*Crocus sativus*

*Sehr, sehr teuer, aber Safran wirkt und würzt auch schon in kleinen Mengen sehr ergiebig.*

## Aromatik

Safran schmeckt intensiv aromatisch, würzig, blumig-erdig; beim jungen Safran kommt zudem eine intensive, malzige Honignote hinzu. Seinen typischen Geruch erhält er erst in getrockneter Form. Er verliert dabei zwar rund 80 Prozent seines Frischgewichtes, bildet aber aus dem Bitterstoff ***Safranbitter*** das für das Aroma verantwortliche ***Safranal*** sowie den Farbstoff ***Crocin***, der die intensiv goldgelbe Färbung ausmacht. Doch Vorsicht, zu viel an Safran macht den Kuchen nicht nur ***gel*** (gelb), sondern auch bitter.

## Beschreibung

Es wird vermutet, dass der Safran seinen Ursprung auf Kreta hatte, im Laufe der Zeit jedoch nahezu im gesamten Mittelmeerraum und in Kleinasien kultiviert wurde. Ab dem Spätmittelalter wurde er auch in Mitteleuropa angebaut, heute kommt der in Europa erhältliche Safran meist aus Südfrankreich, Spanien, Marokko, Griechenland, der Türkei oder dem Iran. Der Safran gehört der Gattung der Schwertliliengewächse an und ist eine mehrjährige Krokusart. Die Safranknolle treibt erst im Herbst und überdauert den Rest des Jahres im Boden. Wegen der optischen Ähnlichkeit der Knolle mit einer Zwiebel wird Safran fälschlicherweise auch als Zwiebelgewächs bezeichnet. Das Gewürz selbst wird aus den Narben der Safranblüten gewonnen, die sich jedes Jahr aus dem oberen Ende der Blüte in drei bis zu fünf Zentimeter lange, rote Narbenäste teilen. Diese Narbenäste bilden nach der Ernte den fertigen Safran; nur diese süß-aromatisch duftenden Narben werden getrocknet als Gewürz verwendet. Ausschließlich per Hand geerntet, benötigt man etwa 150.000 Blüten, um ein Kilogramm Gewürz zu gewinnen. Ein Pflücker schafft 60 bis 80 Gramm am Tag. Hinzu kommt, dass Safran nur einmal im Jahr im Herbst blüht. Verständlich, warum Safran heute zu den teuersten Gewürzen der Welt zählt, im Einzelhandel zahlt man je nach Qualität zwischen 9 und 15 Euro pro Gramm.

## Küchenpraxis

Es ist wohl der Kreativität vieler Haubenköche geschuldet, dass Safran in der Küche für Luxus und edle Gerichte steht. Tatsächlich profitieren auch traditionelle Klassiker vom Einsatz des teuren Gewürzes, sei es das Risotto alla Milanese oder die spanische Paella. Letztere ist jedoch inzwischen ein Beispiel dafür, dass mit Safran auch viel Schindluder getrieben wird. Günstigere Würzalternativen, etwa Kurkuma, Färberdistel oder schlimmstenfalls künstliche Lebensmittelfarben, müssen herhalten, um in der spanischen Reispfanne eine ähnliche Farbgebung wie das ***rote Gold*** zu erzielen. Das Manko der Gewürztäuschungen ist ihr Geschmack, der nicht einmal annähernd den Mehrwert des Originals bietet. Echter Safran ist im Kochtopf daher weit mehr als nur Garant für eine hohe Farbintensität, sein Geschmack ist so unnachahmlich, dass er einige Euro pro Gramm in jedem Fall wert ist. Aufgrund seiner intensiven Würzkraft und des stark bitteren Geschmacks im Falle einer Überdosierung genügen ohnehin winzige Mengen. So taugt Safran neben dem Einsatz für Nudel- und Reisgerichte sowie Fisch optimal in der süßen Küche. Wer das Kinderlied ***Backe, backe Kuchen*** textsicher singen kann, weiß, dass Safran den Kuchen gel, also gelb, macht. Und er verfeinert Desserts sowie andere Süßspeisen mit seiner raffinierten Geschmacksaura. Sein größtmögliches Würzpotenzial entfaltet er übrigens, wenn er möglichst am Schluss des Kochprozesses hinzugefügt wird. Je länger er mitkocht, desto schneller verliert er an Intensität und Aroma.

## Einkauf

Safran gibt es als Fäden und Pulver, wobei er immer vor Licht und Feuchtigkeit in einem undurchsichtigen, luftdicht verschlossenen Gefäß gelagert werden muss, um nicht auszubleichen und nicht die Aromatik zu verlieren. Safranpulver ist leicht durch fremde Beimengungen zu strecken – Profiköche greifen daher niemals zu gemahlenem Safran, sondern kaufen stets die ganzen Fäden, in der Farbe dunkelrot und in der Länge ein bis drei Zentimeter.

## Heilwirkung

Safran hat eine wärmende und beruhigende Wirkung, vor allem als Tee getrunken. Er ist gut für das Wohlbefinden und das Immunsystem, wirkt appetitanregend und verdauungsfördernd. Der Volksheilkunde zufolge soll er auch dem Herzen guttun, den Atem und den Magen stärken sowie gegen Krämpfe wirken. In der Traditionellen Chinesischen Medizin findet Safran als schmerzstillendes Mittel und als Beruhigungsmittel Anwendung.

## Wissenswertes

Auch die Römer kannten Safran, begehrten das exotische Gewürz jedoch mehr aufgrund seiner Duftstoffe. So war es Brauch, Besucher römischer Theater mit einer Mixtur aus Safran, Wasser und Wein zu besprengen, teils so üppig, dass sich rote Parfümwolken über das gesamte Theater ergossen. In der Kulinarik Mittel- und Nordeuropas fand der Safran erst spät seinen Platz, aus dem Orient kommend und vorangetrieben durch die hochadelige Küche des Spätmittelalters – verlieh er doch den Speisen die damals begehrte goldene, königliche Farbe. So erwähnt der Italiener Ludovico Frati den Safran das erste Mal in einer Gewürzmischung. In seinem ***Libro di cucina del secolo XIV***, dem Buch der Küche des 14. Jahrhunderts, liest man über das ***Specie fine a tutte cosse***, das feine Gewürz für alle Zwecke: ***Nimm dazu eine Unze Pfeffer und eine Zimt und eine Ingwer und ein halbes Quart Nelken und ein Quart Safran***. Dazu muss erwähnt sein, dass Safran damals dreimal so teuer war wie Pfeffer. Aus dieser Zeit stammten auch die berühmten, alten Safranfelder im Osten Österreichs und in Ungarn. In der Pannonischen Küche wurde er seit jeher verwendet, vor allem in alten Hochzeitsrezepten fand Safran seine Krönung. Im Südburgenland wurde Safran vereinzelt noch bis zum Ende des 20. Jahrhunderts angebaut, Spuren davon findet man in dieser Gegend noch heute am wild wachsenden Safran. Seit 2006 gibt es mit dem Pannonischen Safran (früher auch als ***Crocus austriacus*** bekannt) einen erfolgreichen Versuch, die Safrantradition im Burgenland wieder aufleben zu lassen.

### *Praxistipp!*

*Vorsicht vor billigen Safrankopien, die man als ahnungsloser Tourist oft auf Märkten in Südeuropa oder Nordafrika angeboten bekommt. Dabei handelt es sich um Blütenblätter der Färberdistel. Diese färben ein Gericht zwar gelb ein, schmecken aber aufgrund des Fehlens ätherischer Öle neutral bis bitter.*

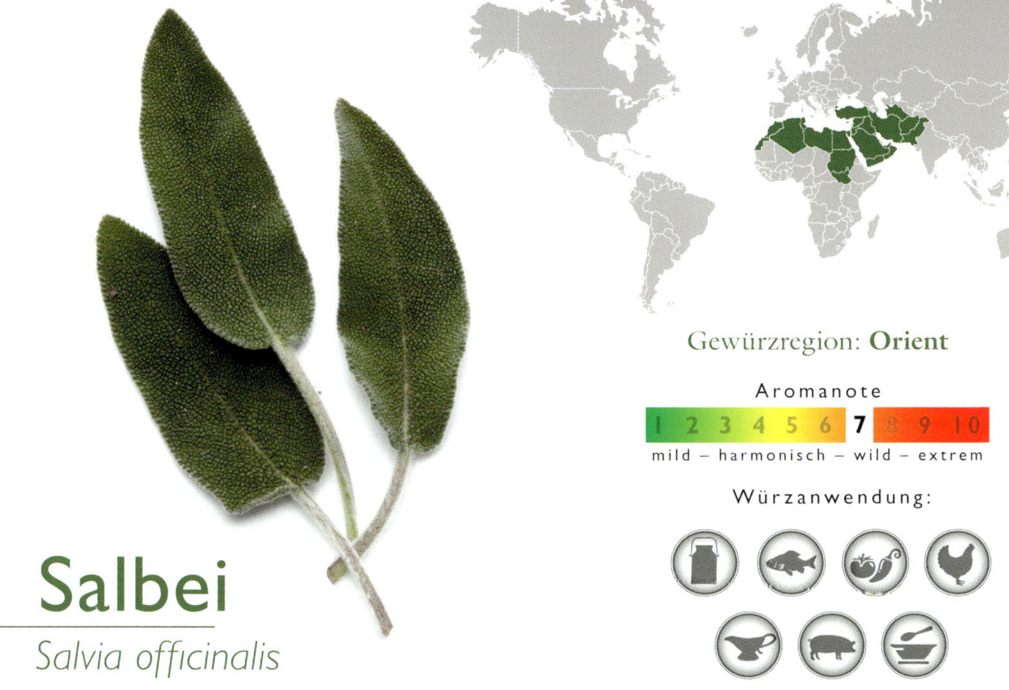


# Salbei

*Salvia officinalis*

*Für Sebastian Kneipp war Salbei das Lebenselixier par excellence, die alten Römer sollen die heilige Pflanze nur barfuß und mit einer silbernen Sichel geerntet haben.*

Echter Salbei, Gartensalbei, Küchensalbei, Heilsalbei

## Aromatik

Der Geruch von Salbei ist mild, mit leicht bitteren Noten und Anklängen von Kampfer. Sein Geschmack ist streng-würzig und erinnert an Nadelhölzer, bei einigen Arten auch bitter-herb. Salbei ist recht stark adstringierend und erzeugt ein pelzartiges Mundgefühl, wobei frischer Salbei aromatischer und weniger streng schmeckt als das getrocknete Kraut.

## Beschreibung

Salbei stammt aus der Familie der Lippenblütler und hat seine Heimat im Mittelmeerraum, wo er sich mit vermutlich bis zu 900 verschiedenen Arten im Wildwuchs verbreitet hat und damit zu den artenreichsten Pflanzengattungen der Welt zählt. In Westeuropa hat sich der Echte Salbei, ***Salvia officinalis***, durchgesetzt, als immergrüner Halbstrauch mit durchgängig stark aromatischen Pflanzenteilen. Salbeiblätter jedweder Art fühlen sich generell weich und samtartig an und verströmen wegen der enthaltenen ätherischen Öle einen intensiven, aromatischen Duft.

Salbei ist seit dem Mittelalter traditionell in allen Bauern- und Klostergärten anzutreffen, benötigt aber als wärmeliebende Pflanze in den rauen Lagen Mitteleuropas einen Winterschutz. Auch innerhalb der Gruppe Salvia officinalis existieren weitere regionale Unterarten, die sich vor allem durch die Form und Farbe der Blüten und Blätter unterscheiden. Die wichtigsten Formen davon sind der als typisches Küchengewürz verwendete Lavendelblättrige oder Spanische Salbei (***Salvia lavandulifolia***) mit den länglichen, elliptischen Blättern. Ebenso häufig ist der Griechische Salbei (***Salvia fruticosa***) mit der regionalen Art ***Salvia cretica***, für viele der beste Salbei überhaupt und für seine dreilappigen Blätter bekannt. Als Blickfang in jedem Garten gilt der ***Salvia tricolor*** mit den ungewöhnlich dreifarbigen Blättern in Grün mit weißem Rand und violettem Schimmer. Neben diesen Hauptformen gibt es noch viele weitere, teils exotische Salbeiarten, die ihrer Bezeichnung zufolge neben dem Basisaroma immer interessante Fruchtnoten verströmen, wie beispielsweise der Limonensalbei, der Ananassalbei, der Pfirsichsalbei, der Muskateller-Salbei, der Indianische Räuchersalbei oder der Honigmelonen-Salbei.

## Küchenpraxis

Als Küchenpflanze ist der Salbei erst seit dem Mittelalter ein Begriff, dafür konnte er sich dann recht schnell in den meisten Teilen Europas durchsetzen und ist heute vor allem in mediterranen Gerichten anzutreffen. Das klassische ***Saltimbocca alla Romana***, mit dem Salbeiblatt zwischen Kalbsschnitzel und Schinken, die geschmacksintensive Salbeibutter, aber auch diverse Raviolifüllungen kommen nicht ohne das aromatische Kraut aus. Salate, vor allem von der Tomate, Fischgerichte, Huhn, Schweinefleisch, genauso wie Suppen oder Käsesaucen lassen sich mit Salbei besonders gut veredeln. Vorzüglich schmeckt Salbei auch als Gewürz in Würsten, in Hackfleisch oder auf Grillspießen, als Einlage zwischen Fleisch, Zwiebel und Speckscheiben. Wegen seiner hohen Würzkraft ist meist ein Blatt frischer oder eine Messerspitze getrockneter Salbei pro Portion Fleisch ausreichend, wobei er getrocknet noch intensiver würzt als frisch. In Öl oder Butter mitgebraten entfaltet er sein Aroma hervorragend und macht fetthaltige, deftige Gerichte zudem bekömmlicher. Sowohl die frischen Blätter wie auch die Blüten können roh, überbrüht oder eingelegt gegessen werden, über Salate gestreut ergänzen sie mit Farbe und Duft. Aus dem gesamten Kraut gewinnt man mittels Wasserdampfdestillation das grünlich gelbe ***Salbeiöl***, das bevorzugt als Aroma in Eiscreme, Süßigkeiten und Gebäck eingesetzt werden kann – oder aber in der Heilkunde als desinfizierende Zubereitungen.

## Einkauf

Salbei findet sich im Handel bevorzugt frisch im Kräutertopf, als praktischer Kräuterbund oder in getrockneter Form, da er sich sehr gut trocknen lässt.

## Heilwirkung

Als Heilpflanze hat der Salbei eine lange Geschichte, schon sein Name leitet sich vom lateinischen Wort ***salvus*** (für heil und gesund) ab. Traditionell ist die antivirale, bakterien-, entzündungshemmende sowie adstringierende Wirkung des Salbeis bekannt. Aufgrund seiner wertvollen Inhaltsstoffe, vor allem seiner ätherischen Öle, wird er gerne zur Linderung von Entzündungen im Rachenraum eingesetzt. Bereits Hieronymus Bock empfiehl im 16. Jahrhundert den Salbei als Kräutertee oder in Mundwässern, da der enthaltene Gerbstoff zusammenziehend wirkt. Auch als Gurgelmittel gegen Halsentzündungen, Heiserkeit oder Magen-Darm-Störungen wirkt Salbei, als Tee zusätzlich auch gegen übermäßigen Nachtschweiß. Vorsicht geboten ist jedoch vor einer längeren und hohen Dosierung, da Salbei auch giftiges ***Thujon*** enthält.

## Wissenswertes

Früher meinte man, Salbei wäre das Kraut, das sogar vor dem Tode bewahre. Der Mensch versprach sich von dem Gewächs eine Vielzahl von Wohltaten. Der Genuss von Salbei im Mai sollte ewiges Leben schenken. Rieb man seine Zähne mit der Pflanze ein, gerieten diese weißer. In Spitälern wurden in Zimmern von Schwerkranken zur Desinfizierung gerne Salbeiblätter auf Kohle verbrannt. Verleibte man sich Salbei ein, meinte man, vor Rausch durch Alkohol geschützt zu sein – noch heute sind dazu in beinahe ganz Deutschland die gebackenen ***Salbeiküchlein*** im Schmalzteig bekannt, ein klassisches Gebäck für die Kirchweih oder Kirmes, als angeblicher Schutz vor dem Rausch.

### *Praxistipp!*

*Unter die Gattung Superfood fallen die derzeit sehr beliebten Chiasamen, mit verschiedenen Gesundheitsversprechen beworben, die zum Teil als Marketing-Hype zu betrachten sind – die möglichen positiven gesundheitlichen Aspekte sind überschaubar. Als Chia bezeichnet man nichts anderes als die reifen Klausenfrüchte oder Samen der Mexikanischen Chia (Salvia hispanica), eine nur in Lateinamerika vorkommende Salbeiart. Das spanische Wort Chia bedeutet soviel wie ölig und bezieht sich auf die kleinen, ölhaltigen Samenkörner, die gerne als Pseudogetreide im Einsatz sind. Chia war schon unter den Azteken als Grundnahrungsmittel und zur Ölgewinnung in Verwendung, heute hat man sie wiederentdeckt und gibt sie in Backwaren, Frühstückscerealien und Nussmischungen, jedoch mit einem maximalen Höchstgehalt von zehn Prozent – und einer empfohlenen Maximalmenge von 15 Gramm pro Tag. Chiasamen sind grundsätzlich gute Lieferanten von Omega-3-Fettsäuren und Antioxidantien, sollten aber wie Salbei generell nur in Maßen verwendet werden, zumal auch in den Samen das giftige Thujon zum Tragen kommen kann.*

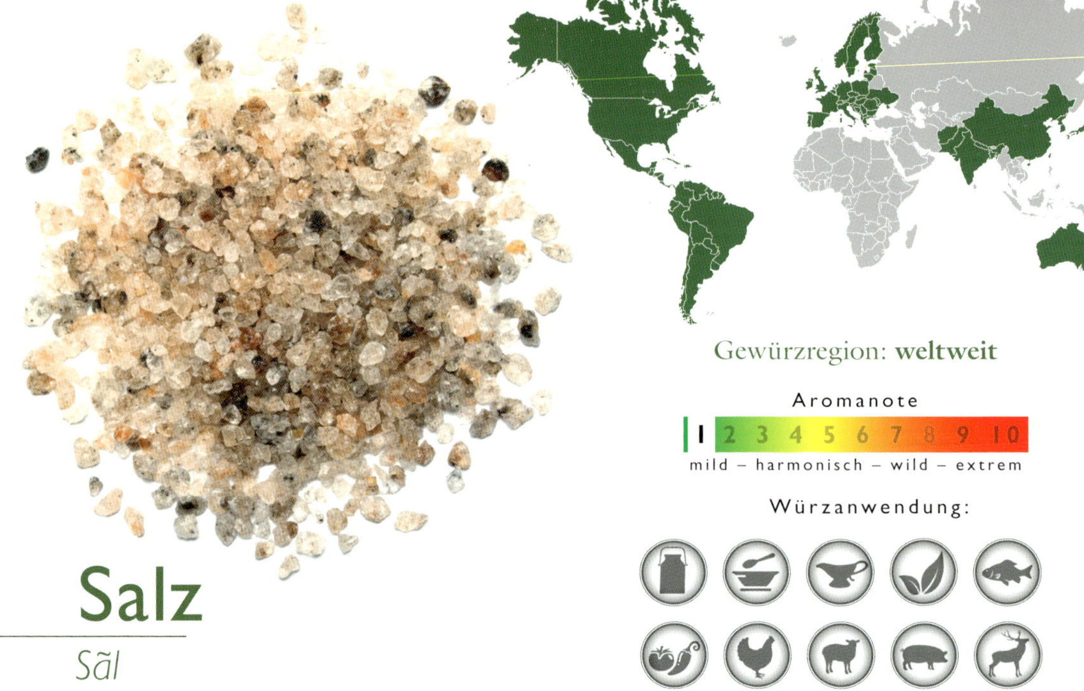


# Salz

*Sāl*

*Das weiße Gold vereint heute mehr denn je Tradition und Handel, Würzmittel und Übermaß.*

Steinsalz, Meersalz, Kochsalz, Speisesalz, Tafelsalz, Ursalz

## Aromatik

Jeder Mensch kennt die Grundgeschmacksrichtung salzig. Und da jedes Salz dieser Welt zum Großteil aus Natriumchlorid besteht, schaffen es nicht einmal Profi-Sensoriker, einen echten Unterschied zwischen den verschiedenen Salzarten wahrzunehmen. Lediglich die Textur von Salz kann dies beeinflussen, feine Kristalle entfalten den Salzgeschmack unmittelbar, größere Salzflocken haben einen Verzögerungseffekt mit einer Salzexplosion, wenn man die Kristalle zerbeißt.

## Beschreibung

Über Salz wurden schon viele Bücher geschrieben – über Herkunft, Geschichte und Relevanz in der Kulinarik. Mehrere Glaubensfraktionen streiten sich über die Anerkennung von Salz als Gewürz. Für die einen ist Salz bloßes Gestein, Natriumchlorid (***NaCl***), eine natürlich vorkommende, chemische Verbindung. Unentbehrlich für den Menschen als gemischter Verwerter von Pflanzen und Fleisch, der wichtigste Mineralstoff zum Überleben. Ein erwachsener Mensch enthält rund 150–300 Gramm Kochsalz und verliert davon täglich zwischen fünf und 20 Gramm, die durch Salz in der Ernährung ersetzt werden müssen. Für andere ist ***salzig*** eine reine

Grundgeschmacksrichtung, die die Nahrung geschmacklich verbessert, die Drüsen des Mundes und des Magens zur Speichelabsonderung anregt und damit die Verdauung fördert. Für die dritte Gruppe jedoch, die Gewürzfreaks, ist Salz das kostbarste aller Gewürze, unentbehrlich für die Küche, wie schon eine alte Bauernweisheit besagt: „Fade schmeckt jedes Gericht, dem es an Salze gebricht." Wer hat nun recht? Vermutlich liegt die Wahrheit in der Mitte!

Salz ist in der Natur in großer Menge vorhanden, zum Großteil als Mineral ***Halit*** oder ***Steinsalz*** mit einem Gehalt von bis zu 98 Prozent in den weltweit vorkommenden Steinsalzlagerstätten, die in erdgeschichtlicher Zeit in austrocknenden Meeresbuchten entstanden sind – womit Steinsalz nichts anderes ist als Meersalz, das vor Millionen von Jahren durch Austrocknen großer Meere entstanden ist. Je nach Zeitpunkt seiner Entstehung ist es in unterschiedlichen Farben vorhanden, durch Einlagerungen von Oxiden kann es rötlich bis gelblich, durch Beimengung von Ton grau bis bräunlich schwarz erscheinen, durch im Kristall verteilte Natriumionen dunkelpurpur bis violett schimmern. Steinsalzschichten werden als Gestein unter Tage abgebaut, das Salz durch Verdunsten oder Verdampfen von den Begleitstoffen getrennt und gereinigt.

Die zweite große Salzart ist ***Meersalz***, das in Salzgärten aus durch Sonneneinstrahlung verdunstetem Meerwasser gewonnen wird. Alle im Meerwasser gelösten Kristalle lagern sich entsprechend ihrer Löslichkeit nacheinander in mehreren Schichten ab, das als Salz verwendete Natriumchlorid befindet sich in der oberen Schicht, die vor der völligen Trocknung abgeschöpft wird. Beimengungen anderer Salze oder Mineralstoffe lassen sich dabei nicht verhindern, ebenso verbleibt in unbehandeltem Meersalz noch eine Restfeuchte von bis zu 5 Prozent Wasser. Diese zusätzlichen Bestandteile wirken stark aromenbestimmend – für echte Salzaficionados der Hauptgrund, warum Meersalz verschiedener Herkunft und Gestalt völlig unterschiedlich schmecken kann. Heute werden etwa 20 Prozent des weltweiten Salzbestandes aus Meerwasser gewonnen, große Salzgärten finden sich entlang des Mittelmeers, von der Toskana bis nach Sizilien, von der Bretagne über die Algarve bis nach Mallorca.

Die dritte bekannte Salzart, das ***Koch- oder Siedesalz***, bezieht ihren Namen aus dem Herstellungsverfahren, dem Verdampfen von natürlicher Sole in Salinen. Dabei wird das Endprodukt Kochsalz als Rückstand bei der Eindampfung einer Salzlösung (Sole) gewonnen, wobei heißes Süßwasser unter hohem Druck in unterirdische Steinsalzlagerstätten gepumpt wird und dort das Salz aus dem Gestein auslaugt. Siedesalinen machen heute den größten Anteil der Salzproduktion der westlichen Industrieländer aus. Sole ist aus der Medizin bekannt, vor allem als Anwendung bei Hautkrankheiten in Solebädern.

## Küchenpraxis

In Maßen eingesetzt passt Salz zu allen Speisen und den meisten Gewürzen dieser Welt, da es zusätzlich zu den Aromenkomponenten immer die Grundgeschmacksrichtung salzig anregt und damit zu einem harmonischen Gesamtbild beiträgt. Salzlose Speisen schmecken fad, was auch die Redewendung vom ***Salz in der Suppe*** belegt. Salz verringert zudem die Löslichkeit anderer organischer Würzstoffe und erhöht damit die Wahrnehmung im Essen. Durch Osmose schließt Salz die Zellwände von Gemüse oder Nudeln auf, womit sich im Salzwasser die Kochzeit verkürzt und dadurch wichtige Inhaltsstoffe erhalten bleiben. Beim Braten im Backrohr isoliert Salz das Fleisch, wodurch es länger im eigenen Saft garen kann. In der Kulinarik wird Meersalz oft wegen des angeblich besseren Geschmacks bevorzugt, was ernährungsphysiologisch jedoch nicht zu begründen ist (siehe dazu auch den Praxistipp). Lediglich der höhere Anteil an Restwassermenge fällt geschmacklich ein wenig ins Gewicht, da sich diese nicht rieselnden Salze besonders gut zur Zubereitung von Salzkrusten auf Fischen eignen, auch ohne Zugabe von Ei oder Mehl.

## Einkauf

Das aus Stein- oder Meersalz produzierte Speise- oder Tafelsalz ist klassisches, weißes und rieselfähiges Salz, das meist mit verschiedenen Zusatzstoffen auf den Markt kommt, um die Zufuhr von Spurenelementen und die Rieselfähigkeit zu verbessern. Da normales Salz hygroskopisch ist und an der Luft feucht wird und verklumpt, wird gerne Kalium, Calcium oder Magnesium als Rieselhilfe beigegeben – Bestandteile, die man auch in jedem Mineralwasser findet. Beim ***Iodsalz*** wird zur Kropfprophylaxe und gegen Iodmangel Iod beigesetzt, mit entsprechender Kennzeichnung auf der Verpackung. Unter ***Pökelsalz*** findet man Speisesalz mit dem Zusatz Natriumnitrit, wodurch beim Pökeln von Fleisch die typische, hitzestabile rote Farbe erreicht wird. Wer all diese Zusätze vermeiden möchte, verwendet grobes Steinsalz aus der Mühle.

Das wertvollste und teuerste Meersalz ist ***Fleur de Sel***, das an heißen, windstillen Tagen als hauchdünne Schicht an der Oberfläche der Salzgärten von Hand abgeschöpft wird. Kommt dieses Salz ungewaschen in den Handel, so spricht man von einer wahren Spezialität voller Mineralien und Spurenelemente. Unterhalb der ersten Salzschicht wird das graue Salz, das ***Sel Gris***, abgeschöpft. In diesen Salzkristallen finden sich Schwebestoffe von Algen und Sedimenten, die diesem Meersalz die typisch graue Farbe verleihen. Sel gris besitzt eine noch höhere Restfeuchte als Fleur de Sel und kann ausschließlich in rostbeständigen Salzmühlen zerkleinert werden.

## Heilwirkung

Salz ist lebensnotwendig, vor allem das enthaltene Natrium ermöglicht erst grundlegende Abläufe im menschlichen Körper. Durch Schwitzen sinkt die Natriumkonzentration im Blut, wodurch der Körper austrocknen kann. In zu hohen Mengen andererseits kann Natrium den Blutdruck in die Höhe treiben und Herz-Kreislauf-Erkrankungen mit Schlaganfällen und Herzinfarkten verursachen. Wie so oft macht die Dosis das Gift, eine optimale Salzaufnahme im Körper orientiert sich am besten an einem ausgewogenen und gesunden Essmuster mit Obst, Gemüse, Nüssen und Milchprodukten. Abgesehen davon lässt sich Salz in der Volksheilkunde auch zur äußerlichen Behandlung von Geschwüren und Wunden benützen, da es als zusammenziehend, reinigend und lindernd gilt. Und wer kennt nicht die wohltuenden Solebäder, durch die sich Hautkrankheiten, Atemwegserkrankungen oder Nebenhöhlenentzündungen behandeln lassen? Die Inhalation mit Sole lässt Schleimhäute abschwellen und ist entzündungshemmend.

## Wissenswertes

Salz spielt seit Urzeiten eine bedeutende Rolle in der Ernährung des Menschen. Die Salzgewinnung und der Salzhandel reichen bis in älteste Zeiten zurück, schon die Sumerer und Babylonier nutzten Salz zur Konservierung von Lebensmitteln. Wie wertvoll Speisesalz für die Römer war, zeigt sich allein am Wort ***salär*** für Zahlungen von Lohn oder Sold an Soldaten in Form von Salz. Da es begehrt und in vielen Regionen Europas rar war, wurden um den Besitz von Steinsalzlagern und natürlichen Solequellen Kriege geführt. Der Salzhandel rief früh genormte Wege und Straßen ins Leben, auf denen auch andere Güter des täglichen Bedarfs transportiert werden konnten, womit die Salzstraßen zu wichtigen Handelsstraßen wurden. Ab 1827 ging sogar die erste Eisenbahnstrecke Österreichs Budweis–Linz–Gmunden in Betrieb – zum Salztransport aus dem oberösterreichischen Salzkammergut nach Böhmen. Länder und Städte, die das Salzregal besaßen, wachten streng über ihre Rechte. Das Salzregal regelte das Hoheitsrecht der Salzgewinnung, es gehörte ab dem Mittelalter zu den wichtigsten königlichen und fürstlichen Hoheitsrechten. Vor allem die Habsburger wussten dieses Recht zu nutzen und finanzierten sich ab dem 13. Jahrhundert mit dem Salzmonopol ihre Expansion in Europa. Eigene Salzämter, dem Herrscherhaus unterstellte Behörden, überwachten bis 1850 den Salzabbau und den Handel mit Salz im gesamten Habsburgerreich.

### *Praxistipp!*

*Unter Salzprofis wird gerne zwischen raffiniertem Industriesalz und angeblichem Ursalz unterschieden. Der Ansatz dabei ist, sich gegen handelsübliches Speisesalz auszusprechen und ausschließlich unbehandeltes, meist sehr teures Ursalz wie Himalayasalz, Australian Murray River Salt, Inka-Sonnensalz oder Tibet-Salz zu verwenden, da die gesundheitlich positive Wirkung von Salz durch das Raffinieren schwindet. Geht man aber davon aus, dass Ursalz wie auch herkömmliches, raffiniertes Salz zu 98 Prozent aus Natriumchlorid besteht, lassen sich diese Bedenken vernachlässigen – bei einer empfohlenen Aufnahme von rund zwei Teelöffel Salz über den Tag verteilt sind sämtliche Inhaltsstoffe im Salz in derart kleinen Mengen enthalten, dass sie keine spürbaren medizinischen Wirkungen haben können.*

# Schnittlauch

## *Allium schoenoprasum*

*Das lauchartig duftende Würzkraut empfiehlt sich wegen des hohen Vitamin-C-Gehalts vorwiegend in der kalten Küche.*

Graslauch, Schnittling, Schnittzwiebel, Binsenlauch, Jakobszwiebel

### Aromatik

Schnittlauch zeichnet sich durch den lauchartigen Geruch sowie den scharf-würzigen und zwiebelartigen Geschmack aus. Aufgrund seiner Intensität ist er bereits in geringen Mengen stark würzend.

### Beschreibung

Der Schnittlauch gehört der Gattung Lauch (*Allium*) an, in die auch andere bekannte Vertreter wie Knoblauch, Bärlauch und die Küchenzwiebel fallen. Der zweite Teil seines botanischen Namens, eine Zusammensetzung aus den griechischen Wörtern *schoinos* für Binse und *prason* für Lauch, also *Binsenlauch*, bezieht sich auf die Form der länglichen und röhrenförmigen Blätter. Die ausdauernde Pflanze kann Wuchshöhen von mehr als einem halben Meter erreichen und prägt Doldenkugeln aus, die kleine dunkelrosa, violette oder rote Blüten haben – diese sind nicht nur dekorativ, sie können auch gegessen werden. Schnittlauch wächst auf feuchten, kräftigen Böden, liebt viel Sonne und ist pflegeleicht. Durch regelmäßiges Abschneiden der Halme fördert man Neuaustrieb und Wachstum.

## Küchenpraxis

Als Küchengewürz verwendet werden die oberirdischen Röhrenblätter mit ihrem sehr intensiven Aroma, das sich umso besser entfaltet, je feiner man die Halme zu Schnittlauchröllchen zerschneidet – erst die Gewebeverletzung führt zu flüchtigen, aromatischen Schwefelverbindungen. Dafür verwenden Profis eine eigene Kräuterschere, aber auch mit einer herkömmlichen Küchenschere oder einem Messer erzielt man zufriedenstellende Ergebnisse. Eine perfekte Symbiose verspricht die Kombination von Schnittlauch mit Eiern und Milchprodukten, daher auch die regionale Bezeichnung ***Pfannkuchenkraut***. In Omeletts, im Spiegelei, in der Eierspeise, im Eisalat, in Kräuterbutter, in der Mayonnaise, mit Sour Cream, in Joghurtdips, im Kartoffelsalat und anderen Salaten – sein Einsatzgebiet ist vor allem in der kalten Küche sehr breit gefächert. Hohe Temperaturen zerstören einerseits das schnittlauchtypische Aroma, andererseits das in ihm enthaltene Vitamin C. Wenn er gekochten Speisen hinzugefügt werden soll, dann sollte dies erst kurz vor dem Servieren geschehen.

## Einkauf

Schnittlauch ist im Handel ganzjährig erhältlich, als Kräutertopf aus dem Gewächshaus, als Kräuterbund, tiefgefroren oder getrocknet – wobei die letzte Form aromatisch nicht an die frischen Varianten heranreicht.

## Heilwirkung

Selbst als man noch nichts von der Existenz der Vitamine wusste, erkannten die Menschen bereits im Mittelalter instinktiv, dass ihnen dieses erste Grün des Frühlings guttat und insbesondere vor der gefürchteten Vitaminmangelkrankheit Skorbut schützte. Gemeinsam mit Honig wurde Schnittlauch gegen Schlangenbisse eingesetzt, in Verbindung mit Zucker sagte man ihm gar eine aphrodisierende Wirkung nach. Will man sich der gesundheitsfördernden Wirkungen des Schnittlauchs bedienen, muss man ihn jedenfalls roh genießen. Die in ihm enthaltenen Senföle wirken positiv auf die Verdauung, wirken Blähungen entgegen und fördern den Appetit. Außerdem ist er antibakteriell, hilft als Schleimlöser bei Husten, vertreibt die Frühjahrsmüdigkeit und hat blutreinigende Effekte.

## Wissenswertes

Ganze Schnittlauchbünde bewahrt man nicht stehend in einem Glas Wasser auf, sondern eingewickelt in ein feuchtes Tuch im Gemüsefach des Kühlschranks. Hat man zu Hause selbst eine Schnittlauchpflanze, kann man überschüssige Mengen stets zu Röllchen schneiden und für den späteren Bedarf perfekt tiefkühlen. Selten stolpert man über kaltgepresstes Schnittlauchöl, das jedoch eine kostspielige Angelegenheit ist.

### *Praxistipp!*

*Ein Küchenklassiker ist das Schnittlauchbrot – dunkles Bauernbrot mit Butter bestrichen und gründlich bestreut mit Schnittlauchröllchen, in Österreich und Bayern eine beliebte Speise auf der Brotzeitplatte und zur Kinderjause.*

# Schwarzkümmel

*Nigella sativa*

*Das uralte Universalheilmittel wird im Orient nicht nur dem Kaffee zugegeben, sondern ist ein sehr aromatisches, vielseitiges Küchengewürz.*

Schwarzer Kümmel, Schwarzer Koriander, Gemeine Nigelle

## Aromatik

Schwarzkümmel ist würzig-nussig und ein wenig rauchig-warm sowie bitter und scharf. Frisch gestoßen oder gar geröstet entfaltet er ein pfeffrig-lorbeerartiges Aroma, intensiv und streng, auch an Mohn erinnernd – und gut als Pfefferersatz geeignet.

## Beschreibung

Schwarzkümmel gehört der Familie der Hahnenfußgewächse an und ist eine krautige, schlanke Pflanze mit wunderschönen, spektakulären Blüten – fünf freistehende, weiß bis hellblaue Blütenhüllblätter. Sobald diese im Frühherbst abfallen, bleiben mittig eine Gruppe an gelblich grünen Balgfrüchten stehen, in denen sich die schwarzbraunen, dreikantigen und tropfenförmigen Schwarzkümmel-Samen bilden, die nach der Ernte noch nachgetrocknet werden. Schwarzkümmel gedeiht vor allem in Westasien, in Indien, Nordafrika und Südeuropa; der größte Teil stammt aus Wildsammlungen, da die Pflanze nicht leicht zu kultivieren ist. Sein Geschmack hat nichts mit dem erdigen Kümmel oder dem exotischen Kreuzkümmel zu tun.

## Küchenpraxis

Sein angenehmer Geschmack bereichert seit Langem viele Landesküchen beim Verfeinern von Speisen. Abgesehen von seiner verdauungsfördernden Wirkung bei fetten Speisen hat er auch antimikrobielle Effekte, weshalb er in Ländern mit heißem Klima stark verbreitet ist. Zudem wird er gerne als natürliche Haltbarkeitsverlängerung beim Einlegen von Gemüse verwendet. Der Schwarzkümmel sollte immer frisch gemahlen oder gekörnt werden, aufgrund des hohen Ölgehalts der Samen empfiehlt es sich, diese vor dem Mahlen kurz anzurösten. So passt er großartig auf ein orientalisches Fladenbrot, in indische Gerichte mit Huhn, in Currys und Kormas oder zu diversen Gemüsezubereitungen aus Kürbis, Zucchini, Brokkoli oder Kohl – ideal in Ergänzung mit Koriander, Piment, Bohnenkraut, Thymian oder Oregano. Auch das Schwarzkümmelöl ist bestens zur Verfeinerung von Salaten und deftigen Gerichten geeignet.

## Einkauf

Als Gewürz erhält man Schwarzkümmelsamen im gut sortierten Supermarkt oder in speziellen Gewürzgeschäften. Beim Einkauf sollte man darauf achten, diesen nicht mit dem Schwarzen Sesam zu verwechseln, dem er täuschend ähnlich sieht. Die Samen in Dosen aufbewahren und frisch vor dem Gebrauch im Mörser zerkleinern. Wer gerne selbst gärtnert, kann in Baumärkten oder Gartencentern Saatgut für Schwarzkümmel kaufen – der Anbau im eigenen Garten ist jedoch schwierig. Empfehlenswert ist das Schwarzkümmelöl, in Kaltpressung hergestellt, das einerseits sehr gut schmeckt, andererseits von innen auch als Pflegemittel bei trockener Haut eingesetzt werden kann und dank des hohen Gehalts an ungesättigten Fettsäuren die Zellatmung des Körpers begünstigt und Krankheiten vorbeugen kann.

## Heilwirkung

Schwarzkümmel wird in vielen Teilen der Erde seit Tausenden von Jahren als Allheilmittel angesehen. Die Landwirtschaft nutzte ihn früher zur Steigerung der Milchleistung bei Kühen oder als Asthmamittel bei Pferden. Er wirkt schmerzlindernd und entzündungshemmend, antibakteriell und blutdrucksenkend, hilft gegen Blähungen und stärkt die Verdauung. Schwarzkümmelöl lässt sich zusätzlich bei Allergien und lästigem Juckreiz in Augen, Nase und Hals einsetzen.

## Wissenswertes

Seit über 3.000 Jahren wird Schwarzkümmel im Orient als pfefferartiges Gewürz und Medizin verwendet. Schon im alten Ägypten fand sich Schwarzkümmelöl als Grabbeigabe für das Leben nach dem Tod. In der berühmten ***Sahīh al-Buchārī***, jener arabischen Sammlung an Lebensweisheiten des Propheten Mohammed aus dem Jahr 854 nach Christus, findet man den Spruch „Schwarzkümmel heilt jede Krankheit außer den Tod".

***Praxistipp!***
*Einen Teelöffel an gemahlenem Schwarzkümmel kann man nach orientalischer Sitte dem Kaffee zugeben oder die ganzen Samen gemeinsam mit Kaffee vermahlen, wodurch dieser extrem an Geschmack und Würzigkeit gewinnt und heilkräftig wird.*

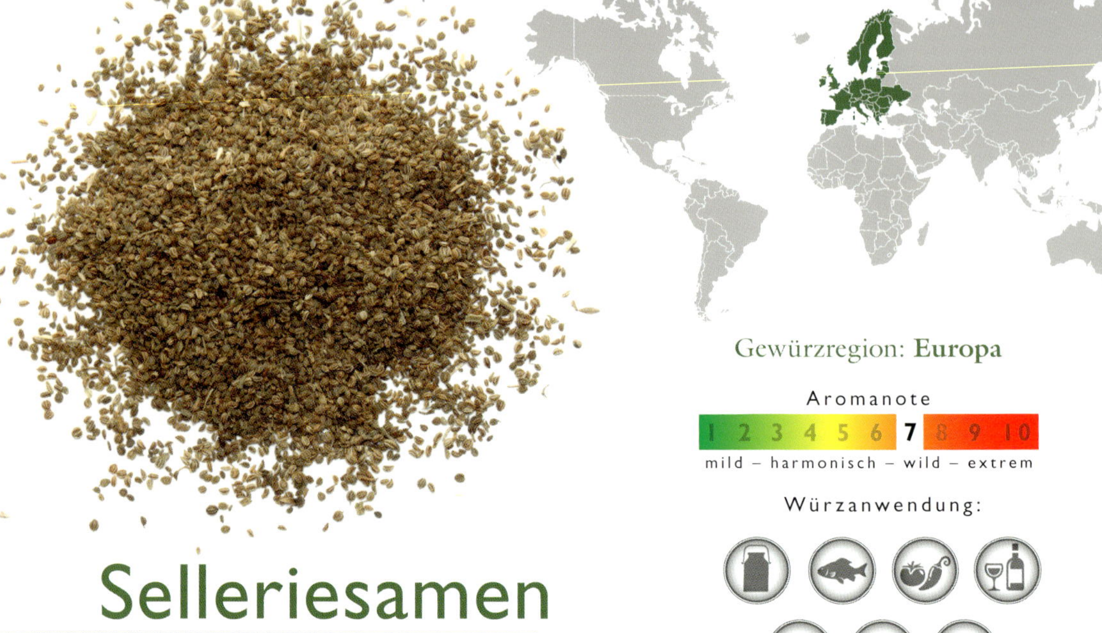


# Selleriesamen

*Apium graveolens*

*Das etwas in Vergessenheit geratene Gewürz verleiht mit seiner angenehmen Bitternote vielen Speisen einen unverwechselbaren Charakter.*

## Aromatik

Im Geruch krautig-würzig und süßlich-herb, mit einer kräftigen Kümmelnote, im Geschmack zusätzlich brennend-süß, zitronig und recht bitter.

## Beschreibung

Die Ursprünge von Sellerie finden sich im Mittelmeerraum, erstmalig wird er im 4. Jahrhundert vor Christus vom griechischen Naturforscher Theophrastos von Eresos erwähnt. Aus der Wildform, dem Sumpfsellerie, die wie der Name andeutet in salzig-sumpfigen Gebieten Südeuropas beheimatet war, entstanden die Kulturformen Knollensellerie, Staudensellerie und Schnittsellerie. Sein deutscher Name geht auf die altgriechische Bezeichnung ***selinon*** zurück, gleichbedeutend mit der sizilianischen Stadt ***Selinunt*** am Fluss Selinus, in dessen sumpfigen Zuläufen erste große Selleriebestände entdeckt wurden. Inzwischen hat sich die Pflanze aus der Familie der Doldenblütler über die ganze Welt ausgebreitet. Der Echte Sellerie bildet weiß blühende, doppeldoldige Blütenstände, die jene kleinen, eiförmigen und scharf gerippten, gelb-braunen Samen hervorbringen. Wie jedes Doldengewächs enthält auch der Sellerie in allen Pflanzenteilen ätherisches Öl, für den typischen Geruch nach Petersilie und Liebstöckel ist der aromatische Pflanzenstoff ***Phthalid*** verantwortlich.

## Küchenpraxis

In der Küche verdienen sich Selleriesamen neben dem Selleriegemüse deutlich mehr Beachtung. Abgesehen von ihrer angenehmen Bitternote ist ihr Genuss eine Wohltat für die Gesundheit. Es empfiehlt sich, die Samen kurz vor der Anwendung zwecks Aromenentfaltung mit dem Mörser leicht anzustoßen oder zu zerdrücken. So harmonieren sie perfekt mit gegartem Gemüse wie Tomaten, Gurken oder Kohl, zu Kartoffeln, Fleisch und Fisch oder Milchprodukten wie Käse und Butter. Sie verfeinern Saucen und Marinaden, sind aber auch beim Einlegen von Gurken, zum Würzen von Brot und Gebäck oder in der Eierspeise eine große Bereicherung. Sogar in Getränken können sie großen geschmacklichen Mehrwert einbringen – eine waschechte ***Bloody Mary*** sollte niemals ohne Selleriesaat oder zumindest Selleriesalz serviert werden. Ein Zuviel an Selleriesamen ist allerdings nicht ratsam, denn große Mengen lassen ein Gericht rasch bitter und nicht mehr gefällig erscheinen.

## Einkauf

Der herkömmliche Supermarkt wird für Selleriesaat nicht die richtige Anlaufstelle sein, vielmehr findet man die ganzen Früchte oder gemahlenes Pulver in speziellen Kräuter- und Naturläden.

## Heilwirkung

In der Volksmedizin sind Selleriesamen sehr beliebt. Neben der Wirkung als Aphrodisiakum werden der Saat entspannungsfördernde Effekte nachgesagt, sie wirkt zudem blutdrucksenkend und fördert die Verdauung. Vorsicht ist für Allergiker angesagt, denn so wie vom Echten Sellerie können auch die Samen bei Überdosierungen ungewünschte allergische Reaktionen auslösen, die von Schwellungen und Jucken bis zu Magen-Darm-Beschwerden und Probleme bei der Atmung reichen.

## Wissenswertes

Abgesehen davon, dass die Selleriepflanze bei den alten Römern große Bedeutung zur Verehrung von siegreichen Wettkämpfern hatte, die mit Selleriekränzen geschmückt wurden, durfte Sellerie in keinem römischen Gemüsegarten fehlen. So würzte das antike Volk bereits viele Speisen wie süß-saure Saucen, deftige Suppen, fettige Fische, gebratene Gänse oder Salate mit Selleriesamen – eine Tradition, die sie von den alten Griechen übernommen hatten. In Nordeuropa war vom Sellerie während des gesamten Mittelalters keine Rede, erst gegen Mitte des 17. Jahrhunderts tauchte die Pflanze von Italien kommend in Frankreich und Deutschland auf. Zuerst jedoch nur als Samen, wie in der ***Georgica curiosa***, dem Lehrbuch über Küchen- und Arzneigärten des österreichischen Landadligen Wolf Helmhardt von Hohberg aus dem Jahr 1682, berichtet wurde.

***Praxistipp!***

*Ein Klassiker unter den Gewürzsalzen ist das Selleriesalz, eine Mischung aus Selleriesamen mit mittlerem bis grobem Meersalz. Frisch aus der Salzmühle verfeinert Selleriesalz mit seiner würzigen Note deftige Hausmannskost wie Schweinsbraten und rustikales Gemüse, passt aber auch wunderbar zum Maiskolben vom Grill.*

# Senegalpfeffer

*Xylopia aethiopica*

*Oft als schärfendes Ersatzgewürz für den teuren Schwarzen Pfeffer gehandelt, vor allem in Zeiten von Not und knapper Geldressourcen.*

Mohrenpfeffer, Selimskörner

## Aromatik

Der Geruch von Senegalpfeffer erinnert an Muskatnuss und Kubebenpfeffer, süßlich-frisch bis krautig, der Geschmack ist aromatisch-harzig mit dezenter Schärfe und leichter Bitternote.

## Beschreibung

Der Senegalpfeffer stammt aus der Familie der Annonengewächse, die vor allem für ihre schmackhaften Sammelfrüchte wie beispielsweise dem Zimtapfel bekannt sind. Im Falle des Senegalpfeffers sind es die luftgetrockneten, dunkelbraunen, zylindrisch-verdrehten Balgfrüchte mit einer Länge von bis zu sechs Zentimetern und den darin enthaltenen rund acht Samenkörnern, die in die rötlich-bräunlichen Schoten eingebettet sind. Die Konturen der Samen zeichnen sich dabei wie Einschnürungen auf der Fruchtoberfläche ab und erinnern optisch an klassische Hülsenfrüchte. Der botanische Gattungsname ***Xylopia*** leitet sich von den griechischen Wörtern ***xylon*** für Holz und ***pikron*** für bitter ab, das Beiwort ***aethiopica*** bezieht sich auf die Herkunft rund um die weiten Gebiete Äthiopiens. Seine Heimat ist das tropische Afrika, vom Sudan im Norden bis Mosambik im Süden; er gedeiht wild wachsend in den Tiefland-Regenwäldern und Waldgebieten der Savannenzonen.

## Küchenpraxis

Bedingt durch sein pfeffrig-scharfes Aroma und den bitteren Geschmack eignet sich Senegalpfeffer somit besonders gut für langsam geschmorte Gerichte aus Fleisch und Gemüse. Und da er im Zuge seiner Trocknung oft auch geräuchert wird, gibt er eine besonders attraktive, rauchig-pikante Würze ab. Fein gerieben eignet er sich perfekt für Suppen und Eintöpfe. Senegalpfeffer passt natürlich zu afrikanischen Gerichten rund um Geflügel, Fisch und Gemüse wie Tomaten, Süßkartoffeln oder Kürbis, besonders schmackhaft in Kombination mit aromatischen Erdnüssen oder Cashewkernen.

## Einkauf

Man kauft ihn im guten Fachhandel ausschließlich in ganzen, luftgetrockneten Schoten.

## Heilwirkung

Wie von scharfen Gewürzen bekannt, fördert der Senegalpfeffer Fettverbrennung und Verdauung und weist entzündungshemmende sowie fiebersenkende Wirkungen auf. In der afrikanischen Volksmedizin wird er zusätzlich gegen Zahnschmerzen und Entzündungen im Mund- und Rachenraum eingesetzt. Forscher der Johannes Gutenberg-Universität in Mainz konnten 2013 in Laborversuchen nachweisen, dass afrikanische Tropenpfefferarten wie der Senegalpfeffer und der ***Kap-Pfeffer*** toxische Wirkstoffe enthalten, die in der Lage sind, Krebszellen abzutöten und damit eine Grundlage für die Entwicklung neuer Behandlungsmethoden bilden.

## Wissenswertes

Bis zur Entdeckung des Schwarzen Pfeffers durch die Indienfeldzüge Alexander des Großen ab 325 vor Christus galten die afrikanischen Pfefferarten Senegalpfeffer und ***Paradieskörner*** von der Pfefferküste entlang der heutigen Staaten Liberia und Sierra Leone als der ***peperi*** der Griechen. Der Schwarze Pfeffer verdrängte die afrikanischen Sorten rasch als Handelsartikel, ab sofort galt Senegalpfeffer nur noch als günstiger Pfefferersatz, vor allem während diverser Kriegs- und Notzeiten im Mittelalter. Die Pfeffermonopole ab dem 16. Jahrhundert stießen ihn dann gänzlich aus Europa zurück in seine Heimat Afrika, wo er bis heute kulinarisch verwendet wird.

### *Praxistipp!*

*Aroma und Frische des Senegalpfeffers kommen hauptsächlich aus den Schotenhüllen, die Samen selbst sind weniger aromatisch und für die herb-bittere Note verantwortlich. Am besten schneidet oder bricht man die Fruchthüllen in kleine Stücke und zermahlt sie im Mixer oder Blitzhacker – zum Mörsern sind sie zu fasrig, auch lassen sich die harten Samen nur schwer per Hand mahlen.*

# Senf

## *Weißer Senf (Sinapis alba), Schwarzer Senf (Brassica nigra), Brauner Senf (Brassica juncea)*

*Schon in der Antike wusste man: Um den Reiz des Senfes zu erringen, musst du ihn mit Wasser in Berührung bringen.*

### Aromatik

Senfkörner riechen erdig, holzig und pfeffrig, beim ersten Hineinbeißen entfaltet sich ein mild-nussiger Geschmack, der erst nach längerem Kauen in Verbindung mit Wasser an Schärfe gewinnt. Dabei verursachen, im Gegensatz zum milden Weißen Senf, Brauner und Schwarzer Senf im Rachen und in der Nase einen beeindruckenden Schärfekick, der stark an Wasabi oder Kren erinnert, die ähnliche Schärfestoffe enthalten.

### Beschreibung

Senf ist grundsätzlich eine Gewürzpflanze aus der Familie der Kreuzblütengewächse. Sie liefert den Grundstoff des Senfgewürzes, das aus den Samenkörnern des Weißen, Braunen und Schwarzen Senfs hergestellt wird. In der Küche gebräuchlich sind sowohl ganze Senfsamen, Senfpulver aus gemahlenen Samen und vor allem die aus den gemahlenen Samen und weiteren Zutaten bereiteten Würzpasten, Tafelsenf genannt.

Innerhalb der Senfe gibt es drei verschiedene Arten, die sich vor allem am Schärfegrad unterscheiden:

***Weißer Senf*** stammt aus dem Mittelmeerraum, seine Bezeichnung bezieht sich auf die weißen Samenkörner. Er wächst als einjährige krautige Pflanze, zwischen Juni und August bilden sich traubige, gelbe Blütenstände mit kreuzförmig angeordneten Blütenblätter. Aus diesen entwickeln sich bis zum Herbst Samenschoten, die vier bis acht hellgelbe, runde Senfsamen beinhalten. Die reifen Samen enthalten neben viel Senföl das Glykosid ***Sinalbin***. Weißer Senf schmeckt süßlich-scharf und erinnert an Honig mit der Schärfe von Kren.

***Brauner Senf***, auch Indischer oder Chinesischer Senf genannt, stammt aus Asien, ist aber auch in anderen Teilen der Welt eingebürgert. Brauner Senf wächst als einjährige krautige Pflanze; während der Blütezeit zwischen März und Juni bilden sich vier längliche, gelbe Blütenblätter. Daraus entwickeln sich anschließend längliche, bleistiftförmige Schoten mit bis zu 20 dunkel- bis hellbraunen, rund ein Millimeter kleinen Senfsamen. Die reifen Samen enthalten neben Senföl das Glykosid ***Sinigrin***, wodurch der Braune Senf zwar etwas weniger scharf ist als Schwarzer Senf, dafür aber bitter-harzig und ein wenig ätherisch schmeckt. Obwohl Brauner Senf als Kulturpflanze Ausgrabungen in Indien zufolge schon seit 2.300 vor Christus bekannt ist, handelt es sich um einen natürlichen Hybriden aus Rübsen, einer Elternart des Rapses, und Schwarzem Senf.

***Schwarzer Senf*** stammt wiederum aus dem Mittelmeerraum und wird dort seit Menschengedenken als Heil- und Nutzpflanze eingesetzt. Er wächst ebenfalls als einjährige krautige Pflanze mit gelben Blütenblättern, seine Blütezeit beginnt gegen Ende des Frühsommers. Die sich anschließend bildenden schmalen Schoten verfügen über bis zu 16 dunkelbraune bis grau-schwarze Samen mit einem Durchmesser von rund zwei Millimetern. Genauso wie der Braune Senf enthält er das Glykosid Sinigrin, jene reizende, stechend riechende und extrem scharf schmeckende Verbindung. Wie die beiden anderen Senfarten auch schützt sich die Pflanze damit vor natürlichen Fressfeinden, die Menschen hingegen erfreuen sich an der gewaltigen Schärfe.

***Generell gilt für Senf***: Die in den Senfsamen enthaltenen ***Senfglycoside*** sind selbst nicht scharf, erst durch das Schroten oder Mahlen der Samen und durch Kontakt mit Wasser (***Hydrolyse***) werden die im Senfsamen enthaltenen Enzyme aktiv und entwickeln das scharf-ätherische Senföl. Dieses bildet sich je nach Senfsorte in unterschiedlichen Schärfegraden aus: Weißer Senf ist milder, Brauner und Schwarzer Senf sind deutlich schärfer. So bestimmt sich erst durch gekonntes Vermischen der Senfsorten die Schärfe.

## Küchenpraxis

Senf ist ein tolles Universalgewürz, das seine größte Verbreitung als ***Senfpaste*** oder ***Tafelsenf*** findet, mit den üblichen Grundzutaten Wasser, Essig und Salz. Dabei gilt zu beachten, dass frisch abgefüllter Senf noch zu roh zum Verspeisen ist und für einige Wochen abliegen muss, bis sich die Schärfe perfekt einbindet. Durch das Verhältnis der Sorten, den Mahlgrad der Körner und den verwendeten Essig entstehen völlig unterschiedliche Geschmacksrichtungen und Senfarten, ergänzt durch Zutaten wie Zucker, Karamell, Honig, Kren, Chili, Kräuter oder Gewürze wie Estragon oder Zimt, Zitronensaft, Wein oder Bier, Knoblauch, Tomaten oder Paprika – von süß über mild bis würzig, wild und extrem scharf. Der Vorteil von Senfpasten ist, dass sie durch die Beigabe von Essig und Salz die Schärfe auch über einen längeren Zeitraum hinweg konservieren. Ganze Senfsamen verwendet man zum Kochen, Braten und Marinieren, die Samen entfalten erst während des Garens oder Einlegens nach und nach ihr scharfes Aroma. Die Weißen Senfkörner eignen sich ideal zum Einlegen von Senfgurken und Mixed Pickles oder zur Wurstherstellung. Grundsätzlich ist zu bemerken, dass sich die Schärfe verflüchtigt, wenn sie stark oder über einen längeren Zeitraum erhitzt werden. Gibt man die Samen von Beginn an dazu oder reibt Fleisch vor dem Grillen und Braten mit Senf ein, so kann man ruhig etwas stärker dosieren. Will man hingegen die Schärfe bewusst einsetzen, sollte man erst zum Schluss würzen.

## Einkauf

Da Schwarzer Senf maschinell schwerer zu ernten ist, werden heute weltweit hauptsächlich Weißer und Brauner Senf verwendet, weswegen diese beiden Sorten leicht erhältlich sind. Die ganzen Samen halten luftdicht, trocken und kühl verpackt über mehrere Jahre. Alternativ empfiehlt sich Senfpulver aus gemahlenen Weißen Senfkörnern. Dieses ist zwar oft der schönen gelben Farbe wegen mit Kurkuma eingefärbt, kann so aber ein guter Bestandteil von Currymischungen werden.

## Heilwirkung

Senf regt generell den Appetit und die Verdauungstätigkeiten an und passt somit ideal zu allen fetten Gerichten. Er kann auch Sodbrennen entgegenwirken, das durch schweres Essen begünstigt wird. Dazu wirkt Senf wundheilend, entzündungshemmend, durchblutungsfördernd, antibakteriell und keimtötend. Aktuelle Studien weisen mehrfach nach, dass Senföle auch krebserregende Stoffe unschädlich machen und die Tumorentstehung blockieren können. In der Volksheilkunde kennt man noch viele andere Anwendungen von Senf, vor allem bei äußerlichen Anwendungen wie Senfbäder, Senfsalben, Senfpflaster und Senfwickel, die einen durchblutungsfördernden und wärmenden Effekt haben – ähnlich dem Capsaicin der Chili.

## Wissenswertes

Senfpflanzen wurden schon vor über 3.000 Jahren in China als Kulturpflanze angebaut, über Kleinasien gelangten sie nach Griechenland und Italien, von wo aus sie sich im gesamten Mittelmeerraum verbreiteten, wo sie teilweise auch heute noch wild wachsen. Plinius erwähnte in seiner ***Naturalis historia*** mehrere Arten von Senfpflanzen, wobei es sich vermutlich um Weißen und Schwarzen Senf handelte, andere Sorten können heute nicht mehr identifiziert werden. Aus den Senfkörnern wurde wie heute Senf gemacht, die Blätter wurden als Blattgemüse verwendet. Bei Apicius findet man ein erstes Senfrezept, das aufgrund der wenigen Zutaten wohl sehr scharf zu sein schien, ähnlich dem heutigen Dijon-Senf. Nach Mittel- und Nordeuropa gelangte der Senf vermutlich über die Landgüterverordnung von Karl dem Großen, die den Weißen Senf als unverzichtbare Nutzpflanze führte. Rasch machte sich der Senf beliebt, zumal er im Vergleich zu Pfeffer ein sehr günstiger Scharfmacher war. Aus dieser Zeit stammt auch die Redewendung ***seinen Senf dazugeben***, da Speisesenf im Mittelalter als Köstlichkeit meist ungefragt zu allen Gerichten gereicht wurde, selbst wenn er nicht dazu passte, womit diese Sitte als aufdringlich und unangebracht empfunden wurde. Eine damals typische Senfzubereitung findet sich im ***Libellus de arte coquinaria*** aus dem frühen 13. Jahrhundert, auch ***Harpestreng-Kochbuch*** genannt, eine der ältesten bekannten westeuropäischen Rezeptsammlungen. Damals rührte man Gewürzsenf aus Senfkörnern, Honig, Anis, Zimt und Essig zusammen, eine geschmacklich wohl ungewöhnliche Mischung. Auch einer der Väter der Botanik, der deutsche Mediziner Leonhart Fuchs, empfahl den Senf in seinem 1543 erschienenen Kräuterbuch ***New Kreüterbuch***: „Im mund gekewet, zeücht er den zähen Schleim auß dem Haupt und reyniget das Hirn." Auch die positiven Wirkungen von Senf als Gewürzzubereitung waren ihm bekannt: „Der Senff ist dem Magen treffenlich gut, inn der Speiß genossen macht er leichlich außwerffen." Die älteste heute noch existierende Senfmarke im deutschsprachigen Raum ist der Düsseldorfer ***ABB-Senf***, der seit 1726 nahezu unverändert hergestellt wird und als der ***aechte Düsseldorfer Mostert*** bekannt ist. Der scharfe, malzig-bräunliche Senf wird aus Brauner und Weißer Senfsaat produziert. Auch wenn der Name Mostert an den englischen ***mustard*** erinnert, so stammt dieses vom lateinischen Wort ***vinum mustum*** für ***jungen Wein*** – die Römer verwendeten zur Speisesenfherstellung bevorzugt frischen Most oder Wein.

## Praxistipp!

*Der wohl bekannteste Tafelsenf der Welt ist der Dijon-Senf, wobei es sich dabei nicht um eine geschützte Herkunftsmarke, sondern um ein Rezept handelt. Dijon-Senf wird nach dem europäischen Code of Practice für Speisesenf aus Braunen oder Schwarzen Senfsamen produziert, die nicht entölt werden und durch den feinen Mahlgrad den Senf extrem scharf und aromatisch schmecken lassen – wodurch er sich für viele Kochanwendungen besonders gut eignet.*

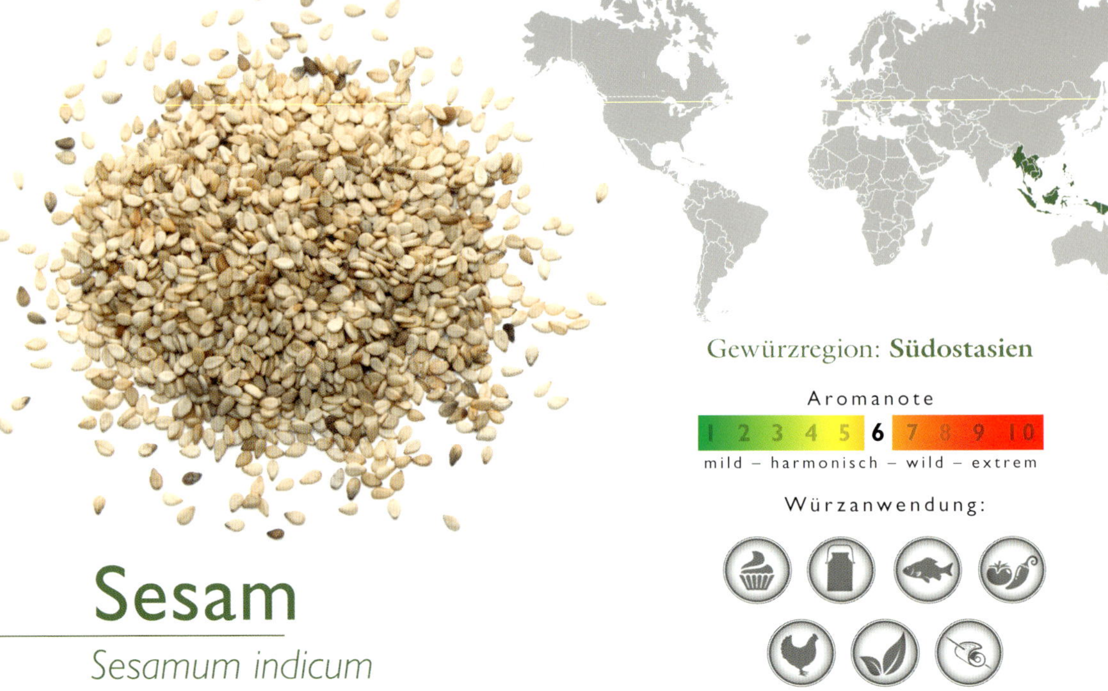


# Sesam

*Sesamum indicum*

*Schwarz, braun oder gelbweiß – so ist Sesam um die halbe Welt in vielen Landesküchen vertreten.*

## Aromatik

Sesam schmeckt generell leicht nussig und angenehm aromatisch. Schwarzer und brauner Sesam sind stets ungeschält, wodurch ihr Aroma intensiv erdig, leicht bitter und sehr aromatisch ist. Am mildesten ist der geschälte, gelbweiße Sesam.

## Beschreibung

Als eine der ältesten Ölpflanzen überhaupt wird Sesam, eine Pflanze aus der Familie der Sesamgewächse, in tropischen und subtropischen Ländern angebaut. Heute zählen Indien, China und Myanmar zu den führenden Anbaugebieten von Sesamsamen. Sesam ist eine krautige Pflanze mit Wuchshöhen von bis zu 180 Zentimetern, aus den weiß-rosa Blüten bilden sich breite Samenkapseln, gefüllt mit den kleinen, schwarzen, braunen oder gelbweißen Samen. Ursprünglich soll sie von den südostasiatischen Sundainseln stammen, aber schon vor rund 3.000 Jahren gegen Osten nach China und gegen Westen bis Ägypten verbreitet gewesen sein. Verwendet werden sowohl die Samen, das Öl als auch die Wurzel – für Heilzwecke und kulinarisch. Während der schwarze Sesam vielfach als die Urform bezeichnet wird, die sich vor allem in Japan großer Beliebtheit erfreut, ist der braune Sesam in vielen orientalischen, indischen und afrikanischen Landesküchen vertreten.

## Küchenpraxis

Sesam ist vom Orient und Afrika über Indien bis nach Asien eine beliebte Zutat vieler Landesküchen. Wer ein ***arabisches Hummus*** aus pürierten Kichererbsen genießt, hat gemahlenen gelbweißen Sesam in Form der geschmackvollen ***Tahin-Würzpaste*** vor sich. Tahin gibt es aus geschältem oder ungeschältem Sesam, wobei die Variante aus ungeschältem Sesam deutlich herber, voller und kräftiger schmeckt. Die süße orientalische Spezialität ***Halva*** basiert auf Sesam. Backwaren von Bagels über Burger bis Sesamkringel, Müsliriegel, Knabbersnacks und vieles mehr wäre ohne Sesam nicht denkbar. Das Gewürz passt zu pikanten genauso wie zu süßen Gerichten, das intensivere Aroma bringen schwarzer oder brauner Sesam in eine Speise. Will man den Geschmack von Sesam intensivieren, röstet man ihn kurz und ohne Fett in der Pfanne an.

## Einkauf

Sesam, vor allem den gelb-weißen, oftmals auch als ***goldener Sesam*** bezeichnet, erhält man im Supermarkt. Er wird dort wahlweise geschält oder ungeschält sowie auch geröstet angeboten. Für den schwarzen oder braunen Sesam oder spezielle Sesampasten muss man größere Verbrauchermärkte, Reformhäuser oder orientalische oder asiatische Feinkostläden aufsuchen. Nach Möglichkeit sollte man dem ungeschälten, ursprünglichen Sesam den Vorzug geben, da er den höchsten Gehalt an wertvollen Inhaltsstoffen aufweist. Auch das ursprünglich japanische Sesamsalz ***Gomashio*** empfiehlt sich sehr als Würzmittel. Gomashio wird aus geröstetem und gemahlenem schwarzem Sesam mit einem geringen Anteil Meersalz vermischt und verfeinert mit seinem nussig-salzigen Aroma, ohne allzu stark zu salzen.

## Heilwirkung

In vielen Ländern dieser Erde baut man auf die positiven gesundheitlichen Effekte, die die winzigen Körnchen mit sich bringen. Der schwarze Sesam ist der medizinisch wertvollste, die Ayurvedische Lehre spricht ihm ein Höchstmaß an Lichtenergie zu. Während in der indischen Medizin Sesamöl als hochwirksam für das Ölziehen – eine traditionelle Maßnahme in Form einer Spülung mit Pflanzenöl, um die Gesundheit von Zähnen und Mund zu erhalten – angewendet wird, wird das Öl in China von innen wie außen gegen Haarausfall eingesetzt. Sesam wirkt außerdem entzündungshemmend, regt die Verdauung sowie den Appetit an und stärkt mit seinem Kalzium die Knochen. Sesam enthält neben Vitamin E eine Reihe wichtiger B-Vitamine sowie Vitamin A und steigert damit die körperliche und geistige Leistungsfähigkeit. Als starkes Allergen ist Sesam in verarbeiteten Lebensmitteln jedoch deklarationspflichtig; die Reaktionen reichen von Hauterkrankungen bis zum anaphylaktischen Schock, ähnlich einer Histaminunverträglichkeit.

## Wissenswertes

Keilschriften aus vorchristlichen Jahrtausenden deuten darauf hin, dass der Mensch damals bereits Sesam kannte. Angeblich war es ein Gewürz, das die Götter verwendeten. Ob die alten Ägypter, Griechen oder Römer – sie alle wussten die Vorteile von Sesam als heilendes und pflegendes Öl und als Gewürz zu schätzen. Auch der berühmte Spruch ***Sesam öffne dich*** aus der Geschichtensammlung ***Tausendundeine Nacht*** hat seinen Ursprung in der Kulinarik. Da man die Fruchtkapsel erst öffnen muss, um an den begehrten Samen zu kommen, musste man auch in der arabischen Welt um 250 nach Christus den richtigen Zeitpunkt zur Sesamernte abwarten können. Wartete man zu lange, waren meist schon große Teile des Samens vom Wind verweht.

### *Praxistipp!*

*Sehr zu empfehlen ist das fein-nussige Sesamöl, das noch im 19. Jahrhundert ausschließlich über Apotheken vertrieben und sogar als Industrieöl eingesetzt wurde. Heute macht es als Speiseöl vor allem dem Olivenöl Konkurrenz, zumal es deutlich besser haltbar ist. Es besteht zu rund 90 Prozent aus ungesättigten Fettsäuren und eignet sich hervorragend für kalte Anwendungen, etwa als Salatöl, zumal es aufgrund des hohen Gehalts an ungesättigten Fettsäuren nicht hoch erhitzt werden sollte.*

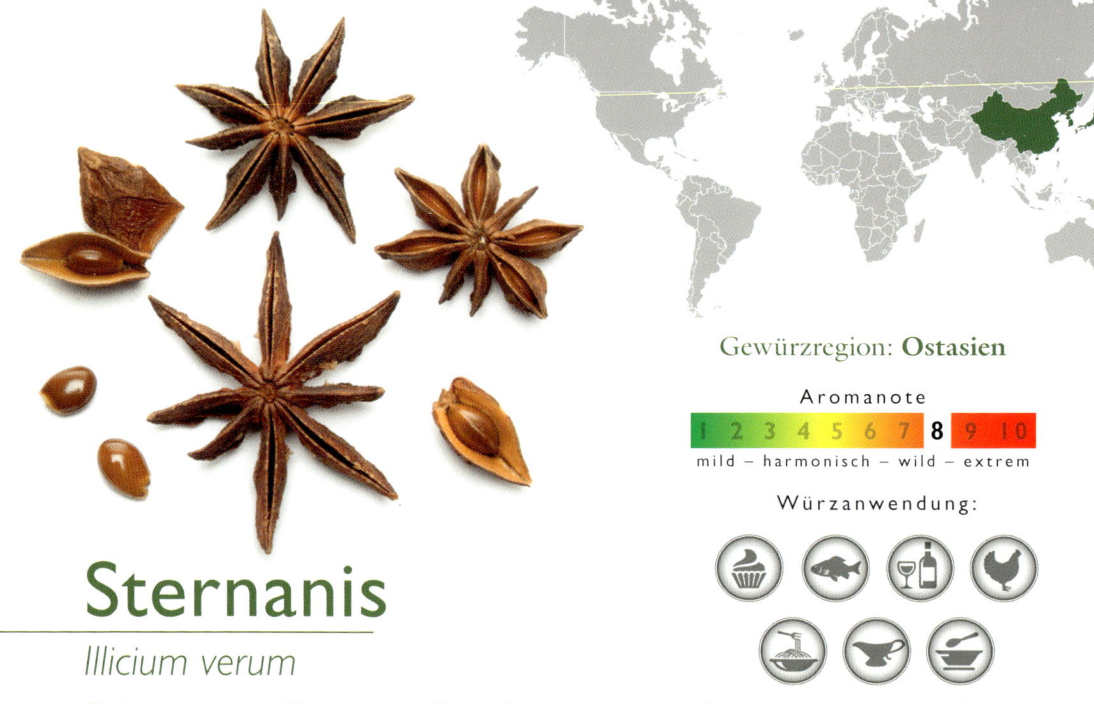


# Sternanis

*Illicium verum*

*Seine sternförmige Optik und das Anisaroma sind fixer Bestandteil von Weihnachten.*

## Aromatik

Dieses besondere Gewürz schmeckt süßlich, erinnert stark an Lakritze, Anis, Fenchel und Zimt, hat aber auch ein leicht pfeffrig-säuerliches Aroma. Auf der Zunge hinterlässt es eine leichte Betäubung mit einem frischen Nachgeschmack. Am intensivsten schmeckt die holzige Hülle, während die enthaltenen Samen kaum Würzkraft besitzen.

## Beschreibung

Echter Sternanis ist ein immergrüner Baum mit Wuchshöhen von bis zu 20 Metern, der zur Familie der Sternanisgewächse zählt und nur in tropischen Gebieten gedeiht. Mit dem bekannteren Anis hat Sternanis botanisch nichts zu tun, dieser ist ein Doldengewächs, nur im Geschmack ähneln sich die beiden Gewürze. Das Aroma sowie sein sternförmiges Aussehen haben ihm zur deutschen Gewürzbezeichnung verholfen. Sternanis bildet als Sammelfrucht meist acht, manchmal auch zwölf in Sternform gruppierte Fruchtblätter, die ebenso viele apfelkernähnliche, orange Samen enthalten. Die Sterne werden nach der Ernte im Ganzen getrocknet, da das Gewürzaroma nur in den holzigen Wänden der Fruchtblätter steckt, nicht in den Samen selbst. Seine Ursprünge in Ostasien erklären seine alternative Benennung als ***China-Anis*** – dort war er schon vor Tausenden Jahren als Würz- und Heilpflanze bekannt.

## Küchenpraxis

In Europa wird Sternanis stark mit der weihnachtlichen Küche verbunden, Kekse, Plätzchen und anderes Weihnachtsgebäck, aber auch Tees, Glühwein, Liköre und mehr werden mit dem aromatischen Gewürz versetzt. Abgesehen davon ist seine wohl bekannteste Verwendung – neben Fenchel, Zimtkassie, Gewürznelken und Szechuanpfeffer – die als Bestandteil der chinesischen ***Fünf-Gewürze-Mischung***, die bevorzugt für Fleischsaucen, Geflügel und Fisch eingesetzt wird. Mit seinem wunderbaren Aroma werden außerdem die klassische Pekingente, zahlreiche Reisgerichte, asiatische Suppengerichte sowie indische Currys verfeinert. Wer gerne experimentiert, setzt ihn sogar bei Fisch und Meeresfrüchten ein, selbst traditionelle, mitteleuropäische Speisen kann man mit ihm pimpen.

## Einkauf

Man erhält Sternanis als ganze Sterne oder bereits gemahlen, was jedoch mit einer deutlichen Aromaeinbuße verbunden ist. Es lohnt die etwas kostspieligere Variante, ihn im Ganzen zu kaufen, zumal er sich in einem geschlossenen Behälter ohne Weiteres mehrere Jahre hält.

## Heilwirkung

Das Aroma von Sternanis wird vom ätherischen Öl ***Anethol*** bestimmt, ähnlich wie bei Anis und Fenchel. Anethol wirkt stark schleimlösend und entkrampfend, hilft aber auch bei Völlegefühl, Verdauungsproblemen und Blähungen. Gerne wird das mittels Wasserdampfdestillation gewonnene Anisöl bei Erkältungen und Erkrankungen der Atemwege eingesetzt. In der Traditionellen Chinesischen Medizin gilt Sternanis als thermisch heiß und hat einen direkten Bezug zu Magen, Milz und der Niere.

## Wissenswertes

In Mitteleuropa kam der Sternanis erst 1588 durch den englischen Weltumsegler Sir Thomas Cavendish als Gewürz auf den Markt, der ihn von den Philippinen mit nach London brachte, von wo aus er in Richtung Europa verbreitet wurde. In Deutschland tritt Sternanis zum ersten Mal im Jahr 1726 in Erscheinung, als Heilmittel in einer ***Apotheker-Taxe***, einem Nachschlagewerk für pharmazeutische Kalkulationen, des Fürstentums Anhalt-Zerbst im heutigen Bundesland Sachsen-Anhalt.

### *Praxistipp!*

*Würzprofis greifen beim Sternanis zielsicher zu den ganzen Sternen, garen diese mit oder mahlen sie frisch vor Gebrauch im Mörser oder im Mixer. Möchte man seinen Geschmack weiter intensivieren, röstet man Sternanis ohne Fett an und fügt ihn im Ganzen oder gemörsert der Speisenzubereitung hinzu. Und da sich Sternanis sehr gut mit anderen Gewürzen verträgt, entstehen in Kombination mit Pfeffer, Ingwer oder Zimt spannende, neue Geschmacksvarianten.*

# Sumach

*Rhus coriaria*

*Das wohl sauerste Küchengewürz der Welt ist die optimale Alternative, wenn mal Essig oder Zitrone nicht zur Hand sind.*

Gewürz-Sumach, Gerber-Sumach, Sumak, Färberbaum

## Aromatik

Aufgrund der in ihm enthaltenen Zitronen- und Apfelsäure gilt Sumach als sauerstes Gewürz überhaupt, die herb-saure Note erinnert stark an Zitronensaft und Essig, wobei Sumach leicht bitter und erfrischend fruchtig schmeckt.

## Beschreibung

Der Sumach findet sich wild wachsend zwischen Südeuropa, dem Orient und Zentralasien. Er ist eine Pflanze aus der Familie der Sumachgewächse, ein kleiner Baum mit aromatisch duftenden Laubblättern und kleinen, tief violetten bis rotbraunen Steinfrüchten. Davon leitet sich auch sein Name Sumach ab, von ***sumaqa*** für die Farbe ***Dunkelrot***. Werden diese Früchte getrocknet und gemahlen, bringen sie jenes säuerliche Gewürz, das schon die alten Griechen kannten und schätzten. Der sauer-adstringierende Geschmack setzt sich aus verschiedenen Fruchtsäuren wie Äpfel- und Zitronensäure sowie Gerbstoffen und ätherischem Öl zusammen. Meist wird zur schnelleren Trocknung Salz hinzugefügt, einerseits um Wasser zu entziehen, andererseits um gleichzeitig das Gewicht des Gewürzes zu steigern und um den ureigenen Geschmack aufzubessern. Für besonders hochwertigen Sumach, ohne Salz und Bitterstoffe, die durch das Mitmahlen der Kerne entstehen, werden ausschließlich dünne, abgeschabte Schichten des Fruchtfleischs sonnengetrocknet und schließlich gemahlen – dieser besondere Sumach ist im Handel sehr selten erhältlich und sehr teuer.

## Küchenpraxis

Sumach macht fetthaltige Speisen bekömmlich, das wussten bereits die Römer und versetzten damit fette Fische wie Muräne und Aal. Generell verleiht das Gewürz eine säuerlich-erfrischende Note, verfeinert den Geschmack, fördert die Verdaulichkeit von rohen Zwiebeln und passt wunderbar zu gegrilltem Fleisch und Gemüse. Da die kräftige Säure zudem den scharfen Zwiebelgeschmack mildert, verfeinert Sumach gerne das „deutsche Nationalgericht", den ***Döner Kebab***. Auch die Kombination mit anderen Kräutern und Gewürzen wie Koriander, Petersilie, Minze, Thymian, Knoblauch, Chili, Kurkuma oder Sesam harmoniert geschmacklich sehr gut. Und hat man keinen Essig oder Zitronensaft zur Hand, erzielt man mit einer Prise Sumach einen ebenbürtigen Effekt. Generell wird das Gewürz gerne in der orientalischen Küche verwendet, es passt vor allem in Schmorgerichte mit Huhn, Lamm, Fisch oder Gemüse, in Dips und Salate. Pürees aus Melanzani, Linsen oder Kichererbsen erhalten durch Sumach einen runden Geschmack.

## Einkauf

Gewürz-Sumach erhält man nur selten in herkömmlichen Supermärkten, vielmehr wird man in türkischen oder orientalischen Geschäften fündig. Dort wird der rotbraune bis hellrote Aromengeber in getrockneter, geschroteter oder gemahlener Form angeboten.

## Heilwirkung

Sumach fördert als Gewürz die Verdauung fetter Speisen und verfügt über einen hohen Anteil an entzündungshemmenden Antioxidantien und Vitamin C. In der Homöopathie wird die Tinktur der frischen Blätter gegen Ausschläge, schmerzhafte Entzündungen oder Kopfschmerz angewendet.

## Wissenswertes

Oft findet man als Alternativbezeichnung für Sumach den Begriff ***Essigbaum (Rhus typhina)***, was botanisch betrachtet falsch ist, da es sich nicht um das gleiche Gewächs handelt. Der ursprünglich aus Nordamerika stammende Essigbaum zählt zwar genauso wie Sumach zur Familie der Sumachgewächse, alle seine Pflanzenteile sind jedoch ungenießbar bis giftig – was Indianerstämme früher nicht hinderte, die Früchte des Echten Essigbaums für medizinische Zwecke oder zur Herstellung von Essig zu verwenden sowie seine Rinde für die gelbe Kriegsbemalung einzusetzen.

***Praxistipp!***

*In der Anwendung ist Sumach unkompliziert, die optimale Einsatzmenge richtet sich ganz nach dem persönlichen Geschmack – eine Überdosierung ist praktisch nicht möglich. Sumach kann man sowohl zu Beginn der Speisenzubereitung, während des Garens oder erst zum Schluss hinzugeben; in vielen Ländern wird er auch als Tischgewürz angeboten, sodass bei Bedarf nachgewürzt werden kann.*

# Süßholz

*Glycyrrhiza glabra*

*Die süße Wurzel ist nicht nur die vermutlich älteste Nascherei der Welt, sie ist auch eine Geheimwaffe für ungewohnte Aromen in der Küche.*

## Aromatik

Der Geruch und Geschmack von Süßholz ist, wie der botanische Name andeutet, süßlich-lieblich und medizinisch-herb zugleich, im Aroma stark an Anis und Fenchel erinnernd.

## Beschreibung

Bei Süßholz handelt es sich um eine frostempfindliche und sonnenliebende Pflanze aus der Familie der Schmetterlingsblütler mit Wuchshöhen von bis zu einem Meter. Seine ursprüngliche Heimat liegt in China, von dort kam Süßholz als Heilkraut im Zuge der Asienfeldzüge Alexander des Großen nach Europa. Heute wächst die Pflanze sowohl verwildert als auch in Kulturen im gesamten Mittelmeerraum und im Orient. Als eigentliches Gewürz werden die langen Wurzelausläufer verwendet, die zur Erntezeit im Herbst von der Hauptwurzel getrennt und ausgegraben, im Anschluss gewaschen und geschält und an der Sonne oder im Backofen getrocknet werden. Der deutsche Name ***Lakritze*** geht auf den lateinischen Begriff ***glycyrrhiza*** zurück, ein Lehnwort aus dem Griechischen: ***glykys*** (für süß) und ***rhiza*** (für Wurzel). Da die flüssig bis zähe Konsistenz des aus der Wurzel extrahierten Lakritzesaftes als ***liquor*** (für Flüssigkeit) wahrgenommen wurde, kam es zu einer Wortwandlung in ***liquiritia*** und schlussendlich zu Lakritze.

## Küchenpraxis

Da Süßholz unglaubliche 50 Mal stärker süßt als handelsüblicher Zucker, ist es als natürliches Süßungsmittel sehr beliebt. Überall dort, wo herkömmlicher Zucker passt, ist Süßholz eine großartige Alternative – sofern man dem leichten Anisaroma, das im Süßholz steckt, etwas abgewinnen kann. Neben dem klassischen Einsatz für Süßspeisen sollten kreative Kulinariker die süße Wurzel auf jeden Fall bei der Zubereitung von Fleischgerichten ins Rennen schicken. Dies eröffnet ungeahnte geschmackliche Möglichkeiten und bereichert die aromatische Vielfalt in der pikanten Küche enorm. Ganze Süßholzwurzeln eignen sich etwa zum Mitbraten oder können zum Spicken von Schweinsbraten und Fleischgerichten von Rind, Lamm oder Wild verwendet werden. Als Pulver eingesetzt reicht zum Kochen und Backen eine Teelöffelmenge – der Geschmack sollte nicht sofort zu erkennen sein, sondern lediglich als feine Note wahrnehmbar.

## Einkauf

Das ungewöhnliche Gewürz ist kaum im üblichen Supermarktregal zu finden. Da es eine hohe Bedeutung als Heilpflanze hat, sind Reformhäuser, Kräuterläden sowie spezielle Gewürzgeschäfte eine zuverlässigere Anlaufstelle. Dort erhält man Süßholz in Form der getrockneten, braunen, ganzen Wurzeln, geschnitten oder fertig gemahlen, wobei Letzteres unter dem Namen ***Lakritzpulver*** geführt wird – Kaiser Napoléon I. soll dies stets bei sich getragen haben, vermutlich seiner chronischen Magenbeschwerden wegen.

## Heilwirkung

Süßholz wird in der Volksmedizin des Orients und Asiens seit Jahrtausenden als Arzneimittel genutzt, enthält die Pflanze doch über 400 Inhaltsstoffe. Geschätzt werden die entzündungshemmenden und schleimlösenden Wirkungen des Hauptinhaltsstoffes ***Glycyrrhizin*** bei Husten und Entzündungen im Bereich der Luftwege sowie die krampflösenden Extrakte bei Magengeschwüren oder Gastritis. Hohe Dosierungen oder Anwendungen über lange Zeiträume sollten jedoch vermieden werden, da Glycyrrhizin Natrium und Wasser im Körper speichert, was zu Bluthochdruck, Ödemen und Muskelschwäche führen kann.

## Wissenswertes

Bei der industriellen Herstellung von Lakritze werden Süßholzwurzeln zu Rohlakritze extrahiert und mit Zuckersirup, Mehl und Gelatine eingedickt, um daraus die bekannten Lakritzeformen wie Brezel, Schnecken oder Pfeifen herzustellen. Zusätzlich wird die typisch schwarze Farbe künstlich verstärkt. So wird Lakritze vor allem in Nordeuropa in vielen Varianten verkauft, den weltweit höchsten Lakritzeverbrauch haben die Niederländer mit rund zwei Kilogramm pro Kopf und Jahr.

### *Praxistipp!*

*Will man selbst Lakritzestangen herstellen, muss man die Wurzeln extrem lange auskochen und den entstandenen Saft bei niedriger Temperatur eindicken lassen. Der so gewonnene Sirup wird je nach Wunsch mit verschiedenen Farbstoffen und Zuckersirup oder mit Salz (für Salzlakritze) vermischt, in Stangen gegossen und zum Abschluss getrocknet.*

Gewürzregion: **Ostasien**

Aromanote

1 2 3 4 5 6 7 8 9 **10**

mild – harmonisch – wild – extrem

Würzanwendung:

# Szechuanpfeffer

*Zanthoxylum piperitum*

*Mitten aus dem Reich der Mitte stammt dieses zurzeit wohl edelste Gewürz der Welt.*

Sichuanpfeffer, Sechuanpfeffer, Japanischer Pfeffer, Chinesischer Pfeffer, Zitronenpfeffer

## Aromatik

Frisch gemahlen duftet Szechuanpfeffer immer zitronig-blumig und holzig-warm, im Geschmack ist er anfangs leicht süßlich-säuerlich.

## Beschreibung

Der Szechuanpfeffer stammt aus der Familie der Rautengewächse, zu denen auch alle Zitrusfrüchte gehören. Trotz der pikant-scharfen Aromatik ist er nicht mit dem Schwarzen Pfeffer verwandt. Der Name Szechuan leitet sich von der zentralchinesischen Provinz ***Sichuan*** ab, wo man ihn seit dem 1. Jahrtausend vor Christus kennt. Von dort aus hat er seinen Weg in die Kulinarik angetreten und wird heute vor allem in Zentralchina, Tibet, Nepal, Japan und Korea verwendet. Der Szechuanpfeffer wächst als rund zwei Meter hoher, stark bedornter Strauch. Als Gewürz verwendet werden die gut fünf Millimeter großen Samenkapseln, die nach der Ernte der reifen Früchte bei bis zu 70 Grad Celsius getrocknet werden. Daraus entstehen die kleinen, runden Kapseln mit kurzen Stielen, in der Farbe rotbraun bis schwarz und stark gekerbt.

## Küchenpraxis

Szechuanpfeffer passt bedingt durch seine Herkunft perfekt zu chinesischen, koreanischen und japanischen Gerichten, wobei er als ein wärmeempfindliches Gewürz zu verstehen ist und beim Kochen rasch an Aroma verliert, weshalb man ihn nur bei milder Hitze unter dem Siedepunkt einsetzen oder vor dem Servieren nochmals nachwürzen sollte. Typische Gerichte, die ohne das begehrte Gewürz undenkbar wären, sind kurz gebratenes Lammfleisch, gegrilltes oder geschmortes Rindfleisch oder Geflügel sowie Meeresfrüchte. Ebenso verfeinert er Hülsenfrüchte und Gemüse wie Erbsen, Linsen, Karotten, Kürbis, Mangold oder Krautspeisen. Er passt auch wunderbar in eine Pfeffermischung für die Mühle und verleiht damit Dips, Saucen, Marinaden, Fonds oder Suppen einen geschmacklichen Kick. Bei Verwendung ganzer Pfefferkörner lässt man diese in einem Gewürz-Ei die letzten fünf Minuten mitziehen und entfernt sie dann wieder vor dem Servieren. Zur Steigerung seines Aromas kann man Szechuanpfeffer vor seiner kulinarischen Anwendung bei geringer Hitze auch kurz anrösten und nach dem Abkühlen grob mahlen. Abgemischt mit Chiliflocken entsteht damit ein wahrhaftig teuflisches Duo.

## Einkauf

Szechuanpfeffer stammt auch heute noch zum Großteil aus Wildsammlungen und wird dementsprechend über den guten Fachhandel vertrieben, als gemahlenes Gewürzpulver oder als ganze Samenkapseln. Die schwarzen Samen sind recht körnig, bleiben zwischen den Zähnen stecken und sollten möglichst aussortiert sein – sehr gute Qualitäten haben kaum Stiele und Samen. Vom Kauf von Pulver ist abzuraten, da es deutlich weniger intensiv schmeckt.

## Heilwirkung

Szechuanpfeffer wirkt appetitanregend, verdauungsfördernd und magenberuhigend, bei Völlegefühl und Magendrücken kann er die Verdauung erleichtern. Auch in der Traditionellen Chinesischen Medizin wird er eingesetzt, er vertreibt Feuchtigkeit, wirkt wärmend und zerstreut Kälte.

## Wissenswertes

Wer einmal Szechuanpfeffer gekostet hat, vergisst nie wieder seinen typisch zitronenartigen, scharfen Geschmack, auf der Zunge stark prickelnd mit einem Taubheitsgefühl auf den Lippen und dem Gaumen. Dafür zeichnen sich verschiedene ***Amide*** verantwortlich, chemische Ammoniakverbindungen, die in großen Mengen in den Samenkapseln enthalten sind. In China selbst wird diese Aromatik richtigerweise nicht als scharf bezeichnet, vielmehr als betäubend, wodurch auf der Zunge eine andere Geschmackswahrnehmung entsteht als durch klassische Schärfe.

***Praxistipp!***

*Als Geheimtipp zählt der Szechuanpfeffer auf Obstsalaten oder in Schokoladendesserts, Pralinen und in süßen Likören – vor allem aufgrund der Schärfe und des exotischen Zitronengeschmacks.*

# Tasmanischer Pfeffer

*Tasmannia lanceolata*

*Zwar kein echter Pfeffer, dafür umso schärfer, aromatischer und teurer.*

Australischer Bergpfeffer

## Aromatik

Anfangs offenbart Tasmanischer Pfeffer ein süßlich-herbes und exotisch-warmes Aroma, mit Noten von Wacholder und einer zunehmenden Schärfe, die sich bei größeren Mengen bis zur Taubheit von Zunge und Gaumen entwickeln kann, ähnlich dem Szechuanpfeffer, wobei die Schärfe rasch wieder nachlässt.

## Beschreibung

Der Tasmanische Pfeffer ist eine der wenigen australischen Würzpflanzen, die den Sprung in die internationale Kulinarik geschafft haben. Zwar gibt es in Australien noch weitere Tasmanische Pfefferarten wie den ***Dorrigopfeffer*** oder den ***Alpine Pepper***; wenn aber vom Australischen Pfeffer die Rede ist, ist immer der ***Tasmannia lanceolata*** gemeint. Er ist ein immergrüner, bis zu fünf Meter hoher Strauch, der sowohl auf der namensgebenden Insel Tasmanien wie auch in Südaustralien vorkommt und dort am besten in kühlen und feuchten Wäldern gedeiht. Der Bergpfeffer zählt botanisch betrachtet nicht zu den klassischen Pfeffergewächsen ***Piperaceae***, sondern zu den ***Winteraceae***, bevorzugt in den Bergregionen tropischer Gebiete wachsende Sträucher mit aromatisch duftenden Blättern. Nach der Blütezeit bilden sich beerenähnliche, erbsengroße, glänzend rote Früchte, die bläulich schwarz ausreifen und nach der Ernte im Schatten getrocknet werden.

## Küchenpraxis

Bergpfeffer passt als Gewürz natürlich exzellent zu Steaks vom Känguru, aber auch zu Lamm, Rind oder Wildfleisch sowie zu Kürbis oder Wurzelgemüse. Er wird grundsätzlich immer als ganze Beere oder frisch gestoßen verwendet, da er sich nicht gut mahlen lässt und Mühlen verklebt. Wünscht man dabei vor allem seine extreme Schärfe, sollte man erst vor Ende des Kochprozesses würzen, da er bei längerer Hitzeeinwirkung an Schärfe verliert. Sucht man hingegen nur das einmalige Pfefferaroma, ist es empfehlenswert, ihn länger mitzukochen, damit er das gesamte Gericht durchdringen kann, beispielsweise bei lang kochenden Fleischeintöpfen oder Bohnengerichten. Die beerenähnlichen Früchte eignen sich zudem für eine klassische Pfeffersauce, die gut mit Rind und kräftigem Wild harmoniert, vor allem mit Hase und Reh. Generell gilt es bei der verwendeten Menge vorsichtig zu sein, etwa ein Zehntel des Bergpfeffers reicht im Vergleich zur Menge von herkömmlichem Schwarzen Pfeffer aus.

## Einkauf

Die getrockneten Pfefferbeeren werden im gehobenen Fachhandel angeboten, wobei sie aufgrund der aufwendigen Wildsammlung ein recht teures Gewürz sind. Oft findet man den Tasmanischen Pfeffer auch in Currymischungen und als Schärfezutat in japanischen Wasabi-Gewürzpasten.

## Heilwirkung

Medizinisch wird der Tasmanische Pfeffer vor allem wegen des hohen Anteils an ***Polygodial*** geschätzt, das als antimikrobiell, antiallergen und entzündungshemmend gilt. Tasmanischer Pfeffer enthält ähnlich den Heidelbeeren oder Cranberrys auch ein Vielfaches an ***Antioxidantien***, die durch ihre Wirkung als Radikalfänger im menschlichen Organismus eine wichtige Rolle zur Behandlung von Alterungsprozessen und der Vermeidung vieler Krankheiten spielen.

## Wissenswertes

Die australische Urbevölkerung hatte mit dem Tasmanischen Pfeffer kulinarisch nichts zu tun, erst britische Siedler nutzten ihn ab dem 17. Jahrhundert in der Kolonialmedizin gegen Skorbut und Magen-Darm-Erkrankungen. Sein Weg in die internationale Kulinarik begann als Pfefferersatz über Großbritannien, wo er vor allem in der Küche Cornwalls Anklang fand und sich seit gut 20 Jahren als Geheimtipp und exklusive Alternative zu Schwarzem Pfeffer in ganz Europa ausbreitet.

### *Praxistipp!*

*Ausgezeichnet schmeckt der Bergpfeffer auf Vanilleeis, wo er mit seiner purpurnen Farbe, welche die Beeren abgeben, optisch perfekt zur Geltung kommt – ebenso lassen sich damit helle Saucen oder Suppen bläulich violett einfärben.*

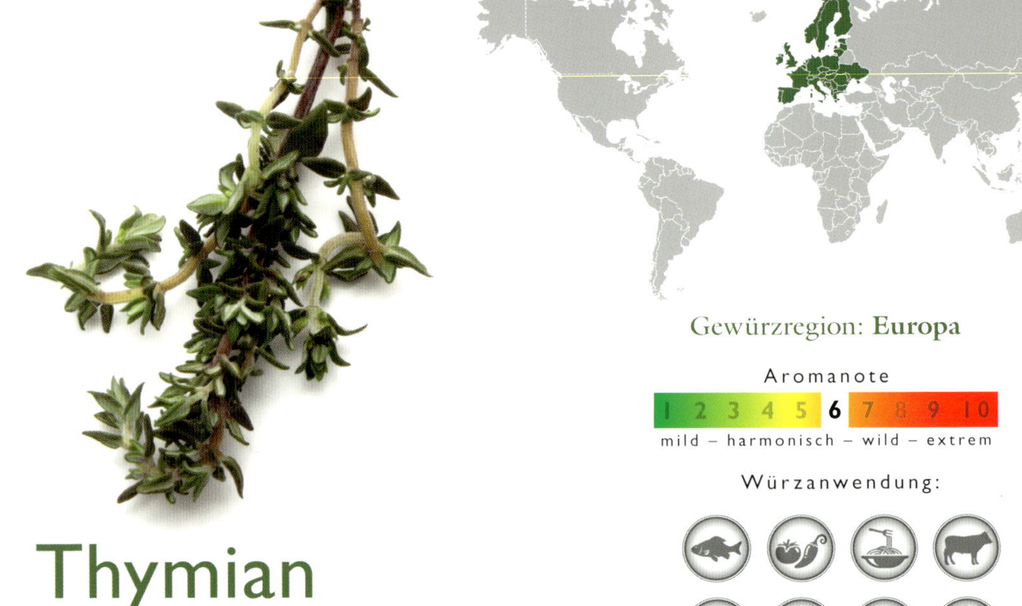


# Thymian

*Thymus vulgaris*

*Das mediterrane Universalkraut für Körper, Gaumen und Seele schmeckt gut, riecht gut und tut gut.*

Echter Thymian, Gartenthymian, Römischer Thymian

## Aromatik

Die Aromatik von Thymian erinnert stark an Pizza, ist er doch eines der bekanntesten Pizzakräuter, blumig-frisch-ätherisch mit einem Duft nach Zitrone und einem Hauch von Tannennadeln.

## Beschreibung

Der Echte Thymian ist wie sein wild wachsender Bruder, der Quendel ***(Thymus serpyllum)***, in ganz Mitteleuropa heimisch. Thymian ist nur in warmen Gegenden auch verwildert zu finden, er stammt heute zum Großteil aus kontrolliertem Anbau. Er ist ein ausdauernder, stark verzweigter Halbstrauch aus der Familie der Lippenblütler mit verholzten Zweigen und kleinen, kurzen, elliptischen Blättern, an der Oberseite graugrün, an der Unterseite filzig grauweiß behaart. Beiden Thymianarten ist gemeinsam, dass sie reich an ätherischem Öl sind, deren wichtigster Bestandteil das medizinisch bedeutsame ***Thymol*** ist. Im Gegensatz zum Quendel ist der Echte Thymian um ein Vielfaches reicher an Thymol, weswegen man den südländischen Thymian kulinarisch klar dem Verwandten aus dem Norden gegenüber bevorzugt.

## Küchenpraxis

Der Thymian ist eine der wichtigsten Gewürzpflanzen der Welt. Er kann im frischen, aber auch getrockneten Zustand unter anderem im Tomatensalat, in Suppen, Saucen, Eintöpfen, Fisch- und Fleischgerichten wie auch in der Wurstfülle verwendet werden. Sein herbbitterer Geschmack verfeinert auch Kartoffel- und Gemüsegerichte; vor allem in Verbindung mit Knoblauch, Oliven und Zucchini ist der Thymian unschlagbar. Zudem ist er in vielen Kräutermischungen enthalten, ist etwa Fixbestandteil in den berühmten ***Herbes de Provence*** und fügt sich wunderbar in das Kräutersträußchen ***Bouquet garni*** ein, wo er gemeinsam mit Lorbeer und Petersilie alle frisch-blumigen und würzig-aromatischen Komponenten zum Aromatisieren von Suppen und Eintöpfen liefert. Die Bitternote von Thymian passt außerdem perfekt zu Schmorgerichten mit Rotwein oder Bier, die er mit seinen pizzaartigen Röstaromen verfeinert. Und natürlich darf Thymian auf kaum einem mediterranen Gericht fehlen, weder am Seeteufel vom Grill noch am Pilzrisotto oder gar auf der Pizza.

## Einkauf

Thymian kauft man am besten vorgezogen als Pflanze in Schalen oder Töpfen im Gartenfachhandel und bietet ihm viel Sonne – je mehr er davon bekommt, umso intensiver wird das Aroma. Die frischen Zweige halten, in einem feuchten Tuch eingewickelt, mehrere Tage im Kühlschrank. Oder aber man verwendet Thymian getrocknet und gerebelt oder als Pulver, wobei dieses nur beschränkt haltbar ist und rasch an Aromatik verliert.

## Heilwirkung

In der Pflanzenheilkunde schätzt man das Thymol vor allem wegen seiner entzündungshemmenden, krampflösenden und bakterientötenden Eigenschaften. Echter Thymian ist ein hervorragendes Hustenmittel, das auch bei Keuchhusten nicht versagt. Lösend wirkt Thymian ebenso im Magen-Darm-Trakt und hilft gegen Blähungen und Sodbrennen, offenbar einer der Gründe, warum man das Gewürz schon seit jeher in schwer verdaulichen Speisen aus fettem Fleisch oder Hülsenfrüchten einsetzt. Auch auf das Nervensystem hat Thymian eine beruhigende Wirkung, man kann ihn als Tee gegen Einschlafstörungen und Alpträume trinken oder gegen Katzenjammer nach ausgedehnten Trinkgelagen. Im entspannenden Dampfbad desinfiziert er die Atmungsorgane und erleichtert die Atmung.

## Wissenswertes

Die Verwendung von Thymian hat eine sehr lange Geschichte, die bis in das 3. Jahrtausend vor Christus zurückreicht. Schon damals dokumentierten die Sumerer auf Keilschrifttafeln, dass getrocknetes Thymianpulver mit Feigen, Birnen und Wasser vermischt werden soll, um heilende Umschläge herzustellen. Die Ägypter nutzten Thymian, um damit ihre Toten einzubalsamieren. Der Name Thymian soll vermutlich vom altägyptischen Wort ***Tham*** abstammen, das eine stark duftende Pflanze bezeichnete, die zur Einbalsamierung verwendet wurde. In Griechenland wurde der Tham zum ***Tymon***, die Griechen hatten Thymian als beliebtes Räuchermittel im Einsatz. Im alten Rom war die Pflanze schlussendlich unter dem lateinischen Begriff ***thymus*** anzutreffen, wo sie in der ***Naturalis historia*** von Gaius Plinius Secundus als Heilpflanze beschrieben wurde. In der römischen Rezeptesammlung ***De re coquinaria*** wird Thymian bereits als Gewürz geführt, unter anderem als Zutat für Schweineleber, gemeinsam mit Pfeffer, Liebstöckel, Garum, Wein und Öl. Nach Mittel- und Nordeuropa kam der Thymian vermutlich erst im 11. Jahrhundert über die Benediktiner, die ihn in ihren Klostergärten anbauten, von wo er schließlich in die Bauerngärten gelangte. Auch Hildegard von Bingen schätzte Thymian als wertvolle Heilpflanze.

**Praxistipp!**

*Frischer Thymian sollte erst gegen Ende der Garzeit mitgekocht werden, da er so am besten das volle Aroma entfalten kann und die zitrusartigen und blumigen Noten erhalten bleiben. Getrocknetes Kraut kann auch von Anfang an mitgekocht werden, wobei man dieses in Maßen dosieren sollte, da es noch mehr Würzkraft besitzt.*

# Tonkabohne

*Dipteryx odorata*

*Mit dem hocharomatischen Gewürz kann man bei maßvoller Dosierung unglaubliche kulinarische Höhenflüge erzielen.*

Toncabohne, Tongobohne, Tonkobohne

## Aromatik

Der außergewöhnliche und intensive Duft der Tonkabohne kann fast als berauschend beschrieben werden – Noten von Vanille, Waldmeister, Mandel, Heublumen, Zimt und karibischem Rum sind wahrnehmbar. Ihr Geschmack ist anfangs leicht herb, dann zunehmend süßlich-bitter, wobei schon geringe Mengen der Bohne eine enorme Wirkung entfalten.

## Beschreibung

Als Tonkabohne bezeichnet man den hocharomatischen, dunkelbraunen bis schwarzen Samen des Tonkabohnenbaums, eine Pflanzenart aus der Familie der Hülsenfrüchtler, die im Norden Lateinamerikas beheimatet ist. Der bis zu 30 Meter hohe tropische Tonkabaum trägt alljährlich gelbliche Hülsenfrüchte in der Größe einer Mango, aus der ein mandelförmiger Samen, die Tonkabohne, entnommen wird. Die Bohne wird getrocknet, in kräftigem Rum eingelegt, nochmals getrocknet und anschließend fermentiert, um den typischen Geruch zu entwickeln und den Cumaringehalt zu senken. ***Cumarin*** kann zu unerwünschten Nebenwirkungen wie Kopfschmerzen, Erbrechen oder Schwindel führen und wird von Menschen unterschiedlich stark wahrgenommen; bei Überdosierungen kann es auch zu Lähmungen und Atemstillstand bis hin zu Leber- und

Nierenschädigungen kommen. Eindeutige Belege für die angebliche Gefährlichkeit von Cumarin bei normalen Gebrauch gibt es nicht, zumal unangenehme Nebenwirkungen erst nach extremen Überdosierungen auftreten. Die Verwendung von ein bis zwei Bohnen für ein Gericht für vier Personen gilt jedenfalls als unbedenklich.

## Küchenpraxis

Würde man die Tonkabohne nur als kostengünstigen Ersatz für die Vanille und damit ausschließlich in der Weihnachtszeit verwenden, täte man ihr großes Unrecht. Das hat man in vielen Haubenküchen bereits verstanden und nutzt die Bohne immer öfter aufgrund des intensiven und kraftvollen Charakters als Hauptakteur in unterschiedlichen, auch pikanten Kreationen. Sparsam eingesetzt, passt die Tonkabohne perfekt in Süßspeisen, vor allem in jene auf Basis von Mohn, Kokos oder Milch – wie beispielsweise in Vanilleeis oder in die italienische ***Panna cotta***. Auch kombiniert mit Gemüse, Fisch oder Fleisch von Geflügel bis Rind verspricht sie ungeahnte geschmackliche Erlebnisse. Für ihre Anwendung nimmt man eine Muskatnussreibe, mit der man pro Gericht für mehrere Personen ein bis maximal zwei Tonkabohnen fein zerreibt und während des Kochvorgangs einstreut. Eine andere Option ist, die ganze Bohne in Milch auszukochen und die aromatisierte Milch als Würze einzusetzen.

## Einkauf

Man erhält das Gewürz ausschließlich als getrocknete Bohne in spezialisierten Gewürzläden. Am besten lagert man Tonkabohnen kühl und trocken, um das Aroma lange zu bewahren.

## Heilwirkung

In der Naturheilkunde wird die Tonkabohne bei Übelkeit über Husten oder Ohrenschmerzen bis hin zu Asthma verabreicht. Sie wirkt dabei schmerzlindernd, erwärmend und entkrampfend. Bei der Beseitigung innerer Unruhe ist sie ebenso hilfreich, wie sie Seele und Geist harmonisiert.

## Wissenswertes

Ihre erste Erwähnung in Europa fand die Pflanze 1775 durch den französischen Pharmazeuten Jean Baptiste Christophe Fusée Aublet. Aufgrund ihres angenehmen Geschmacks wurde sie schon damals als Gewürz empfohlen, konnte sich aber gegen die Vanille nie als wichtiges Gewürz behaupten. Nach der Entdeckung der angeblichen Giftigkeit von Cumarin Mitte der 1950er-Jahre wurde die Tonkabohne zuerst in den USA, später auch in Westeuropa verboten, durch die Aromenverordnung 1991 für die Verwendung als Gewürz bei Einhaltung des Höchstwertes von maximal 50 Milligramm pro Kilogramm Süßspeise als Aromastoff wieder erlaubt.

### *Praxistipp!*

*Mit ihrem starken Aroma wird die Tonkabohne, zu Pulver zermahlen oder anderen Mischungen beigegeben, als Räuchermittel eingesetzt. Verbrennt man eine Tonkabohne, setzt sie einen süßlich-würzigen Duft nach Vanille und Mandel frei – und man sagt ihr dabei gemütsaufhellende, hypnotische und sogar erotisierende Wirkungen nach. Daher wird sie vielfach im Rahmen von Aromatherapien eingesetzt und soll dabei helfen, innere Blockaden zu lösen oder alte Verletzungen zu heilen.*

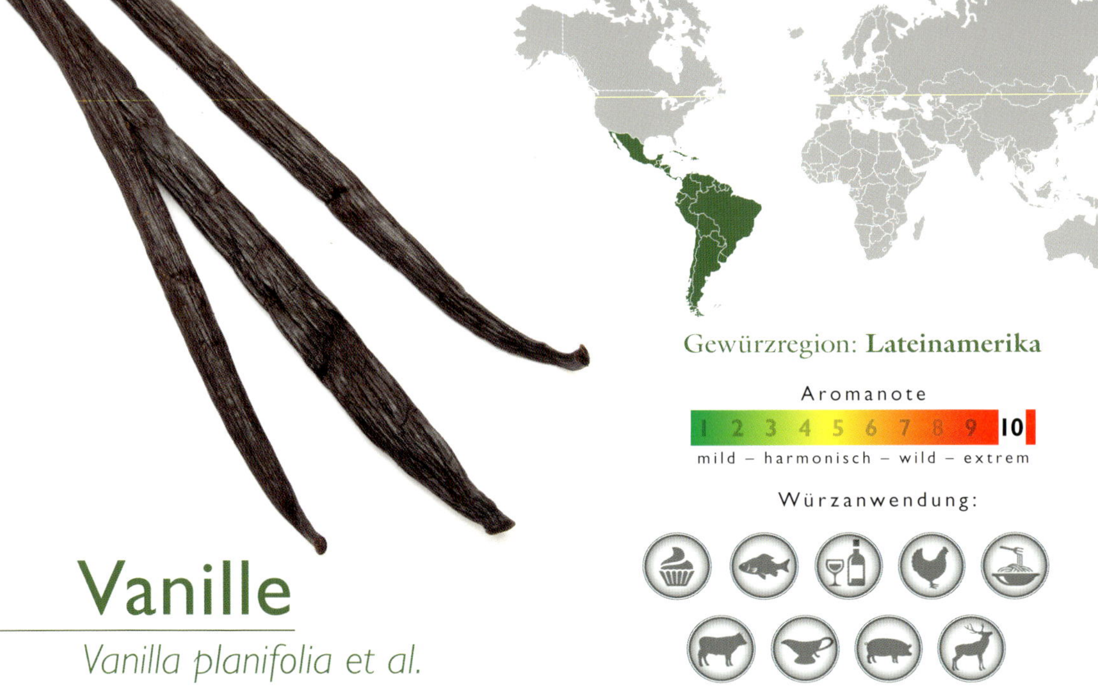


# Vanille

*Vanilla planifolia et al.*

*Als die Trüffel der Tropen wurde sie bereits von den Azteken als eine Königin der Gewürze verehrt.*

## Aromatik

Eine gute Vanille erkennt man am weichen, süßen Duft nach getrockneten Früchten und Blüten, mit satten Noten nach Pfeifentabak, im Geschmack ist sie üppig süß und vielseitig mit zartherben Noten.

## Beschreibung

Bei der Vanille handelt es sich um die Frucht einer tropischen Schlingpflanze aus dem Raum Südmexiko und Guatemala, die wegen ihrer Blütenpracht zur Gruppe der Orchideengewächse zählt. Die Gattung ***Vanilla*** umfasst etwa 110 Arten, von denen rund 15 Arten die aromatischen Kapselfrüchte, die ***Vanilleschoten***, liefern – die botanisch betrachtet jedoch keine Schoten sind. Sie werden kurz vor der Reife gelbgrün geerntet und zur Gewinnung des Aromas der sogenannten Schwarzbräunung unterzogen, einer zeitintensiven Fermentation in luftdichten Behältern. Erst dadurch wandeln sich die Fruchtkapseln zu den bekannten, schwarzbraun glänzenden Vanillestangen, dem eigentlichen Gewürz. Die wichtigste Art ist die Gewürzvanille ***Vanilla planifolia***. Sie wird heute überwiegend auf den sogenannten ***Vanille-Inseln*** Madagaskar, Réunion, Mauritius und anderen Inseln des Indischen Ozeans angebaut. Die Gewürzvanille kennt man vor allem unter dem Namen ***Bourbon-Vanille***, weil dessen Ursprung im alten Namen ***Île Bourbon*** der Insel Réunion, wie sie bis 1848 genannt wurde, liegt. Zweifelsohne zählt die Bourbon-Vanille zur beliebtesten und teuersten Sorte aller Arten, ihr intensives und harmonisches Aroma ist unverkennbar. Unter Liebhabern ist die ***Mexiko-Vanille*** jedoch noch beliebter. Sie wird allerdings aufgrund der hohen Nachfrage fast zur Gänze in Amerika verkauft und kann in Europa nur über Fachhändler zu hohen Preisen bezogen werden. Die Mexiko-Vanille gilt als feinste Sorte unter den Gewürzvanillearten, die Schoten sind deutlich länger, schwerer und intensiver. Ebenfalls von kulinarischer Bedeutung sind die Tahiti-Vanille ***Vanilla tahitensis*** und die Guadeloupe-Vanille ***Vanilla pompona***. Die Tahiti-Vanille stammt aus dem südpazifischen Raum und ist nah mit der Gewürzvanille verwandt, unterscheidet sich jedoch durch ihr blumiges, blütenartiges, exotisches Aroma. Die Guadeloupe-Vanille stammt aus Mittel- und Südamerika und wird heute auf den Westindischen Inseln angebaut, sie besitzt ähnliche Aromen wie die Tahiti-Vanille.

## Küchenpraxis

Die Vanille ist in vielen Desserts, in Kuchen- und Keksteigen, Puddings, Cremes, Eis, Backwerk, zu Obst, aber auch in (süßen) Getränken, von Kaffee über Tee bis Schokolade, unverzichtbar. Ihre Eigenschaft, angeblich die Lust aufs Naschen zu zügeln, sei dahingestellt. Fakt ist, dass Vanille mit ihrem lieblichen Aroma Nase und Gaumen buchstäblich betört. In der Praxis wird die längliche, dunkelbraune Vanilleschote mit einem Messer aufgeschlitzt, ihr Mark herausgekratzt und frisch verwendet. Für die ausgehöhlte Schote, die selbst viele Aromastoffe in sich trägt, gibt es ebenfalls weitere Verwendungsmöglichkeiten. So kann die Vanillestange in Flüssigkeiten wie Milch (man denke an die Vanillesauce), Schlagobers, Saucen oder Kompotten mitgekocht oder mit Kristallzucker oder Salz in einem luftdicht verschlossenen Glas abgefüllt werden, um sie einige Wochen zur Aromatisierung ziehen zu lassen. Auch die abgewaschene und getrocknete Frucht kann zu Pulver gemahlen aromatisch weiterverwendet werden. Apropos: Wer gerne experimentiert, sollte die Vanillestange unbedingt einmal für herzhafte Gerichte heranziehen. Ob Fleisch, wie Huhn, Kalb, Schwein oder Wild, Fisch, Gemüse, Reis, Sugos oder Saucen – das exquisite Gewürz, das hervorragend mit Zimt, Anis, Kardamom oder Nelken harmoniert, sorgt dabei für völlig neue Geschmackserlebnisse.

## Einkauf

Wichtig beim Kauf von Vanille ist bei allen erhältlichen Sorten die dunkelbraune, fettglänzende, weiche und biegsame Form der Vanillestangen. Einen großen Teil des Aromas bindet die ölige Flüssigkeit innerhalb der Kapselfrucht – dies ist auch der Grund, warum man die Frucht der Länge nach aufschneiden und die Samen gemeinsam mit dem Öl, dem Vanillemark, herauskratzen soll. Alternativ dazu ist ***Vanillepulver*** aus gemahlenen Samenkörnern der Kapselfrucht erhältlich. Dieses enthält jedoch bedingt durch die technische Herstellung oft viel weniger Vanillearoma. Oder aber man greift zu Vanilleextrakt oder Vanilleessenz in hochkonzentrierter Form, dem scharf schmeckenden, flüssigen Auszug von Vanille, oft versetzt mit etwas Ethanol und Zuckersirup.

## Heilwirkung

Es gilt als weitgehend unbekannt, dass die Vanille auch eine Heilpflanze ist, steht sie doch zurecht als Genussmittel im Fokus. Als eine Hauptanwendung galt schon zu Zeiten der Azteken die Potenzsteigerung, nebenbei wirkt sie leicht entspannend, muskelstärkend sowie stoffwechsel- und verdauungsfördernd.

## Wissenswertes

Der Name Vanille leitet sich vom spanischen ***vainilla*** für kleine Hülse oder Schote ab, womit auch schon die Spanier ins Spiel kommen: Als die spanischen Eroberer Anfang des 16. Jahrhunderts das Reich der Azteken eroberten, lernten sie dort die betörend duftende Vanille kennen und brachten sie nach Europa, wo sie vor allem zum Parfümieren der ebenfalls aus Südamerika mitgebrachten, bitteren Schokolade genutzt wurde. Danach dauerte es noch viele Jahrzehnte, bis die Verwendung von Vanille in Europa üblich wurde, lange blieb sie eine Spezerei für den Adel. Und Spanien hütete dieses Monopol, denn auf die illegale Ausfuhr der Vanillepflanze folgte die Todesstrafe. Erst nach der Unabhängigkeit Mexikos ab 1810 gelangten Setzlinge nach Europa, 1822 brachten die Franzosen sie nach Réunion, wo sie bis heute ihre zweite Heimat fern von Mexiko gefunden hat. 1874 erfanden die deutschen Chemiker Haarmann und Tiemann die synthetische Herstellung von Vanillin, dem Hauptaromastoff der Vanille. Dieses wurde anfangs aus ***Coniferin*** hergestellt, dem Saft aus jungem Holz kieferartiger Nadelhölzer (Koniferen). Heute wird ***Vanillin*** technisch aus ***Eugenol*** produziert und gilt mengenmäßig als der wichtigste Aromastoff weltweit, nicht zuletzt dank seiner sehr preisgünstigen Herstellung.

### *Praxistipp!*

*Wer sein Geld in Gewürzen anlegen möchte, sollte Vanille kaufen. Da es generell immer zu wenig Vanille am Markt gibt, dreht sich die Preisspirale stetig nach oben, zuletzt um bis zu 500 Prozent innerhalb der Jahre 2014 bis 2016. Schuld daran sind vor allem Spekulanten und Fehlernten auf Madagaskar, das für bis zu 85 Prozent der Welternte verantwortlich ist. Das Ursprungsland der Vanille, Mexiko, exportiert längst keine Schoten mehr. Und außerhalb Mexikos ist der Anbau mühsam, da die Blüten per Hand bestäubt werden müssen – in Mexiko erledigen dies traditionell die Kolibris, die nur entlang des Äquators beheimatet sind.*

# Wacholder

*Juniperus communis*

*Als Gewürz schon seit dem Mittelalter im Einsatz erlebt der Wacholder im trendigen Gin einen unerwarteten Höhenflug.*

Gemeiner Wacholder, Heidewacholder, Kranewittbaum, Weihrauchbaum

## Aromatik

Wacholder überzeugt durch seine würzige Süße und eine kampferartige Note, er punktet mit einem leicht herben, zart bitteren, harzigen Geschmack und einer kraftvollen, anregenden, pfeffrigen Aromatik.

## Beschreibung

Wacholder ist eine Pflanzengattung aus der großen Familie der Zypressengewächse, wobei in Mitteleuropa in freier Natur nur zwei Arten vorkommen, der ***Gemeine Wacholder*** mit den bekannten ***Gewürzbeeren*** und der ***Sadebaum***, aufgrund seiner vorwiegend giftigen Pflanzenteile auch Giftwacholder genannt. Der Gemeine Wacholder wächst als immergrüner, aufrechter Strauch – allerdings sehr langsam. Das duftende, zähe und schwere Gehölz legt nur rund zehn Zentimeter pro Jahr zu, dafür kann das Gewächs aber auch mehrere Hundert Jahre alt werden. Man findet ihn meist auf sonnigen Weiden und Heiden, an Felsen und in lichten Wäldern. Typisch für den Wacholder sind die zu dritt in Quirlen angeordneten, nadelförmigen Blätter (***Blattdornen***) sowie die lange Reifezeit der beerenförmigen Zapfen (***Beerenzapfen***), umgangssprachlich auch ***Wacholderbeeren*** genannt. Im ersten Jahr nach der Bestäubung ist die Beere noch grün, erst im zweiten oder dritten Jahr wird sie schließlich schwarzbraun bis bläulich, bereift mit einer ledrig-harten Wachsschicht. Meist befinden sich unterschiedliche Beeren in verschiedenen Reifestadien am gleichen Strauch. Die Beeren enthalten neben Zucker und Harz auch reichlich Wacholderöl, das in Geruch und Geschmack ein wenig an Terpentinöl und Weihrauch (daher auch der Name ***Weihrauchbaum***) erinnert. Dafür sind vor allem ***Terpineole*** verantwortlich, die in ätherischen Ölen vieler Gewürzpflanzen vorkommen, beispielsweise Lorbeer, Rosmarin, Anis, Majoran, Salbei, Kurkuma oder in der Muskatnuss. Wichtig ist dabei zu berücksichtigen, dass unreife Beeren deutlich mehr an ätherischem Öl enthalten als dreijährige, reife Beeren – der Grund, warum unreife Wacholderbeeren als leicht giftig eingestuft werden.

## Küchenpraxis

Wacholderbeeren sind ein wichtiges Gewürz in vielen europäischen Küchen, besonders im alpinen Raum, wo Wacholder als einzig bekanntes Gewürz aus der Gruppe der Nadelhölzer vorkommt und schon seit Generationen kulinarisch genutzt wird. Eine der Hauptanwendungen der Wacholderbeeren ist das Sauerkraut, bevorzugt als frisch zur Milchsäuregärung angesetztes Weißkraut mit Wacholder, Pfeffer, Kümmel und Lorbeerblättern. Auch – zerdrückt oder zerrieben – im Lammbraten, im Sauer- und Schweinebraten, bei Wild und Wildgeflügel, von der Beize bis zur Marinade, in dunklen und derben Fleischragouts, deftigen Aufläufen oder in Fischmarinaden sorgen sie für eine herrliche Note. Da sich das Aroma langsam entwickelt, sollten die Beeren bereits zu Beginn des Kochprozesses beigegeben werden. Zudem ist Wacholder zum Räuchern von Fleisch und Fisch ideal einsetzbar, in traditionellen Rezepten findet man oft die Beigabe von bis zu zwölf Wacholderbeeren pro Kilogramm Speck oder Schinken. Man kann außerdem das Holz des Strauches oder einzelne Zweige zur Aromatisierung des Rauchs beigeben, wobei eine zu hohe Dosierung zu einem seifigen, bitteren Geschmack führen kann.

## Einkauf

Getrocknete Wacholderbeeren findet man in jedem Gewürzregal; vor Gebrauch mit dem Mörser zerstoßen, entwickeln diese ihre ätherischen Öle optimal. Immer unmittelbar vor dem Kochen vorbereiten; fertig gemahlener Wacholder ist mit frisch gestoßenem geschmacklich nicht zu vergleichen.

## Heilwirkung

Medizinische Einsatzbereiche des Wacholders kannten bereits die alten Griechen und Römer, schon Hippokrates nutzte um 400 vor Christus die Beeren zur äußeren Wundbehandlung. Der griechische Arzt Dioskurides empfahl Wacholder bei Brustleiden, Husten, Leibschmerzen und Bissen wilder Tiere. Auch Sebastian Kneipp hat die Wirkung der Früchte geschätzt und sie als appetitanregend und magenstärkend empfohlen. Generell ist erwiesen, dass Wacholderbeeren harntreibend wirken, man setzt sie vor allem zur Durchspülung bei Infekten der Harnwege ein. Da jedoch eine Überdosierung eine Reizung des Nierengewebes hervorrufen kann, ist eine Selbstmedikation nur für wenige Tage ratsam. Das gilt auch für den Einsatz bei Verdauungsproblemen, bei Krämpfen im Magen-Darm-Bereich, bei Völlegefühl, Aufstoßen und bei Sodbrennen. In der Volksmedizin wird eingedickter Wacholdersaft gerne bei rheumatischen Erkrankungen eingesetzt und ist oft in Badezusätzen zu finden.

## Wissenswertes

Bereits für die Germanen galt Wacholder aufgrund seiner Beständigkeit als Symbol ewigen Lebens, für die Kelten war er eine der wichtigsten Zauberpflanzen, deren Rauch Dämonen, Ungeziefer und Schlangen vertrieb. Wacholderrauch gilt bis heute als reinigend und desinfizierend, er riecht angenehm holzig und gleichzeitig frisch. Als Schutz vor Verwünschungen durch Teufel und Hexen legte man beim Hausbau Wacholderäste ins Fundament. Der Spruch ***Vorm Holunder sollst den Hut ziehen, vorm Wacholder niederknien*** weist auf das große Ansehen hin, das die Pflanze in alten Zeiten genoss. Wacholder bedeutet so viel wie kräftig und lebensfrisch. In vielen ländlichen Regionen ist es noch heute Brauch, einen Wacholderzweig an den Hut zu stecken, um eine vorzeitige Ermüdung zu verhindern, was möglicherweise auch auf seinen Namen Wacholder als ***Wachhalter*** zurückzuführen ist: Er soll den Menschen am Leben erhalten und nach dem Tod wieder ins Leben zurückführen.

### *Praxistipp!*

*Der hohe Zuckergehalt der Beeren ermöglicht eine optimale Vergärung und Destillation zur Herstellung von Wacholderschnäpsen; bekannten Spirituosen wie Krambambuli oder Kranewitter gibt die Wacholderbeere die spezielle Geschmacksnote. Und auch der Name Gin leitet sich indirekt vom botanischen Namen des Wacholders Juniperus sowie der niederländischen Variante Genever ab.*

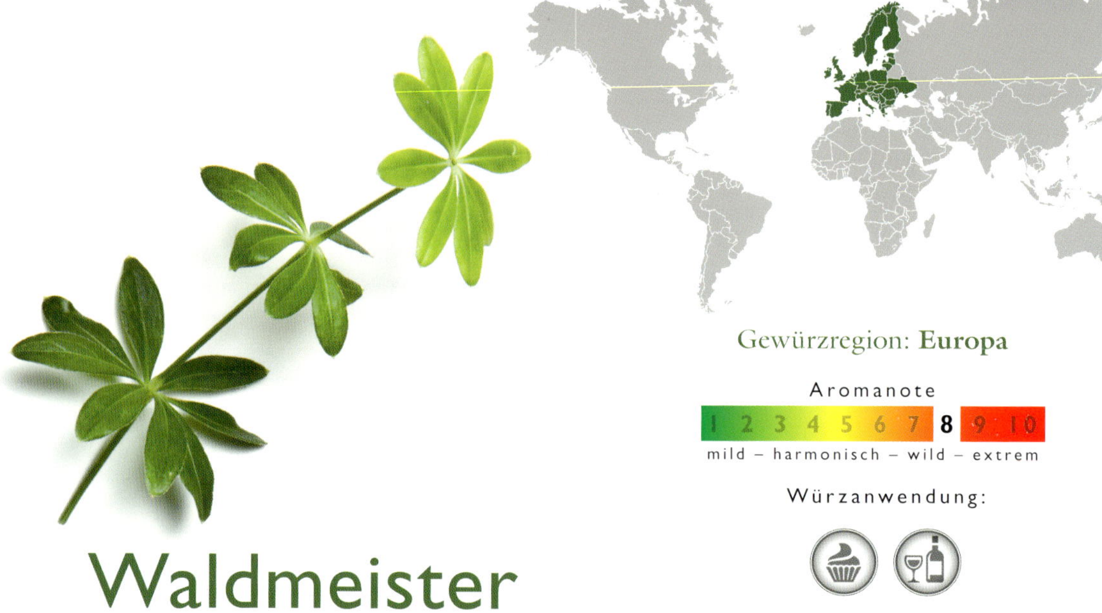


# Waldmeister

*Galium odoratum*

*Das Aroma des wild wachsenden Krauts ist unvergleichlich und nur schwer zu beschreiben – daher sollte man Waldmeister unbedingt versucht haben.*

Wohlriechendes Labkraut

## Aromatik

In frischem Zustand ist Waldmeister nahezu geruchlos, erst angewelkt oder getrocknet entfaltet er sein charakteristisches, betörendes Aroma. Sein Geschmack ist auch in Kombination mit anderen Kräutern unvergleichlich, immer leicht bitter-floral mit Noten von Zitrus, trockenem Heu und süßer Vanille.

## Beschreibung

Der aus der Gattung der Labkräuter stammende Waldmeister wächst als ausdauernde, krautige Pflanze in den lichten Laubwäldern Europas, bevorzugt in Buchenwäldern. Er wird bis zu 50 Zentimeter hoch und blüht im Frühling zwischen Mai und Juni, daher auch der Trivialname ***Maienkraut***. Sein bekanntester Inhaltsstoff, der für sein außergewöhnliches Aroma verantwortlich ist, ist ***Cumarin***, wie es auch im Steinklee und in der Tonkabohne vorkommt. Cumarin ist, wie bei vielen sekundären Pflanzenstoffen, in der Pflanze gebunden und wird erst bei Verletzung oder beim Welken und Trocknen der Pflanzen freigesetzt. Große Mengen an Waldmeister sollten weder von Kindern noch von Erwachsenen verzehrt werden, da Cumarin bei einer Überdosierung nachteilige Wirkungen entfalten kann – immerhin wird Waldmeister als wenig bis kaum giftig eingestuft. Während es in Maßen genossen sogar gegen leichte Kopfschmerzen hilft, lösen hohe Dosierungen ebensolche bis hingehend zur Migräne aus oder können Leberbeschwerden verursachen. Der kontrollierte Genuss von Waldmeister ist aber völlig unproblematisch, so reichen für den Ansatz von einem Liter der berühmten ***Waldmeisterbowle*** zehn Zweiglein frisches Kraut völlig aus.

## Küchenpraxis

Da der typische Waldmeistergeruch erst wahrnehmbar wird, wenn das Kraut welk oder getrocknet ist, empfiehlt es sich, Waldmeister vor seinem Einsatz mit einem Bindfaden in der Küche aufzuhängen. Am besten verwendet man dazu den Waldmeister, bevor er zu blühen beginnt – dann duftet er am stärksten. Schon nach wenigen Stunden entfaltet er sein wohlbekanntes Aroma, das etwa in der Bowle, in Eis, in Gelees oder in Sirup geschätzt wird. Gerade Letzterer wird sehr gerne in Süßspeisen wie Kuchen, Torten, Cupcakes, Füllungen und Cremes eingesetzt, da er hier nicht nur geschmacklich, sondern auch mit seiner grünen Farbe für überraschende Effekte sorgt. Es muss aber nicht immer Wein oder Sekt sein, Waldmeister eignet sich ebenso zum Aromatisieren von Säften oder Likören, auch Milchprodukte nehmen das Aroma sehr gut auf. Und da sich alle Aromen gut in Fett lösen, passt Waldmeister perfekt zu Marinaden für helles Fleisch, in Saucen oder in Salatdressings, wunderbar auch in Kombination mit Melisse und Basilikum.

## Einkauf

Frischen Waldmeister kann man im Wildwuchs selbst im Wald pflücken. Man erkennt ihn leicht an den kleinen, weißen, doldenähnlich angeordneten Blüten und natürlich am Geruch, sobald man die Blätter zerreibt. Verwechslungen sind höchstens mit dem nah verwandten Waldlabkraut möglich, dieses duftet aber nicht nach Cumarin. Und schon wenige Stunden später, wenn der Duft der welkenden Pflanze eindringlich wird, kann man sich ganz sicher sein, tatsächlich Waldmeister gepflückt zu haben. Waldmeister lässt sich, ähnlich dem frischen Bärlauch, gut einfrieren. Getrocknet und gerebelt wird das Kraut in Reformhäusern, in Kräuterfachgeschäften oder in Apotheken angeboten und eignet sich auch in dieser Form gut zum Ansetzen einer Bowle.

## Heilwirkung

In der Volksmedizin ist Waldmeister, da er beruhigend wirkt, der Helfer gegen Schlaflosigkeit und Unruhe. Am ehesten wird er in diesem Fall in Form von Tee und Teemischungen eingesetzt. Daneben stärkt er die Blutgefäße und löst Krämpfe. Gute Dienste leistet er auch in Duftkissen oder Duftsackerln, mit denen man schon früher Mütter und Babys kurz nach der Entbindung beruhigt hat. Als Duftkraut eignet er sich auch gut gegen Motten, vor allem in Verbindung mit Lavendel.

## Wissenswertes

In früheren Zeiten wurde das Kraut zur äußeren Anwendung, etwa von Brandwunden, herangezogen. Fußbäder wurden einst gerne mit Blättern und Blüten von Waldmeister angereichert. Er regt den Kreislauf an und stärkt die Nerven und die Herztätigkeit. Darin findet sich auch der Ursprung seiner Hauptanwendung, in der seit Jahrhunderten pseudomedizinischen Verarbeitung zum Maitrank oder Maiwein. Bereits im Mittelalter schätzte man die herzerquickenden und stärkenden Kräfte desselben, die erste schriftliche Erwähnung stammte vom Benediktinermönch Wandalbertus aus dem Kloster Prüm im Jahr 854, wo der Maitrank als medizinisches Getränk ausgeschenkt wurde. Der ursprüngliche Maitrank beinhaltete neben Waldmeister viele andere Gewürze und Kräuter wie Johannisbeeren, Erdbeeren, Himbeeren, Veilchen, Schafgarbe oder Gänseblümchen – alles Gewächse aus den mittelalterlichen Klostergärten.

### *Praxistipp!*

*Für die Waldmeisterbowle rund zehn angetrocknete Zweiglein sowie eine klein geschnittene Zitrone mit Schale in einen Liter Apfelsaft oder Weißwein legen und für eine halbe Stunde ziehen lassen. Danach die Kräuter herausnehmen, mit Honig süßen und mit einer Flasche kaltem, prickelndem Mineralwasser oder Sekt aufgießen.*

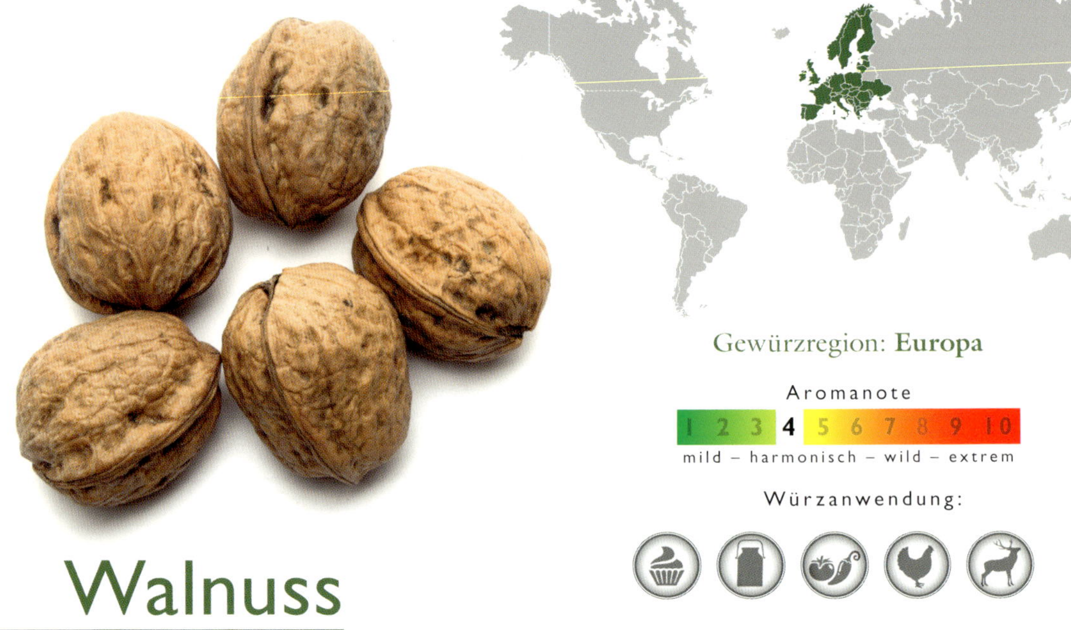


# Walnuss

*Juglans regia*

*Die Königin der Nüsse veredelt als Gewürz viele Backwaren, Süßspeisen, Fleischgerichte und Salate.*

Echte Walnuss, Walschnuss, Welschnuss

## Aromatik

Walnüsse sind der geschmackliche Inbegriff für nussige, süßlich-bittere und zugleich fruchtig-erdige Aromatik, mit pelziger, cremig-sanfter Konsistenz am Gaumen. Durch Anrösten in der Pfanne wird der Eigengeschmack deutlich verstärkt, durch Zugabe von Zucker entstehen zusätzliche, karamellig-röstige Düfte. Zu heiß sollte man die Kerne jedoch nicht geraten lassen, da sie sonst bitter werden.

## Beschreibung

Die Walnüsse sind mit rund 60 Arten eine überschaubar kleine Pflanzenfamilie der Walnussgewächse; sie sind jedoch auf der ganzen Welt anzutreffen, bevorzugt auf der Nordhalbkugel, von Amerika über Kanada bis China und Japan. Die Echte Walnuss (***Juglans regia***) hat ihre Heimat in Mittel- und Südeuropa und das schon seit den alten Römern, wobei heute auch großflächige Kultivierungen in Nordamerika, insbesondere in Kalifornien, anzutreffen sind, vorrangig der Früchte wegen. Als Echte Walnuss bezeichnet man sowohl den Walnussbaum wie auch die Nussfrucht. Es handelt sich um einen sommergrünen Laubbaum, der bis zu 30 Meter hoch und um die 150 Jahre alt werden kann. Die Kerne seiner Früchte mit der bekannten braunen, rissigen Schale sind die Walnüsse, botanisch in der Vergangenheit den Steinfrüchten zugeordnet, neueren Forschungen zufolge zählt man sie aber den Nussfrüchten zu. Wer einen Walnussbaum pflanzt, muss bis zu 20 Jahre darauf warten, erstmals ernten zu können. Die Erntezeit ist im Herbst, sobald die fleischige, grüne Außenschale rund um die harte, hellbraune Schale platzt. Erst dann sind die Früchte reif und können kulinarisch verarbeitet werden, als Gewürz, als Backzutat oder einfach als gesunde Speisenuss. Der Ertrag ist neben dem Alter des Baumes stark vom Standort und von der Sorte abhängig. Die Bäume fruchten nicht jedes Jahr gleich gut, das Wetter spielt eine entscheidende Rolle – so ist unter Winzern bekannt, dass ein gutes Nussjahr auch ein gutes Weinjahr wird.

## Küchenpraxis

Die Walnuss wird traditionell zum Backen genutzt, wobei sie viel mehr kann als nur rund um Weihnachten Kekse, Plätzchen und Kuchen zu verfeinern. Ihr intensiv-nussiges Aroma passt hervorragend zu Obstsalat, Joghurt, Müsli und in Speiseeis. Aber auch in der pikanten Küche finden sich vielseitige Anwendungsmöglichkeiten, wo ihre besondere röstige Note für Furore sorgt. So rundet sie etwa knackige Salate wie den klassischen Waldorfsalat mit Äpfeln, Sellerie und Mayonnaise ab. Perfekt lässt sie sich auf einer Käseplatte einsetzen, vom Frischkäse über die Weißkultur bis zum Blauschimmel – sie alle geraten durch Walnüsse zu einem nachhaltigen Geschmackserlebnis. Im Nussbrot werden die Früchte gerne mitgebacken und bieten dabei ein feines Zusammentreffen von süßlich-würzigen Röstaromen, die sich während des Backens bilden. Der gleiche Effekt trifft ebenso bei warmen Speisen zu, da ist es besonders die cremige Konsistenz, die sich optimal mit Geflügel- oder Bratgerichten verbinden lässt. Ihren Charakter als Gewürz spielt die Walnuss des Weiteren gekonnt aus, wenn sie mit Wildfleisch zusammengespannt wird, idealerweise in Kombination mit getrockneten Früchten und Edelkastanien (Maronen).

## Einkauf

Walnüsse sind grundsätzlich ganzjährig erhältlich, wobei europäische Ware aus der Erntezeit im Herbst stammt, die rechtzeitig vor dem Weihnachtsfest im Handel erhältlich ist. Importware hingegen ist ganzjährig zu haben. Wichtig ist, dass die ganzen Nüsse gut getrocknet wurden, eine unversehrte Schale aufweisen und nicht geschimmelt sind. So kann man sie kühl, dunkel und luftig über mehrere Monate gut lagern, auch tiefgekühlt bleiben die Nüsse lange frisch und verlieren kein Aroma. Für den Einsatz beim Backen erhält man Walnüsse außerdem bereits geschält, halbiert oder gemahlen. Geschälte Nüsse sollte man in einem gut verschlossenen Gefäß, eventuell im Kühlschrank, aufbewahren, damit sie nicht ranzig werden. Eine geschmacklich spannende Alternative ist kalt gepresstes ***Walnussöl***, intensiv nussig und hoch im Gehalt an ungesättigten Fettsäuren – dieses immer gekühlt aufbewahren, es wird schnell ranzig. Eine andere Spezialität ist Krokant, vom französischen ***croquant*** für Knuspergebäck, eine Mischung aus gehackten Nüssen und karamellisiertem Zucker, zur Dekoration für Süßspeisen wie dem Florentiner.

## Heilwirkung

Der Walnussbaum ist ein durch und durch gesunder, heilender Baum. Seine Früchte haben einen hohen Gehalt an für das Herz gesunden Omega-3-Fettsäuren, darüber hinaus sind sie reich an Vitamin E, Zink und Kalium. Auch wenn sie einen hohen Brennwert aufweisen, sind sie als Energielieferant für den menschlichen Körper sehr bedeutend. Man geht heute davon aus, dass der regelmäßige Genuss von Walnüssen den Cholesterinspiegel senkt und die Elastizität der Blutgefäße fördert. In der Volksmedizin sind es vor allem die getrockneten, von der Spindel befreiten Fiederblätter sowie die frischen, grünen Fruchtschalen, die ihre vielseitige Verwendung finden. Das Laub ist reich an Vitamin C, die Extrakte werden bevorzugt bei Durchfall, Hautgeschwüren und zur Wundheilung eingesetzt – ihnen wird eine antiseptische, wurmtreibende, tonische, blutreinigende und narbenbildende Wirkung nachgesagt.

## Wissenswertes

Archäologische Untersuchungen belegen, dass sich der Mensch bereits in der Steinzeit von Walnüssen ernährt hat, ihre ursprüngliche Heimat wird in den Regionen vom Balkan bis zur Nordtürkei, vom Kaukasus bis Zentralasien vermutet. Schon bei den alten Griechen und Römern war die symbolträchtige Nuss ***nux iuglans*** beliebt, auch wenn es noch wenige kulinarische Anwendungsgebiete für sie gab – sie galt vielmehr als Zeichen für Fruchtbarkeit, Kinderreichtum und Eheglück frisch verheirateter Brautleute. Aus den grünen Schalen unreifer Walnüsse bereitete man einen Sud zum Färben von Wolle und Haaren, was römischen Damen kein Geheimnis war. Als Speisenuss wurden sie lediglich frisch oder geröstet zusammen mit Weintrauben und Feigen zum Nachtisch gereicht. Ihre wahre Verbreitung in Mitteleuropa fand die Walnuss unter Karl dem Großen ab dem 9. Jahrhundert, der im Zuge seiner Regentschaft anordnete, dass in jedem Garten seines Herrschaftsgebietes Walnussbäume anzupflanzen seien. Aus dieser Zeit stammt auch der heutige Name Walnuss, abgeleitet von der Wendung ***welsche Nuss***, also von den Romanen kommende Nuss. Der Baum wurde zum Walch- und Welschbaum und zusätzlich durch den schwedischen Naturforscher Carl von Linné im 18. Jahrhundert botanisch zum königlichen (***regia***) Walnussbaum. Welsche oder Walsche war eine germanische Bezeichnung für die Römer und wurde über Jahrhunderte für alles Fremde, Unverständliche verwendet – die Weinrebsorte Welschriesling hat einen ähnlichen Ursprung.

### *Praxistipp!*

*Eine wahre kulinarische Spezialität ist Nusslikör oder Nussgeist, bevorzugt aus unreifen, grünen Nüssen durch Ansetzen und Auslaugen hergestellt, wo Nüsse in neutralem Grappa oder Korn für einige Wochen eingelegt und mit Gewürzen wie Zimt, Muskatnuss oder Kaffeebohnen verfeinert werden. Die Nüsse werden traditionellerweise in der Johannisnacht geerntet, womit sie in Verbindung mit den Kulten der Sommersonnenwende stehen. Früher vor allem als Medizin bei Magenproblemen eingesetzt, hat sich der Nusslikör heute zu einer kulinarischen Delikatesse entwickelt, aufgrund seiner sämig-cremigen Struktur ist er auch als „Mund-Parfüm“ bekannt.*

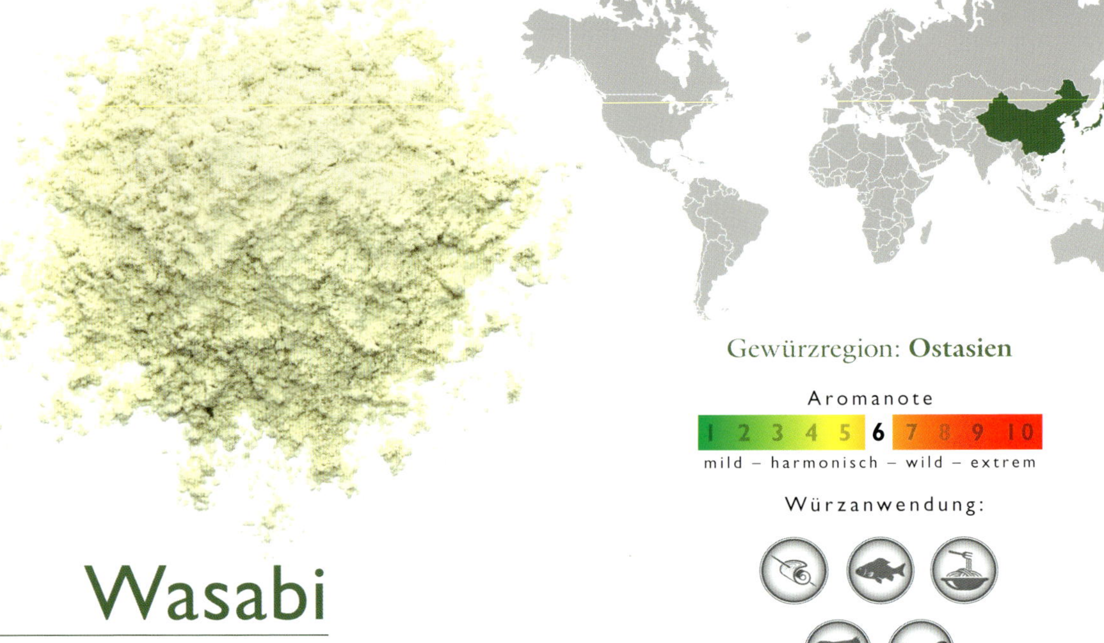

Gewürzregion: **Ostasien**

Aromanote

1 2 3 4 5 **6** 7 8 9 10

mild – harmonisch – wild – extrem

Würzanwendung:

# Wasabi

*Wasabia japonica*

*Das intensive Gewürz hat von Japan aus seinen Siegeszug um die Welt angetreten und ist vor allem ein treuer Begleiter vieler Fischgerichte.*

Japanischer Meerrettich, Wassermeerrettich

## Aromatik

Ähnlich dem Kren zeichnet sich frischer Wasabi durch eine präzise Schärfe aus, begleitet von süßlich-frischen Noten und dem senfähnlichen Aroma. Wasabipasten oder -pulver reichen dabei nicht ganz an den intensiv-lebendigen Geschmack der frischen Wurzel heran, sie schmecken meist herb und streng.

## Beschreibung

Obwohl Wasabi als Kulturpflanze heute in vielen Erdteilen vertreten ist, findet sich die ursprüngliche, wild wachsende Sumpfpflanze ausschließlich in Japan. Dieser Wilde Wasabi, auch ***Sawa Wasabi*** oder ***Bach-Wasabi*** genannt, bietet die höchste Gewürzqualität, ist allerdings nur in begrenzten Mengen verfügbar, sodass Japan heutzutage zusätzlich auf Importware aus Kulturanbauten zurückgreifen muss. Dieser gezüchtete Feldwasabi, auch ***Oka Wasabi*** oder ***Acker-Wasabi*** genannt, stammt vornehmlich aus Taiwan, China, Neuseeland, Australien und dem Norden der USA. Wilder Wasabi unterscheidet sich qualitativ von der kultivierten Form, er ist feiner, süßlicher, im Geruch ätherischer und stark mintfarben. Wasabi stammt wie der scharfe Verwandte aus Europa, der Kren, aus der Familie der Kreuzblütler. Als Wasabi verkauft wird die ***Wasabiwurzel***, dem nach oben wachsenden, beblätterten ***Wurzelstock*** der krautigen Pflanze – Kren hingegen wird aus der senkrecht nach unten wachsenden, walzenförmige ***Pfahlwurzel*** gewonnen. Auch die Wasabiblätter überzeugen mit angenehm scharfem Aroma und werden in Japan frisch als Salat verwendet.

## Küchenpraxis

Wasabi-Schärfe beruht auf den leicht flüchtigen ***Senfölen***, die erst durch Zellverletzung beim Anschneiden oder Reiben freigesetzt werden und sich in der Nase und im Rachen ausbreiten und zu Tränen rühren. Allerdings verfliegt sie relativ rasch wieder, weshalb die unvergleichlich beste Schärfe nur die frische Wasabi-Wurzel bietet. Getrocknetes Wasabipulver wird mit Wasser angesetzt und entfaltet erst dann die Schärfe, jedoch mit deutlich weniger Aroma. Klassisch ist der Einsatz von Wasab – oft im Gespann mit Sojasauce und begleitend zu rohem Fisch, sei es bei ***Sashimi***, den rohen Fischscheiben, oder bei ***Sushi***, den mit frischem Fisch belegten gesäuerten Reishäppchen. Da Sushi meist rohen Fisch enthält, entschärft ein stark keimtötendes Gewürz wie Wasabi die möglichen Gefahren und gibt dem Essen eine erfrischend-scharfe Würzigkeit. Im Prinzip kann die grüne Geschmacksbombe überall dort verwendet werden, wo sonst auch der Kren passt. Andere Fisch- und Fleischgerichte, aber auch Nudelspeisen, Saucen und Marinaden erhalten eine interessante Aufwertung durch Wasabi. Auch zur Weiterverarbeitung ist es geeignet, etwa für Mayonnaise, Bohnen, Nüsse, Chips und andere Knabbereien.

## Einkauf

Als frische Wurzel ist Wasabi in Westeuropa nur als Import in Spezialitätengeschäften und Asialäden zu finden, im herkömmlichen Supermarkt wird das grüne Gewürz als Paste in Tuben oder in Pulverform verkauft. Innovative Gärtnereien bieten Wasabi hierzulande als Kübelpflanze für den Garten an; die Pflege der mehrjährigen Staude gestaltet sich recht einfach.

## Heilwirkung

Das Senfölglycosid ***Sinigrin***, auch in Senf und Kren die geschmacksgebende Komponente, macht Wasabi zu einem sehr gesunden Gewürz, das maßvoll gegessen viele positive Effekte haben kann: Es wirkt verdauungsfördernd, tötet Bakterien ab, hilft die Leber zu entgiften und stärkt das menschliche Immunsystem. Manche schwören deshalb auf die entschlackende Wirkung von Wasabi.

## Wissenswertes

Die richtige Zubereitung erfolgt in Japan direkt am Tisch, wo die frische Wurzel auf der eigenen, mit Haifischleder überzogenen Reibe ***Samegawa-Oroshi*** zu einer feinen Paste zerrieben wird.

### *Praxistipp!*

*Puristen sollten beim Einkauf von Wasabi ein Auge darauf haben, ob ein Produkt tatsächlich echten Wasabi enthält. Günstige Wasabipasten oder auch Pulver aus dem Handel werden aus Preisgründen als Kren-Senföl-Gemisch vertrieben, das hellgrün eingefärbt wird und zudem Kurkuma und Petersilie enthält. Man sollte daher immer bedenken, dass echter Wasabi niemals billig sein kann.*

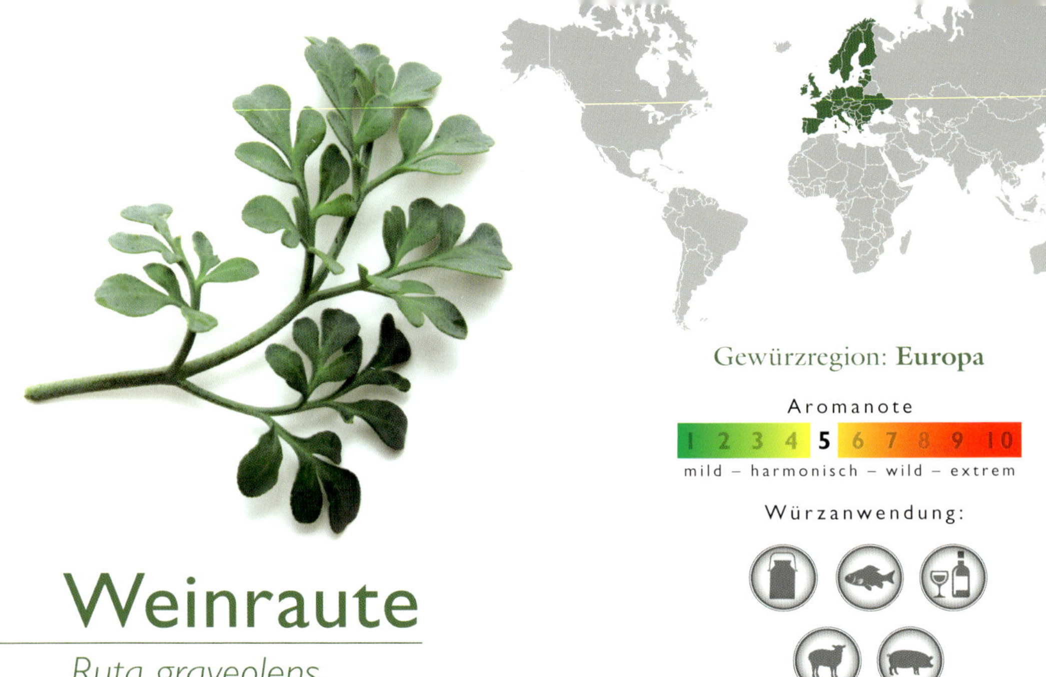


# Weinraute

*Ruta graveolens*

*Einst als eine der mächtigsten Heilpflanzen verbreitet, findet man die Raute heute eher selten, und dann vor allem in der Mittelmeerküche.*

Raute, Edelraute, Weinkraut

## Aromatik

Der Geruch von Weinraute ist stark aromatisch, zitrusartig und würzig-krautig, im Geschmack zunehmend intensiv-bitter.

## Beschreibung

Die Pflanze aus der Familie der Rautengewächse ist seit der Antike aufgrund ihrer Heilwirkung sowie als Gewürz bekannt. Ihr botanischer Name ***ruta*** bedeutete in altrömischer Sprache so viel wie ***bitter schmeckendes Kraut***. In den Norden Europas gelangte sie über die Benediktiner. Mit der Aufnahme in die Landgüterverordnung Karls des Großen im Jahr 812 gelang der Durchbruch im deutschsprachigen Raum, wo sie bis zur Neuzeit zu den wichtigsten Heilkräutern zählte. Sie wächst als Halbstrauch mit etwas über einem Meter Höhe und verströmt wegen ihrer ätherischen Öle einen sehr intensiven Geruch. Die fein geteilten Blätter fallen durch ihre stark gefingerte Form und ihre blaugrüne Farbe auf, die Pflanze besitzt zahlreiche Öldrüsen, die den intensiv-herben Geruch hervorrufen. Die Weinraute ist anspruchslos und an karge Rahmenbedingungen gewöhnt, oft findet man sie im Wildwuchs auf Weinbergen und in Weingärten, woher auch ihr Name stammt.

## Küchenpraxis

In der antiken römischen Küche war die Weinraute das Charaktergewürz schlechthin, dessen Blätter frisch oder getrocknet eingesetzt wurden – und ist bis heute durch ein von Vergil überliefertes Gedicht als Zutat im Moretum bekannt. ***Moretum*** war ein Kräuterkäse aus Schafkäse, Olivenöl, Salz, Knoblauch, Weinraute und Koriander und wurde zu frisch gebackenem Brot gegessen. Heute ist die Weinraute noch immer in der mediterranen Küche anzutreffen, sie verbessert mit ihrer bitteren Note deftige, fetthaltige Gerichte, von Lamm über Schwein bis Fisch, hier besonders mit Fenchel und Anis.

## Einkauf

Die Weinraute ist heutzutage nicht weit verbreitet. Im Supermarkt findet man sie gar nicht, in Kräuterfachgeschäften und Apotheken erhält man sie getrocknet und gerebelt, vielfach auch als Teezubereitung. Frische Pflanzen im Kräutertopf gibt es im guten Pflanzenfachhandel.

## Heilwirkung

In früheren Zeiten schrieb man dem würzigen Duft der Weinraute mächtige Heil- und Zauberwirkungen zu. Nahezu alle bekannten Ärzte und Botaniker der Antike, darunter Hippokrates und Dioskurides, widmeten der Pflanze viel Aufmerksamkeit, Weinraute wurde als Gegengift bei Bissen von Schlangen und Skorpionen sowie bei Lungenerkrankungen eingesetzt. Im Mittelalter versetzte man Essig mit Weinraute und anderen keimtötenden Kräutern und nutzte dieses Mischung als Desinfektionsmittel bei Pestgefahr. Auch der Arzt und Philosoph Paracelsus hielt viel von der Heilkraft der Pflanze und empfahl sie in Molke gekocht gegen Husten. Sebastian Kneipp nutzte Rautentee gegen Schwindel, Benommenheit, Atembeschwerden und Herzklopfen, jedoch stark verdünnt und in kleinen Mengen. Heute ist man bei der Verabreichung vorsichtig, da die Weinraute toxikologisch nicht unbedenklich ist. Der bittere Pflanzenstoff ***Rutin*** kann bei hoher Dosierung zu Schädigungen des Verdauungstraktes, der Leber und der Nieren führen, wirkt hingegen richtig eingesetzt blutdrucksenkend und entzündungshemmend – das Heilkraut ist jedenfalls nichts für Anfänger.

## Wissenswertes

Bereits in der Antike wusste man um die Gefahr der in der Weinraute enthaltenen Öle Bescheid, aufgrund ihrer abortiven Wirkung untersagte man schwangeren Frauen die Einnahme. Wer damals jedoch ein hochwirksames Abtreibungsmittel benötigte, griff zielsicher zur Weinraute. In einigen Regionen Frankreichs erinnert der alte Name ***herbe à la belle fille*** (Kraut des schönen Mädchens) noch an die frühere Verwendung als Abortivum.

### *Praxistipp!*

*Der bittere Geschmack und die adstringierende Wirkung bilden sich erst beim Schneiden oder Zerbeißen der Blätter, weshalb man frische Blätter am besten im Mörser zerquetscht oder den Speisen kurz vor dem Servieren hinzufügt. Um das herbe Aroma zu zügeln und die Kräuternoten zu verstärken, lässt man ganze Blätter kurz mitziehen und entfernt sie vor dem Servieren wieder.*

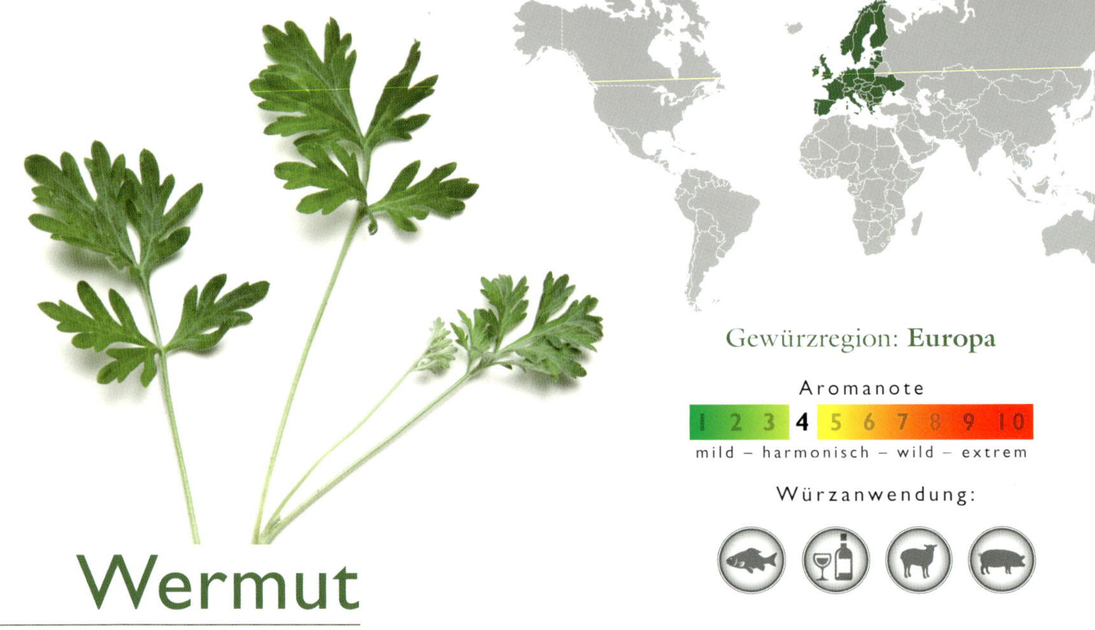


# Wermut

*Artemisia absinthium*

*Erlangte vor allem in flüssiger Form Kultstatus, allen voran im berühmt-berüchtigten Absinth und als Aperitif im Vermouth.*

Gemeiner Wermut, Echter Wermut, Wermutkraut, Bitterer Beifuß, Heilbitter

## Aromatik

Im Duft kräftig aromatisch und mentholig, wird beim Zerreiben oder Kauen der Blätter noch intensiver, ist im Geschmack ausgeprägt bitter, krautig, herb mit Noten nach Kampfer und Eukalyptus.

## Beschreibung

Der Wermut ist ein gelb blühender Korbblütler aus der großen Gattung der ***Artemisia***, zu der auch Beifuß und Estragon gehören. Er ist eine krautige, mehrjährige Pflanze, die gut an den unterschiedlich stark gefiederten, grauen bis grünlichen Blättern mit der dicht behaarten, weißlichen Oberfläche erkennbar ist. Seine Herkunft wird in den unendlichen Weiten Sibiriens vermutet, heute ist er in beinahe allen Regionen der Welt anzutreffen, wobei die größten Anbaugebiete in Süditalien sind. Der überwiegende Teil des heute erhältlichen Wermuts stammt aus feldmäßigem Anbau, nennenswerte Wildbestände gibt es kaum noch. Die für die Wirkung von Wermut bedeutenden Inhaltsstoffe sind die für den stark bitteren Geschmack verantwortlichen ***Sesquiterpenlactone*** sowie das ***ß-Thujon*** als Hauptkomponente des ätherischen Öls. Das Bittere im Wermut ist vielen Menschen gar nicht lieb: Wer kennt nicht den sprichwörtlichen ***Wermutstropfen***, der das Positive im Leben beeinträchtigt und sich poetisch von den Bitterstoffen im Wermut ableitet? Für den mentholigen, kampferartigen, krautigen Geruch des Wermuts steht ***Thujon***, als Bestandteil ätherischer Öle auch in Thymian, Rosmarin, Beifuß und Salbei zu finden – dort jedoch in deutlich geringeren Mengen.

## Küchenpraxis

Anders als der verwandte Beifuß ist Wermut kein klassisches Küchenkraut, der würzig-herbe und bittere Geschmack ist streng und eigenwillig, das Aroma passt nicht immer. Folglich wird Wermut bevorzugt in der deftigen Kulinarik eingesetzt, wo er üppige Speisen wie Schweinefleisch, Lamm, Gans oder Kaninchen bekömmlicher macht. Auch fette Fischarten wie Karpfen, Forellen, Wels oder Wolfsbarsch vertragen Wermutkraut als Gewürz; wegen der intensiven Würzkraft muss das Gewürz aber wohl dosiert eingesetzt werden, zumal der Geschmack die Aromen anderer Kräuter schnell aufheben kann. Am besten gibt man Wermutkraut erst kurz vor dem Garwerden zu den Speisen, womit man die gewünschten Aromen ins Essen bekommt, die unangenehmen Bitterstoffe jedoch nicht ausgelaugt werden.

## Einkauf

Wermut pflanzt man idealerweise selbst im Garten oder am Balkon, vorgezogene Topfpflanzen sind im Pflanzenfachhandel erhältlich, sie sind frostbeständig und alllgemein recht beständig. Oder aber man besorgt sich in Reformläden oder Apotheken getrocknetes und geschnittenes Kraut. Getrockneter Wermut lässt sich in Gewürzdosen luftdicht und lichtgeschützt über längere Zeit gut lagern.

## Heilwirkung

Der Wermut ist ein gutes Beispiel für die falsche und richtige Anwendung einer Pflanze: einerseits zum Leid vieler aufgrund der (früher) missbräuchlichen Verwendung in Form von Alkohol, andererseits zum Wohle der Menschen als Heilpflanze. Die in der Volksmedizin genutzten Namen wie Heilbitter oder Magenkraut zeigen, welche positive Wirkung dieser Pflanze zugeschrieben wird. Wermut gehört neben Enzian zu den Kräutern mit der stärksten Bitterkraft, auf die auch die gesundheitsfördernde Wirkung zurückgeht. Der ***Bitterwert***, das Verhältnis Droge zu Wasser, beträgt beim Wermut rund 20.000 Einheiten, beim Enzian rund 30.000 Einheiten. Und genau diese Bitterstoffe dienen der deutlichen Anregung der gesamten Verdauungstätigkeit und der stärkeren Durchblutung des Magen-Darm-Traktes, wodurch Nährstoffe viel besser aufgenommen und verwertet werden. Bitterstoffe helfen zudem, bei Völlegefühl die Verdauung zu beschleunigen. Aus all diesen positiven Gründen können Kräuter mit hohem Bitterwert dem Essen beigefügt oder als Digestif in Form eines Magenbitters getrunken werden.

## Wissenswertes

Der weltweit größten Beliebtheit erfreut sich Wermut als Zutat in alkoholischen Getränken, für die er sogar namensgebend tätig ist. Unter dem Begriff Wermut, international auch ***Vermouth***, versteht man einen mit Gewürzen wie Zimt oder Nelken und Kräutern aromatisierten und aufgespritzten Wein mit einem Alkoholgehalt zwischen 14,5 und 22 Volumenprozent und unterschiedlich hohem Zuckergehalt. Dabei prägt das Kraut mit seinen bitteren Aromastoffen deutlich den Geschmack. Wird Wermut mit Kräutern wie Anis, Fenchel, Koriander, Muskat, Ehrenpreis, Zitronenmelisse, Angelika und Ysop angesetzt und anschließend zu einer Spirituose destilliert, erhält man ***Absinth***. Dabei entsteht das in der Rohspirituose in hoher Konzentration enthaltene Thujon, das bei dauerhaftem und hochprozentigem Genuss langsam das Nervensystem zerstört, mit den damit verbundenen Bewusstseinsstörungen, die noch zu Beginn des 20. Jahrhunderts in Pariser Künstlerkreisen gewünscht herbeigeführt wurden. Auch sein offizielles Verbot im Jahr 1910 konnte den Absinth nicht ausrotten, über Jahrzehnte wurde die geheimnisvolle Spirituose unter der Hand verkauft und erst 1998 innerhalb der Europäischen Union wieder zum Verkauf zugelassen. Allerdings mit stark reduziertem Thujon-Gehalt, abhängig vom Alkoholgehalt der Spirituose. Ein wichtiger Hinweis in diesem Zusammenhang ist die Tatsache, dass sich Thujon in wässrigen Auszügen oder bei Verwendung von Wermut als Gewürz nur sehr langsam auslaugt, erst durch Destillation entsteht das ***grüne Gift*** (Thujon) in bedenklicher Konzentration.

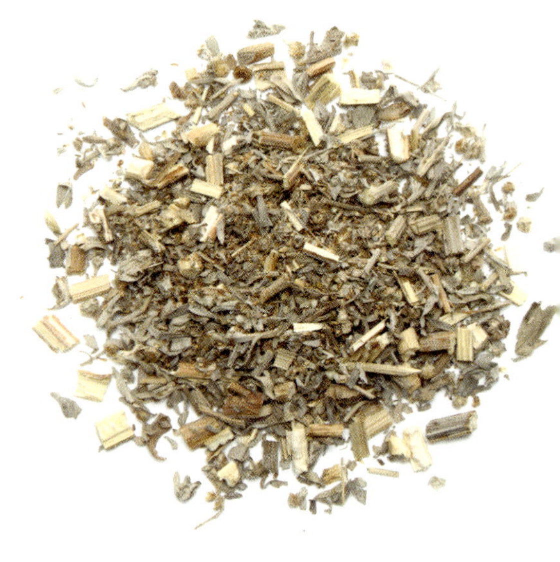

### *Praxistipp!*

*Vermouth genießt man pur auf Eis mit einem Schuss Zitrone, als Sprizz mit Prosecco, Soda, einem Schuss Zitrone und einem Rosmarinzweig oder als Bestandteil in Cocktails wie etwa dem Martini: Als trockener, herber und stark alkoholischer Shortdrink zählt dieser zu den klassischen Aperitifs aus Gin und trockenem Wermut.*

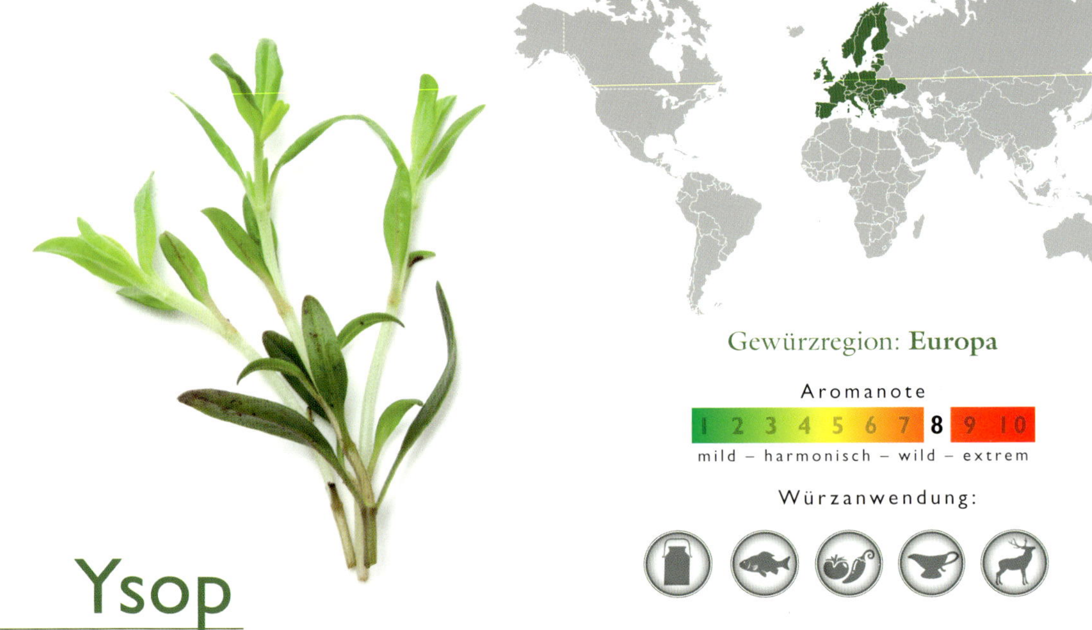


# Ysop

*Hyssopus officinalis*

*Die einst mächtige Heilpflanze erobert mit ihrer komplexen Aromatik nun auch als Gewürzkraut die Kulinarik Europas.*

Bienenkraut, Eisenkraut, Gewürzysop, Essigkraut

## Aromatik

Das Kraut schmeckt leicht bitter-säuerlich, würzig und erinnert an eine komplexe Mischung aus Oregano, Rosmarin, Minze und Salbei, wobei frischer Ysop intensiver duftet als getrockneter.

## Beschreibung

Das vom Hebräischen ésóv abstammende Wort Ysop bedeutet ***heiliges Kraut***, und tatsächlich wurde die Pflanze seit der Antike bis ins Mittelalter zu Heilzwecken eingesetzt, in Europa als Gewürzkraut eingesetzt wird sie jedoch erst seit dem 16. Jahrhundert. Ysop stammt aus der Familie der Lippenblütler und ist ein ausdauernder Zwergstrauch. Die Blüten des Ysop sind blau bis violett und ähneln jenen von Thymian oder Bohnenkraut, die ebenfalls zu den Lippenblütlern zählen. In Mitteleuropa ist Ysop heute auch im Wildwuchs anzutreffen, vor allem an sonnigen Standorten, wo er während der Blüte im Sommer seinen äußerst würzigen, aromatischen Duft verbreitet.

## Küchenpraxis

Das hocharomatische Küchenkraut eignet sich sowohl in der warmen als auch in der kalte Küche, sollte wegen seiner hohen Würzkraft aber sparsam eingesetzt werden. Wenn verfügbar, gibt man die frischen Blätter klein gehackt auf Salate oder in Dressings. In der warmen Küche schmeckt Ysop in Saucen, zu Kartoffeln, Pilzen, Gemüse sowie fettreichen Speisen, deren Verdaulichkeit er verbessert. Bei gekochten Gerichten sollte man die Blätter zur besten Aromenentfaltung jedoch nicht mitkochen, sondern besser erst nach dem Kochen beigeben und in der Speise kurz durchziehen lassen. Als Marinade passt Ysop zu Lamm und ähnlich kräftigen Fleischsorten, eine besondere geschmackliche Note verleiht er mediterranen Fischgerichten. Er kann ebenso wunderbar mit anderen Kräutern zu einer Kräuterbutter verarbeitet werden und harmoniert mit Knoblauch und Frühlingszwiebeln. Spannend erscheint seine ausgeprägte Bitternote in Kombination mit Säure und Süße von Steinobst wie Marillen oder Pfirsichen.

## Einkauf

Ysop gibt es inzwischen in diversen Formen zu kaufen, wenn auch nicht unbedingt im klassischen Supermarkt. Als Pflanze oder Saatgut ist er in Gartencentern oder Gärtnereien erhältlich, als frisches Gewürzkraut ist er auf Bauernmärkten oder im Kräuterfachhandel zu haben; und getrockneter Ysop, fallweise auch bereits zu Pulver gemahlen, wird zumeist im Gewürzfachhandel sowie in Reformhäusern oder Drogerien angeboten.

## Heilwirkung

Ysop wurde schon von den Kräuterkundigen des Mittelalters als Kraftspender gepriesen und zur allgemeinen Reinigung des Körpers empfohlen. Damals wurde er als Sud, Tee oder in Wein gesotten verabreicht. Ysop ist reich an ätherischem Öl, das vor allem in der Naturheilkunde wegen der leicht entzündungshemmenden, auswurffördernden und krampflösenden Eigenschaften geschätzt wird. Auch zum Gurgeln bei Husten, Heiserkeit oder bei Zahn- und Rachenentzündungen wird Ysop eingesetzt. Schlussendlich fördert Ysop auch Appetit und Verdauung.

## Wissenswertes

Ysop wird oft auch als ***biblisches Kraut*** bezeichnet, was aber auf einer Verwechslung mit dem in der Bibel tatsächlich erwähnten ***Syrischen Ysop*** (***Origanum syriacum***) beruht, der Biblischer Ysop genannt wird und in die botanische Gruppe von Oregano und Majoran fällt.

### *Praxistipp!*

*Wenn gerade kein frisches Kraut zur Hand ist, kann alternativ getrockneter und gerebelter Ysop Anwendung finden. Sein Aroma ist zwar nicht so intensiv, er verleiht Gerichten aber dennoch die typischen herben Noten.*

Gewürzregion:
**Ostasien** (Zimtkassie),
**Südasien** (Ceylon-Zimt)

Aromanote



Würzanwendung:

# Zimt

## *Zimtkassie, Cassia (Cinnamomum cassia), Echter Zimt, Ceylon-Zimt (Cinnamomum zeylanicum)*

*Ein geschmacklicher Alleskönner, in Europa zu sehr auf den Einsatz in Lebkuchen und Kompotten reduziert.*

### Aromatik

Im Gewürzhandel wird streng zwischen ***Ceylon-Zimt*** und ***Zimtkassie*** unterschieden. Ceylon-Zimt ist am besten an den extrem dünnen, zerbrechlichen, ineinandersteckenden und nach innen gerollten Stangen mit typisch feinpudrigem, süß aromatischem und warmem Duft erkennbar. Demgegenüber steht der gröbere, rotbraune, dick und einzeln geschnittene Cassia mit einer erdigeren, süßlich-bitteren Note und einer pfeffrig-adstringierenden Aromatik.

### Beschreibung

Zimt wird grundsätzlich aus der getrockneten Rinde von Zimtbäumen gewonnen, immergrüne bis zu 15 Meter hohe Bäume mit glatter, grauer bis rotbrauner Rinde. Botanisch zählt der Zimtbaum zu den Lorbeergewächsen, als ursprüngliche Quelle gilt der Echte Zimtbaum, mit Ceylon-Zimt (***Cinnamomum verum*** bzw. ***zeylanicum***), vom Inselstaat Sri Lanka (bis 1972 Ceylon genannt). Der heute mengenmäßig überwiegende Zimt stammt jedoch vom Gewürz-Zimtbaum aus Indien, Süd-Ostasien und vor allem Südchina und wird als Zimtkassie oder Cassia (***Cinnamomum cassia***) gehandelt. Zimt ist seit Jahrtausenden ein begehrtes Handelsgut, Cassia wurde schon um 3.000

vor Christus als Gewürz verwendet und von China aus in viele Länder exportiert, daher auch der alte Name ***Chinesisches Holz***. Cassia spielte bereits im Alten Testament in ***Salomos Hohelied*** der Liebe eine Rolle, wobei das Gewürz damals gerne als Räucherwerk und zur Zubereitung aromatischer Salben diente. Die griechische Dichterin Sappho beschrieb um 600 vor Christus das Räucherwerk aus Myrrhe, Cassia und Weihrauch, das anlässlich der Hochzeit des trojanischen Prinzen Hektor mit Andromache entzündet wurde. Im antiken Rom unterschied man bereits zwischen Ceylon-Zimt und Cassia, wobei beide Arten in der Kulinarik keine große Rolle spielten und bevorzugt in der Heilkunde und im religiösen Bereich als Räucherwerk und bei Leichenverbrennungen genutzt wurden. Erst ab dem Mittelalter wurde Zimt tatsächlich als Würze von Speisen verwendet, hier vor allem der feinere und wertvollere Ceylon-Zimt. Dieser bot sich den Königen und Sultanen auf Ceylon und den nahe gelegenen Inseln im indischen Raum als wirtschaftlich einträgliches Handelsprodukt an, bis im Jahr 1518 die Portugiesen diese Gebiete eroberten, unterwarfen und die Lieferungen großer Mengen an Zimt den dort lebenden Stämmen als Tribut abverlangten. Im Jahr 1658 schließlich übernahm die Niederländische Ostindien-Kompanie die Inseln und damit für über hundert Jahre das Zimtmonopol. Im Jahr 1796 begann die britische Herrschaft über Ceylon, 1803 erhielt es den Status einer Kronkolonie. Ab der Mitte des 19. Jahrhunderts wurde das Monopol des Ceylon-Zimts jedoch endgültig gebrochen, da neue Zimtpflanzungen auf den Inseln Java, Borneo, Sumatra und auf Mauritius bis hin nach Südamerika entstanden.

## Küchenpraxis

Wenn ein Gewürz mit einer Saison in Zusammenhang gebracht werden kann, dann ist es Zimt. Wer seinen feinen, süßlichen Duft vernimmt, denkt automatisch an Weihnachten. Kaum ein festliches Gebäck kommt ohne Zimt aus: in Tee, Punsch und Glühwein zur kalten Jahreszeit ist Zimt Programm und in allerlei Naschereien und Süßspeisen, von gebrannten Mandeln bis zum Bratapfel, darf er einfach nicht fehlen. Dennoch täte man dem vielseitigen Gewürz, das optimal mit Vanille, Kardamom, Piment oder Kreuzkümmel zusammenpasst, Unrecht, würde man auf seine Verwendung in den anderen Jahreszeiten verzichten. Eine Zimtstange aromatisiert im Handumdrehen süßes Kompott, Marmelade oder Saucen, es verleiht aber auch pikanten Relishes, Chutneys und Salsas eine interessante Note. In Joghurt, Müsli und zu Obst sorgt eine Prise Zimt für Wohlgeschmack. In der herbstlichen Wildküche harmoniert Zimt als Akzentgeber auf Reh oder Hirsch hervorragend mit anderen kulinarischen Schätzen von Kürbis über Rotkraut bis hin zu Maroni. Wer Kohlsprossen mag, sollte diese einmal mit einer Messerspitze Zimt versehen – die Geschmackspaarung bitter und süß könnte in Begeisterung versetzen. Auch bei hellem Fleisch wie Huhn, Schwein oder Fisch liegt man mit dem intensiven Gewürz goldrichtig und erzielt delikate Ergebnisse.

## Einkauf

Zimt ist das einzige Gewürz weltweit, das aus einer Rinde gewonnen wird, und zwar aus der papierdünnen Innenschicht der Rinde, die röhrchenartig zusammengeschoben wird und sich beim Trocknen einrollt, daher auch der alte Name ***canella*** vom lateinischen Wort ***canna*** (für Rohr). Zu kaufen gibt es Zimt gemahlen als typisch braunes Pulver, ganz als Zimtstange oder als Zimtblüten, den unreifen Knospen des Cassia-Zimtbaumes. Sie haben einen balsamischen Duft, der an Nelken, Orangen und Vanille erinnert. Bevorzugt werden sie getrocknet im Mörser vermahlen.

## Heilwirkung

Von der Antike bis in die Neuzeit galt die Zimtrinde als heilsam bei Husten und Schnupfen sowie als magenstärkend und verdauungsfördernd und bis heute wird Zimt als anregend auf Magennerven und Magensaftproduktion geschätzt. In diesem Zusammenhang sei auf das ***Cumarin*** verwiesen, jenen natürlich vorkommenden, aromatischen Pflanzenstoff, der für den angenehm würzigen Geruch von Zimt, aber auch von Steinklee, Waldmeister oder der Tonkabohne verantwortlich ist. Cumarin gilt zwar in extrem hohen Dosen als gesundheitsschädlich, einen wissenschaftlich eindeutigen Beleg für seine Gefahr bei normalem Haushaltsgebrauch gibt es allerdings nicht. Und da Cassia einen bis zu 100-mal höheren Cumaringehalt aufweist als Ceylon-Zimt, sollte man bei größerem Zimtbedarf einfach den qualitativ besseren Ceylon-Zimt bevorzugen.

## Wissenswertes

In der Likörfabrikation, in der Parfümindustrie und in der Medizin ist ***Zimtöl*** in Anwendung, das meist aus Abfällen der Zimtrinde und aus Blättern des Zimtbaumes durch Wasserdampfdestillation hergestellt wird, in Anwendung. Aufgrund des hohen ***Eugenolgehalts*** wird Zimtöl im Haushalt kulinarisch jedoch nicht verwendet. In der Medizin wird es aufgrund der schmerzstillenden, antibakteriellen und entzündungshemmenden Wirkungen genutzt, ebenso wegen des intensiven Geruchs zur Aromatisierung vieler bekannter Liköre, Magenbitter oder Sirupe.

### *Praxistipp!*

*Zimt gilt als Hauptzutat des bekannten Hippokras, sowohl mittelalterliches Gewürzpulver als auch daraus bereiteter Würzwein, Vorläufer von Glühwein, Punsch & Co. Ursprünglich wurde der Hippokras als Arzneimittel verwendet, der Name bezieht sich auf den antiken Arzt Hippokrates. Ab dem Mittelalter entwickelte sich der Hippokras zu einem Art Digestif, der gegen Ende eines Festmahles mit kandierten Früchten und Nüssen gereicht wurde. Eines der dazu noch erhaltenen Rezepte stammt aus dem Ménagier de Paris, einem um 1400 anonym in Paris erschienenen Ratgeber für Familie, Haus und Garten: „Um Hippokras-Pulver herzustellen, brauchst du ein Viertelpfund sehr feiner Zimtrinde, ein Achtelpfund gemahlenen Zimt, eine Unze vorzüglichen feinen weißen Mekka-Ingwer, eine Unze Paradieskörner, ein sechstel Teil Muskat und Zyperwurzel (Rhizom vom Zypergras, dem Galgant ähnlich, daher auch Wilder Galgant genannt) und schlage alles zusammen. Wenn du Hippokras-Wein zubereiten willst, nimm eine gute halbe Unze dieses Pulvers und mische es mit einem halben Pfund Zucker und einem quarte Wein, Pariser Maß.“*

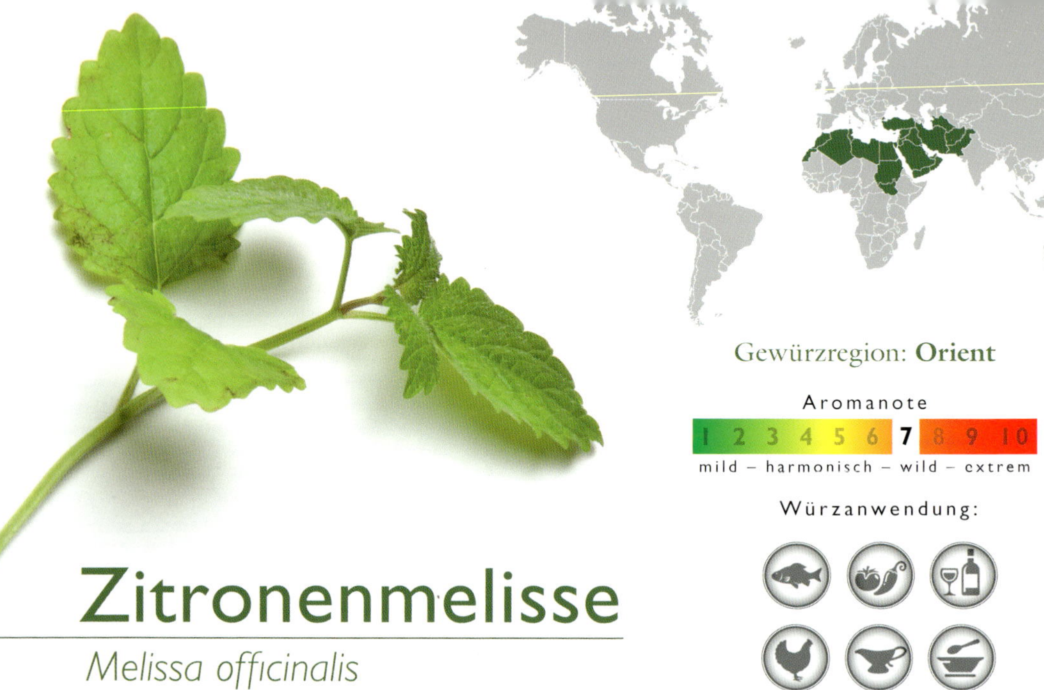


# Zitronenmelisse

*Melissa officinalis*

*Ob Melisse oder Zitronenmelisse, beides ist die gleiche Pflanze und schon seit Jahrtausenden als Heilkraut im Einsatz.*

## Aromatik

Melisse duftet, nomen est omen, stark nach Zitrone und schmeckt zartbitter bis süß und auch ein wenig scharf. In Teezubereitungen und in der Kulinarik hält sich das Aroma jedoch angenehm im Hintergrund und ist nicht so säuerlich wie Zitrone oder Lemongras.

## Beschreibung

Die Zitronenmelisse stammt aus der Familie der Lippenblütler und ist mit Salbei und Majoran verwandt. Sie ist eine krautige Pflanze mit beträchtlichem Alterungspotenzial von bis zu 30 Jahren. Kulinarisch spannend sind die stark nach Zitrone duftenden, eiförmigen Blätter. Diese enthalten Unmengen an sekundären Pflanzenstoffen, vor allem Zimtsäure, Rosmarinsäure und Kaffeesäure, sowie die ätherischen Öle ***Citral*** und ***Citronellal***, verantwortlich für den Zitronenduft. Der Gattungsname Melissa wird bereits um 77 nach Christus in der ***Naturalis Historia*** von Gaius Plinius Secundus als ***melissophyllon*** beschrieben, sein Name leitet sich vom griechischen meliteion ab, das mit ***meli*** für Honig zusammenhängt und auf die bereits damalige Nutzung als Honigpflanze zurückführt. Nach Europa kam die Melisse spät, in der Landgüterverordnung Karls des Großen wurde sie noch nicht erwähnt. Erst die Spanier lernten sie im 10. Jahrhundert von den Arabern kennen und verbreiteten sie als Klosterpflanze, wo sie später ihren Durchbruch als Melissengeist feierte.

## Küchenpraxis

Melisse ist traditionell als Teepflanze bekannt, in der Kulinarik findet sie wenige Anwendungen. Zu Unrecht, ist sie doch sowohl als frisches Blatt wie auch in getrockneter Form die ideale Ergänzung in Speisen, die mit Zitronensaft abgeschmeckt werden, vornehmlich in mediterranen Gerichten. Die Blätter würzen Kräutersaucen und Gemüse, Suppen und Huhn, wobei längeres Mitkochen oder allzu feines Zerkleinern der Blätter dem edlen Aroma schadet. Geschmacklich interessant sind asiatische Kombinationen mit Ingwer oder Galgant sowie mit Kräutern wie Basilikum oder Thymian. Besonders gut schmecken die Blätter frisch geschnitten auf dem Salat. Auch zum Ansetzen von Sirupen und Likören ist sie hervorragend geeignet, so findet sich Melisse im berühmten französischen Kräuterlikör *Chartreuse*.

## Einkauf

Melisse kauft man bevorzugt in Pflanzenfachmärkten im Kräutertopf und verwendet die Blätter frisch gezupft, sie lassen sich zudem gut einfrieren. Auch das getrocknete Melissenblatt, das im Reformhaus, Kräuterladen oder in der Apotheke erhältlich ist, ist kulinarisch gut einsetzbar, wobei sich hier die bittersüßen Noten stärker durchsetzen.

## Heilwirkung

Die Volksmedizin nutzt Melisse seit Jahrhunderten zur Unterstützung der Magenfunktionen und bei nervlichen Belastungen. Sie wirkt beruhigend und krampflösend, hilft bei Einschlafstörungen und Magen-Darm-Beschwerden sowie im Entspannungsbad gegen Entzündungen der Haut. Aufgrund des hohen Gehaltes an Rosmarinsäure hat die Melisse eine antimikrobielle und antivirale Wirkung, besonders wirksam zur Behandlung von Herpes simplex, der schmerzhaften Fieberblase. Außerdem ist Zitronenmelisse auch gut gegen Erkältungskrankheiten geeignet.

## Wissenswertes

Melisse ist Hauptprodukt und Namensgeber im Kräuterdestillat ***Klosterfrau Melissengeist,*** wirksam gegen Erkältungen, Einschlafstörungen, Erschöpfungszustände oder nervöse Magen-Darm-Probleme. Die ursprüngliche Rezeptur stammt vom französischen Ordenszweigs der Karmeliten, die den Kräutergeist erstmals um 1622 in Paris als ***Karmeliterwasser*** herstellten. Die aus Köln stammende Nonne Maria Clementine Martin fügte das wichtige Destillationsverfahren hinzu und produzierte ***echtes Carmeliter-Wasser*** ab 1826 als Weingeist mit aromatisch-ätherischen Heilpflanzen; bereits 1831 wurde dazu die Marke Klosterfrau Melissengeist eingetragen.

***Praxistipp!***

*Die Melisse ist die ideale Ergänzung in der Maibowle. Am besten zum getrockneten Waldmeister je einen Bund Minze und Zitronenmelisse zu einem Kräutersträußchen zusammenbinden und kopfüber zum Auslaugen für eine Stunde in Weißwein hängen, wobei die Schnittstellen der einzelnen Zweige nicht eingetaucht werden sollten. Danach entfernen, den Wein mit Eiswürfeln und gekühltem Schaumwein auffüllen und mit gefrorenen Zitronenscheiben servieren.*

# Zucker

*Saccharum*

*Streng betrachtet ist Zucker nichts anderes als Saccharose, ein süß schmeckendes und wasserlösliches Kohlenhydrat als Energieträger für Menschen und Pflanzen.*

## Aromatik

Zucker im Rohzustand riecht nicht und hat kaum Aroma, er definiert sich lediglich durch die Grundgeschmacksrichtung ***süß***. Erst durch Erhitzen bilden sich die köstlichen, würzig-karamelligen und honigähnlichen Noten.

## Beschreibung

Zucker ist das süße Salz der Erde, inwieweit aber Zucker tatsächlich ein Gewürz oder bloß ein süß schmeckendes Lebensmittel ist, bleibt ein Streit unter Gewürz-Aficionados. Fakt ist, dass Zucker im alltäglichen Verständnis ein aus Pflanzen gewonnener, kristalliner Rohstoff ist, der in Speisen und Getränken als geschmacksverbessernde Beigabe verwendet wird und damit eine würzende Wirkung hat. Die beiden Hauptquellen von Zucker sind ***Rohrzucker*** (***Saccharum officinarum***) aus tropischen Regionen wie Brasilien, Kuba, dem Süden der USA oder Südafrika und ***Rübenzucker*** (***Beta vulgaris***) aus landwirtschaftlichem Anbau in beinahe allen gemäßigten Regionen der Welt, vor allem in Mitteleuropa und Nordamerika. Zucker hat eine ähnlich alte Kulturgeschichte wie Salz, Zuckerrohrfunde in China, Indien oder im Perserreich gehen bis 8.000 vor Christus zurück. Selbst das Wort ***Zucker*** stammt vom arabischen ***śarkarā*** ab und bedeutet Gries, Geröll oder Kies.

Zucker war über extrem lange Zeit eine regionale Anwendung, so war er den Griechen und Römern völlig unbekannt, sie süßten ausschließlich mit Honig und eingekochtem Traubensaft. Erst in der spätantik-frühbyzantinischen Zeit um 300 nach Christus gelangte der ***Saccharum*** genannte Rohrzucker aus Asien nach Rom und wurde als Luxusgut gehandelt. Mit den Kreuzfahrern ab 1.100 kam Zucker erstmals in größeren Mengen nach Europa, wurde aber weiterhin als Luxusartikel und als Arzneimittel verwendet. Und trotz des stark wachsenden Welthandels mit Gewürzen ab dem 16. Jahrhundert blieb Rohrzucker eine Spezialität und wurde weiterhin als ***white gold*** betrachtet.

Den wirklichen Durchbruch von Zucker als Lebensmittel verdankt die Welt dem deutschen Chemiker Andreas Sigismund Marggraf, der 1747 den hohen Zuckergehalt der ***Futter- oder Burgunderrübe*** entdeckte und damit den Grundstein der westeuropäischen Rübenzuckerindustrie legte. 1802 entwickelte der deutsche Naturwissenschaftler Franz Carl Achard die Technik zur Herstellung von Zucker aus Zuckerrüben und errichtete in Preußen die erste funktionsfähige Rübenzuckerfabrik der Welt. 1840 brachte der deutsche Jacob Christoph Rad, Direktor einer Zuckerraffinerie in Böhmen, mit der Entwicklung des Würfelzuckers als standardisierte Zuckerportion eine weitere Innovation auf den Markt. Daraus entstand rasch eine blühende, hocheffiziente Industrie, die das Zuckermonopol der Rohrzucker produzierenden Kolonialmächte beendete. Aktuell werden je nach Erntesituation zwischen 160 und 180 Millionen Tonnen Zucker pro Jahr hergestellt, wobei der Rübenzucker daran lediglich rund 20 Prozent ausmacht.

## Küchenpraxis

So vielfältig die Erscheinungsformen von Zucker, so abwechslungsreich sind auch die Anwendungsmöglichkeiten des Süßmachers in der Kulinarik. Zweifelsfrei gehört er zu den wichtigsten Utensilien in der Küche, wobei sich die verschiedenen Arten auch für unterschiedliche Einsatzzwecke eignen. Neben der Verwendung beim Backen, Einmachen, Bestauben oder Dekorieren bei süßen Gelegenheiten kann Zucker genauso beim Kochen, Würzen und Verfeinern pikanter Gerichte und Saucen unverzichtbar sein. Denn er wirkt oftmals harmonisierend auf die anderen Geschmacksrichtungen – so bremst er etwa einen Überhang an Bitterstoffen oder säuerlichen Noten aus – und unterstreicht unter anderem die Fruchtsüße von Obst und Gemüse. In jedem Fall genügt es, Zucker – in welcher Variante auch immer – maßvoll einzusetzen, sodass primär die natürliche Süße vieler Lebensmittel zur Geltung kommen kann. Versteht man Zucker nämlich vielmehr als Gewürz und dosiert ihn ebenso behutsam wie andere Aromengeber, eröffnen sich für den Gaumen völlig ungeahnte geschmackliche Horizonte. Um die größtmögliche Geschmacksentfaltung zu forcieren, gibt es für Zucker, anders als bei anderen Gewürzen, keinen optimalen Zeitpunkt der Beigabe. Zucker wirkt immer und sofort. Vielmehr variiert sein Einsatz in Abhängigkeit von seinem Aggregatzustand und Verwendungszweck.

## Einkauf

Neben den beiden Rohstoffen Zuckerrohr und Zuckerrübe gibt es auch Zuckerspezialitäten aus kanadischem Zuckerahorn, (***Acer saccharum***), der meist in Form von ***Ahornsirup***, dem eingedickten Saft des Zuckerahorns, am Markt zu finden ist, oder ***Palmzucker*** aus dem eingedickten Blütensaft der südostasiatischen Zuckerpalme. Hinsichtlich der Form einzelner Spezialitäten ist vor allem der ***Kandiszucker*** sehr beliebt, besonders unter Teetrinkern. Kandis ist eine unter Vakuum eingedickte Zuckerlösung, die in großen, weißen, kristallähnlichen Stücken oder als mit Zuckercouleur gefärbter brauner Kandis verkauft wird. ***Hagelzucker*** oder ***Perlzucker*** ist grobes Zuckergranulat, das durch Agglomerieren (Kornvergrößerung) von feinem Zucker hergestellt wird. Klassischer ***Kristallzucker*** oder ***Haushaltszucker*** wird sowohl aus braunem Zuckerrohr wie auch weißen Zuckerrüben hergestellt und ist in verschiedenen Korngrößen verfügbar. Der zum Bestauben von Backwaren beliebte ***Puder-*** oder ***Staubzucker*** ist fein vermahlener Weißzucker ohne fühlbare, einzelne Kristalle.

## Wirkung

Über Zucker und Gesundheit kann man eigene Bücher füllen. Anders als bei Eiweiß, Fett und Kohlenhydraten aus Vollkornprodukten oder Gemüse geht Zucker direkt ins Blut und treibt den Blutzuckerspiegel nach oben. Dieser freie Zucker sorgt dafür, dass die Bauchspeicheldrüse das Hormon ***Insulin*** ausschüttet, um Zucker in den körpereigenen Zellen einzulagern. Viel Zucker bedeutet demnach auch immer wieder viel Insulin, was wiederum die Bauchspeicheldrüse stark belastet. Zudem bleibt durch die Überdosis an Insulin zu wenig Zucker im Blut, was eine Unterzuckerung nach sich zieht, damit verbunden ein Nachlassen von Konzentration und Leistungsfähigkeit und ein neu einsetzender Appetit auf noch mehr Süßes. Bei der gerne als gesünder gepriesenen Alternative ***Fruchtzucker*** oder ***Fructose*** verhält es sich übrigens ähnlich. Auch Fructose geht schnell ins Blut, führt aber nicht zur Ausschüttung von Insulin, womit das Gehirn kein Sättigungssignal erhält, wenn zu viel Fruchtzucker gegessen wurde. Das verleitet dazu, meist deutlich mehr davon zu essen, als der Körper braucht. Zudem ist auch Fruchtzucker schädlich für die Zähne. Zucker ist der Hauptverursacher von Zahnkaries. Ausschließlich das regelmäßige und sorgfältige Zähneputzen entfernt die kariogenen Bakterien zuverlässig.

## Wissenswertes

Süßes wirkt fast wie eine Droge und spendet Wohlgefühl, es tröstet und verschönert den Moment, vor allem in der bunten Welt der Werbung. Darum ist es so unfassbar schwer, darauf zu verzichten und dem Zucker zu entkommen. Die aktuelle von der Weltgesundheitsorganisation WHO veröffentlichte Empfehlung des täglichen Zuckerkonsums liegt bei 25 Gramm, das entspricht rund sechs Teelöffel – allein in einer Dose Limonade sind durchschnittlich zehn Teelöffel Zucker enthalten. Jetzt aber genug der bösen Worte! Denn vernünftig eingesetzt ist Zucker ein wunderbarer Geschmacksverstärker in der Küche, unverzichtbar als Einmachzucker von Obst und Gemüse, als Glasur auf Gebäck und Torten, als Füllung in Süßwaren oder Pralinen, als Gelierzucker für Konfitüren und Marmeladen oder als Vanillezucker mit Vanillemark gemischt. Zucker ist unverzichtbar in der alkoholischen Vergärung von Traubensaft zu Wein oder Wein zu Schaumwein, ohne Zucker keine Obstmaische und damit keine Obstbrände, ohne Zucker keine Biermaische und damit kein Bier. Diese Liste lässt sich noch lange weiterführen, die Einsatzzwecke von Zucker im alltäglichen Leben sind heute schier unendlich. Womit bewiesen ist, dass Zucker mitten in der modernen Gesellschaft angekommen ist und akzeptiert werden sollte. Wie so oft aber macht auch bei Zucker die Dosis das Gift. Würde man Zucker in der Kulinarik ähnlich bewusst und sparsam einsetzen wie beispielsweise Pfeffer, Ingwer, Majoran oder Kümmel, gäbe es deutlich weniger Probleme mit Übergewicht und falscher Ernährung in der westlichen Gesellschaft. Denn nur ein bewusster Umgang mit Zucker und die Vorteile von weniger Zucker im Leben überwiegen jedenfalls ein Leben gänzlich ohne Zucker, frei nach dem Motto: ***Zucker und Salz – in Maßen genossen –, Gott erhalt's.***

### *Praxistipp!*

*Durch starke Erhitzung von Zucker wird dieser braun, es entsteht gebrannter Zucker. Diese Braunfärbung beruht auf der chemischen Reaktion des Karamellisierens. Dabei schmelzen verschiedene Zuckerarten bei unterschiedlichen Temperaturen, Kristallzucker beginnt zwar ab 135° Celsius zu schmelzen, färbt sich aber noch nicht ein. Dieser Schmelzpunkt dient der Herstellung von Zuckerwatte, fein gesponnenem Zucker. Das eigentliche goldbraune Karamellisieren beginnt erst bei Temperaturen von rund 160° Celsius, Fruchtzucker oder Fructose hingegen karamellisiert bereits bei 110° Celsius.*

# Zwiebel

*Allium cepa*

*Die zu Tränen rührende Knolle ist seit Jahrtausenden für jede Art der Kochkunst unentbehrlich.*

Küchenzwiebel, Zwiebellauch, Speisezwiebel, Gartenzwiebel, Hauszwiebel, Gemeine Zwiebel

## Aromatik

Im rohen Zustand nahezu geruchlos, verströmt die angeschnittene Zwiebel ein frisches, scharfes und augenreizendes Aroma, zart schwefelig und süßlich zugleich; scharf in Fett angebraten entwickelt die Zwiebel zusätzliche Röstaromen mit typischem Umami-Geschmack und fruchtig-üppig-warmer Süße.

## Beschreibung

Bei der hier vorgestellten Zwiebel handelt es sich um die Küchenzwiebel aus der großen Gattung Lauch (***Allium***), der auch Bärlauch (***Allium ursinum***), Knoblauch (***Allium sativum***), Schnittlauch (***Allium schoenoprasum***) und der Gemeine Lauch (***Allium ampeloprasum***) angehören. Dabei wird der Begriff Zwiebel sowohl für die Pflanzenart wie auch für das typische Speicherorgan von anderen Pflanzenarten verwendet. Ihre genaue Herkunft ist unklar, meist wird der Orient vermutet, dennoch gilt sie als eine der ältesten Kulturpflanzen der Menschheit und wird seit über 5.000 Jahren als Heil-, Gewürz- und Gemüsepflanze kultiviert. Die alten Ägypter reichten die Zwiebeln den Göttern als Opfergabe und legten sie den Toten als Wegzehrung für die Reise ins Jenseits bei. Bei den Römern zählte die Zwiebel zu den Grundnahrungsmitteln, vor allem beim ärmeren Landvolk war sie frisch oder getrocknet eine häufige Zutat in Fleisch-, Fisch- und Gemüsegerichten oder in Saucen. Zur Haltbarmachung wurden Zwiebeln in warmes Salzwasser getaucht oder über glühenden Kohlen getrocknet. Dank der Zwiebel als Militärverpflegung römischer Legionäre kam sie mit Lauch und Knoblauch nach Mitteleuropa. Der deutsche Name leitet sich vom lateinischen Wort ***cepula*** ab, das über das mittelhochdeutsche ***cibulla*** zur ***zwibolle*** und schlussendlich zur Zwiebel wurde. Im Mittelalter durfte die Zwiebel auf keiner Tafel fehlen, sie wurde sogar als Heilmittel gegen die Pest eingesetzt. Ab Beginn der Neuzeit begann man, vielfältige, in Form, Farbe und Geschmack unterschiedliche Sorten zu züchten. Heute unterscheidet man generell in Sommerzwiebeln und Winterzwiebeln, abhängig vom Erntezeitpunkt. Die ***Sommerzwiebeln*** (die eigentlichen Küchenzwiebeln) werden zeitig im Frühjahr gesät und zwischen August und Oktober geerntet. Sie sind generell fester und gut bis ins Frühjahr des Folgejahres lagerbar. Die ***Winterzwiebeln***, überwinternd kultivierte Zwiebeln, sind etwas saftiger und milder, jedoch nur kurze Zeit haltbar. Sie werden im Sommer gesät, reifen im kommenden Frühjahr heran und werden ab Juni geerntet. Werden sie noch im Frühling mit dem frischen, grünen Laubblättern gezogen, kommen sie als mildere Frühlingszwiebeln in den Handel, wo auch das Blatt kulinarisch verwendet werden kann.

## Küchenpraxis

Die Zwiebel wird bevorzugt frisch eingesetzt und je nach Anwendung fein gehackt oder in Ringe geschnitten. Sie kann roh oder geröstet gegessen oder beim Garen von Speisen mitgedünstet werden. Durch Kochen, Dünsten oder Braten wird aus den glykosidischen Verbindungen der Zwiebel Zucker freigesetzt, womit die Zwiebel fruchtsüße Aromen in das Essen bringt. Typische Zwiebelgerichte sind die Zwiebelsuppe, der Zwiebelkuchen, die Quiche Lorraine, das Risotto oder das Stifado, ein griechisches Nationalgericht mit viel Zwiebeln, Tomaten und zumeist Rindfleisch. In den bekannten Fleischlaberln aus faschiertem Fleisch wird die gedünstete Zwiebel als ***Zartmacher*** verwendet, um die Laberln nach dem Herausbraten schön luftig zu behalten. In der persischen Kulinarik wird die Zwiebel gerne roh als Beilage zu Grillfleisch bestreut mit Salz, Sumach und Petersilie gegessen. Salz nimmt der Zwiebel generell Schärfe, Petersilie gibt frische Würze und Sumach bringt Säure und Fruchtigkeit hinein – womit man verschiedene Geschmacksrezeptoren im Mund anspricht. Und selbst im modernen Hamburger oder Hotdog macht die Zwiebel frisch hineingeschnitten eine gute Figur.

## Einkauf

Frische Küchenzwiebeln gibt es je nach Jahreszeit in verschiedenen Formen und Farben. Die schärfste Variante ist die klassische ***gelbe Zwiebel***, die sich besonders gut zum Kochen und karamellisierten Anbraten eignet. Die ***roten*** und ***weißen Zwiebeln*** sind im Geschmack recht mild und ideal für den Rohverzehr, beispielsweise in Salaten. Die ***Silberzwiebel*** ist eine besonders kleine Sorte, der die schützende Schale fehlt. Sie ist aufgrund ihrer Empfindlichkeit nur in eingelegter Form als Sauergemüse erhältlich. Generell sollten Zwiebeln immer zur Gänze verarbeitet werden, sobald sie angeschnitten sind, da sonst ihr Geschmack leidet und im Kühlschrank andere Lebensmittel rasch ihren Geruch annehmen. Alternativ zur frischen Knolle eignen sich auch gebrauchsfertige Zwiebelflocken oder Röstzwiebeln für die Küche, diese sind lange haltbar und lassen sich auf Salate, Kartoffelpüree, Steaks, Omeletts, Bratkartoffeln oder zum Überbacken auf Brote streuen. Zudem gibt es auch feines, mehliges Zwiebelpulver, das geschmacklich jedoch kaum Schärfe besitzt und außer einer pampigen Zwiebelsüße recht wenig Geschmack aufweist.

## Heilwirkung

In der indischen Ayurvedamedizin hat die Küchenzwiebel seit jeher einen hohen Stellenwert bei der Behandlung von Entzündungen und Schmerzen, als schleimbildendes und auswurfförderndes Mittel bei Husten, bei verschiedenen Verdauungsproblemen, zur Entwässerung und bei juckender, irritierter Haut. Die heimische Volksmedizin nützt die Inhaltsstoffe der Zwiebel für innerliche Anwendungen bei Erkrankungen der Atemwege und der Verdauungsorgane, vor allem bei Appetitmangel. Auch äußerlich eignet sich die Zwiebel als Heilmittel, bei Insektenstichen, kleinen Wunden und zur Nachbehandlung von Blutergüssen.

## Wissenswertes

Auch die Küchenzwiebel bildet Blüten, eine kugelförmige Scheindolde mit vielen kleinen, weißen Einzelblüten, die vor dem Aufblühen noch von einem Hochblatt umhüllt sind. Besser bekannt sind dabei die Blüten des Bärlauchs, die sogar kulinarisch genutzt werden können. Bei der Küchenzwiebel sind die Blüten jedenfalls unerwünscht, damit die Zwiebel ihre ganze Kraft in die Knolle stecken kann. Diese wird botanisch betrachtet als ***Schalenzwiebel*** eingestuft, die aus normalen Blättern gebildet wird, die Schale für Schale weiterwachsen und deren jeweils außen liegende, ausgezehrte Schalen zu papierdünnen Häuten vertrocknen, die dann eine schützende Hülle um die neue Zwiebel bilden.

### *Praxistipp!*

*Jeder kennt bei Zwiebeln das schwefelhaltige Isoalliin, auf das der typische Geruch und die Tränenreizung beim Zerschneiden zurückzuführen sind. Dieses wird erst nach Verletzungen der Zellstruktur gebildet und reizt die menschlichen Schleimhäute. Deshalb weinen Menschen beim Schneiden von Zwiebel, sobald die Substanz in die Augen gelangt. Vermeiden lässt sich dieser Effekt vor allem durch die Verwendung scharfer Messer, die die Zwiebel schneiden und nicht quetschen. Oder aber man hält die angeschnittene Zwiebel sowie das Messer immer wieder unter fließendes Wasser, um den Reizstoff abzuwaschen.*

Würz

# anwendungen
## im Küchenalltag

Eine wesentliche Hilfe bei der Einteilung eines individuellen Gewürzregals zur täglichen Verwendung sind ***Würzanwendungen***. Das ist allerdings nicht immer einfach, da viele Gewürze nicht so eindeutig und durchgängig schmecken wie süßer Zucker oder scharfe Chilis. Würzanwendungen bieten jedoch Orientierung bei der Wahl der richtigen Gewürze pro Gericht (**Was?**), bei der richtigen Vorbereitung vor dem Kochen (**Wie?**) und beim zeitlich passenden Einsatz während des Kochprozesses (**Wann?**).

*Als grobe Faustregel kann man bei jeder Würzanwendung festhalten:*

- Frische Gewürze (wie Basilikum) und gemahlene Gewürze (wie Muskatnuss) kommen erst am Ende der Zubereitung ins Essen.
- Getrocknete Gewürze (wie Gewürznelken) und ganze Gewürze (wie Pfeffer) können von Beginn an mit in den Kochtopf gegeben werden.

Eine Grundvoraussetzung vor der Verwendung von Gewürzen ist deren ***richtige Lagerung***. Natürlich will man seine Aromengeber in unmittelbarer Reichweite zur Bedarfsstelle haben, dabei ist ein dunkler, kühler Aufbewahrungsort ohne große Temperaturschwankungen zu bevorzugen und das Gewürz am besten luftdicht verschlossen in einem blickdichten Behälter aufzubewahren.

Frische Gewürze sind nach Möglichkeit getrockneten Gewürzen vorzuziehen. Ist es um deren Verfügbarkeit, eventuell aufgrund der Jahreszeit, schlecht bestellt, ist getrockneten im Vergleich zu gemahlenen Gewürzen der Vorzug zu geben. Denn gemahlene Gewürze verlieren am schnellsten an Aroma und lassen häufig nur mehr entfernt die eigentliche Charakteristik des Ausgangswürzstoffes erahnen. Spätestens nach einem Jahr sollten sie bei Nichtverwendung aus dem privaten Gewürzregal aussortiert werden. Getrocknete, ganze Gewürze hingegen, also Körner und Samen, bieten bis zu drei Jahre ohne großen Aromaverlust volle Würzkraft. Sie werden bestenfalls direkt vor der Verwendung (wenn überhaupt nötig) frisch gemahlen (per Gewürzmühle), grob gemörsert oder im Mörser frisch gestoßen (gequetscht).

Abgesehen davon, dass manche Aromengeber ihre Wirkung und Charakteristik erst im Laufe des Kochprozesses entfalten, kann eine Vielzahl an Gewürzen vor dem Einsatz in einer gut beschichteten Pfanne angeröstet werden, um einen intensiveren Würzeffekt zu erzielen. Da sich Gewürze in ihren Röstzeiten unterscheiden, sollte jedes Gewürz einzeln geröstet werden – das mag aufwendig erscheinen, garantiert aber jedem Würzstoff seine individuell optimale Röstzeit. Zu stark geröstete Gewürze können im späteren Gericht eine unerwünschte Bitterkeit mit sich bringen.

Bleibt noch die Frage, ob das Anrösten mit oder ohne Fett erfolgen soll? Das hängt vom eigenen Gusto genauso wie vom geplanten Einsatzzweck ab. In Indien etwa werden Gewürze häufig im traditionellen ***Ghee***, einer geklärten Butter, angeröstet, sodass dieses aromatisierte Fett nach Entnahme der Gewürze zum Anbraten für Fleisch, Fisch oder Gemüse herangezogen oder eine Speise gegen Ende ihrer Zubereitung mit dem gewürzten Öl verfeinert werden kann. Ist das Ziel jedoch die Auffrischung und Aufschließung der ätherischen Öle in den getrockneten Gewürzen, so kann auf die Zugabe von Öl oder Fett beim Rösten verzichtet werden.

Zur groben Einteilung des eigenen Gewürzregals hilft eine Gliederung nach den wichtigsten ***Geschmacksgruppen*** und ***Anwendungsbereichen***. Damit findet man sich leicht zurecht und hat immer das richtige Aroma rasch bei der Hand:

## Die Unkomplizierten.

Zu dieser Gruppe gehören glücklicherweise viele Gewürze. Man muss sich keine Gedanken über das richtige Timing machen, sie lieben Hitze und können jederzeit in den Kochprozess integriert werden. Bei einigen Kandidaten wie Estragon, Oregano oder Thymian gilt sogar: je früher, desto besser. Ihr Aroma entfaltet sich langsam, Geschmack und Aroma werden während des Kochvorgangs immer intensiver.

*Anis, Beifuß, Bohnenkraut, Estragon, Kardamom, Chili (Flocken), Fenchel, Gewürznelken, Koriander (Samen), Kurkuma, Kümmel, Lemongras, Lorbeer (Blatt), Oregano, Piment, Senf (Körner), Thymian, Zimt, Zwiebel*

## Die Empfindlichen.

Zu dieser Gruppe werden solche Gewürze und Kräuter gezählt, die entweder tatsächlich hitzeempfindlich sind und bei hohen Temperaturen ungewünschte Geschmacksentwicklungen aufweisen können oder ein flüchtiges Aroma besitzen, sodass sie besser rein zum Abschmecken einer Speise verwendet werden sollten. Daher empfiehlt es sich, diese Gewürze erst nach dem Kochvorgang, also kurz vor dem Servieren, einem Gericht hinzuzufügen oder sie als Tischbeigabe mitzuservieren, sodass jeder für sich über den Einsatz und die Dosis entscheiden kann.

*Bärlauch, Basilikum, Dille, Kerbel, Macis, Muskatnuss, Petersilie, Schnittlauch*

## Die Bitteren.

Gewürzen mit zahlreichen Bitterstoffen kommt besonders in der ayurvedischen Ernährungs- und Gesundheitslehre große Bedeutung zu, werden sie doch unter anderem gezielt für die Steuerung des Stoffwechsels eingesetzt – sie regen den Speichelfluss und die Bauchspeicheldrüse an. Andere Gewürze entwickeln durch Überdosierung oder falsche Verwendung, etwa bei zu großer Hitze, eine Bitternote. Bei ihnen gilt es daher, die in den Rezepten angeführten Mengen als zuverlässigen Richtwert sowie den Zeitpunkt ihrer Zugabe während einer Zubereitung zu befolgen.

*Asant, Koriander, Kurkuma, Kreuzkümmel, Paprika, Rosmarin, Safran, Wacholder*

## Die Herben.

Die ayurvedische Küche setzt herbe Gewürze, die sich durch Gerbstoffe (*Tannine*) auszeichnen, bewusst in Kombination mit bitteren und scharfen Gewürzen ein. Im Triumvirat gelten sie als unschlagbar zur Stärkung des Organismus. Die herben Aromengeber selbst verhindern Fäulnis und Verdauungsbeschwerden im Darm. Ähnlich wie die bitteren Würzstoffe sollten auch die herben Probanden nicht bewusst überdosiert werden sowie an ihrem zugewiesenen Platz im Kochprozess zum Einsatz kommen.

*Beifuß, Bohnenkraut, Galgant, Weinraute, Wermut*

## Die Süßen.

Abgesehen von Zucker sind die süßen Gewürze erfreulicherweise in puncto Gewichtszunahme unbedenklicher. Dennoch ist die Zugabe süßer Aromastoffe mit Fingerspitzengefühl vorzunehmen, zählen doch etwa mit Tonkabohne, Waldmeister oder Zimt sehr stark cumarinhältige Gewürze dazu, bei denen eine zu hohe Dosierung gesundheitlich bedenklich werden kann. Aufgrund der geschmacklichen Intensität dieser süßen Gewürze genügt die sprichwörtliche Messerspitze oder Prise, um die optimale Aromenentfaltung zu erzielen.

*Anis, Gewürznelken, Kardamom, Mädesüß, Sesam, Safran, Sternanis, Tonkabohne, Vanille, Waldmeister, Zimt, Zucker*

## Die Sauren.

Der Gruppe der sauren Gewürze sagt man nach, den Geist und die Sinne zu animieren. Sie verstärken die Ausscheidung und fördern die Verdauung – und können bei Überdosierung den Wohlgeschmack einer Speise im Handumdrehen ins Gegenteil verkehren. Der Großteil der Sauren zählt gleichzeitig zu den empfindlichen Gewürzen, sodass ihr Einsatz erst zu einem späten Zeitpunkt im Kochprozess erfolgen sollte.

*Amchoor, Cranberry, Granatapfel, Kapern, Sumach, Szechuanpfeffer*

## Die Scharfen.

Ein guter Teil an Gewürzen und Kräutern enthält scharfe Elemente. Abgesehen von den offensichtlichen Klassikern aus dem scharfen Sektor – Chili, Pfeffer und Ingwer – offenbaren auch andere Gewürze bei ihrer Verwendung scharfe Noten. Gerade im Fall einer Kombination mit mehreren Aromengebern sowie bei der Erstellung von Gewürzmischungen ist auf das geschmackliche Gesamtergebnis Rücksicht zu nehmen.

***Asant, Bärlauch, Chili, Ingwer, Kardamom, Knoblauch, Kurkuma, Kren, Pfeffer (in allen Varianten), Piment, Senf, Wasabi***

## Die Färbenden.

Neben einem geschmacklichen Mehrwert kann ein Gewürz gleichzeitig eine optische Aufbesserung bieten. Im Fall der Färberdistel ist es vor allem die färbende Funktion, die ihren Einsatz rechtfertigt, während die aromatische Bedeutung nachrangig ist. Anders verhält es sich bei Safran, der mit seiner intensiven, unvergleichlichen Aromatik punktet und geschmacklich durch nichts ersetzt werden kann. Während seine früher vielfach unverzichtbare Färbekraft heutzutage oft durch billige und leider auch häufig künstliche Farbgeber abgelöst wird. Safran verwendet man im Optimalfall übrigens nicht als Pulver, sondern in Fäden, die man für mindestens 2 Stunden in lauwarmem Wasser einweicht und schließlich die aromatisierte, färbende Flüssigkeit einer Speise zufügt und die bissfesten Fäden entweder entsorgt oder maximal zu Dekorationszwecken einsetzt.

***Chili, Färberdistel, Kurkuma, Pandanblatt, Paprika, Safran***

# Zur Anwendung des Praxisteils

*Alle Zutaten wurden selbst eingekauft, alle Rezepte selbst gekocht, die Mengenangaben, wenn nicht anders angeführt, auf vier Personen ausgerichtet und auf ihre Praxistauglichkeit überprüft.*

Als Quellen der Gewürzeinkäufe dienten lokale Gewürzvertreiber in Österreich und Deutschland, womit gewährleistet ist, dass auch wirklich alle beschriebenen Gewürze und Kräuter über verlässliche Bezugsquellen käuflich erworben werden können. Nicht alle Gewürze gibt es jedoch in den Regalen herkömmlicher Supermärkte, bei einigen wird man nur in spezialisierten Gewürz- und Kräuterläden oder in auf Heilkräuter spezialisierten Apotheken fündig. Bei haltbaren Gewürzen erweist sich ein großer, privater Fundus, der sich im Laufe der Jahre bei vielen Besuchen spannender Gewürzgebiete zusammengesammelt hat, als hilfreich.

Was Koch- und Garzeiten betrifft, so sind die hier angegebenen Werte bei der Zubereitung mit einem Elektroherd entstanden. Diese können daher zur Orientierung dienen, sollten aber um vorhandene Erfahrungen mit dem eigenen Herd ergänzt und nötigenfalls angepasst werden. Ebenso ist bei Nichtvorhandensein eines bestimmten Kochbehältnisses oder Küchenhelfers immer die Verwendung der nächstmöglichen Annäherung ratsam. Ein fehlender Bräter mit Deckel kann meist problemlos durch eine mit Alufolie abgedeckte Auflaufform ersetzt werden; anstelle einer schweren, tiefen Pfanne genügt eine beschichtete Pfanne; ist keine Moulinette oder Küchenmaschine zur Hand, können ein Mixer oder ein Pürierstab ebenso gute Dienste leisten.

Generell empfiehlt es sich beim Nachkochen der Rezepte, seinem persönlichen Gusto genügend Raum zur Entfaltung zu geben und damit basierend auf dem eigenen Geschmacksempfinden die Würzung nach Bedarf anzupassen. Denn Kreativität ist in der Kulinarik schließlich nichts anderes als pure Aromenkombination.

# Würzanwendung Vorspeisen

Schon in der Antike erfreuten sich die Römer im Rahmen ihres Abendmahls an der ***gustatio***, der Vorspeise. Damals wie heute war die primäre Aufgabe dieses Auftakts zu einer Menüfolge klar: Sie soll Gusto machen, den Appetit anregen, aber auch den ersten Hunger mildern. Man unterscheidet generell kalte von warmen Vorspeisen. Im klassischen Menü ist der erste Gang aus der kalten Küche; eine warme Vorspeise wiederum folgt der Suppe, die streng genommen als eigener Gang zählt, aber dem Fisch- oder Hauptgang vorausgeht. In manchen Ländern ist es Usus, viele kleine Speisen zu Beginn eines Mahls zu servieren, die ein Hauptgericht manchmal überflüssig machen – Beispiele sind die spanischen Tapas oder die griechischen und türkischen Mezze. Um genügend Platz für die folgenden Gänge zu belassen, sollte eine Vorspeise im Idealfall von leichterer Natur sein: Salate, Terrinen oder Pasteten, Appetithappen mit Fisch- oder Fleischbeteiligung eignen sich sehr gut. Um den Gaumen geschmacklich vorzubereiten, dürfen erste Schätze aus dem reichhaltigen Kräuter- und Gewürzrepertoire nicht fehlen. Passend sind appetitanregende und verdauungsfördernde Gewürze wie Sesam oder Wasabi genauso wie beruhigende Aromengeber, etwa der Basilikum oder die wärmenden Pfefferarten – Experimente sind hier ausdrücklich erwünscht.

## Gewürzempfehlungen

*Basilikum* *Kapern* *Malabar-Pfeffer*

*Schwarzer Senf* *Schwarzkümmel* *schwarzer Sesam* *Wasabi*

# Die Würzpraxis

## Ohne Kalorien mit viel Mehrwert

Da Gewürze per se keine Kalorien haben, dürfen sie nach Maßgabe reichlich eingesetzt werden – folglich eine perfekte Kombination zu einer leichten Vorspeise.

## Mit frischen Kräutern Harmonie erzeugen

Frische Kräuter vermitteln Leichtigkeit, offenbaren ein intensives Aroma und umschmeicheln den Gaumen. Daher sind sie eine harmonische Ergänzung zum Entrée eines Menüs.

## Mediterrane Gewürze für ein kulinarisches Dolce Vita

Von Basilikum und Majoran über Minze bis zu Rosmarin oder Zitronenmelisse – mediterrane Gewürze verströmen ein leichtes, unbeschwertes Aroma, das als Auftakt in Vorspeisen optimal geeignet ist.

## Mit Chili magisch würzen

Chili wirkt wahre Wunder, denn sie regt – als wohldosiertes Quäntchen eingesetzt – den Appetit an und lässt quasi das Wasser im Munde zusammenlaufen. Das ist bei der Vorspeise ideal. So werden die Geschmacksnerven animiert, während der Eigengeschmack der Speise brillieren kann.

## Mit Pfeffer den Gaumen aufwärmen

Jeglicher Pfeffer hat eine wärmende Wirkung auf den Gaumen und regt die Geschmacksknospen an. Dieser Tatsache sollte man sich im Rahmen der Vorspeise bedienen und verschiedene Pfefferarten dezent zur Würzung einsetzen.

## Wärmeempfindliche Gewürze sind kalt perfekt

Kalte Vorspeisen sind die perfekte Bühne für einen Auftritt all jener Gewürze, die selbst wärmeempfindlich sind. So können etwa Bärlauch, Gartenkresse, Kren oder Wasabi gerade in diesem Gang zu ihrer Hochform auflaufen und zu neuen geschmacklichen Höhenflügen verhelfen.

## Basilikum – Bruschetta al pomodoro e basilico

### Zutaten

4 große Fleischtomaten, gewaschen, entstielt, in kleine Würfel geschnitten
1 Handvoll frische Basilikumblätter, gewaschen, trocken getupft, in dünne Streifen geschnitten
1 Prise getrockneter Oregano
Salz
Schwarzer Pfeffer, frisch gemahlen
3 EL Olivenöl
4 Scheiben Weißbrot
1 Knoblauchzehe, geschält, halbiert
4 Basilikumblätter, gewaschen, trocken getupft

### Zubereitung

1. Die gewürfelten Tomaten in einer Schüssel mit den Basilikumstreifen, dem Oregano sowie Salz und Pfeffer mischen.
2. Der Tomatenmischung nun das Olivenöl beigeben und alles eine 1/2 Stunde rasten lassen.
3. Inzwischen das Backrohr auf 200 Grad (Grillstufe) vorheizen.
4. Die Weißbrotscheiben darin 3 Minuten lang rösten (Vorsicht, sie verbrennen schnell!) und danach mit den Knoblauchhälften sorgsam einreiben.
5. Die Tomaten-Öl-Mischung auf den noch heißen Weißbrotscheiben verteilen, mit je einem Basilikumblatt dekorieren und noch warm servieren.

# Kapern – Vitello tonnato

### Zutaten

500 ml Wasser
250 ml Weißwein
2 Karotten, geschält, klein geschnitten
1 Stange Lauch, geputzt, gewaschen, klein geschnitten
1 l Gemüsesuppe
2 Lorbeerblätter
1 TL Schwarzer Pfeffer, ganz
Salz

750 g Kalbsnuss, gewaschen, trocken getupft
2 Eier
1 Dose Thunfisch im eigenen Saft (circa 160 g), abgetropft
90 g Sardellenfilets in Öl, abgetropft
60 g Kapernknospen, abgetropft
5 EL Mayonnaise
Saft einer Zitrone
3 EL Olivenöl
Schwarzer Pfeffer, frisch gemahlen
Zitronenscheiben zum Garnieren

### Zubereitung

1. Wasser, Weißwein und zerkleinertes Gemüse in einen Topf geben. Mit der Gemüsesuppe aufgießen, Lorbeerblätter und Pfefferkörner hinzufügen, aufkochen und leicht salzen. Das Kalbfleisch einlegen, sodass es von Flüssigkeit bedeckt ist (wenn nötig: noch mit Gemüsesuppe aufgießen). Einmal aufkochen und dann das Fleisch zugedeckt bei kleiner Hitze rund 1 1/2 Stunden garen. Danach in der Suppe abkühlen lassen.
2. Inzwischen die Eier 10 Minuten hart kochen, kalt abschrecken und schälen. Die Eier halbieren, das Eigelb herauslösen und das Eiweiß anderweitig verwenden. Das Eigelb mit dem Thunfisch, den Sardellenfilets, 2 Esslöffel der Kapernknospen und der Mayonnaise im Mixer nicht zu fein pürieren.
3. Zitronensaft, Olivenöl und so viel vom Fleischsud untermischen, bis die Sauce eine cremig-sämige Konsistenz hat. Mit Salz und frisch gemahlenem Pfeffer kräftig abschmecken.
4. Das Kalbfleisch aus dem Sud nehmen, trocken tupfen und quer zur Faser in dünne Scheiben schneiden. Die Scheiben auf Tellern anrichten, mit der Thunfischsauce bestreichen und mit den restlichen Kapernknospen bestreuen. Nach Belieben mit Zitronenscheiben garnieren.

# Malabar-Pfeffer – Indian-Style Rindercarpaccio

## Zutaten

| | |
|---|---|
| 400 g | Rinderfilet |
| 4 EL | Olivenöl |
| | grobes Meersalz |
| 1 TL | Malabar-Pfeffer, im Mörser leicht angestoßen |
| 1 Msp. | gemahlene Kurkuma |
| 1 Msp. | gemahlener Kardamom |
| 1 Msp. | gemahlener Zimt |
| 1 Msp. | gemahlene Gewürznelken |
| 4 EL | Balsamicoglacé |

## Zubereitung.

1. Das Rinderfilet für eine 1/2 Stunde ins Tiefkühlfach legen, damit es sich leichter aufschneiden lässt. Die Teller, auf denen das Carpaccio serviert werden soll, in den Kühlschrank stellen. Nun in einer Schüssel das Öl mit Salz, Pfeffer und den anderen Gewürzen mischen.
2. Das Filet mit einem scharfen Messer möglichst dünn aufschneiden und auf den gekühlten Tellern auflegen. Wenn die Scheiben zu dick geraten, diese mit dem Handballen flach drücken. Mit je 1 Esslöffel Balsamicoglacé beträufeln. Dann gleichmäßig die Öl-Gewürz-Mischung über dem Carpaccio verteilen.

## Schwarzer Senf – Marinierte Matjeshappen

### Zutaten

| | |
|---|---|
| 8 | Matjesfilets |
| 200 ml | Reisessig |
| 150 ml | Wasser |
| 4 EL | Rohrzucker |
| 2 TL | Schwarze Senfkörner, ganz |
| 1 Stück | frischer Ingwer, geschält, gewürfelt |
| 2 | kleine rote, getrocknete Chilischoten |
| 150 g | Zuckererbsenschoten, gewaschen, bissfest gekocht, gut abgetropft |
| 1 | rote Zwiebel, geschält, in feine Ringe geschnitten |

### Zubereitung

1. Sollten die Matjesfilets sehr salzig sein, diese kurz unter fließendem Wasser abwaschen, dann trocken tupfen; wenn nicht, gleich weiterverwenden. Matjesfilets in mundgerechte Happen schneiden und in eine Schüssel legen, die noch genügend Raum für Marinade lässt.
2. Den Essig und das Wasser aufkochen, die Gewürze bis inklusive der Chilischoten hinzufügen und 10 Minuten köcheln lassen. Den Sud über die Matjesfilets gießen, abkühlen lassen, mit Frischhaltefolie abdecken und über Nacht im Kühlschrank durchziehen lassen.
3. Am nächsten Tag die bissfest gekochten Zuckererbsenschoten auf Tellern anrichten, die marinierten Matjeshappen darauf verteilen und mit den Zwiebelringen garniert servieren.

## Schwarzkümmel – Gefüllte Gurke

### Zutaten

| | |
|---|---|
| 1 | Salatgurke, ungeschält, gut gewaschen, trocken getupft |
| 100 g | griechisches Joghurt |
| | Saft einer halben Zitrone |
| | Salz |
| | Schwarzer Pfeffer, frisch gemahlen |
| 2 TL | Schwarzkümmelsamen |
| 8 | Minzeblätter |
| 2 EL | Olivenöl |

### Zubereitung

1. Die Enden der Salatgurke abschneiden, sodass die Gurke begradigt ist und in vier gleich große Abschnitte geteilt werden kann. Die abgeschnittenen Enden nicht wegwerfen, sondern schälen, würfelig schneiden und in eine Schüssel geben. Nun die vier Gurkenabschnitte von einer Seite beginnend innen aushöhlen, dabei einen Boden belassen, sodass die Gurke befüllt werden kann. Das Innere der Gurke auch würfelig schneiden und ebenfalls in die Schüssel geben.
2. Jetzt das Joghurt, den Zitronensaft, Salz, Pfeffer und 1 Teelöffel Schwarzkümmelsamen mit der gewürfelten Gurke vermischen und kräftig abschmecken. Die ausgehöhlten Gurken auf Tellern stehend anrichten, mit dem Würzjoghurt von oben befüllen, dabei einen schönen Gupf formen, diesen mit dem restlichen Schwarzkümmel bestreuen und mit je zwei Minzeblättern dekorieren. Rund um die Gurke etwas Olivenöl träufeln und die gefüllte Gurke bis zum Servieren kalt stellen.

# Schwarzer Sesam – Asiatischer Krautsalat mit Sesam und Garnelen

## Zutaten

| | |
|---|---|
| 100 g | gehobelte Mandeln |
| 100 g | schwarzer Sesam |
| 3 | kleine Zwiebeln, geschält |
| 1/2 | Weißkrautkopf, gewaschen, geviertelt, vom Strunk befreit |
| 2 | Lagen asiatische Instantnudeln |
| 100 g | Zucker |
| 1 TL | Schwarzer Pfeffer, frisch gemahlen |
| 1 TL | Salz |
| 100 ml | Sonnenblumenöl |
| 5 EL | Erdnussöl |
| 3 EL + 1 EL | Sesamöl |
| 100 ml | dunkle Sojasauce |
| 1 | Knoblauchzehe, geschält, halbiert |
| 200 g | geschälte, gekochte Garnelen |

## Zubereitung

1. Die Mandeln ohne Öl in einer Pfanne unter ständigem Rühren anrösten. In einer zweiten Pfanne den Sesam ebenfalls kurz anrösten.
2. Die Zwiebeln und das Kraut mit einer Küchenhobel in grobe Späne hobeln. Alternativ können beide auch in kleine Stücke geschnitten werden.
3. Wasser aufkochen, die asiatischen Nudeln in Stücke brechen und 2 Minuten im heißen Wasser garen. Abgießen und mit dem Kraut und den Zwiebeln vermischen.
4. In einer Schüssel Zucker, Pfeffer, Salz, alle Öle (1 Esslöffel Sesamöl aufsparen) und die Sojasauce miteinander verrühren, bis sich der Zucker gänzlich aufgelöst hat. Nun über die Nudel-Gemüse-Mischung geben, gut vermengen und am besten über Nacht durchziehen lassen.
5. Kurz vor dem Servieren 1 Esslöffel Sesamöl in einer Pfanne erhitzen, die halbierte Knoblauchzehe darin ein wenig anschwitzen, wieder entfernen. Nun die Garnelen darin knusprig anbraten. Inzwischen den Salat nochmals nach Geschmack mit Salz, Pfeffer, Sojasauce und den verwendeten Ölen abschmecken. Auf Tellern anrichten, die gebratenen Garnelen darüber verteilen und servieren.

# Wasabi – Thunfischtatar mit Wasabicreme

## Zutaten

| | |
|---|---|
| 400 g | roher Thunfisch |
| 3 | Jungzwiebeln, geputzt, gewaschen, in feine Ringe geschnitten |
| 1 | großes Stück frischer Ingwer, geschält, fein würfelig geschnitten |
| 1/2 | Bund Koriander, gewaschen, trocken geschüttelt, Blätter fein gehackt |
| | Saft einer Limette |
| 2 EL | helle Sojasauce |
| 3 EL + 2 EL | Sesamöl |
| | Salz |
| | Schwarzer Pfeffer, frisch gemahlen |
| 3 EL | Wasabipulver |
| 3 EL | Wasser |
| 1 EL | Mayonnaise |
| 4 EL | Crème fraîche |
| 4 | Stängel Koriander, gewaschen, trocken geschüttelt |
| 50 g | Sojasprossen, gewaschen, trocken getupft |

## Zubereitung

1. Den Thunfisch für eine 1/2 Stunde ins Tiefkühlfach legen. In halb gefrorenem Zustand in ganz feine Würfel schneiden. Mit den Jungzwiebeln, dem Ingwer und dem Koriander mischen.
2. Aus 3 Esslöffel Limettensaft, der Sojasauce und 3 Esslöffel Sesamöl eine Marinade anrühren, diese mit Salz und Pfeffer abschmecken, das Thunfischtatar damit marinieren und bis zum Anrichten kühl stellen.
3. Inzwischen die Teller, auf denen das Tatar serviert wird, in das Tiefkühlfach stellen. Jetzt das Wasabipulver mit dem Wasser anrühren. Einige Minuten ziehen lassen, damit sich die Schärfe entfaltet. Dann mit Mayonnaise, Crème fraîche und dem restlichen Limettensaft verrühren, mit Salz und Pfeffer abschmecken.
4. Das gekühlte Thunfischtatar mit einem Schöpflöffel als Gupf auf den eiskalten Tellern anrichten und mit je einem Stängel Koriander dekorieren. Die Sprossen rund um das Tatar drapieren, mit Tupfen von der Wasabicreme dekorieren und den Rest extra dazu servieren.

## Würzanwendung

# Suppen

Die Suppe begleitet den Menschen schon seit der Steinzeit. Damals handelte es sich um eine breiartige Speise aus Wasser, Getreide oder Gemüse, ergänzt um nahrhafte Einlagen wie Brot, Fladen oder Knödel mit hohem Sättigungsfaktor. Im Mittelalter avancierten musartige Suppen zur Armennahrung, die meist als wärmende Frühstücksmahlzeit eingenommen wurden. Ihre weitere Historie ist eng mit den Entwicklungen diverser Kochbehältnisse von Suppentellern aus Holz sowie Löffelbehelfen aus verschiedenen Materialien zur Einnahme der flüssigen Speise bis hin zum Schnellkochtopf verknüpft. Ende des Spätmittelalters kam der Adel auf den Geschmack von Suppe und regte mit ihr seinen Magen zu Beginn eines Dinners an. Ihre Verfeinerung hin zu einer extravaganten Flüssigkeit mit einem fixen Platz in der klassischen Menüfolge verdankt die Suppe französischen Meisterköchen und Gastrosophen im 18. und 19. Jahrhundert. Ebendiese nahmen die noch heute in der gehobenen Gastronomie gültige umfangreiche Klassifizierung der flüssigen Speise vor. So werden ganz allgemein klare von gebundenen Suppen unterschieden. Letztere werden in Püree-, Rahm- und Schleimsuppen, gebundene Kraftbrühen und Gemüsesuppen unterteilt. Zu den Suppen zählt man schließlich auch Eintöpfe und Kaltschalen. Denn obwohl die meisten Suppen warm gereicht werden, finden sich genauso kalte Zubereitungen wie etwa die Gazpacho in Spanien oder die Okroschka in Russland. Je nach Erdteil, Land oder gar Region gibt es noch viele weitere Variationen von Suppen, in denen nicht selten frische Kräuter, Trockengewürze und andere Würzmittel eine echte Hauptrolle spielen.

## Gewürzempfehlungen

Brennnessel · Galgant · Lemongras

Majoran · Szechuanpfeffer · Zwiebel

# Die Würzpraxis

## Gewürze, die den Appetit anregen und wärmen

Mit dem Einsatz appetitanregender, wärmender Gewürze liegt man im Rahmen der Suppe goldrichtig. Das können verschiedene Pfefferarten oder Chili genauso sein wie exotische Aromengeber, von Ingwer über Liebstöckel und Kardamom bis zu Selleriesamen.

## Exotische Aromen verleihen Asienfeeling

Asiatische Suppen eröffnen eine völlig neue geschmackliche Welt. Diese lebt von erfrischenden, exotischen Gewürzen, oftmals auch mit Zitrusnote. Infrage kommen etwa Lemongras, Kaffirlimettenblätter, Curryblätter, aber auch Galgant, Ingwer oder Szechuanpfeffer.

## Mehr als die Liebe auf der Suppe

Frische, saisonale Kräuter dürfen in Suppen nicht fehlen. Frisches Kraut wie Petersilie, Oregano, Liebstöckel oder Majoran macht sich nicht nur als Garnitur auf der Suppe sehr gut, sondern auch als Ingredienz, die gegen Ende der Kochzeit hinzugefügt und kurze Zeit zwecks Aromaabgabe mitgekocht wird.

## Optimal zur Dekoration geeignet

Eine Ausnahme bildet der Schnittlauch. Da er Wärme nicht so gut verträgt, sollte er tatsächlich erst kurz vor dem Servieren, meist für die frische Optik, eingestreut werden.

## Gewürze entfernen leicht gemacht

Ganze oder harte Gewürze gilt es, nach der Abgabe ihrer Aromastoffe wieder aus der flüssigen Speise zu entfernen. Bei Zimtstangen oder Lorbeerblättern ist die Entnahme relativ simpel; für kleinere Würzstoffe eignet sich der Einsatz eines Gewürz-Eis. Wenn nicht vorhanden, ist das Tee-Ei oder ein mit Gewürznelken, Pfefferkörnern, Piment & Co. gefüllter und mit Küchengarn verschnürter Teefilter eine gute Alternative.

## Brennnessel – Brennnessel-Suppe

### Zutaten

| | |
|---|---|
| 2 EL | Butter |
| 1 | große rote Zwiebel, geschält, fein gewürfelt |
| 250 g | frische Brennnesselblätter, gewaschen, fein gehackt |
| 1 l | Gemüsesuppe |
| 2 | große Kartoffeln, geschält, fein gewürfelt |
| 4 EL | Crème fraîche |
| 1 | Knoblauchzehe, geschält, gepresst |
| 1 TL | getrockneter Estragon |
| | Salz |
| | Schwarzer Pfeffer, frisch gemahlen |

### Zubereitung

1. Die Butter in einem Topf schmelzen, darin die Zwiebel anschwitzen und dann die Brennnesselblätter dazugeben. Einige Minuten lang dünsten.
2. Suppe und Kartoffeln hinzufügen. Zugedeckt rund 20 Minuten köcheln lassen, bis die Kartoffeln weich sind. Die Suppe fein pürieren.
3. Die Hälfte der Crème fraîche einrühren. Gepressten Knoblauch und Estragon hinzufügen, mit Salz und Pfeffer abschmecken und mit der restlichen Crème fraîche garniert servieren.

## Galgant – Kokossuppe Tom Kha Gai

### Zutaten

| | |
|---|---|
| 500 ml | Kokosmilch |
| 750 ml | Wasser |
| 2 | Stängel Lemongras |
| 1 | großes Stück frischer Galgant, in dünne Scheiben geschnitten |
| 4 | getrocknete Kaffirlimettenblätter (wenn verfügbar: frisch) |
| 2 | Jungzwiebeln, in dünne Scheiben geschnitten |
| 4 | kleine scharfe Chilis (z.B. Bird Eye), in feine Ringe geschnitten |
| 200 g | Hühnerbrust, klein geschnitten |
| 6 | Austernpilze |
| 2 EL | Fischsauce |
| | Saft einer Limette |
| | einige Korianderblätter zum Garnieren |

### Zubereitung

1. Kokosmilch mit Wasser in einem Topf erhitzen. Lemongras, Galgant, Limettenblätter, Jungzwiebeln und Chilis in die heiße Kokosmilch geben und kurz kochen lassen.
2. Das Huhn dazugeben und so lange kochen, bis es durch ist. Die Pilze mitkochen, bis sie weich sind.
3. Die Suppe mit der Fischsauce und dem Limettensaft abschmecken. In Schüsseln mit einigen Korianderblättern garniert servieren.

## Lemongras – Erfrischende Thai-Nudelsuppe

### Zutaten

| | |
|---|---|
| 1,5 l | Hühnersuppe |
| 100 ml | Kokosmilch |
| 4 | Stängel Lemongras, in Stücke geschnitten, mit dem Mörser angequetscht |
| 1 Stück | frischer Ingwer (circa 5 cm lang), geschält, fein gehackt |
| 100 g | asiatische Glasnudeln |
| 2 EL | Erdnussöl |
| 100 g | Tiefkühlblattspinat, angetaut, grob geschnitten |
| 2 | Chilis (z.B. Piri-Piri), gewaschen, entstielt, fein gehackt |
| 250 g | essfertige Shrimps |
| 50 g | gesalzene Erdnüsse, grob gehackt |
| | Salz |
| | Schwarzer Pfeffer, frisch gemahlen |
| 1 | Limette, gewaschen, eine Hälfte ausgepresst, die andere Hälfte in Scheiben geschnitten |

### Zubereitung

1. Die Hühnersuppe in einem Topf aufkochen. Kokosmilch, Lemongras und Ingwer hinzufügen und 30 Minuten leise köcheln lassen.
2. Inzwischen die Nudeln in kochendem Wasser 2 Minuten ziehen lassen, abgießen, kalt abschrecken und mit dem Erdnussöl marinieren.
3. Nun den Spinat, die Chilis und die Shrimps in die Hühner-Kokossuppe geben und weitere 10 Minuten köcheln. Dann die Nudeln und die gehackten Erdnüsse hinzufügen und nochmals 5 Minuten garen. Mit Salz und Pfeffer abschmecken, Limettensaft einrühren und mit Limettenscheiben garniert heiß servieren.

# Szechuanpfeffer – Chinesischer Feuertopf

## Zutaten

1 EL Erdnussöl
1 großes Stück frischer Ingwer, geschält, in Scheiben geschnitten
5 Knoblauchzehen, geschält, in Scheiben geschnitten
2 EL Chili-Bohnen-Paste, nach Bedarf auch mehr (aus dem Asialaden)
1 TL Szechuanpfeffer, leicht im Mörser zerstoßen
1 großer Schuss Reiswein
1 l Gemüsesuppe
Salz
Schwarzer Pfeffer, frisch gemahlen
Chiliöl und getrocknete Chilischoten nach Bedarf

## Zubereitung

1. Das Öl in einem großen Topf erhitzen. Ingwer und Knoblauch hinzufügen und kurz anbraten. Nun die Chili-Bohnen-Paste und den Szechuanpfeffer beigeben und ein wenig mitbraten. Mit Reiswein ablöschen, durchrühren, mit der Gemüsesuppe aufgießen und alles aufkochen.
2. Mit Salz und Pfeffer abschmecken. Zum Schluss nach Geschmack Chiliöl und getrocknete Chilis hinzufügen und nochmals 5 Minuten garen lassen.
3. Den Topf vom Herd nehmen und in der Tischmitte auf einer vorbereiteten Kochplatte platzieren, damit die Temperatur schön gehalten wird. Darin können nun nach Gusto alle möglichen Köstlichkeiten gegart werden.

## Extra-Tipp:

Ein Feuertopf ist das asiatische Pendant zum hiesigen Fondue. Es gibt länderspezifische Variationen dieser Spezialität, von Thailand bis Vietnam, von Japan bis China. Der chinesische Feuertopf ist vielfach zweigeteilt, wobei in einer Hälfte eine milde Gemüsesuppe und in der anderen Hälfte die hier beschriebene feurige Suppe gereicht wird. Der heiße Topf wird in der Mitte eines kreisrunden Tisches stehend zum Garen von hauchdünn geschnittenen Fleischstücken, Fisch und Meeresfrüchten, Tofu, Pilzen, Gemüse – wie Karotten, Paprika, Zuckererbsenschoten, Pak Choi oder Chinakohl – sowie den chinesischen Teigtaschen Wan Tan oder Nudeln verwendet. Die gegarten Leckereien werden im Anschluss in kühlende Saucen wie Soja- oder Hoisinsauce gedippt und mit Toppings wie gehackten Jungzwiebeln, in Öl eingelegtem Knoblauch oder frischem Koriander verzehrt.

## Majoran – Linsen-Würstchen-Eintopf

### Zutaten

- 2 EL Maiskeimöl
- 1 rote Zwiebel, geschält, fein würfelig geschnitten
- 1 Knoblauchzehe, geschält, gepresst
- 100 g Bauchspeck, würfelig geschnitten
- 500 g Linsen (aus der Dose), abgetropft
- 2 Karotten, geschält, gewaschen, in kleine Würfel geschnitten
- 2 Kartoffeln, geschält, gewaschen, in kleine Würfel geschnitten
- 1 l Gemüsesuppe
- Salz
- Schwarzer Pfeffer, frisch gemahlen
- 1 Schuss Apfelessig
- 2 Stängel Majoran (alternativ: 1 TL getrockneter Majoran)
- 2 EL Sauerrahm
- 2 Paar Frankfurter Würstchen, in Scheiben geschnitten

### Zubereitung

1. Das Öl in einem großen Topf erhitzen, Zwiebel, Knoblauch und Speck darin anbraten. Dann die abgetropften Linsen, Karotten und Kartoffeln hinzufügen, mit der Suppe aufgießen und aufkochen. 20 Minuten nicht zugedeckt köcheln lassen.
2. Mit Salz, Pfeffer und Essig würzen und den Majoran hinzufügen. Den Herd auf niedrige Temperatur schalten und 10 Minuten leise köcheln lassen. Gelegentlich umrühren.
3. Nun den Sauerrahm unterrühren, die geschnittenen Würstchen beigeben und bei Bedarf nachwürzen. Den Herd abschalten und noch weitere 5 Minuten abgedeckt ziehen lassen.

## Zwiebel – Französische Zwiebelsuppe

### Zutaten

- 50 g Butter
- 1 EL Olivenöl
- 8 kleine Zwiebeln, in dünne Scheiben geschnitten
- 1 Knoblauchzehe, geschält, gepresst
- 1 EL Rohrzucker
- 2 EL Weißweinessig
- 2 EL Mehl
- 50 ml Portwein
- 200 ml trockener Weißwein
- 750 ml Rindsuppe
- 2 EL Olivenöl
- 1 Knoblauchzehe, geschält, gepresst
- 1 kleines Baguette, in 2 cm dicke Scheiben geschnitten
- 20 g geriebener Parmesan
- frische Petersilie zum Garnieren, gehackt

### Zubereitung

1. Butter und Olivenöl in einem großen Topf erhitzen. Die Zwiebelringe hinzufügen und rund 20 Minuten darin anbräunen. Knoblauch und Rohrzucker einrühren und karamellisieren lassen. Der Zucker sollte schön braun sein. Dann Essig angießen und alles 2 Minuten köcheln.
2. Nun das Mehl über die Zwiebeln stäuben, 1 Minute verrühren, mit Portwein, Weißwein und Rindsuppe aufgießen und unter Rühren aufkochen, bis die Suppe etwas eindickt. Danach die Hitze zurückdrehen und alles auf kleiner Flamme eine 1/2 Stunde köcheln lassen.
3. Das Backrohr auf 200 Grad Oberhitze vorheizen. Das Olivenöl mit dem Knoblauch verrühren. Die Brotscheiben auf beiden Seiten damit bestreichen und eine Seite mit Parmesan bestreuen. 5 Minuten im Backrohr backen, bis die Brotscheiben goldbraun und knusprig sind.
4. Eine Scheibe Brot in jeden Suppenteller legen, mit Suppe übergießen und mit Petersilie garniert servieren.

# Huhn
## Würzanwendung

Geflügel ist aus der modernen Küche nicht wegzudenken. Aufgrund seines hohen Eiweißanteils bei gleichzeitig geringem Fettanteil ist es von hoher biologischer Wertigkeit. Das bedeutet, dass der Mensch bei seinem Genuss besonders viel körpereigenes Eiweiß aus dem Nahrungseiweiß aufbauen kann. Im Vergleich zu fettreicheren Geflügelarten wie Ente oder Gans ist unter gesundheitlichen Aspekten Hühner- oder Putenfleisch der Vorzug zu geben, die beide fett- und kalorienarm sowie leicht verdaulich sind. Beim Huhn ist das Fett zudem meist direkt unter der Haut und kann leicht entfernt werden. Außerdem tritt beim Braten oder Grillen ein großer Teil des Unterhautfettes aus, sodass ein verzehrfertiges Huhn immer einen geringeren Fettgehalt besitzt als das rohe. Zusätzlich enthält Hühnerfleisch einen größeren Anteil an mehrfach ungesättigten Fettsäuren, die den Cholesterinspiegel senken können sowie eine leichtere Verdaulichkeit bewirken, und ist gleichzeitig ein wichtiger Lieferant von Vitaminen, Mineralstoffen und wertvollen Spurenelementen. Der Geschmack von Hühnerfleisch ist zart und fein – die optimale Voraussetzung für harmonische Kombinationen mit einer Vielzahl an Gewürzen.

## Gewürzempfehlungen

*Curryblätter*

*Ingwer*

*Kurkuma*

*Petersilie*

*Rosmarin*

*Senegalpfeffer*

# Die Würzpraxis

## Frisch oder getrocknet

Da Hühnerfleisch mild und zart im Geschmack ist, eignen sich Gewürze und Kräuter, egal ob frisch oder getrocknet, optimal zur Veredelung.

## Salz

Vorsicht ist im Umgang mit dem Würzmittel Salz geboten: wenn überhaupt notwendig, dann immer erst möglichst spät im Zubereitungsvorgang einsetzen, da es dem Hühnerfleisch Flüssigkeit entzieht und es somit austrocknet.

## Ganzes Huhn innen salzen

Will man ein ganzes Huhn grillen oder braten, das Huhn unbedingt nur innen salzen, da sonst die zarte Haut hart werden könnte.

## Kleines Huhn oder großes Huhn würzen

Handelt es sich um ein kleines Huhn, immer erst nach dem Braten würzen, um ein Überwürzen zu vermeiden; ein großes Huhn kann bereits vor dem Braten gewürzt werden – dann aber innen wie außen, damit die Gewürze besser aufgenommen werden können.

## Frische Kräuter erst am Schluss

Es ist besser, dem Huhn frische Kräuter erst am Schluss des Kochvorgangs beizugeben, da sie sonst verbrennen oder ihre Wirkung verlieren. Sind die frischen Kräuter als Füllung für das Huhn / das Hühnerfleisch gedacht, so können diese gleich zu Beginn eingesetzt werden.

## Gewürze, die sich langsam entfalten

Gewürze, die ihre Wirkung langsam und schrittweise entfalten, also quasi eine Langzeitwirkung haben (wie etwa Lorbeer, Wacholder und ähnliche Gewürze), gleich zu Beginn des Kochvorgangs beigeben.

## Köstlich mariniert für den Grill

Ein Huhn lässt sich mit ausgewählten Gewürzen sehr gut für den Grill marinieren. Die Marinade sollte vor der Platzierung auf dem Grill abgetupft und keinesfalls als Sauce zum fertig gegrillten Huhn verwendet werden. Wichtig ist auch, das fertig gegrillte Hühnerfleisch auf einen frischen Teller zu legen.

## Unter die Haut würzen

Bei der Zubereitung eines ganzen Huhns oder von Hühnerteilen mit Haut entfalten die Gewürze oder Kräuter ein ganz besonders schmackhaftes Aroma, wenn sie unter die Haut des Huhnes geschoben werden.

Huhn innen und außen waschen und trocken tupfen.

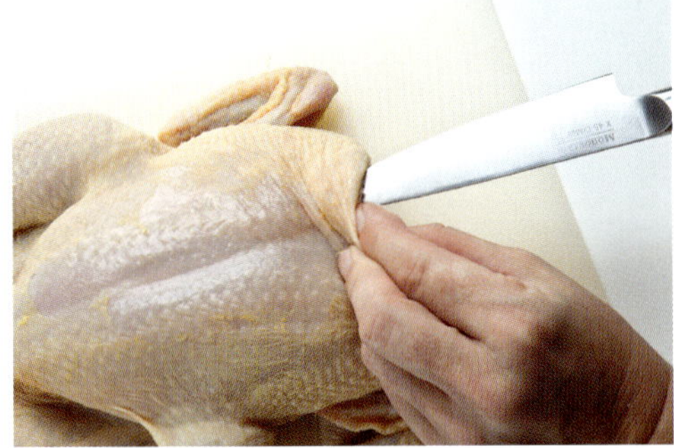

Haut vorsichtig vom Fleisch lösen, indem man diese mit einem scharfen Messer vom Fleisch abhebt.

An dieser Stelle mit einem Kochlöffelstiel zwischen Haut und Fleisch entlangfahren, ohne die Haut abzutrennen.

Durch die entstandene Öffnung gewünschte Gewürze oder Kräuter einstecken.

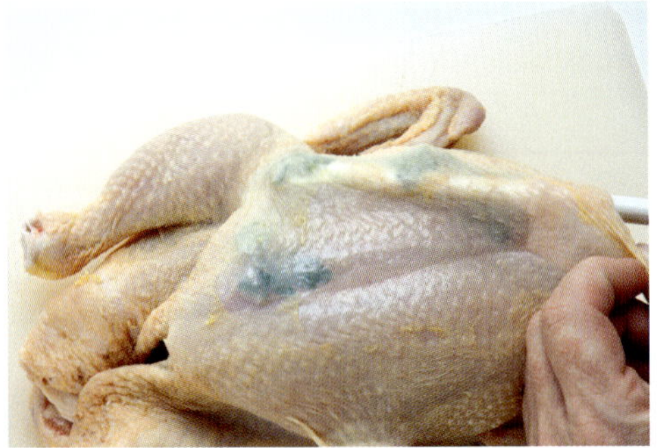

Mit dem Kochlöffelstiel die Würzstoffe an die gewünschten Stellen verteilen.

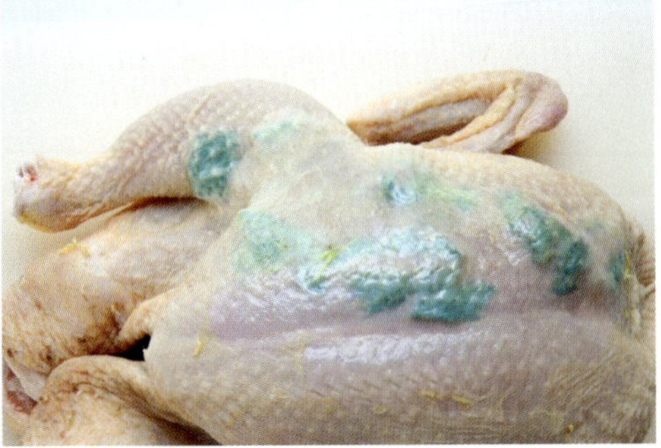

Unter die Haut gewürztes Huhn zum Braten bereit.

## Curryblätter – Trockenes Hühnercurry

### Zutaten

- 2 EL Butterschmalz
- 2 mittelgroße Zwiebeln, geschält, würfelig geschnitten
- 6 Curryblätter, im Mörser zerrieben
- 1 TL Kreuzkümmelsamen, ganz
- 1 TL Schwarze Senfkörner, ganz
- 2 TL gemahlener Ingwer
- 2 TL Garam Masala
- 1 TL gemahlene Kurkuma
- 1/2 TL Chilipulver
- 1 TL Salz
- 1 kg Hühnerfilet, klein geschnitten
- 125 ml Wasser
- 1 EL Korianderblätter, gehackt

### Zubereitung

1. Das Butterschmalz in einer Pfanne erhitzen, die Zwiebel darin hellbraun rösten.
2. Alle Gewürze zugeben und köcheln, bis es cremig ist. Dann die Hühnerfiletstücke dazugeben, mit dem Wasser aufgießen und ohne Deckel rund 30 Minuten köcheln lassen, bis das Huhn durch ist.
3. Nun nochmals 15 Minuten ohne Deckel kochen, bis die gesamte Flüssigkeit verkocht ist.
4. Die gehackten Korianderblätter darüberstreuen und servieren.

## Ingwer – Ingwer-Huhn in Sojasauce

### Zutaten

- 1 unbehandelte Limette, Schale abgerieben, Saft ausgepresst
- 4 EL dunkle Sojasauce
- Salz
- Schwarzer Pfeffer, frisch gemahlen
- 1 Stück frischer Ingwer (circa 5 cm groß), geschält, fein gehackt
- 1 kleine Stange Lauch, gewaschen, geputzt, in dünne Ringe geschnitten
- 800 g Hühnerbrustfilet, in Würfel geschnitten
- 4 EL Olivenöl
- 125 ml Wasser
- 1 rote Chilischote, gewaschen, entstielt, in Ringe geschnitten
- 1 kleiner Bund Koriander, gewaschen, trocken geschüttelt, fein gehackt

### Zubereitung

1. Den Limettensaft mit der Sojasauce mischen, mit Salz und Pfeffer würzen. Ingwer und Lauchringe in die Limetten-Sojasauce einrühren. Die Hühnerbrustwürfel damit marinieren und 30 Minuten durchziehen lassen.
2. Das Olivenöl in einer Pfanne erhitzen und die marinierten Hühnerbrustwürfel darin scharf anbraten. Wenn sie rundum schön gebräunt sind, mit dem Wasser aufgießen und zugedeckt 15 Minuten weich köcheln lassen.
3. Abgeriebene Limettenschale und Chiliringe hinzufügen, bei Bedarf mit Salz und Pfeffer abschmecken. Den Koriander über das Huhn streuen und servieren.

# Kurkuma – Nordiranisches Kurkuma-Huhn

## Zutaten

- 4 EL Kokosöl
- 4 Hühnerkeulen, gewaschen, trocken getupft und im Gelenk halbiert
- Salz
- Schwarzer Pfeffer, frisch gemahlen
- 200 g Zwiebeln, geschält, in feine Streifen geschnitten
- 2 TL Kurkuma, gemahlen (oder 40 g frische Kurkuma, geschält, klein gehackt)
- 400 g Tomaten, gewaschen, entstielt, in grobe Würfel geschnitten
- Saft von 1 Zitrone
- 4 Stiele Dille, gewaschen, gezupft, grob gehackt

## Zubereitung

1. In einer Pfanne 2 Esslöffel Kokosöl erhitzen und die Hühnerkeulen darin anbraten, bis sie auf allen Seiten goldbraun sind. Herausnehmen, in eine Auflaufform legen und mit Salz und Pfeffer würzen.
2. Das Backrohr auf 180 Grad Ober- und Unterhitze vorheizen. In der Pfanne das restliche Kokosöl erhitzen und darin die Zwiebeln glasig dünsten. Kurkuma zugeben und unter Rühren kurz mitdünsten. Dann die gewürfelten Tomaten hinzufügen und mit Salz und Pfeffer würzen. Diese Mischung über den Hühnerkeulen verteilen. Die Auflaufform entweder mit einem passenden Deckel oder mit Alufolie abdecken. Im vorgeheizten Backrohr 1 1/2 Stunden schmoren.
3. Gegen Ende der Schmorzeit das fertige Kurkuma-Huhn nach Geschmack mit Salz und Pfeffer nachwürzen, den Zitronensaft darüber träufeln, mit der Dille bestreuen und sofort servieren.

## Petersilie – Knuspriges Petersilienhuhn

### Zutaten

- 1 bratfertiges Huhn (circa 1,5 kg)
- 1 Bund Petersilie, gewaschen, trocken geschüttelt
- 100 g weiche Butter
- 2 EL Zitronensaft
- 2 Knoblauchzehen, geschält, gepresst
- Salz
- Schwarzer Pfeffer, frisch gemahlen
- 1 TL edelsüßes Paprikapulver

### Zubereitung

1. Das Backrohr auf 180 Grad Ober- und Unterhitze vorheizen. Inzwischen die dem bratfertigen Huhn beigepackten Innereien für andere Zwecke aufheben. Sechs Petersilienstängel beiseitelegen. Von den restlichen die Blätter zupfen und sehr fein hacken.
2. In einer Schüssel 75 g der Butter mit Zitronensaft und gepresstem Knoblauch mischen, mit Salz und Pfeffer würzen und die gehackte Petersilie gut unterrühren. Nun mit einem Teelöffel die Kräuter-Würzbutter unter die Hühnerhaut schieben und von außen durch leichtes Drücken und Massieren möglichst gut und gleichmäßig verteilen – nach Möglichkeit bis in die Keulen hinein. Tipps zum „Unter die Haut würzen“ siehe weiter vorne.
3. Das Huhn innen und außen salzen und pfeffern, die beiseitegelegten Petersilienstängel in die Bauchhöhle stecken. Die restliche Butter in einem Töpfchen schmelzen, mit Salz, Pfeffer und Paprikapulver abschmecken und das Huhn damit rundherum bestreichen.
4. Das Huhn mit der Brustseite nach oben auf einen Bratrost legen, darunter als Tropfschutz ein Blech einschieben und im vorgeheizten Backrohr rund 1 Stunde garen. In dieser Zeit ein- bis zweimal mit der restlichen Würzbutter oder der austretenden Bratflüssigkeit rundherum bestreichen.
5. Ob das Huhn gar ist, prüft man am Ende der Bratzeit, indem mit einem spitzen Messer am Keulenansatz ein wenig eingestochen wird – ist der austretende Fleischsaft klar, ist das Huhn gar. Zum Schluss das Huhn noch weitere 2 Minuten bei 200 Grad auf Grillfunktion knusprig brutzeln.
6. Das Huhn heiß direkt aus dem Ofen servieren.

# Rosmarin – Rosemary Wings

### Zutaten

80 ml Sonnenblumenöl
125 ml Weißwein
1 Bund frischer Rosmarin, gewaschen, trocken geschüttelt, Blätter gezupft, fein gehackt
Salz
Schwarzer Pfeffer, frisch gemahlen
2 Jungzwiebeln, geputzt, gewaschen, in feine Ringe geschnitten
20 Hühnerflügel
etwas Sonnenblumenöl zum Einfetten des Blechs

### Zubereitung

1. Öl, Wein, Rosmarin, Salz, Pfeffer und Jungzwiebeln miteinander verrühren. Die Hühnerflügel in eine flache Schüssel legen und mit der Marinade übergießen. Kurz darin wenden. Mit Folie abdecken und über Nacht marinieren lassen.
2. Am nächsten Tag das Backrohr auf 190 Grad vorheizen. Die Flügel auf einen leicht geölten Grillrost legen. Darunter ein Backblech einschieben, damit der Bratensaft abtropfen kann. Rund 60 Minuten braten lassen, dabei immer wieder mit der Marinade bestreichen. Die restliche, nicht benötigte Sauce in einem Topf aufkochen, etwas einkochen lassen und separat zu den knusprigen Flügeln servieren.

# Senegalpfeffer – Afrikanischer Hühner-Erdnusseintopf

### Zutaten

3 EL Erdnussöl
12 Hühnerkeulen
100 g gesalzene Erdnüsse, grob gehackt
2 weiße Zwiebeln, geschält und in grobe Würfel geschnitten
2 Fleischtomaten
400 g geschälte Dosentomaten, grob zerkleinert
2 Chilis (z.B. rote Habanero Chilis), gewaschen, entstielt und klein geschnitten
400 ml Hühnersuppe
etwas Erdnussbutter
15 Stangen Senegalpfeffer
500 ml Wasser
1 1/2 TL feines Meersalz

### Zubereitung

1. Das Öl in einem Bräter erhitzen, die Hühnerkeulen darin einige Minuten anbraten. Das Huhn dann herausnehmen und in diesem Öl die Erdnüsse goldbraun braten. Die Nüsse herausnehmen und die Zwiebeln darin 5 Minuten andünsten.
2. Inzwischen die Fleischtomaten mit kochendem Wasser übergießen, kalt abschrecken, häuten, in kleine Würfel schneiden und zu den Zwiebeln geben. Danach die Dosentomaten, die Chilis und die angebratenen Hühnerkeulen hinzufügen. Alles leicht köcheln lassen.
3. In einem hohen Gefäß mit dem Stabmixer 100 Milliliter Hühnersuppe mit der Erdnussbutter vermischen und in den Bräter geben. Den Senegalpfeffer mit der Moulinette zerkleinern; sollten Fäden übrig bleiben, diese entfernen. Den Pfeffer zusammen mit der restlichen Hühnersuppe, dem Wasser und den angebratenen Nüssen ebenfalls in den Bräter geben und den Eintopf mit geschlossenem Deckel etwa 1 Stunde köcheln lassen. Gelegentlich umrühren. Vor dem Servieren mit Salz abschmecken.

# Rind Würzanwendung

Während Rindfleisch, verstanden als Fleisch verschiedener Hausrindrassen, in manchen Erdteilen aus religiösen Gründen tabu ist, steht es in anderen quasi als kulinarisches Sinnbild einer ganzen Nation. In der Küche Mitteleuropas hat es einen relativ hohen Stellenwert, in der Wiener Küche sind seit Kaisers Zeiten viele Traditionsgerichte ohne das geschmackvolle Fleisch undenkbar, wie etwa der Tafelspitz, der Zwiebelrostbraten oder das Gulasch. Für den Fleischfreund gibt es je nach persönlicher Vorliebe und geplantem Verwendungszweck das passende Stück vom Rind. Wer Fleisch zum Kurzbraten oder Grillen benötigt, greift zu feinfasrigen Stücken, beispielsweise Lungenbraten, Rostbraten, Beiried oder Hüferscherzel. Rindfleisch zum Kochen oder Dünsten darf getrost grobfasriger sein. Für Gulasch und Ragouts eignen sich ein Mageres Meisel, der vordere und hintere Wadschinken oder der Hals; einen feinen Rindsbraten versprechen das Weiße Scherzel, das Tafelstück oder die dicke Schulter. Für Suppen oder als Siedefleisch nimmt man den Tafelspitz, das Hüferschwanzel, das Schulterscherzel, Beinfleisch oder den Kavalierspitz. Beste Rindfleischqualität erkennt man an drei Kriterien: an der fachgerechten Reifung, die man optisch durch die etwas dunklere Farbe der gereiften Teilstücke im Vergleich zu frischen wahrnehmen kann; der leichten Marmorierung – also den dünnen Fettäderchen im Fleisch, die beim Zubereiten schmelzen; sowie am zarten Fettrand, der bei der Lagerung vor dem Austrocknen schützt und bei der Zubereitung die Saftigkeit und das Aroma im Fleisch behält.

## Gewürzempfehlungen

Haselnuss · Heidelbeere · Langer Pfeffer

Macis · Pfeffer · Quendel

# Die Würzpraxis

## Salzen und Pfeffern bereits während des Bratens

Das Würzmittel Salz und das Gewürz Pfeffer dürfen bereits während des Kurzbratens auf das Fleisch aufgebracht werden.

## Sonst gilt: Gewürze besser nicht mitbraten

Selbst bei kürzeren Bratzeiten kann die vorhandene Hitze Gewürzen oder Kräutern schaden – sie können bitter werden, im schlimmsten Fall gar verbrennen. Aus diesem Grund ist es empfehlenswert, das auf Zimmertemperatur gebrachte Fleisch zuerst abzubraten und erst dann mit den Aromengebern zu versehen. Zudem sollte, um kein unnötiges Wasser austreten zu lassen, das Fleisch niemals mit einer Gabel eingestochen, sondern immer nur mit einem Pfannenwender gewendet werden.

## Salz auf einem Steak muss einwirken

Ein perfektes Grillsteak erhält man, wenn das Fleisch bei Zimmertemperatur verwendet und es bereits rund 1 Stunde vor dem Grillen eingesalzen wird. So wird die durch das Salz anfänglich entzogene Feuchtigkeit wieder vom Fleisch aufgenommen und nicht gleich am Rost an der Oberfläche verbrannt.

## Zwei Gewürze zu kombinieren genügt

Da Rindfleisch kräftige Geschmacksgeber mit Eigencharakter verträgt, sollten, wenn man den typischen Fleischgeschmack nicht aus dem Rampenlicht verdrängen will, immer nur maximal zwei Lieblingsgewürze gleichzeitig zum Einsatz kommen.

## Würzmarinaden vor dem Garen abtupfen

Marinaden und Beizen gilt es vor dem Garen oder Grillen unbedingt abzutupfen. Denn nasses Fleisch bildet einerseits keine Kruste und andererseits setzt das Tropfen in die Glut ungewünschte Geschmäcker frei, die beim Aufsteigen das Aroma des Fleisches beeinträchtigen können.

# Haselnuss – Rindsroulade mit Haselnüssen

### Zutaten

20 g Butter
500 g Zwiebeln, geschält, fein gewürfelt
50 g gemahlene Haselnüsse
4 Scheiben Rindsschnitzel für Rindsrouladen (à circa 180 g), vorsichtig flach geklopft
Salz
Schwarzer Pfeffer, frisch gemahlen
4 TL Estragonsenf
8 Scheiben durchwachsener Speck
80 g Karotten, geputzt, geschält, in circa 3 cm lange Stifte geschnitten
80 g Stangensellerie, gewaschen, in circa 3 cm lange Stifte geschnitten

6 EL Olivenöl
200 g Zwiebeln, geschält, fein gehackt
120 g Karotten, geschält, fein gewürfelt
140 g Stangensellerie, geputzt, fein gewürfelt
3 EL Tomatenmark
300 ml Rotwein
200 ml Rindsuppe
250 ml Wasser
8 Stiele frischer Thymian
4 Lorbeerblätter
50 g gehackte Haselnüsse
2 EL Speisestärke, in etwas Wasser angerührt

### Zubereitung

1. Für die Füllung die Butter in einem Topf schmelzen und darin die Zwiebel bei mittlerer Hitze 8–10 Minuten dünsten, dann abkühlen lassen. Haselnüsse in einer beschichteten Pfanne ohne Fett kurz rösten, abkühlen lassen und mit den Zwiebeln mischen.
2. Die Rouladenscheiben leicht salzen und pfeffern, mit je einem Teelöffel Senf bestreichen und mit je zwei Speckscheiben belegen. 1/4 der Zwiebel-Haselnuss-Mischung gleichmäßig darüberstreichen. Karotten- und Selleriestifte auf den unteren Teil der Scheiben legen. Die Fleischränder längs etwas über die Füllung klappen, die Fleischscheiben von unten fest zu Rouladen aufrollen und mit Küchengarn zusammenbinden.
3. Für die Sauce 3–4 Esslöffel Öl in einer großen Pfanne erhitzen. Die Rouladen darin bei nicht zu starker Hitze 2–3 Minuten rundum anbraten, leicht mit Salz und Pfeffer würzen. Die Rouladen herausnehmen und in eine feuerfeste Form legen. Das restliche Öl in die Pfanne geben, Zwiebeln, Karotten und Sellerie darin 8–10 Minuten braten.
4. Inzwischen das Backrohr auf 160 Grad Ober- und Unterhitze vorheizen.
5. Nun das Tomatenmark in die Pfanne geben und 30 Sekunden rösten. Mit dem Rotwein ablöschen, stark einkochen lassen und zusammen mit der Rindsuppe und dem Wasser über die Rouladen in die feuerfeste Form gießen. Mit Alufolie abdecken und im vorgeheizten Backrohr auf der mittleren Schiene schmoren. Es wird rund 2 Stunden dauern, bis die Rouladen butterweich sind. In dieser Zeit gelegentlich wenden. Nach rund 1 1/2 Stunden Thymian und Lorbeer zugeben.

6. Inzwischen in einer beschichteten Pfanne die gehackten Haselnüsse ohne Fett kurz anrösten und beiseitestellen.
7. Wenn die Rouladen weich sind, aus der Flüssigkeit nehmen und die Sauce mit der angerührten Speisestärke binden. Dann die Rouladen mit etwas Sauce auf vorgewärmten Tellern servieren und die gerösteten Haselnüsse darüberstreuen. Die restliche Sauce separat servieren.

## Heidelbeere – Geschmorter Rindsbraten

### Zutaten

| | |
|---|---|
| 1 1/2 kg | Rindsbraten (z. B. Schulterfilet) |
| 2 TL | Salz |
| | Schwarzer Pfeffer, frisch gemahlen |
| 2 EL | Mehl |
| | Butter zum Anbraten |
| 6 | Schalotten, geschält, halbiert |
| 2 EL | Thymianblätter |
| 200 ml | Rotwein |
| 250 ml | Rindsuppe |
| 75 g | getrocknete Heidelbeeren |
| 50 g | kalte Butter, in Stücke geschnitten |

### Zubereitung

1. Das Rindfleisch mit Salz und Pfeffer würzen, mit Mehl bestäuben und in der heißen Butter rundum kräftig anbraten.
2. Schalotten und Thymian kurz mitbraten, mit dem Wein ablöschen und etwas einkochen.
3. Rindsuppe und Heidelbeeren dazugeben und dann zugedeckt bei kleiner Hitze 2–2 1/4 Stunden schmoren lassen. In dieser Zeit den Braten immer wieder einmal wenden.
4. Den Braten herausnehmen und kurz zugedeckt ruhen lassen. Die kalte Butter portionsweise unter die Sauce rühren, sie darf nicht mehr kochen, bei Bedarf mit Salz und Pfeffer nachwürzen.
5. Den Braten tranchieren, auf vorgewärmte Teller legen und mit der abgeschmeckten Sauce servieren.

# Langer Pfeffer – Rindsmedaillons mit Langer-Pfeffer-Sauce

## Zutaten

| | |
|---|---|
| 1 TL | Langer Pfeffer, ganz |
| 1/2 TL | Bockshornkleesamen, ganz |
| 1/2 TL | Pimentkörner |
| 1/2 TL | Kreuzkümmelsamen, ganz |
| 3 | grüne Kardamomkapseln |
| 1 TL | Knoblauchflocken |
| 1 TL | Chiliflocken (z.B. Piri-Piri) |
| 4 EL + 2 EL | Olivenöl |
| 4 | Rindsmedaillons (à circa 150 g) |
| 50 g | Butter |
| 250 ml | trockener Rotwein (z. B. Pinot Noir) |
| 1 TL | Langer Pfeffer, ganz |
| 2 EL | kalte Butter zum Montieren (= Binden) der Sauce |
| 2 EL | Crème fraîche |

## Zubereitung

1. Alle Gewürze bis inklusive der Chiliflocken in einer kleinen Pfanne einige Minuten anrösten, etwas abkühlen lassen und fein mörsern; die Schalen der Kardamomkapseln entfernen. Mit 4 Esslöffeln Olivenöl vermischen. Die Rindsmedaillons in einer flachen Schüssel mit dem Würzöl marinieren und rund 30 Minuten bei Zimmertemperatur durchziehen lassen.
2. Das Backrohr auf 80 Grad Ober- und Unterhitze vorheizen. In einer großen, beschichteten Pfanne 2 Esslöffel Olivenöl stark erhitzen. Wenn das Öl so flüssig wie Wasser ist, die Medaillons einlegen und auf jeder Seite 2 Minuten scharf anbraten. Um das Austreten von Fleischsaft beim Wenden zu vermeiden, sollte man das Fleisch nicht mit einer Gabel einstechen, sondern die Medaillons mit einem Pfannenwender umdrehen. Die Medaillons aus der Pfanne nehmen, in Alufolie einschlagen und im vorgeheizten Backrohr warm halten.
3. In der Pfanne mit dem Bratrückstand die Butter schmelzen, erhitzen und mit dem Rotwein ablöschen. Den Langen Pfeffer einrühren und noch einmal kurz aufkochen. Die kalte Butter flöckchenweise hinzufügen und kräftig rühren. Die Crème fraîche beigeben und nochmals durchrühren, bis die Sauce cremig ist.
4. Die Medaillons auf vorgewärmten Tellern anrichten und mit einem Schuss der Sauce begießen. Die restliche Sauce extra dazu servieren.

# Pfeffer – Pfefferrahmschnitzel

### Zutaten

- 4 Rindsschnitzel, flach geklopft
- Salz
- Schwarzer Pfeffer, frisch gemahlen
- 2 EL Estragonsenf
- 1 EL Butter
- 1 EL Sonnenblumenöl
- 1 Bund Suppengemüse, gewaschen, geputzt, geschält, klein geschnitten
- 500 ml Rindsuppe, bei Bedarf mehr
- 1 TL Grüner Pfeffer
- 1 Msp. Weißer Pfeffer
- 2 EL Sauerrahm
- 1 EL ganzer Schwarzer, Grüner und Weißer Pfeffer, vermischt

### Zubereitung

1. Die Rindsschnitzel auf einer Arbeitsfläche auflegen, auf beiden Seiten mit Salz und Schwarzem Pfeffer würzen sowie mit Senf bestreichen. In einer Pfanne Butter und Öl erhitzen, darin die Schnitzel auf beiden Seiten scharf anbraten, danach herausheben und den Bratrückstand mit einem Holzkochlöffel vom Pfannenboden lösen.
2. Das klein geschnittene Suppengemüse in die Pfanne geben, darin anbraten und rasch durchrühren. Mit Rindsuppe aufgießen, die Rindsschnitzel einlegen und zugedeckt 1 Stunde leise köcheln lassen. In dieser Zeit gelegentlich umrühren und bei Bedarf mit weiterer Rindsuppe aufgießen.
3. Inzwischen in einem Mörser zuerst den Grünen Pfeffer zerstoßen und in die Pfanne zu den Rindsschnitzeln geben; noch eine weitere 1/2 Stunde köcheln lassen. In dieser Zeit den Weißen Pfeffer im Mörser fein mahlen.
4. Sobald das Rindfleisch und das Gemüse zart und weich sind, die Schnitzel herausnehmen. Die Suppe samt Gemüse mit dem Stabmixer pürieren und die Flüssigkeit mit dem Weißen Pfeffer würzen. Den glatt gerührten Sauerrahm einrühren und nochmals mit Salz und Schwarzem Pfeffer abschmecken. Die Schnitzel erneut in die Pfefferrahmsauce einlegen und noch einmal kurz aufkochen.
5. Die Schnitzel auf Tellern anrichten, mit der Rahmsauce übergießen, etwas von der Dreierlei-Pfeffermischung darüberstreuen.

# Macis – Rinderfilet in Macis-Jus mit Papaya-Mais-Chutney

**Zutaten**

| | |
|---|---|
| 1 TL | Chiliflocken |
| 1 TL | Pimentkörner |
| 1 TL | Koriandersamen, ganz |
| 1 TL | Schwarzer Pfeffer, ganz |
| 1 TL | Ingwer, gemahlen |
| 1 TL | Zimt, gemahlen |
| 1 gestr. TL | Macis, gemahlen |
| 5 EL + 2 EL | Maiskeimöl |
| 4 | Rinderfilets |
| 3 | Jungzwiebeln, geputzt, gewaschen, in feine Ringe geschnitten |
| 2 | große Tomaten, gewaschen, entstielt, in Würfel geschnitten |
| | Saft einer Limette |
| 1/8 l | Wasser |
| | Salz |
| | Schwarzer Pfeffer, frisch gemahlen |
| 1 | frische Papaya, geschält, entkernt, das Fruchtfleisch in Würfel geschnitten |
| 1 | Dose Mais, abgetropft |
| 1 EL | Butter |
| 1 | Schuss dunkler Rum |
| 1 | Prise Macis, gemahlen |
| 1/2 | Bund frischer Koriander, gewaschen, trocken geschüttelt, gezupft und die Blätter fein gehackt |

### Zubereitung

1. Chili, Piment, Koriander und Pfeffer in einem Mörser fein mahlen. Mit Ingwer, Zimt und Macis vermischen. Alles zusammen in eine größere Schüssel geben, mit 5 Esslöffeln Maiskeimöl verrühren und die Rinderfilets einlegen. Darin rund 3 Stunden marinieren.
2. Für das Papaya-Mais-Chutney in einer Pfanne 2 Esslöffel Maiskeimöl erhitzen und darin die Jungzwiebeln andünsten. Die Tomatenwürfel hinzufügen, schmurgeln, dann den Limettensaft und das Wasser dazugeben, mit Salz und Pfeffer würzen und 5 Minuten leicht köcheln lassen. Die klein geschnittene Papaya und den Mais hinzufügen und weich dünsten.
3. Nun eine beschichtete Pfanne erhitzen und darin die marinierten Rinderfilets ohne zusätzliches Fett auf beiden Seiten einige Minuten (je nach gewünschtem Gargrad) anbraten. Danach kurz in Alufolie einschlagen und warm halten. Im Bratenrückstand die Butter schmelzen, den Rest der Marinierflüssigkeit einrühren und mit dem Rum ablöschen, kurz aufkochen.
4. Das Papaya-Mais-Chutney mit einer Prise Macis abschmecken, den gehackten Koriander einrühren, einmal umrühren, Herd abschalten und fertig ziehen lassen.
5. Die Rinderfilets auf vorgewärmten Tellern anrichten, mit dem eigenen Jus übergießen und das Chutney daneben drapieren.

## Quendel – G'schmackiges Rindsgulasch

| | |
|---|---|
| 2 EL | Sonnenblumenöl |
| 2 | rote Zwiebeln, geschält, würfelig geschnitten |
| 1 kg | Rindsgulaschfleisch, würfelig geschnitten |
| 1 EL | edelsüßes Paprikapulver |
| 2 EL | getrocknete Tomaten, abgetropft, klein gehackt |
| 1 | Schuss Balsamicoessig |
| 100 ml | trockener Rotwein |
| 1 | Lorbeerblatt |
| | Salz |
| | Schwarzer Pfeffer, frisch gemahlen |
| 1 l | Rindsuppe |
| 1 TL | getrockneter Quendel |

### Zubereitung

1. Das Öl in einem großen Topf erhitzen, die Zwiebeln darin glasig dünsten, die Hitze steigern und das Rindsgulaschfleisch darin scharf anbraten. Dabei immer rasch durchrühren.
2. Das Paprikapulver und die getrockneten Tomaten einrühren, mit Essig ablöschen, den Topf von der heißen Herdplatte ziehen, alles durchrühren und 5 Minuten rasten lassen.
3. Dann wieder auf den Herd stellen, den Rotwein dazugießen, Lorbeerblatt, Salz und Pfeffer hinzufügen, einmal umrühren, mit der Rindsuppe aufgießen und 45 Minuten köcheln lassen. Das Lorbeerblatt entfernen, den Quendel hinzufügen und weitere 45 Minuten kochen lassen. Zum Schluss nochmals mit Salz und Pfeffer abschmecken.

# Schwein
## Würzanwendung

In Europa und Ostasien rangiert Schweinefleisch ganz oben auf der Beliebtheitsskala. In anderen Erdteilen hingegen ist sein Verzehr aus religiösen Gründen untersagt. Fakt ist, dass die heute erhältlichen Qualitäten von Schweinefleisch, vorausgesetzt von der richtigen Quelle bezogen, äußerst zufriedenstellend sind. Abseits schwerer Braten eignet sich Schweinefleisch hervorragend für den Einsatz in der modernen, kreativen Küche. Wer auf Nummer sicher gehen will, kombiniert es außerdem mit den richtigen Gewürzen, die eine bessere Verdaulichkeit des teils fettreicheren Fleisches gewährleisten. Bohnenkraut, Salbei, Rosmarin oder Thymian sorgen nicht nur für ein interessantes Aroma, sondern wirken gleichzeitig verdauungsfördernd. Im Gegensatz zu Rindfleisch muss Schweinefleisch nicht abgehangen sein, frisches Fleisch sollte allerdings einen kräftigen rosa Muskelanteil und kernig weißes Fett aufweisen. Es muss kompakt in der Konsistenz sein und auf Fingerdruck leicht nachgeben. Feine Fettäderchen dürfen das Schweinefleisch ruhig durchziehen – man spricht von Marmorierung –, da diese bei der Zubereitung schmelzen und das Fleisch zarter, saftiger und aromatischer machen.

**Tipp:** Arbeitet man mit vakuumverpacktem Schweinefleisch, sollte dieses mindestens eine 1/2 Stunde vor Beginn des Kochprozesses aus der Verpackung entnommen werden, um sein ureigenes Aroma zu entfalten. Erst danach sollte es gewürzt werden.

## Gewürzempfehlungen

*Kaffirlimettenblatt* *Knoblauch* *Kürbiskerne*

*Paprikapulver* *Salbei* *Süßholz* *Tellicherry-Pfeffer*

# Die Würzpraxis

## Salz

Um den Eigengeschmack des Fleisches nicht zu überdecken, sollte Salz nur sparsam verwendet werden.

## Schweinsbraten im Vorfeld würzen und salzen

Für große Bratenstücke empfiehlt es sich zur optimalen Aromenverteilung und geschmacklichen Durchwirkung, diese bereits vor der Zubereitung mit Gewürzen und Salz zu versehen.

## Ansonsten gilt: Gewürze vorher, Salz nachher

Bei kleineren Schweinefleischstücken sieht es anders aus. Damit das Salz dem Fleisch nicht zu viel Flüssigkeit entzieht, sollte es vor der Zubereitung zwar gewürzt, jedoch erst nach dem Garen gesalzen werden und dann nur sparsam.

## Salz nur auf einer Seite des Fleisches anbringen

Brät man Schnitzel, Koteletts oder Steaks vom Schwein an, sollte nur eine Seite des Fleisches vorab leicht gesalzen und zuerst die ungesalzene Seite gebraten werden.

## Getrocknete Kräuter frühzeitig beigeben

Während man frische Kräuter erst gegen Ende des Kochprozesses beigeben sollte, dürfen getrocknete Gewürze beim Kochen und Dünsten ohne Weiteres gleich zu Beginn hinzugefügt werden. So entfalten sie ihr gesamtes Aromenspektrum.

## Spicken, angießen, beilegen

Einem Braten kann man auf verschiedene Art ein besonderes Aroma verleihen: entweder durch das Spicken seiner Schwarte, etwa mit Knoblauch oder Gewürznelken, oder durch Angießen von Würzflüssigkeiten, zum Beispiel Kümmelwasser oder geschmacksintensive Marinaden unter Einbeziehung diverser Pfeffer, und schließlich durch Beilegen frischer Kräuterzweige wie Rosmarin oder Thymian während des Garprozesses.

## Kaffirlimettenblatt – Grünes Thai-Curry

### Zutaten

- 1 Dose Bambussprossen, in dünne Streifen geschnitten
- 3 EL Maiskeimöl
- 3–4 EL grüne Thai-Currypaste
- 400 g mageres Schweinefleisch, in kleine Stücke geschnitten
- 400 ml Kokosmilch
- 1 kleine rote Paprika, entkernt, in dünne Streifen geschnitten
- 1/2 TL Salz
- 3 TL Zucker
- 1 kleine Handvoll Kaffirlimettenblätter (frisch oder gefroren, in sehr dünne Querstreifen geschnitten; oder getrocknet, im Ganzen)
- 2–3 TL Fischsauce
- 1 große Handvoll Basilikumblätter, in feine Streifen geschnitten

### Zubereitung

1. In einem mittelgroßen Topf Wasser zum Kochen bringen. Bambussprossen abtropfen lassen und dann 5 Minuten im Wasser kochen. Wasser abgießen und Sprossen beiseitestellen.
2. In einem großen Topf das Öl erhitzen und darin die Thai-Curry-Paste bei mittlerer Hitze anschwitzen, bis die Aromen der Paste intensiv duften. Das Schweinefleisch hinzufügen, die Hitze erhöhen und das Fleisch durchbraten.
3. Kokosmilch, Paprika und Bambussprossen beigeben, die Hitze auf niedrige Stufe stellen und das Curry langsam zum Köcheln bringen. Nun Salz und Zucker hinzufügen.
4. Nach 10 Minuten die Kaffirlimettenblätter dazugeben und 1 Minute weiterköcheln lassen.
5. Die Fischsauce untermischen. Nach Geschmack mit mehr Fischsauce oder Zucker würzen und die Basilikumblätter einrühren.

# Knoblauch – Knuspriger Schweinsbraten mit frischem Knoblauch

### Zutaten

5 EL Sonnenblumenöl
1 TL Kümmel, ganz
5 Knoblauchzehen, geschält, 2 davon gepresst, 3 in feine Scheiben geschnitten
Salz
Schwarzer Pfeffer, frisch gemahlen
1 kg junges Schweinskarree (oder Schlegel)
2 Tassen Wasser, bei Bedarf mehr
2 frische Knoblauchknollen, quer halbiert

### Zubereitung

1. Das Backrohr auf 180 Grad Ober- und Unterhitze vorheizen. Das Öl mit Kümmel und dem gepressten Knoblauch mischen, leicht salzen und pfeffern. Das Fleisch mit Salz und Pfeffer auf allen Seiten einreiben. Mit einem Messer in die Schwarte Streifen oder Vierecke einkerben und die Knoblauchscheiben in die entstandenen Schlitze schieben. Mit dem Kümmel-Knoblauch-Öl auf allen Seiten einbeizen.
2. Das Wasser in eine gusseiserne Bratpfanne geben, das Fleisch mit der Schwarte nach oben hineinlegen und ins vorgeheizte Backrohr stellen. Unter häufigem Begießen im eigenen Fett braten lassen.
3. Von Zeit zu Zeit wenden und, wenn nötig, Wasser nachgießen. Nach rund 2 Stunden mit einer Gabel in das Fleisch stechen, um festzustellen, ob es schon gar gebraten ist. Etwa eine 1/2 Stunde vor Ende der Garzeit die halbierten Knoblauchknollen in den Sud legen und mitgaren. In den letzten 10 Minuten den Braten mit der Schwarte nach oben fertig brutzeln, damit eine knusprige Kruste entsteht.

# Kürbiskerne – Gratinierte Schweinsmedaillons mit Kürbiskernhaube

### Zutaten

- 50 g Kürbiskerne
- Salz
- 50 g Beinschinken, ohne Fettrand, in Stücke geschnitten
- 1 Jungzwiebel, geputzt, gewaschen, in Ringe geschnitten
- 3 EL Crème fraîche
- 3 EL Kürbiskernöl
- Schwarzer Pfeffer, frisch gemahlen
- 1 Prise Cayennepfeffer
- 800 g Schweinslungenbraten
- 2 EL Butter
- 2 EL Semmelbrösel
- 1 EL Butter, geschmolzen

### Zubereitung

1. Die Kürbiskerne mit einer Prise Salz bestreuen und in einer beschichteten Pfanne ohne Fett anrösten. Etwas abkühlen lassen und in der Moulinette zerhacken. Den Beinschinken und die Zwiebelringe dazugeben und nochmals zerkleinern. Mit Crème fraîche und dem Kürbiskernöl mischen, mit Salz, Pfeffer und Cayennepfeffer pikant abschmecken.
2. Das Backrohr auf 180 Grad Ober- und Unterhitze vorheizen. Den Schweinslungenbraten in drei Zentimeter dicke Scheiben schneiden und diese mit Salz und Pfeffer würzen. Die Butter in einer Pfanne erhitzen und die Medaillons darin von beiden Seiten scharf anbraten und herausnehmen. Jede Scheibe mit der Kürbiskernmischung bestreichen und mit den Semmelbröseln bestreuen. Eine feuerfeste Auflaufform mit der geschmolzenen Butter ausstreichen, die bestrichenen Schweinsmedaillons hineinsetzen und 10 Minuten im Backrohr gratinieren lassen. Anschließend heiß servieren.

# Paprikapulver – Krautfleisch

### Zutaten

- 2 EL Butterschmalz
- 1 weiße Zwiebel, geschält, feinwürfelig geschnitten
- 2 Knoblauchzehen, geschält, gepresst
- 600 g Schweinsschulter, in Würfel geschnitten
- 3 EL Tomatenmark
- 500 g Sauerkraut
- 2 TL edelsüßes Paprikapulver
- 1/2 TL Kümmel, ganz
- Salz
- Schwarzer Pfeffer, frisch gemahlen
- 500 ml Rindsuppe, bei Bedarf mehr
- 1 kg Kartoffeln, geschält, gewaschen, geviertelt
- 1 TL Mehl
- 125 g Sauerrahm

### Zubereitung

1. Das Butterschmalz in einem großen Topf zerlassen, darin Zwiebel und Knoblauch anschwitzen. Das Schweinefleisch hinzufügen und einige Minuten anbraten, dabei immer wieder umrühren. Nun das Tomatenmark beigeben, rasch unterrühren und anschließend das Sauerkraut unterheben.
2. Von der heißen Herdplatte ziehen, das Paprikapulver einstreuen und rasch durchrühren. Mit Kümmel, Salz und Pfeffer würzen, mit der Rindsuppe aufgießen, aufkochen und 30 Minuten bei niedriger Temperatur köcheln lassen.
3. Nun die Kartoffeln beigeben, nach Bedarf noch mit weiterer Rindsuppe aufgießen und 25 Minuten mit dem Krautfleisch zusammen garen. Gelegentlich vorsichtig umrühren.
4. Das Mehl mit dem Sauerrahm glatt rühren, in das Krautfleisch einrühren und noch einmal kurz aufkochen.

## Salbei – Saltimbocca vom Schwein

### Zutaten

4 Schweinsschnitzel
Salz
Schwarzer Pfeffer, frisch gemahlen
1 Prise edelsüßes Paprikapulver
16 Salbeiblätter
4 dünne Scheiben Rohschinken, quer halbiert
1 EL Butterschmalz

### Zubereitung

1. Die Schweinsschnitzel auf ein Küchenbrett legen, mit Folie abdecken und mit der glatten Seite des Fleischklopfers plattieren (= vorsichtig und sanft flach drücken). Das Fleisch auf beiden Seiten mit Salz, Pfeffer und Paprikapulver würzen. Eine Hälfte jedes Schnitzels mit zwei Salbeiblättern und einer halben Scheibe Rohschinken belegen. Die zweite Fleischhälfte darüber klappen und auf jedes gefüllte Schnitzel wiederum zwei Salbeiblätter sowie die andere Hälfte des Rohschinkens auflegen und mit einem Zahnstocher feststecken.
2. Das Butterschmalz in einer beschichteten Pfanne erhitzen und darin die gefüllten Schweinsschnitzel auf beiden Seiten kurz anbraten.
3. Wenn sie schön Farbe angenommen haben, zugedeckt 15 Minuten weich dünsten.

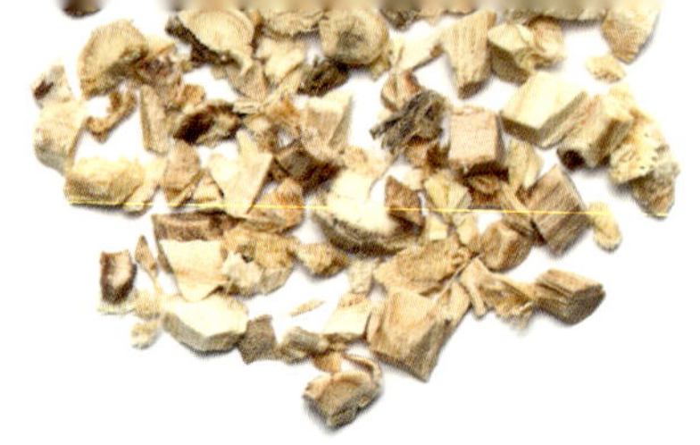

# Süßholz – Spareribs aus dem Ofen

## Zutaten

- 20 g Süßholz, als Stange oder geschnitten
- 100 ml Wasser
- 3 große gelbe Zwiebeln, geschält, fein gehackt
- 100 g Tomatenmark
- 100 ml Weißweinessig
- 1 EL Worcestersauce
- 1 TL Pimentón-dulce-Pulver (geräuchertes Chilipulver)
- 1 TL edelsüßes Paprikapulver
- 2 TL getrocknete Knoblauchscheiben, im Mörser zerstoßen
- 3 Zweige frischer Thymian, gewaschen, trocken geschüttelt, die Blätter fein gehackt
- 3 Zweige frischer Rosmarin, gewaschen, trocken geschüttelt, die Blätter fein gehackt
- 1 1/2 kg Schweine-Schälrippen (die echten Spareribs; am besten aus der Fleischerei)
- Salz
- Schwarzer Pfeffer, frisch gemahlen
- 1 unbehandelte Zitrone, gewaschen, in Scheiben geschnitten
- 1 unbehandelte Orange, gewaschen, in Scheiben geschnitten

## Zubereitung

1. In einem Topf das Süßholz mit dem Wasser aufkochen und rund 20 Minuten leicht köcheln lassen. Durch ein feines Haarsieb abseihen, den Süßholzsud auffangen und die Zwiebeln, das Tomatenmark, den Essig und die Worcestersauce einrühren. Mit dem Pimentónpulver, dem Paprikapulver, dem Knoblauch und den fein gehackten Kräutern abschmecken. Auskühlen lassen.
2. Die Schälrippen nun mit Salz und Pfeffer einreiben, in einen Plastikbeutel geben und die abgekühlte Süßholzmarinade einfüllen. Die Luft herausdrücken, den Beutel verschließen und mindestens 3 Stunden gekühlt durchziehen lassen.
3. Gegen Ende der Marinierzeit das Backrohr auf 200 Grad Ober- und Unterhitze vorheizen. Die fertig marinierten Schälrippen aus dem Beutel nehmen und in einen Bräter legen. Mit etwas Süßholzmarinade bestreichen – den Rest davon aufheben – und im Rohr 30 Minuten braten. Dann umdrehen, auch diese Seite mit der Marinade bepinseln, mit den Zitronen- und Orangenscheiben belegen und nochmals etwa 1 Stunde garen. Wird die Oberfläche zu dunkel, mit Alufolie abdecken und fertig garen. Am Ende das Backrohr auf Grillfunktion schalten und 3 bis maximal 5 Minuten knusprig fertig grillen.

# Tellicherry-Pfeffer – Indisches Schweinsfilet mit gebratenen Bananen

### Zutaten

| | |
|---|---|
| 1 TL | Tellicherry-Pfeffer, ganz |
| 1/2 TL | Kreuzkümmelsamen, ganz |
| 1/2 TL | Koriandersamen, ganz |
| 1/2 TL | Bockshornkleesamen, ganz |
| 1/2 TL | Chiliflocken |
| 3 | Knoblauchzehen, geschält, gepresst |
| 50 ml | Weißweinessig |
| 50 ml + 100 ml | Gemüsesuppe |
| 1 kg | Schweinsfilet, in mundgerechte Würfel geschnitten |
| 1 EL | Sonnenblumenöl |
| 1 | Zwiebel, geschält, fein gewürfelt |
| 100 g | Tiefkühlblattspinat, aufgetaut |
| 3 | Karotten, geschält, geputzt, in Scheiben geschnitten |
| 1 | großes Stück frischer Ingwer, geschält, fein gehackt |
| | Salz |
| 2 EL | Butter |
| 1 | Banane, geschält, in Scheiben geschnitten |
| 3 | Körner Tellicherry-Pfeffer, fein gemörsert |

### Zubereitung

1. Alle Gewürze bis inklusive der Chiliflocken in einer großen schweren Pfanne erhitzen und rösten, bis sie zu duften beginnen. Abkühlen lassen und in einem Mörser zerstoßen. In einer Schüssel die gemahlenen Gewürze mit Knoblauch, Essig und 50 Milliliter der Gemüsesuppe zu einer Marinade verrühren. Die Schweinsfiletwürfel darin einlegen, gut durchrühren, mit Frischhaltefolie abdecken und über Nacht im Kühlschrank durchziehen lassen.
2. Das Öl in einem großen Topf erhitzen, darin die Zwiebel glasig dünsten, Spinat und Karotten dazugeben und durchrösten. Das Gemüse herausnehmen, die Temperatur erhöhen und nun die Schweinsfiletwürfel samt der Marinade in den Topf geben, den Ingwer hinzufügen und alles einmal aufkochen. Die Temperatur wieder reduzieren, das Gemüse zurück in den Topf geben, die restliche Gemüsesuppe zufügen und mit Salz abschmecken. Rund 1 1/2 Stunden köcheln lassen, bis das Schweinefleisch weich ist.
3. Gegen Schluss in einer kleinen Pfanne die Butter schmelzen, darin die Bananenscheiben herausbraten und mit dem frisch gemahlenen Tellicherry-Pfeffer bestreuen. Das Schweinefleisch mit den gebratenen Bananenscheiben garnieren und servieren.

# Würzanwendung Lamm

Lamm zeichnet sich durch einen geringen Fettanteil aus, weist einen hohen Vitamin- und Mineralstoffanteil auf und zählt zu den gesündesten Fleischarten. Liebhaber schätzen das unvergleichliche, würzige Aroma und die besondere Saftigkeit des Fleisches. Als besonders zart gelten der Lammrücken und der Schlögel, festeres Fleisch sitzt an Schulter und Hals und für ihre Saftigkeit sind die Stelzen des Tieres bekannt. Bestmögliche Qualität in Kochtopf oder Pfanne verspricht das hochwertige Fleisch von Tieren aus artgerechter Haltung. Je jünger das Tier, umso zarter ist sein Fleisch. Lämmer werden meist bis zum sechsten Lebensmonat geschlachtet; danach wird ihr Fleisch fester und es entwickelt sich der typische Hammelgeschmack, der in der heutigen Zeit nicht überall den Geschmacksnerv trifft. Hat man solch ein Stück vor sich, kann man durch das Einlegen in Buttermilch oder Rotwein sowohl die Konsistenz des Fleisches zarter machen als auch das gewöhnungsbedürftige Aroma abmildern. Ab einem Alter von einem Jahr spricht man nicht mehr von Lamm, sondern von Schaf. Das von Kennern hoch geschätzte Milchlamm ist ein maximal acht Wochen altes Tier, das noch nichts anderes als Milch zu sich genommen hat. Das Fleisch ist ausnehmend zart, schmilzt förmlich am Gaumen und harmoniert hervorragend mit frischen Frühlingskräutern. Lamm ist vielseitig, verträgt sich mit pikanten Kräutern, wie in den Kochtöpfen des Mittelmeerraumes zu finden, oder scharfen Gewürzen, etwa in indischen Variationen geschmackvoll umgesetzt, genauso gut wie mit süßlichen, lieblichen Aromen, wie es in der orientalischen Küche Usus ist.

## Gewürzempfehlungen

*Bohnenkraut* *Färberdistel* *Granatapfel*

*Kubebenpfeffer* *Minze* *Paradieskörner*

# Die Würzpraxis

## Maßvoll würzen

Aufgrund seiner hohen Eigenaromatik verträgt Lamm intensive Geschmacksgeber; davon genügen moderate Mengen, sodass der typische Eigengeschmack des Fleisches nicht überlagert, sondern unterstrichen wird.

## Salz

Damit nicht unnötig Saft entzogen wird und das betonte Eigenaroma des Lamms erhalten bleibt, sollte das Fleisch knapp vor der Zubereitung oder im Fall von kurz zu bratenden Teilen wie Koteletts oder Geschnetzeltes sogar erst nach dem Garen gesalzen werden.

## Kurzgebratenes erst am Schluss würzen

Beim Anbraten von Lamm(stiel)koteletts genügen maximal 3 Minuten auf beiden Seiten in einer sehr heißen Pfanne. So ist das Fleisch innen zartrosa, außen knusprig und von saftiger Beschaffenheit. Erst dann finalisiert man die Koteletts mit frischen, gehackten Kräutern oder den gewünschten Gewürzen und serviert sie heiß.

## Würzen vor dem Schmoren

Größere Fleischteile wie Keule oder Schulter brät man am besten kurz und scharf in einer Pfanne an, bestreut oder spickt sie dann mit Gewürzen oder Kräutern und gart sie im Anschluss langsam bei niedriger Temperatur im Backrohr. So entfalten sich die Aromen optimal und das Fleisch bleibt saftig.

## Tiefgekühltes Lamm in Marinade einlegen

Arbeitet man mit tiefgekühltem Lammfleisch, offenbart dieses sein geschmackliches Optimum, wenn es langsam, in einer geschmackvollen Würzmarinade eingelegt, im Kühlschrank aufgetaut wird.

## Im Beutel marinieren für den Grill

Will man Lamm grillen, gerät dieses besonders zart und aromatisch, wenn man es über Nacht oder länger in einer Marinade aus Olivenöl und Gewürzen sowie frischen Kräutern einlegt. Dazu wird die Würzbeize samt dem Lammfleisch in einen Plastikbeutel gefüllt, der Beutel verschlossen und alles durchmariniert. Um das Hineintropfen in die Glut zu vermeiden, die Marinade vor der Platzierung auf dem Rost sorgfältig abtupfen.

Lammfleisch, reichlich Olivenöl, frische Kräuter sowie Trockengewürze nach Geschmack vorbereiten.

Die getrockneten Gewürze, wenn gewünscht angemörsert, in das Olivenöl geben.

Öl-Gewürz-Mischung gut durchrühren.

Das Lammfleisch und die frischen Kräuter in einen herkömmlichen Plastikbeutel einlegen.

Vorsichtig die vorbereitete Marinade in den Beutel gießen und diesen gut verschließen.

Mehrere Stunden durchziehen lassen und vor der Verwendung abtupfen.

## Bohnenkraut – Lammkeule mit Gemüse

### Zutaten

1 kg Lammkeule mit Knochen
3 EL Olivenöl
Meersalz
Schwarzer Pfeffer, frisch gemahlen
1 frische Knoblauchknolle, quer halbiert
400 g Kartoffeln, geschält, längs halbiert
1 Bund frisches Bohnenkraut, gewaschen, trocken geschüttelt (oder 2 EL getrocknetes Bohnenkraut)
je 3 Zweige Rosmarin und Thymian, gewaschen, trocken geschüttelt
4 Lorbeerblätter
125 ml trockener Weißwein
200 ml Lammfond
300 g Karotten, geschält, halbiert, längs geviertelt
300 g Fenchelknolle, geputzt, gewaschen, längs halbiert, vom Strunk befreit, in grobe Stücke geschnitten
300 g Schalotten, geschält, je nach Größe ganz oder halbiert
1 Stange Lauch, gewaschen, in Ringe geschnitten
250 g Cocktailtomaten, gewaschen

### Zubereitung

1. Das Backrohr auf 200 Grad Ober- und Unterhitze vorheizen. Die Lammkeule mit kaltem Wasser abwaschen und trocken tupfen. Das Olivenöl in einem weiten Bräter erhitzen. Die Lammkeule darin rundherum bei mittlerer Hitze in circa 15 Minuten kräftig braun anbraten, mit Salz und Pfeffer würzen und dann im offenen Bräter rund 45 Minuten im Rohr auf mittlerer Schiene garen. Danach die Keule wenden.
2. Nun Knoblauch, Kartoffeln, Kräuter und Lorbeerblätter um die Lammkeule in den Bratensaft legen und mit Meersalz und Pfeffer würzen. Weißwein und den Fond dazugießen. Weitere 30 Minuten im Backrohr braten. Dann Karotten, Fenchel, Schalotten, Lauch und Cocktailtomaten dazugeben und nochmals 30 Minuten garen.
3. Die Lammkeule aus dem Bräter nehmen, in Alufolie einwickeln und 10 Minuten ruhen lassen. Das Gemüse mit Meersalz und Pfeffer abschmecken.
4. Das Fleisch in Scheiben schneiden und mit Gemüse und Bratenfond servieren.

## Färberdistel – Aserbaidschan Piti

### Zutaten

500 g Lammfleisch mit Knochen
2 l Wasser
1 Lorbeerblatt
4 Kartoffeln, geschält, geviertelt
2 Tomaten, mit heißem Wasser überbrüht, entstielt, geschält, klein geschnitten
2 Tassen Kichererbsen, gekocht, enthäutet, abgetropft, abgewaschen
8 Pflaumen, entkernt, geachtelt (für ein intensiveres geschmackliches Ergebnis Dörrpflaumen verwenden)
60 g Maroni, gekocht, grob geschnitten
Salz
Schwarzer Pfeffer, frisch gemahlen
je 1 EL Färberdistel, Kreuzkümmel, Thymian
frischer Koriander, gehackt

### Zubereitung

1. Das Fleisch in einen Kochtopf geben, Wasser und Lorbeerblatt hinzufügen. Das Fleisch sollte vom Wasser vollständig bedeckt sein. Aufkochen, zwischendurch den Schaum abschöpfen und zugedeckt circa 1 Stunde lang köcheln, bis das Fleisch quasi „von alleine" vom Knochen fällt.
2. Das gekochte Fleisch klein schneiden, geviertelte Kartoffeln dazugeben und etwa 15 Minuten weiter kochen lassen.
3. Tomaten, Kichererbsen, Pflaumen, Maroni sowie alle Gewürze und Kräuter, außer den frischen Koriander, hinzufügen. Nicht zugedeckt aufkochen, dann die Herdplatte abdrehen und die Suppe zugedeckt für circa eine 1/2 Stunde ziehen lassen.
4. Abschließend nochmals kurz erhitzen und mit dem frisch gehackten Koriander garniert servieren.

## Paradieskörner – Lammauflauf mit Melanzani und Kartoffeln

### Zutaten

| | |
|---|---|
| 2 | große Melanzani, gewaschen |
| 2 EL | Olivenöl |
| 1 | große Zwiebel, geschält, fein würfelig geschnitten |
| 1 kg | Lammfaschiertes |
| | Salz |
| 200 ml | Gemüsesuppe |
| 500 ml | passierte Tomaten |
| 5 EL | frische Petersilie, gehackt |
| 2 TL | Paradieskörner, angemörsert |
| 2 EL | Butter |
| 8 EL | Mehl |
| 1 l | Milch |
| | Schwarzer Pfeffer, frisch gemahlen |
| 1 | Prise Muskatnuss, frisch gemahlen |
| 1 kg | Kartoffeln, geschält, gewaschen, in dünne Scheiben geschnitten |

### Zubereitung

1. Die Melanzani in Alufolie einwickeln und bei 200 Grad Ober- und Unterhitze 1 Stunde im Backrohr garen. Herausnehmen und abkühlen lassen. Das Rohr bei 180 Grad vorgeheizt lassen.
2. Inzwischen das Olivenöl in einer beschichteten Pfanne erwärmen, darin zuerst die Zwiebel andünsten, danach das Lammfleisch dazugeben und scharf anbraten. Die Hitze reduzieren, salzen, mit der Gemüsesuppe aufgießen, passierte Tomaten, Petersilie und Paradieskörner hinzufügen und zugedeckt 20 Minuten köcheln lassen.

3. Die Butter in einem hohen Topf schmelzen, das Mehl einstäuben und mit einem Holzkochlöffel rasch umrühren. Mit 250 ml Milch aufgießen und mit dem Schneebesen verrühren. Nach und nach die restliche Milch dazugießen und weiterrühren, sodass keine Klümpchen entstehen. Diese Béchamelsauce mit Salz, Pfeffer und Muskatnuss abschmecken.
4. Die Kartoffelscheiben in eine Auflaufform legen, salzen und mit dem Lammsugo bedecken. Die abgekühlten Melanzani in fingerdicke Scheiben schneiden, auf das Sugo geben, mit Salz würzen und mit der Béchamelsauce übergießen. Für 40 Minuten im vorgeheizten Backrohr backen.

## Granatapfel – Lammkotelett mit Granatapfelsauce

### Zutaten

1 Granatapfel, die Kerne ausgelöst
200 ml Granatapfelpresssaft
Saft einer Orange
etwas Öl für den Bräter
8 Lammkoteletts
Salz
Schwarzer Pfeffer, frisch gemahlen
3 EL Olivenöl
2 Knoblauchzehen
Chilipulver nach Belieben

### Zubereitung

1. Für später 2 Esslöffel der Granatapfelkerne beiseitestellen. Die restlichen Kerne mit dem Presssaft und dem Orangensaft verrühren. Das Backrohr auf 180 Grad Ober- und Unterhitze vorheizen und einen Bräter mit Öl einpinseln.
2. Das Fleisch trocken tupfen, salzen und pfeffern. Das Olivenöl in einer Pfanne erhitzen, die ungeschälten Knoblauchzehen mit der flachen Seite eines Messers etwas andrücken und dazugeben. Die Lammkoteletts darin von jeder Seite 4 Minuten anbraten.

3. Das Fleisch samt Knoblauchzehen in den Bräter geben und im heißen Backrohr gute 10 Minuten braten, dann herausnehmen und mit Alufolie abgedeckt ruhen lassen.
4. Dieselbe Pfanne erneut erhitzen, die Saftmischung angießen und aufkochen. Bei starker Hitze in wenigen Minuten auf die Hälfte einkochen, mit Salz und Chilipulver würzen, die zu Beginn beiseitegestellten Granatapfelkerne hinzufügen und kurz erwärmen.
5. Die Lammkoteletts auf vorgewärmten Tellern anrichten und mit der Sauce übergossen servieren.

## Minze – Lammkotelett mit Minzsauce

### Zutaten

| | |
|---|---|
| 150 g | frische Minze, gewaschen, trocken getupft, in Streifen geschnitten |
| 100 g | Rohrzucker |
| 150 ml | Weißweinessig |
| 100 ml | Wasser |
| | Saft einer Zitrone |
| | Salz |
| 12 | kleine Lammkoteletts |
| | Schwarzer Pfeffer, frisch gemahlen |
| 1 EL | Olivenöl |

### Zubereitung

1. Die Minze und die Hälfte des Zuckers mit einem Stabmixer fein pürieren.
2. In einem Topf den restlichen Zucker mit Essig, Wasser und Zitronensaft aufkochen. Das Minzpüree hinzufügen, mit Salz abschmecken und abkühlen lassen.
3. In der Zwischenzeit die Lammkoteletts mit Salz und Pfeffer einreiben. Das Öl in einer beschichteten Pfanne erhitzen und die Koteletts darin auf jeder Seite 3 Minuten anbraten. Zusammen mit der Minzsauce servieren.

## Kubebenpfeffer – Lammeintopf mit Kubebenpfeffer und Marillen

### Zutaten

| | |
|---|---|
| 1 TL | Kubebenpfeffer, ganz |
| 1/2 TL | Kreuzkümmelsamen, ganz |
| 1/2 TL | Kardamomsamen, ganz |
| 1/2 TL | Koriandersamen, ganz |
| 1/2 TL | Gewürznelken, ganz |
| 1/2 TL | Kurkuma, gemahlen |
| 1/2 TL | Ingwer, gemahlen |
| 1 TL | Meersalz |
| 4 EL + 2 EL | Olivenöl |
| 1 kg | mageres Lammfleisch, würfelig geschnitten |
| 1 | Zwiebel, geschält, fein gehackt |
| 2 | Knoblauchzehen, geschält, gepresst |
| | Saft einer Orange |
| 200 g | getrocknete Marillen, klein geschnitten |
| 50 ml | Schlagobers |
| 50 g | Mandelscheiben |
| 1/2 | Bund frischer Koriander, gewaschen, trocken geschüttelt, Blätter fein gehackt |

### Zubereitung

1. Alle Gewürze bis inklusive Ingwer in einer schweren Pfanne ohne Fett erhitzen und rösten, bis es zu duften beginnt. Dann etwas abkühlen und im Mörser fein mahlen. Mit dem Meersalz und 4 Esslöffeln Olivenöl vermischen und in eine flache Schüssel geben. Darin das Lammfleisch marinieren und mindestens für 2 Stunden im Kühlschrank ziehen lassen.
2. In einer Pfanne 2 Esslöffel Olivenöl erhitzen, das marinierte Lammfleisch portionsweise darin anbraten. Dann herausnehmen und im Bratrückstand die Zwiebel und den Knoblauch anschwitzen. Das Lammfleisch wieder zurück in die Pfanne geben, mit dem Orangensaft und etwas Wasser aufgießen, sodass das Fleisch bedeckt ist. Aufkochen und zugedeckt 1 Stunde köcheln lassen.
3. Die Marillen hinzufügen, mit Schlagobers aufgießen und den Eintopf eine weitere 1/2 Stunde kochen lassen, bis das Lamm butterweich ist.
4. Inzwischen in einer kleinen Pfanne die Mandelscheiben ohne Fett goldbraun anrösten. Wenn das Lamm fertig ist, mit dem gehackten Koriander und den gerösteten Mandelscheiben bestreut servieren.

# Wild Würzanwendung

Wildbret ist nicht nur kalorien- und fettarm, sondern reich an mehrfach ungesättigten Fettsäuren und aufgrund seiner speziellen Eiweißzusammensetzung leicht verdaulich. Da sich Wild von Kräutern, jungen pflanzlichen Trieben, Früchten und Blättern ernährt, entfaltet sich in seinem meist dunklen Fleisch ein unverwechselbar würziges Aroma. Durch die stressfreie Bewegung in freier Natur ist das Fleisch von Wildtieren als gesund und durch und durch biologisch zu bezeichnen, zumal es strengen Kontrollen unterliegt, bevor es für den Genuss freigegeben wird. Zu den beliebtesten Wildarten Mitteleuropas zählen der Hirsch, das Reh sowie das Wildschwein; Gämse oder Feldhase sind schon seltener und Wildtiere wie Fasan, Wildente, Rebhuhn, Wachtel, Dachs oder Murmeltier gelten als Exoten. Da Wildbret stets frisch sein und keine langen Transportwege hinter sich haben sollte, empfiehlt es sich, das Fleisch direkt von Jägervereinen, Wildsammelstellen oder Wildbrethändlern im Internet zu beziehen. Von einem Einkauf im Supermarkt wird abgeraten. Apropos: Das Beizen von Wildfleisch diente früher oft als Mittel dazu, minderwertige Fleischqualitäten zu heben und die Konsistenz des gegebenenfalls zähen Teiles zu verbessern. Greift man jedoch zu Wildbret von höchster Frische und Qualität, kommt dem Marinieren in Öl ergänzt um Gewürze und Kräuter, oftmals über mehrere Stunden oder sogar über Nacht, vielmehr die Aufgabe zu, das köstliche Aroma des Wildfleisches zu intensivieren und zu unterstreichen.

## Gewürzempfehlungen

*Beifuß* *Cranberry* *Myrte*

*Tasmanischer Pfeffer* *Thymian* *Walnuss* *Ysop*

# Die Würzpraxis

## Perfekt nur mit Salz, Pfeffer und Rotwein

Aufgrund des hohen Eigenaromas genügen meist ein Hauch Salz und frisch gemahlener Schwarzer Pfeffer. Ergänzt durch einen kräftigen, trockenen Rotwein, etwa zum Ablöschen und Lösen des Bratrückstandes, gerät Wildbret zum Hochgenuss.

## Frische Kräuter wohldosiert und spät zugeben

Mit frischen Kräutern wie Thymian oder Rosmarin liegt man beim Würzen von Wild goldrichtig. Sie sollten wohl dosiert und, außer im Fall von Marinaden zum Einlegen, erst gegen Ende des Zubereitungsvorganges hinzugefügt werden.

## Herbe Gewürze passen immer

Herbe Gewürze wie Wacholder, Lorbeerblätter, Piment, Muskatnuss, Myrte sowie sämtliche Pfefferarten sind zuverlässige würzende Begleiter für jegliches Wildfleisch.

## Trockengewürze möglichst früh hinzufügen

Getrocknete Aromengeber sollten bereits früh im Kochprozess beigegeben werden, sodass sie ihr Eigenaroma optimal im Wildgericht entfalten.

## Fruchtige Gewürze sorgen für Spannung

Gewürze mit warmen, süßlichen Noten wie Cranberrys, Gewürznelken oder Zimt sind eine delikate Kombination zu Wild.

## Ein Wildgewürz selbst mischen

Erstellt man eine eigene Mischung aus Trockengewürzen für Wild, sollten sich darin scharfe Komponenten wie etwa Pfeffer, Wacholderbeeren, Senfkörner oder Ingwer mit süßlichen, fruchtigen Noten etwa von Sternanis, Gewürznelken oder Zimtstangen vereinen. Die nicht gemahlenen Zutaten werden in einer schweren Pfanne kurz angeröstet, bis sie einen herrlichen Duft verströmen, und dann in einem Mörser auf die gewünschte Konsistenz zerkleinert. Die Würzmischung in einem luftdicht verschlossenen Glas an einem dunklen Ort aufbewahren.

## Beifuß – Hirschmedaillons mit Beifußsauce

### Zutaten

- 8 Pimentkörner
- 8 Wacholderbeeren
- 1 TL Schwarzer Pfeffer, ganz
- 4 Beifußblätter, gewaschen, trocken getupft, fein gehackt (alternativ: 1 TL Beifußkraut, gerebelt)
- 1/2 TL grobes Meersalz
- 4 Hirschmedaillons (à 150 g)
- 4 Scheiben Rohschinken
- 1 EL Butter
- 1 EL Sonnenblumenöl
- 1 EL Tomatenmark
- 150 ml Gemüsesuppe
- 1 Zwiebel, geschält, grob gewürfelt
- 1 Knoblauchzehe, geschält, grob gewürfelt
- 1 TL Beifußkraut, gerebelt
- 1 Schuss Schlagobers
- Salz
- Schwarzer Pfeffer, frisch gemahlen

### Zubereitung

1. Die Pimentkörner zusammen mit den Wacholderbeeren und dem Schwarzen Pfeffer im Mörser zerstoßen und mit Beifuß sowie dem Salz mischen.
2. Die Medaillons abtupfen, mit der Gewürzmischung einreiben und mit je einer Scheibe Rohschinken umwickeln. Das Backrohr auf 150 Grad Ober- und Unterhitze vorheizen. Butter und Öl in einer Pfanne erhitzen und darin die Medaillons circa 3 Minuten anbraten. Die Medaillons herausnehmen, auf ein Ofengitter legen und auf der mittleren Schiene des Backrohrs rund 10 Minuten fertig garen.
3. In dieser Zeit im Bratensatz das Tomatenmark anschwitzen, mit Gemüsesuppe ablöschen, Zwiebel, Knoblauch und gerebelten Beifuß hinzufügen und aufkochen lassen. Mit dem Schlagobers abrunden, nochmals aufkochen, mit dem Stabmixer pürieren und durch ein Sieb in einen Topf passieren. Auf die gewünschte Konsistenz einkochen, mit Salz und Pfeffer abschmecken.
4. Die Hirschmedaillons auf einem Teller anrichten und die Sauce dazu angießen (nicht übergießen).

## Walnuss – Ausgelöster Hirschrücken im Walnuss-Mantel

### Zutaten

- 800 g ausgelöster Hirschrücken
- Salz
- Schwarzer Pfeffer, frisch gemahlen
- 2 EL Butterschmalz
- 100g weiche Butter
- 1 Eigelb
- 2 EL Honig
- 50 g geriebene Walnüsse
- 20 g Semmelbrösel
- 1 Prise Zimt, gemahlen
- 1 Prise Muskatnuss, frisch gemahlen

### Zubereitung

1. Das Backrohr auf 150 Grad Ober- und Unterhitze vorheizen. Den Hirschrücken mit Salz und Pfeffer würzen. In einer großen Pfanne das Butterschmalz erhitzen und darin das Fleisch rundherum scharf anbraten. Den Hirschrücken in einer ofenfesten Form rund 30 Minuten garen.
2. In dieser Zeit die Butter schaumig schlagen und mit Eigelb, Honig, Walnüssen, Semmelbröseln, Zimt und Muskatnuss vermischen.
3. Wenn das Fleisch gar ist, das Rohr abschalten, die Form herausnehmen und die Walnussmasse auf dem Hirschrücken verteilen. Das Fleisch nochmals in das Backrohr stellen und einige Minuten anziehen lassen. Aufgeschnitten servieren.

## Cranberry – Flambiertes Hirschfilet mit Cranberrysauce

### Zutaten

| | |
|---|---|
| 200 g | getrocknete Cranberrys (alternativ: frische Cranberrys, gewaschen) |
| 2 TL | Honig |
| 2 TL | Weißweinessig |
| 1 | Prise Weißer Pfeffer, frisch gemahlen |
| 1 | Prise Muskatnuss, frisch gemahlen |
| 3 Msp. | Ingwer, gemahlen |
| 3 Msp. | Gewürznelken, gemahlen |
| 4 | Hirschfiletsteaks (à 160 g) |
| | Salz |
| | Schwarzer Pfeffer, frisch gemahlen |
| 2 EL | Butterschmalz |
| 4 cl | Wodka |

### Zubereitung

1. Die Cranberrys mit Honig, Essig und den Gewürzen in einen Topf geben und rund 10 Minuten auf kleiner Flamme vor sich hin köcheln lassen.
2. Die Hirschsteaks mit kaltem Wasser abspülen, trocken tupfen, salzen und pfeffern. Das Butterschmalz in einer beschichteten Pfanne erhitzen und die Steaks darin 3–4 Minuten pro Seite braten. Dann den Wodka über das Fleisch gießen, mit einem langen Streichholz anzünden und ausbrennen lassen.
3. Die flambierten Hirschsteaks mit der Cranberrysauce anrichten.

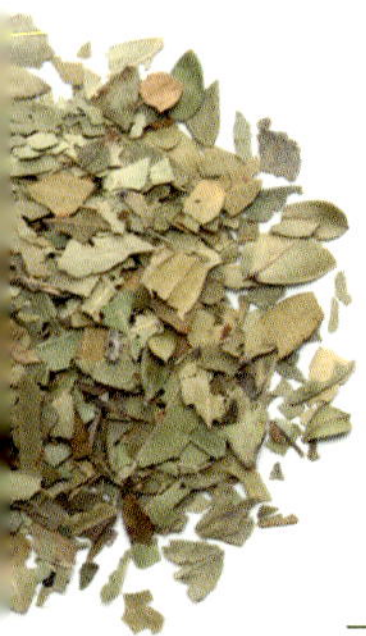

## Myrte – Mediterranes Wildschweingulasch

### Zutaten

4 EL Olivenöl
1 kg Wildschweinragoutfleisch (alternativ: Fleisch aus der Keule oder Schulter)
2 rote Zwiebeln, geschält, in feine Würfel geschnitten
1 EL Mehl
3 EL Tomatenmark
750 ml trockener, italienischer Rotwein
4 Knoblauchzehen, geschält, fein gehackt
2 Karotten, geputzt, geschält, würfelig geschnitten
50 g getrocknete Tomaten in Öl, abgetropft, in feine Streifen geschnitten
50 g getrocknete Steinpilze, eingeweicht, abgeseiht
2 EL getrocknete Myrtenblätter
3 Lorbeerblätter
je 1 Zweig Thymian und Rosmarin, gewaschen, trocken getupft
400 g Datteltomaten aus der Dose, mit der Gabel zerkleinert
Salz
Schwarzer Pfeffer, frisch gemahlen

### Zubereitung

1. Das Öl in einer tiefen, beschichteten Pfanne sehr heiß werden lassen und darin das Wildschweinfleisch und die Zwiebeln 5 Minuten lang scharf anbraten. Dabei immer wieder umrühren. Mit dem Mehl bestäuben, rasch durchrühren, das Tomatenmark unterrühren und mit 100 Milliliter Rotwein ablöschen. 3 Minuten kochen lassen.
2. Nun mit 500 Milliliter Rotwein aufgießen, Knoblauch, Karotten, getrocknete Tomaten, Pilze und alle Gewürze außer Salz und Pfeffer hinzufügen. Zugedeckt 2 Stunden köcheln lassen. Alle 30 Minuten kontrollieren, ob noch genügend Flüssigkeit vorhanden ist; nötigenfalls mit dem restlichen Wein oder Wasser nachgießen.
3. Die Datteltomaten hinzufügen und nochmals mindestens 1 Stunde leise kochen. Zum Schluss mit Salz und Pfeffer würzen.

## Tasmanischer Pfeffer – Rehrücken mit Tasmanischem-Pfeffer-Pesto

### Zutaten

| | |
|---|---|
| 1 | Lorbeerblatt |
| 2 | Gewürznelken, ganz |
| 1 | Prise Muskatnuss, frisch gemahlen |
| 1/2 TL | Weißer Pfeffer, ganz |
| 1/2 TL | Schwarzer Pfeffer, ganz |
| je 1 TL | Thymian und Rosmarin, getrocknet |
| 1 TL | grobes Meersalz, bei Bedarf mehr |
| 750 g | Rehfilet, gewaschen, trocken getupft |
| je 2 | Zweige Thymian und Rosmarin, gewaschen, trocken getupft |
| | Olivenöl zum Marinieren |
| 300 g | getrocknete Tomaten in Öl, abgetropft |
| 50 g | Pinienkerne |
| 2 | Knoblauchzehen, geschält, halbiert |
| 100 g | Parmesan, frisch gerieben |
| 30 g | frisches Basilikum, gewaschen, trocken getupft |
| 2 TL | Tasmanischer Pfeffer, im Mörser angestoßen |
| 1 kg | Kartoffeln, geschält, halbiert oder geviertelt, gar gekocht |

### Zubereitung

1. Die Gewürze bis inklusive dem Meersalz in einem Mörser miteinander zerstoßen und gut vermischen. Das Rehfilet zusammen mit der Würzmischung und den frischen Kräutern in eine tiefe Schüssel geben und mit so viel Olivenöl begießen, dass das Fleisch gänzlich vom Öl bedeckt ist. Die Schüssel abdecken und gekühlt mindestens 3 Stunden, am besten über Nacht, durchziehen lassen.
2. Tomaten, Pinienkerne, Knoblauch, Parmesan, Basilikum und Tasmanischen Pfeffer in ein hohes Gefäß geben, mit dem Stabmixer pürieren und mit Meersalz abschmecken. Der Würzmarinade einige Esslöffel entnehmen, durch ein Haarsieb gießen und gerade so viel zur Tomaten-Pfeffer-Mischung hinzufügen, dass ein streichfähiges Pesto entsteht.
3. Das Backrohr auf 200 Grad Ober- und Unterhitze vorheizen. Das Fleisch aus der Marinade nehmen und kurz abtropfen lassen. 2 Esslöffel der Würzmarinade in einer beschichteten Pfanne erhitzen und das Rehfilet darin rundherum kräftig anbraten. Das Fleisch herausnehmen, in eine ofenfeste Form legen, mit dem Pfeffer-Pesto bestreichen, 4 Esslöffel der Würzmarinade rund um das Fleisch in die Form geben und rund 7 Minuten im vorgeheizten Backrohr fertiggaren. Herausnehmen, in Alufolie einschlagen und mindestens 10 Minuten ruhen lassen.
4. Damit die restliche Würzmarinade nicht ungenutzt bleibt, diese in eine tiefe Pfanne geben und die gekochten Kartoffeln darin herausbraten. Mit dem Rehfilet servieren.

## Thymian – Rehragout mit Thymian

### Zutaten

| | |
|---|---|
| 1 EL | Sonnenblumenöl |
| 1 EL | Butter |
| 100 g | Bauchspeck, in Streifen geschnitten |
| 1 | gelbe Zwiebel, geschält, fein gewürfelt |
| 2 | Knoblauchzehen, geschält, fein gehackt |
| 250 g | Crèmechampignons, geputzt, geviertelt |
| 1,2 kg | Rehragout (alternativ: Fleisch vom Schlögel oder aus der Schulter, in Würfel geschnitten) |
| 500 ml | Wildfond |
| 125 ml | trockener, kräftiger Rotwein |
| | Saft einer halben Zitrone |
| 2 EL | Tomatenmark |
| 2 TL | getrockneter Thymian |
| | Salz |
| | Schwarzer Pfeffer, frisch gemahlen |
| 3 | Zweige Thymian, gewaschen, trocken getupft |

### Zubereitung

1. In einem großen Topf Öl und Butter erhitzen. Den Bauchspeck darin anbraten, Zwiebel und Knoblauch hinzufügen und anschwitzen. Die Champignons beigeben und braten.
2. Das Gemüse aus dem Topf nehmen und darin jetzt das Rehfleisch rundherum anbraten.
3. Inzwischen in einem zweiten Topf Wildfond, Rotwein, Zitronensaft, Tomatenmark und getrockneten Thymian mischen und erhitzen, mit Salz und Pfeffer abschmecken.
4. Nun das Gemüse wieder zum Rehfleisch geben und auch die Wildfond-Rotwein-Mischung dazugießen. Bei geringer Hitze zugedeckt 2–3 Stunden köcheln lassen. Zwischendurch immer wieder prüfen, ob genügend Flüssigkeit im Topf ist, da das Ragout sonst anbrennt. Bei Bedarf etwas Wasser hinzufügen und vorsichtig umrühren.
5. Etwa 10 Minuten vor Ende der Garzeit den frischen Thymian hinzufügen und mitköcheln lassen.

## Ysop – Wildschweinburger

### Zutaten

| | |
|---|---|
| 1 | Semmel vom Vortag |
| 150 ml | warme Milch |
| 1 EL | Olivenöl |
| 1 | Zwiebel, geschält, fein würfelig geschnitten |
| 2 | Knoblauchzehen, geschält, fein gehackt |
| 600 g | Wildschweinfleisch, fein faschiert |
| 1 | Ei |
| 2 EL | Semmelbrösel |
| | Salz |
| | Schwarzer Pfeffer, frisch gemahlen |
| 1 1/2 TL | getrockneter Ysop |
| 2 EL | Mehl |
| | Öl zum Herausbraten |
| 1 | weiße Zwiebel, geschält, in Ringe geschnitten |
| 4 | Scheiben Cheddar-Schmelzkäse |
| 2 EL | Ketchup |
| 1 TL | dunkle Sojasauce |
| 1 TL | Worcestershiresauce |
| 1 TL | Chilisauce |
| 4 | dunkle Fladenbrötchen (z.B. Vinschgerl), einige Blätter Eisbergsalat, gewaschen, trocken getupft |
| 8 | Tomatenscheiben |
| | getrockneter Ysop zum Garnieren |

## Zubereitung

1. Die Semmel in einer Schüssel mit der warmen Milch übergießen und 10 Minuten aufquellen lassen. Dann gut ausdrücken und in kleine Stücke schneiden.
2. In einer Pfanne das Öl erhitzen, darin Zwiebel und Knoblauch glasig dünsten. Etwas abkühlen lassen.
3. In einer großen Schüssel das Wildschweinfaschierte, die angeschwitzte Zwiebel und den Knoblauch, die Semmelstücke, das Ei und die Semmelbrösel gut miteinander vermengen. Mit Salz, Pfeffer und Ysop würzen, aus der Masse Laibchen formen und diese etwas flach drücken. Die Laibchen auf beiden Seiten mit dem Mehl bestäuben. Das Backrohr auf 200 Grad Oberhitze vorheizen.
4. Das Öl in einer Pfanne erhitzen und die Laibchen darin auf beiden Seiten bei mittlerer Hitze herausbraten, bis sie auf beiden Seiten goldbraun und knusprig sind. Im selben Öl nun vorsichtig die Zwiebelringe herausbraten und auf Küchenpapier abtropfen lassen.
5. Die Laibchen auf ein mit Backpapier ausgelegtes Backblech setzen, mit je einer Scheibe Käse belegen und im vorgeheizten Backrohr einige Minuten überbacken, bis der Käse geschmolzen ist.
6. Inzwischen das Ketchup mit den Saucen verrühren. Die Fladenbrötchen aufschneiden und auf beiden Seiten leicht toasten. Das Unterteil mit etwas Würzketchup bestreichen, dann je ein Salatblatt, je zwei Tomatenscheiben, je ein überbackenes Wildschweinlaibchen sowie angebratene Zwiebelringe darauflegen. Mit Ysop garnieren, mit dem Oberteil bedecken und mit einem Zahnstocher fixieren. Mit dem restlichen Würzketchup servieren.

## Würzanwendung

# Fisch

Der für den menschlichen Verzehr geeignete Speisefisch wird, je nach Lebensraum, in Süß- und Salzwasserfische unterteilt. Fisch gilt als reich an Omega-3-Fettsäuren, Vitaminen und anderen wertvollen Inhaltsstoffen und ist tendenziell fettarm und somit gesund. Nach wie vor sind in Österreich und Deutschland heimische Fischarten wie Forelle, Karpfen, Saibling, Wels, Zander oder Hecht mengenmäßig gegenüber Importware weit abgeschlagen. Das liegt vor allem daran, dass weit gereister Fisch wie Lachs, Kabeljau, Tilapia oder Pangasius oft leichter und günstiger erhältlich ist als regionale Süßwasserfische. Nachhaltiger Fischfang ist im modernen Konsumdenken jedoch inzwischen verankert und der direkte Bezug von Fischen aus der nahen Umgebung hält vermehrt Einzug. Lebend- oder Frischfisch, der direkt bei Fischhändlern, Fischzüchtern oder Frischfischanbietern auf Wochenmärkten bezogen werden kann, sollte gegenüber Tiefkühlfisch der Vorzug gegeben werden. Daneben haben Räucherfisch, Fischkonserven sowie eingelegter oder getrockneter Fisch ebenso kulinarische Bedeutung. In vielen Ländern gilt Fisch als Grundnahrungsmittel beziehungsweise ist Hauptbestandteil in der Ernährung. In Mitteleuropa erfreuen sich vor allem Fischarten mit wenigen Gräten sowie zartem, nicht allzu fischigem Geschmack großer Beliebtheit.

**Tipp:** Die sicheren Kriterien, dass man beim Einkauf frischen Fisch vor sich hat, sind die klaren Augen, die dunkelrot leuchtenden Kiemen, ein bei Druckausübung elastisches Fleisch sowie ein dezenter, nicht unangenehmer Fischgeruch. Auf dieser Basis lassen sich mit frischen oder getrockneten Aromengebern im Handumdrehen Fischspezialitäten höchster Güte zaubern.

## Gewürzempfehlungen

# Die Würzpraxis

## Gewürze und Kräuter in den Fischbauch stecken

Frische Kräuter platziert man am besten zu Beginn des Kochprozesses im Bauch des Fisches; getrocknete Gewürze mischt man mit etwas neutralem Pflanzenöl, zum Beispiel Olivenöl, und träufelt dieses Würzöl in die Bauchhöhle. Die Kräuter und Gewürze garen sanft mit und aromatisieren den Fisch von innen.

## Garen im Salzmantel

Der Salzmantel ist eine uralte Garmethode, die nicht nur ein Optimum an Geschmack liefert, sondern auch die Saftigkeit des Fisches garantiert. Bevor man den Fisch in eine Salzkruste packt, würzt man ihn wie oben beschrieben von innen.

Ausgenommenen, ungeschuppten Fisch innen und außen waschen, trocken tupfen. Grobes Meersalz und Würzstoffe vorbereiten.

Gewürze und Kräuter nach eigenem Geschmack in die Bauchhöhle des Fisches stecken.

Bauchklappe möglichst gut verschließen, um das spätere Eindringen von Salz zu verhindern.

Das mit etwas Wasser angerührte Meersalz circa in der Größe des Fisches auf ein mit Backpapier ausgelegtes Backblech fingerdick aufstreichen.

Den gefüllten Fisch darauflegen und schrittweise mit der Salz-Wasser-Mischung bedecken.

Wenn der Fisch gänzlich vom Salzmantel umhüllt ist, ist er bereit für das Backen im vorgeheizten Backrohr.

## Garen mit Dreifachwirkung

Eine andere Möglichkeit, Fisch auf schonende Art zuzubereiten, ist, ihn – wie in Asien üblich – in Pandanblätter einzuhüllen. Diese gewährleisten eine behutsame Garung, absorbieren etwaige störende Fischgerüche und verleihen dem Fisch gleichzeitig einen frischen, leicht nussigen Geschmack.

## Erst nach dem Herausbraten aromatisieren

Brät man Fisch in der Pfanne, sollte dieser erst nach dem Herausbraten mit den gewünschten Gewürzen, Kräutern oder Salz bestreut werden.

## Filets über die Hautseite würzen

Plant man, Fisch auf dem Grill zuzubereiten, eignen sich dafür nicht nur ganze Fische, sondern auch Fischfilets mit Haut sehr gut. Für intensive Geschmackserlebnisse versieht man die Haut mit drei oder vier Schnitten und massiert Gewürze oder Kräutermarinaden quasi in die Haut ein.

## Fisch marinieren für den Grill

Für Fisch eignen sich würzige Marinaden auf Basis von Öl oder Sojasauce, ergänzt um Zitronensaft, verfeinert mit Gewürzen wie Chili, Fenchel, Ingwer, Knoblauch, Senfkörner oder Zwiebel. Der Fisch sollte darin rund 3 Stunden ziehen, dabei immer wieder gewendet und vor dem Grillen abgetupft werden, sodass keine unnötige Flüssigkeit in die Glut tropft. Alternativ gart man den marinierten Fisch in einer Grilltasse.

## Cashew – Asia-Lachs mit gerösteten Cashews

### Zutaten

- 5 EL Sonnenblumenöl
- 20 g frischer Ingwer, geschält, fein gewürfelt
- 1 Knoblauchzehe, geschält, fein gewürfelt
- 1 rote Chilischote, entstielt, entkernt, in feine Ringe geschnitten
- 4 Lachsfilets ohne Haut (à circa 150 g)
- Salz
- 1 Salatgurke, geschält
- 1 TL Blütenhonig
- 1 EL Zitronensaft
- 1 EL Sesamöl
- 5 EL geröstete, gesalzene Cashewkerne, grob gehackt

### Zubereitung

1. Das Backrohr auf 180 Grad Ober- und Unterhitze vorheizen. 3 Esslöffel Öl mit Ingwer, Knoblauch und Chili in einer Schüssel verrühren. Die Lachsfilets in eine Auflaufform setzen, das Gewürzöl darüber verteilen und die Filets leicht salzen. Mit Alufolie abdecken und auf der mittleren Schiene im Rohr für 35 Minuten garen.
2. Inzwischen die geschälte Salatgurke mit einem Sparschäler um die Kerne herum in Längsstreifen abschneiden. In eine Schüssel geben, mit etwas Salz, Honig und Zitronensaft marinieren, 5 Minuten ziehen lassen und dann Sesamöl und das restliche Sonnenblumenöl untermischen.
3. Die Alufolie vom gegarten Lachs entfernen und diesen für weitere 10 Minuten bei 220 Grad im Backrohr braten.
4. Nun den Gurkensalat auf einem Teller anrichten, die fertigen Lachsfilets darauf setzen und mit den Cashewkernen bestreut servieren.

## Dille – Lachs gebraten an Dille-Zitronen-Sauce

### Zutaten

- 1 Bund frische Dille, gewaschen, trocken geschüttelt, Blätter gezupft
- 4 TL Estragonsenf
- 10 EL Olivenöl
- Schwarzer Pfeffer, frisch gemahlen
- 600 g Lachsfilets
- 200 g Butter
- Saft einer Zitrone
- 4 Eigelb
- 200 ml Gemüsesuppe
- Salz

### Zubereitung

1. Die Dille fein hacken und 1 Esslöffel davon beiseitestellen. Den Rest mit Senf und Olivenöl verrühren. Anschließend die Marinade mit Pfeffer würzen und die Lachsfilets darin eine 1/2 Stunde marinieren.
2. Inzwischen die Butter in einem Topf schmelzen. Einen großen Topf rund einen Zentimeter hoch mit Wasser füllen und zum Kochen bringen. Den Zitronensaft mit Eigelb und Gemüsesuppe in einer Metallschüssel verrühren. Die Schüssel auf das kochende Wasser aufsetzen und die Masse mit dem Schneebesen so lange aufschlagen, bis sie leicht bindet und ihr Volumen sich vergrößert hat. Jetzt die warme, flüssige Butter langsam und portionsweise in die Zitronensauce einrühren. Die Sauce für eine cremige Bindung kurz weiter schlagen und mit Salz, Pfeffer und der beiseitegestellten Dille abschmecken.
3. Eine Pfanne erhitzen und den marinierten Lachs darin von beiden Seiten etwa 3 Minuten anbraten. Mit der Zitronensauce servieren.

## Fenchel – Gebratener Saibling mit Fenchel und Zitrone

### Zutaten

8 Saiblingsfilets, eventuell mit der Pinzette vollständig entgrätet
Salz
Schwarzer Pfeffer, frisch gemahlen
2 EL Fenchelsamen, im Mörser leicht angestoßen
Saft von 2 Zitronen
80 ml Olivenöl
1 Zitrone, in 12 dünne Scheiben geschnitten
1 kleine Fenchelknolle, in 12 dünne Scheiben geschnitten

### Zubereitung

1. Die Saiblingsfilets vorsichtig waschen, trocken tupfen und mit Salz, Pfeffer und zerdrückten Fenchelsamen auf beiden Seiten würzen.
2. Zitronensaft und Olivenöl in einer Schüssel vermischen. 1 Esslöffel davon in eine Bratpfanne geben, stark erhitzen und die Saiblingsfilets mit der Hautseite nach unten vorsichtig einlegen. Erneut mit etwas von der Saft-Öl-Mischung beträufeln und 5 Minuten auf der Hautseite braten. Dann behutsam mit einem Pfannenwender umdrehen. Abermals mit der Saft-Öl-Mischung beträufeln und die andere Seite genauso braten.
3. Wenn die Fischfilets durchgegart sind, herausheben und kurz auf einem Teller beiseitestellen. Die Hälfte der Fenchel- und Zitronenscheiben in die Pfanne geben, mit der Hälfte der restlichen Saft-Öl-Mischung begießen und einige Minuten zugedeckt weich dünsten.
4. Die fertigen Saiblingsfilets auf das Gemüse-Zitronen-Bett legen, die restlichen Zitronen- und Fenchelscheiben darauflegen und mit der übrigen Saft-Öl-Mischung an der Seite heiß servieren.

## Kreuzkümmel – Scharfes Fischcurry mit Mango

### Zutaten

800 g Pangasiusfilets (oder ein anderes festes Fischfilet wie Rotbarsch oder Heilbutt)
Saft von 2 Limetten
1 Dose Mangos
3 EL Sonnenblumenöl
1 EL braune Senfkörner
2 rote Zwiebeln, geschält, in dünne Scheiben geschnitten
3 Knoblauchzehen, geschält, fein gehackt
4 grüne Chilischoten, gewaschen, entstielt, in dünne Ringe geschnitten
1 Stück frischer Ingwer, geschält, fein gehackt
1 TL Koriandersamen, ganz
2 TL Kreuzkümmelsamen, ganz
1 1/2 TL Kardamomsamen, ganz
5 Gewürznelken, ganz
1 Prise Muskatnuss, frisch gemahlen
1 Stück frische Kurkuma, geschält, fein gehackt
250 ml Kokosmilch
250 g Cocktailtomaten, gewaschen, grob gehackt
Salz
1 Handvoll Minzeblätter, gewaschen, gehackt

### Zubereitung

1. Die Fischfilets abwaschen, trocken tupfen und in mundgerechte Stücke schneiden. Mit dem Limettensaft marinieren und kalt stellen. Die Dosenmangos abgießen, den Saft auffangen, 200 Milliliter für das Curry, den Rest für andere Zwecke verwenden. Das Mangofruchtfleisch in grobe Stücke schneiden.
2. In einem großen Topf das Öl erhitzen und darin die Senfkörner braten. Wenn sie leicht aufplatzen, Zwiebel, Knoblauch, Chili und Ingwer hinzufügen und unter Rühren 1 Minute braten.
3. In einer kleinen Pfanne Koriander-, Kreuzkümmel- und Kardamomsamen zusammen mit den Gewürznelken ohne Fett anrösten, bis es herrlich zu duften beginnt. Leicht abkühlen lassen und im Mörser ein wenig anstoßen. Nun die gemörserten Gewürze samt Muskatnuss und Kurkuma in den großen Topf geben. Kurz andünsten und mit Kokosmilch aufgießen. Tomatenstücke hinzufügen und alles einige Minuten vor sich hin köcheln lassen.
4. Die marinierten Fischstücke salzen, in den Topf geben und mindestens 10 Minuten garen. Dann die Mangostücke untermengen, nach Geschmack nochmals mit Salz nachwürzen, die gehackte Minze einrühren und servieren.

## Mandel – Regenbogenforelle Müllerin Art

### Zutaten

4 Stück Regenbogenforellen, ausgenommen
Salz
Weißer Pfeffer, frisch gemahlen
1 unbehandelte Zitrone, gewaschen, in Scheiben geschnitten
10 Petersilienstängel, gewaschen
1 Tasse Mehl
Öl zum Braten
80 g Butter
100 g Mandelblättchen

### Zubereitung

1. Die Regenbogenforellen waschen, gut mit Küchenpapier trocken tupfen, innen und außen salzen und pfeffern. Zitronenscheiben und Petersilienstängel in die Bauchhöhlen der Fische legen und diese anschließend im Mehl wenden.
2. In einer hinreichend großen Bratpfanne das Öl heiß werden lassen und die Forellen darin auf beiden Seiten gleichmäßig hellbraun braten.
3. Die Forellen auf vorgewärmte Teller legen und das Bratöl entsorgen. In der gleichen Pfanne die Butter schmelzen und darin die Mandelblättchen goldgelb werden lassen. Mit einem Löffel über die Forellen verteilen.

# Pandanblatt – Seeteufel im Pandanblatt mit Sesam-Dip

### Zutaten

- 4 EL Erdnussnöl
- 1 Knoblauchzehe, geschält, fein gehackt
- 6 EL Fischsauce
- 2 EL dunkle Sojasauce
- Saft einer Limette
- 2 TL Rohrzucker
- 2 rote Chilischoten, entstielt, fein gehackt
- 1 großes Stück frischer Ingwer, geschält, fein gehackt
- 1,2 kg Seeteufelfilets, in maximal 8 cm große Stücke geschnitten
- 50 g Rohrzucker
- 50 ml dunkle Sojasauce
- 1 TL Salz
- 2 EL schwarzer Sesam, geröstet
- 1 Schuss Reisessig
- 8 Pandanblätter, gewaschen, trocken getupft, mit dem Messerrücken flach geklopft

### Zubereitung

1. In einer kleinen Pfanne 2 Esslöffel Öl erhitzen, den Knoblauch darin goldbraun rösten. Die beiden Saucen, Limettensaft und Zucker in einer Schüssel mischen, bis sich der Zucker aufgelöst hat. Chili, Ingwer und den gebratenen Knoblauch dazugeben. Die Seeteufelfiletstücke damit marinieren und für mindestens 1 Stunde durchziehen lassen.
2. In einem Topf etwas Wasser mit Zucker, Sojasauce und Salz aufkochen lassen, sodass sich der Zucker auflöst. Den Sesam einstreuen und mit Reisessig abschmecken. Den Dip abkühlen lassen.

3. Nach der Marinierzeit des Fisches die Pandanblätter auf eine Arbeitsfläche legen, die Seeteufelfiletstücke gleichmäßig auf die Blätter verteilen und diese einwickeln. Mit Küchengarn fixieren oder mit Spießen feststecken.
4. Das restliche Erdnussöl in einer Pfanne erhitzen und die Seeteufelpäckchen darin bei moderater Hitze von jeder Seite mehrere Minuten braten. Noch heiß mit dem Dip servieren. Die Pandanblätter werden nicht mitgegessen, sondern der Fisch bei Tisch ausgewickelt und genossen.

## Salz – Dorade in der Salzkruste

### Zutaten

- 2 Doraden, nicht geschuppt, aber ausgenommen (à circa 500 g)
- 2 EL Olivenöl
- 1 unbehandelte Zitrone, gewaschen, in Scheiben geschnitten
- 2 Stängel Lemongras, gedrittelt
- 4 Zweige Rosmarin, gewaschen, trocken getupft
- 2 kg grobes Meersalz
- 150 ml Wasser
- 100 ml Olivenöl
- Saft einer Zitrone

### Zubereitung

1. Die Fische außen und innen mit kaltem Wasser ab-/ausspülen und trocken tupfen. In die Bauchhöhlen je 1 Esslöffel Olivenöl träufeln und dann die Zitronenscheiben, die Lemongrasstücke und die Rosmarinzweige hineinlegen.
2. In einer Schüssel das Meersalz mit dem Wasser vermischen. Das Backrohr auf 200 Grad Ober- und Unterhitze vorheizen.
3. Ein Backblech vollständig mit Backpapier oder Alufolie auslegen und darauf rund einen Zentimeter hoch die Salzmasse in etwa der Größe der Doraden aufstreichen. Die gefüllten Doraden darauf legen – die offenen Bauchseiten sollten möglichst knapp aneinanderliegen, sodass kein Salz in den Fisch eindringen kann – und die Fische gänzlich mit der Salzmischung einhüllen. Mit einem angefeuchteten Messer die Salzschicht glatt streichen.
4. Das Backblech mit den Fischen nun im vorgeheizten Rohr für 30 Minuten backen lassen. Die Hitze abdrehen und die Doraden für 10 Minuten bei geöffneter Backrohrtür ziehen lassen.
5. Inzwischen das Olivenöl mit dem Zitronensaft verrühren und für das spätere Servieren bereitstellen.
6. Die Salzkruste mit einem Messer aufbrechen, die Fischhaut mit einem Messer abziehen und das obere Filet mit einem Löffel von der Gräte ablösen. Dann den Kopf samt Mittelgräte abziehen und auch das untere Filet mit einem Löffel von der Haut lösen. Die Doradenfilets auf vorgewärmten Tellern anrichten und mit etwas von dem Zitronen-Olivenöl beträufeln. Den Rest dazu servieren.

## Würzanwendung

# Gemüse

Unter dem Begriff Gemüse werden alle essbaren Pflanzenteile subsumiert, die von wild wachsenden oder kultivierten Pflanzen hervorgebracht werden. Roh, gekocht oder konserviert kommen die Blätter, Knollen, Stängel oder Wurzeln der Pflanzen zur kulinarischen Weiterverarbeitung infrage. Gemüse ist meist reich an Vitaminen, Mineralstoffen und sekundären Pflanzenstoffen. Es ist geschmacksgebend, kalorienarm und hat eine wichtige Funktion für die Verdauung. Nach seiner Nutzung wird Gemüse wie folgt unterteilt: Blattgemüse, dazu zählen Salate und Kohl; Blütengemüse, darunter fallen Artischocken, Brokkoli, Dahlien, Kapern, Karfiol, Lilien, Romanesco und Zucchini; Fruchtgemüse, zu dem verschiedene Melonen und Kürbisse sowie die Brotfrucht, Tomaten und Tomatillos, Avocado, Amaranth, Melanzani, Okra und die Inkawurzel Yacón zählen; Wurzelgemüse, wobei in Knollengemüse, wie Rüben und Wurzeln, und Zwiebelgemüse, wie Zwiebel, Knoblauch, Lauch und Bärlauch, unterschieden wird; Hülsenfrüchte, wozu sämtliche Bohnen und Erbsen gezählt werden; sowie Sonstiges von Fenchel und Gemüsespargel bis Sprossengemüse oder Quinoa. Die Abgrenzung zu Gewürzen ist bei manchen Pflanzenteilen derart zu erklären, dass sie nur dann als Gemüse gelten, wenn sie eine erkennbare Hauptkomponente der Mahlzeit bilden. Im Gegensatz zu Obst, das meist in rohem Zustand angenehm, von süß bis säuerlich im Geschmack ist, wird Gemüse erst durch die Zubereitung mit Gewürzen entsprechend geschmacklich aufgewertet. Darin liegen die vielfältigen Möglichkeiten im Umgang mit den gesunden Vitaminspendern verborgen.

## Gewürzempfehlungen

# Die Würzpraxis

## Salz zieht bitteren Saft aus dem Gemüse

Gemüse wie Melanzani oder Zucchini sollte bereits 30 Minuten vor seiner Verwendung mit Salz bestreut werden und ruhen. In dieser Zeit werden die bitteren Säfte aus diesen Gemüsearten gezogen. Vor dem Kochen spült man das Gemüse unter kaltem Wasser ab oder tupft es mit einem Küchenpapier trocken.

## Moderates Würzen stützt den Eigengeschmack

Gerade geschmacklich dezentes Gemüse sollte stets moderat gewürzt werden, um den typischen Eigengeschmack nicht zu überdecken. So genügt zur optimalen Geschmacksentfaltung meist eine Prise von Chili, Knoblauch, Muskatnuss oder Salz. Bei Bedarf kann später immer noch nachgewürzt werden.

## Mit frischen Kräutern Wokgemüse aufpeppen

Brät man Gemüse im Wok an, hat dies kurz und bei hohen Temperaturen zu erfolgen. Dazu lassen sich sehr gut frische Kräuter kombinieren, die man nur kurz und daher am Ende der Bratzeit hinzufügt.

## Gewürztes Kochwasser von Gemüse weiterverwenden

Kocht man Gemüse, schwinden seine Nährstoffe am stärksten. Daher sollte das Kochwasser, vor allem, wenn es mit zusätzlichen Gewürzen verfeinert wurde, unbedingt für weitere Einsatzzwecke wie Suppen oder Saucen herangezogen werden.

## Mit Zucker Gemüse glasieren

Dünstet man Gemüse wie Karotten oder Maroni, kann man diese durch Beifügen von Zucker glasieren. Dadurch erhält das Gemüse einen schönen Glanz und eine intensive Farbe.

## Intensiver Geschmack durch Schmoren

Besonders geschmacksintensiv gerät Gemüse, das mit Gewürzen versehen zuerst kräftig angebraten und im Anschluss sanft im geschlossenen Topf fertig gegart, also geschmort wird.

# Ajowan – Spinatlaibchen mit Ajowan

### Zutaten

- 4 große mehlige Kartoffeln, gewaschen
- Salz
- 500 g Tiefkühlblattspinat
- 2 große grüne Chilischoten, entstielt, längs halbiert, entkernt, fein gehackt
- 10 EL Kichererbsenmehl
- 3 EL getrocknete Ajowanfrüchte (Ajowansamen)
- etwas Kichererbsenmehl zum Panieren
- Olivenöl zum Ausbacken

### Zubereitung

1. Die Kartoffeln in einem Topf mit Salzwasser bedecken, zum Kochen bringen und so lange kochen, bis sie weich sind.
2. Inzwischen den Tiefkühlblattspinat mit ein wenig Wasser und einer Prise Salz in einen Topf geben und bei geringer Hitze auftauen. Durch ein Sieb abgießen, abkühlen lassen, ausdrücken und grob schneiden.
3. Die Kartoffeln abgießen, kalt abschrecken, schälen und in einer Schüssel fein zerdrücken. Chili, Spinat, 10 Esslöffel Kichererbsenmehl, Ajowan und 1 schwachen Teelöffel Salz unter die Kartoffelmasse mischen und kneten. Bei Bedarf noch etwas Kichererbsenmehl dazugeben, bis die Masse nicht mehr zu nass, sondern gut formbar ist. Daraus Kugeln von gewünschter Größe formen und diese zu Laibchen flach drücken.
4. Zum Panieren das Kichererbsenmehl in einen tiefen Teller geben und die Laibchen darin auf beiden Seiten wenden. Reichlich Öl in einer Pfanne erhitzen und die Laibchen darin portionsweise von jeder Seite 3 Minuten backen. Je nach Geschmack heiß oder lauwarm genießen.

## Amchoor – Kichererbsengemüse

### Zutaten

- 400 g Kichererbsen (aus der Dose)
- 4 EL Sonnenblumenöl
- 2 Zwiebeln, geschält, fein gewürfelt
- 2 Knoblauchzehen, geschält, fein gehackt
- 1 Stück frischer Ingwer (circa 2 cm groß), geschält, fein gehackt
- 1/2 TL Kreuzkümmelsamen, ganz
- 1/2 TL Kurkumapulver (oder 10 g frische Kurkuma, geschält, klein gehackt)
- 1/4 TL Garam Masala
- 1/2 TL Koriander, gemahlen
- 1 1/2 TL Amchoor, gemahlen
- 250 g Tomaten, entstielt, in Würfel geschnitten
- Salz
- Schwarzer Pfeffer, frisch gemahlen
- 1/2 TL brauner Zucker
- frischer Koriander, gehackt, nach Geschmack

### Zubereitung

1. Die Kichererbsen in ein Sieb gießen, mit Wasser waschen und gut abtropfen lassen.
2. Das Öl in einem Topf erhitzen, darin die Zwiebeln unter Rühren goldbraun braten. Knoblauch, Ingwer und Kreuzkümmelsamen dazugeben und 1 Minute mitbraten.
3. Die gemahlenen Gewürze dazugeben und 30 Sekunden miträsten. Die Tomaten hinzufügen, salzen, pfeffern und unter Rühren bei starker Hitze circa 10 Minuten braten, bis das Öl anfängt, sich abzusetzen. Zucker und Kichererbsen unterrühren und bei schwacher Hitze zugedeckt 5 Minuten ziehen lassen.
4. Nach Belieben mit gehacktem Koriander bestreuen und servieren.

## Estragon – Grüner Spargel mit Estragon-Limetten-Dip

### Zutaten

| | |
|---|---|
| 1 kg | grüner Spargel, gewaschen, die harten Enden abgeschnitten |
| 200 g | Rohschinken |
| 4 EL + 1 EL | Olivenöl |
| | Salz |
| | Schwarzer Pfeffer, frisch gemahlen |
| 1 EL | frisch gepresster Limettensaft |
| 1 | Schalotte, geschält, sehr fein gehackt |
| 1 TL | getrockneter Estragon |
| 1/2 TL | Estragonsenf |

### Zubereitung

1. Das Backrohr auf 180 Grad Ober- und Unterhitze vorheizen. Jede Spargelstange circa bis zur Hälfte mit einer Scheibe Rohschinken umwickeln und auf ein Backblech legen. 4 Esslöffel Olivenöl mit Salz und Pfeffer würzen und über den Spargelstangen verteilen. Den Spargel im vorgeheizten Rohr rund 10 Minuten garen, bis er schön gebräunt ist.
2. Inzwischen Limettensaft, Schalotte, Estragon, Senf und 1 Esslöffel Olivenöl in einer Tasse verrühren. Mit Salz und Pfeffer abschmecken.
3. Wenn der Spargel gar ist, auf einer Platte anrichten und das Dressing darübergießen.

## Liebstöckel – Ofenchampignons mit Liebstöckelpesto

### Zutaten

| | |
|---|---|
| 80 g | frischer Liebstöckel, gewaschen |
| 40 g | frische Petersilie, gewaschen |
| 50 g | Pinienkerne |
| 2 EL | frische rote Chili, entstielt, entkernt, fein gehackt |
| 8 | getrocknete Tomaten in Öl, abgetropft, klein geschnitten |
| 3 EL | Grana Padano, gerieben |
| 80 ml + 4 EL | Olivenöl |
| 3 EL | Mascarpone |
| | Salz |
| | Grüner Pfeffer, frisch gemahlen |
| 12 | Riesenchampignons, gewaschen, trocken getupft |

### Zubereitung

1. Die frischen Kräuter in einen Topf mit kaltem Wasser geben und aufkochen. Kurz mit Eiswasser abschrecken, das Wasser herauspressen, mit Küchenpapier vollständig trocken tupfen, die Blätter von den Stängeln zupfen und klein schneiden.
2. Inzwischen die Pinienkerne in einer kleinen Pfanne ohne Fett anrösten, etwas abkühlen lassen. In einem hohen Gefäß die Kräuter, die Pinienkerne, die Chilis, die getrockneten Tomaten, den Parmesankäse und 80 Milliliter Öl mit einem Stabmixer pürieren. Mit Mascarpone vermischen und mit Salz und Pfeffer pikant abschmecken.
3. Das Backrohr auf 200 Grad Ober- und Unterhitze vorheizen. Die Stiele der Champignons herausdrehen, diese fein hacken und unter das Liebstöckelpesto heben. Eine Auflaufform mit 1 Esslöffel Olivenöl einfetten, die Champignonhüte hineinsetzen und mit dem Liebstöckelpesto füllen.
4. Das restliche Olivenöl über die gefüllten Champignons träufeln, diese circa 15 Minuten im vorgeheizten Backrohr backen und noch heiß servieren.

## Muskatnuss – Kartoffelgratin

### Zutaten

| | |
|---|---|
| 1 EL | weiche Butter |
| 1 kg | Kartoffeln, geschält, gewaschen, in dünne Scheiben geschnitten |
| | Salz |
| | Schwarzer Pfeffer, frisch gemahlen |
| 3 | Knoblauchzehen, geschält, gepresst |
| 50 g | Bergkäse, gerieben |
| 50 g | Butter, in Flocken zerteilt |
| 200 ml | Milch |
| 125 g | Schlagobers |
| 1 | Prise Muskatnuss, frisch gemahlen |

### Zubereitung

1. Eine flache Auflaufform mit der Butter einfetten und die Hälfte der Kartoffelscheiben hineinlegen. Mit Salz und Pfeffer würzen und den gepressten Knoblauch darüber verteilen. Mit der Hälfte des Bergkäses und der halben Menge Butterflocken bestreuen.
2. Das Backrohr auf 180 Grad Ober- und Unterhitze vorheizen. Die restlichen Kartoffeln in die Form legen und nochmals mit Salz und Pfeffer würzen. Die Milch mit dem Schlagobers verrühren, mit Salz, Pfeffer und Muskatnuss abschmecken und über die Kartoffeln gießen. Die Form mit Alufolie abdecken und das Gratin im Backrohr auf mittlerer Schiene backen.
3. Nach etwa 50 Minuten die verbliebene Hälfte Käse sowie Butterflocken über dem Gratin verteilen und ohne Abdeckung weitere 20 Minuten bei 220 Grad überbacken. Mit einer Gabel prüfen, ob die Kartoffeln gar sind. In der Form heiß servieren.

## Sumach – Orientalischer Salat mit Sumach

### Zutaten

| | |
|---|---|
| 100 g | Puy-Linsen (alternativ: grüne Linsen) |
| 250 ml | Wasser |
| 75 g | Bulgur |
| 250 g | Cherrytomaten, gewaschen, geviertelt |
| 1 | großer Bund frische Petersilie, gewaschen, trocken geschüttelt, klein gehackt |
| 1 | kleiner Bund frischer Koriander, gewaschen, trocken geschüttelt, klein gehackt |
| 1 | Handvoll frische Minzeblätter, gewaschen, trocken geschüttelt, klein gehackt |
| 4 | Jungzwiebeln, geputzt, gewaschen, in dünne Scheiben geschnitten |
| 6 EL | Olivenöl |
| | Saft einer Zitrone |
| 2 EL | Sumach |
| | Salz |
| | Schwarzer Pfeffer, frisch gemahlen |
| 200 g | Feta-Käse, in kleine Stücke gebrochen |

### Zubereitung

1. Topf mit reichlich Wasser aufsetzen, aufkochen, die Linsen hinzufügen und rund 20 Minuten kochen.
2. Inzwischen in einem anderen Topf die 250 ml Wasser aufkochen, den Bulgur hinzufügen, noch einmal aufkochen lassen und dann rund 15 Minuten ohne Deckel leise köcheln. Den Herd abdrehen und zugedeckt auf der warmen Herdplatte quellen lassen.

3. Wenn die Linsen fertig gekocht sind, diese in einem Sieb abseihen, mit kaltem Wasser abspülen und zur Seite stellen.
4. Die Tomaten, die gehackten Kräuter; die Zwiebeln, das Olivenöl, den Zitronensaft und den Sumach in eine große Salatschüssel geben. Mit Salz und Pfeffer würzen und gut vermischen. Linsen und Bulgur dazugeben und nochmals gut durchmischen. Nach Geschmack nachwürzen.
5. Zum Schluss die Schafkäsestücke darüber verteilen und servieren.

## Zitronenmelisse – Gebratene Zucchini mit Joghurtdip

### Zutaten

- 2 Zucchini, gewaschen
- Salz
- Schwarzer Pfeffer, frisch gemahlen
- etwas Mehl zum Panieren
- 2 Eiklar, verquirlt
- 1 Bund frische Zitronenmelisse, gewaschen, trocken geschüttelt, die Blätter fein gehackt
- Olivenöl zum Herausbraten
- 2 Knoblauchzehen, geschält, halbiert
- 200 g griechisches Joghurt
- 1/2 Salatgurke, geschält, fein geraspelt, die Flüssigkeit ausgedrückt
- 1 Knoblauchzehe, geschält, gepresst

### Zubereitung

1. Die Ränder der Zucchini wegschneiden. Den Rest in circa fünf Millimeter dicke Scheiben schneiden. Auf beiden Seiten salzen und pfeffern, auf Alufolie auflegen und rund 20 Minuten Wasser ziehen lassen.
2. Mehl, Eiklar und fein gehackte Zitronenmelisse in drei separate flache Schüsseln geben. Die Zucchinischeiben mit Küchenpapier abtupfen, zuerst im Mehl, dann im Eiklar und abschließend in der gehackten Melisse wenden. Die Scheiben müssen nicht vollständig von der Melisse bedeckt sein; es dürfen ruhig Teile der Zucchini sichtbar bleiben.
3. Olivenöl in einer Pfanne schwach erhitzen, darin die Knoblauchzehen einige Minuten braten und dann entnehmen. Nun portionsweise die Zucchinischeiben im Knoblauchöl behutsam herausbraten. Rechtzeitig wenden, damit sie nicht zu dunkel gebraten werden, und auf Küchenpapier abtropfen lassen.
4. Griechisches Joghurt, Gurke und gepressten Knoblauch miteinander vermischen, mit Salz und Pfeffer würzen und zu den gebratenen Zucchinischeiben servieren.

## Würzanwendung

# Nudeln & Reis

Reis und Weizen sind die beiden wichtigsten Getreidearten der menschlichen Ernährung. Bei Reis handelt es sich um Getreidekörner der beiden Pflanzenarten ***Oryza sativa*** und ***Oryza glaberrima***, wobei Erstere in vielen Ländern weltweit verbreitet ist und Letztere, meist afrikanischer Reis genannt, hauptsächlich in Westafrika angebaut wird. Reis ist in Asien ein Grundnahrungsmittel, das Millionen von Menschen ernährt. In anderen Ländern wird ihm eher als Beilage Bedeutung beigemessen.

Unter Nudeln hingegen werden gegarte Speisen verstanden, die aus einem Teig – vorwiegend auf Basis von gemahlenem Getreide – hergestellt sind. Die Kunst der Nudelherstellung scheint an mehreren Orten dieser Erde parallel, jedoch unabhängig voneinander aufgekommen zu sein. Funde in Ostasien belegen 4000 Jahre alte Nudeln, wodurch als gesichert gilt, dass Nudelgerichte den Menschen auch fern der anerkannten Hochburg der Pasta, Italien, schon sehr lange begleiten. Gerade in Asien findet sich heutzutage eine Vielzahl an Nudeln, von Glasnudeln über Reis- oder Eiernudeln bis zu verschiedenen Fadennudeln wie Somen oder Ramen. Anders als in Europa sind die asiatischen Protagonisten nicht ausschließlich Getreidenudeln, sondern genauso aus Zutaten wie Reismehl oder Mungobohnenstärke hergestellt. In Westeuropa werden, lokal adaptiert, Nudeln meist aus Hart- oder Weichweizen, ergänzt um Eier, produziert.

Beide Lebensmittel eignen sich aufgrund ihres zurückhaltenden Eigengeschmacks ganz hervorragend dazu, mit aromatischen und intensiven Gewürzen und Kräutern versehen zu werden.

## Gewürzempfehlungen

*Currykraut*

*Lavendel*

*Gewürznelken*

*Oregano*

*Kardamom*

*Safran*

# Die Würzpraxis

## Raue Oberfläche, voller Geschmack

Je rauer die Oberfläche einer Teigware ist, desto besser nimmt sie würzige und mit Kräutern versehene Saucen oder Sugos auf. Daher ist handgemachten Nudeln der Vorzug zu geben.

## Nudeln und Reis in Salzwasser kochen

Damit sie nicht langweilig schmecken, sollten Nudeln und Reis in moderat gesalzenem Wasser gekocht werden. Salzt man erst im Anschluss, wird das Salz nicht entsprechend aufgenommen und verteilt.

## Dolce Vita auch im Winter möglich

Frische Kräuter können wunderbar im Sommer, wenn sie Saison haben, luftgetrocknet und dann zur späteren Verwendung in luftdicht verschlossenen Gläsern dunkel aufbewahrt werden. So kann man auch in der kalten Jahreszeit mediterrane Akzente auf die Pasta zaubern.

## Gewürze mit Reis glasig dünsten

Meistens werden Gewürze zur optimalen Geschmacksentfaltung ohne Fett in einer Pfanne angeröstet. Im Fall eines Reisgerichts sollte Öl mit im Spiel sein, damit sich die Aromen besser mit dem Reis verbinden.

## Das Kochwasser transportiert die Gewürze

Eine andere Möglichkeit, das Aroma von Gewürzen in den Reis zu bringen, ist, das Kochwasser mit den gewünschten Aromengebern zu verfeinern – so nimmt der Reis im Garprozess die Noten schrittweise aus der Flüssigkeit auf.

## Süß oder pikant

Reis ist ein dankbarer Geselle – er verträgt pikante, herzhafte Würzungen ebenso wie er optimal für süße Aromaexperimente geeignet ist, man denke an Milchreis, Reiskuchen und ähnliches.

## Farbige Akzente setzen

Kurkuma, Paprikapulver oder Safran sind die Klassiker aus dem Gewürzkästchen, die neben Geschmack auch Farbe in ein Gericht zaubern. Besonders Reis und Nudeln nehmen diese Akzente dankbar auf und präsentieren sich in einem optisch völlig neuen Gewand.

## Currykraut – Currykraut-Risotto

### Zutaten

6 EL Olivenöl
2 Knoblauchzehen, geschält, fein gehackt
300 g Risottoreis
1 l Gemüsesuppe
1 kleiner Bund Schnittlauch, gewaschen, trocken getupft, in kleine Ringe geschnitten
2 Zweige Currykraut, gewaschen, trocken getupft
4 EL Pinienkerne
200 g Frühstücksspeck, in schmale Streifen geschnitten
100 g Tiefkühlerbsen, kurz gekocht

### Zubereitung

1. Das Olivenöl in einem Topf erhitzen. Den Knoblauch beigeben und leicht andünsten. Nun den Reis hinzufügen und unter ständigem Rühren braten, bis er glasig ist. Dann die Gemüsesuppe darübergießen, bis der Reis bedeckt ist. Den Reis bei mittlerer Hitze köcheln, bis er die Suppe fast vollständig aufgenommen hat. Diesem Prinzip folgend schrittweise die Gemüsesuppe darübergießen, bis sie ganz aufgebraucht ist.
2. Etwa in der Mitte der Kochzeit den Schnittlauch (bis auf 1 Esslöffel, diesen für die Dekoration beiseitestellen) und die Zweige des Currykrauts beigeben.
3. Inzwischen in einer beschichteten Pfanne ohne Fett die Pinienkerne vorsichtig anrösten, sodass sie ihr Aroma optimal entfalten. Die Speckstreifen in einer zweiten Pfanne anbraten, bis sie schön knusprig sind.
4. Nach insgesamt etwa 25 Minuten sollte der Risottoreis weich und cremig sein. Nun die Currykrautzweige entfernen und die Erbsen unterheben. Risotto auf Teller aufteilen, mit den Speckstreifen, den Pinienkernen sowie dem restlichen Schnittlauch garnieren und gleich servieren.

## Gewürznelken – Pilaw

### Zutaten

2 Tomaten
3 EL Olivenöl
1 Knoblauchzehe, geschält, gepresst
2 kleine Zwiebeln, geschält, würfelig geschnitten
1 TL Gewürznelken, ganz
1 TL Kreuzkümmelsamen, ganz
1 TL Koriandersamen, ganz
2 EL Chiliflocken (z.B. Piri-Piri)
1 TL getrocknete Minze
300 g Langkornreis
200 ml Weißwein
800 ml Gemüsesuppe
1 Lorbeerblatt
1 Stange Lauch, geputzt, gewaschen, in feine Ringe geschnitten
20 g Butter
Salz
Schwarzer Pfeffer, frisch gemahlen

### Zubereitung

1. Die Tomaten mit kochendem Wasser überbrühen, abschrecken, enthäuten, entstielen und in Würfel schneiden. Das Backrohr auf 200 Grad Ober- und Unterhitze vorheizen.
2. Das Öl in einer Pfanne erhitzen und Knoblauch und Zwiebeln darin anschwitzen. Gewürznelken, Kreuzkümmel, Koriander, Chili und Minze hinzufügen und kurz andünsten. Dann den Reis unterrühren und ebenfalls andünsten, bis er milchig-glasig ist. Mit Weißwein und Gemüsesuppe aufgießen, das Lorbeerblatt hineingeben. In eine Auflaufform füllen, mit Deckel schließen oder Alufolie bedecken und in das vorgeheizte Backrohr stellen.
3. Nach 15 Minuten Garzeit Lauchringe und Tomatenwürfel untermischen und nochmals zugedeckt 35 Minuten im Backrohr garen.
4. Inzwischen die Butter in einem Töpfchen schmelzen. Sobald der Reis gar ist, aus dem Backrohr nehmen und mit Salz und Pfeffer würzen. Die Butter einrühren und abgedeckt noch rund 10 Minuten ruhen lassen. So wird der Pilaw besonders schön locker.

## Kardamom – Kardamom-Gewürzreis

### Zutaten

| | |
|---|---|
| 250 g | Basmatireis |
| 2 EL | Butterschmalz |
| 1 | Zwiebel, geschält, in feine Ringe geschnitten |
| 5 | Gewürznelken, ganz |
| 5 | grüne Kardamomkapseln |
| 1 | Zimtstange |
| 500 ml | Wasser |
| | Salz |

### Zubereitung

1. Den Reis in einem Sieb abbrausen, bis das Wasser klar abläuft, und abtropfen lassen.
2. Das Butterschmalz in einer Pfanne schmelzen, darin die Zwiebelringe in 8–10 Minuten goldbraun anbraten.
3. Die Gewürze dazugeben und bei kleiner Hitze 2–3 Minuten mitbraten.
4. Den Reis unterrühren, das Wasser hinzufügen, salzen und aufkochen. Umrühren und den Reis zugedeckt bei kleinster Hitze etwa 15 Minuten garen.
5. Danach auf der abgedrehten Herdplatte 10 Minuten ausquellen lassen. Vor dem Servieren mit einer Gabel auflockern.

## Lavendel – Lavendelspaghetti mit Huhn

### Zutaten

500 g Spaghetti
Salz
2 EL Olivenöl
2 Jungzwiebeln, geschält, geputzt, in feine Ringe geschnitten
1 walnussgroßes Stück frischer Ingwer, geschält, fein gehackt
500 g Hühnerfilet, würfelig geschnitten
3 EL Crème fraîche
1 1/2 EL getrocknete Lavendelblüten

### Zubereitung

1. Die Nudeln in einem großen Topf mit Salzwasser bissfest kochen und danach abseihen, dabei 200 ml Nudelwasser auffangen und für die spätere Verwendung beiseitestellen. Die Nudeln in den Topf zurückgeben und warm halten.
2. In einer tiefen, beschichteten Pfanne das Olivenöl erhitzen und die Jungzwiebeln sowie den Ingwer andünsten. Das Hühnerfleisch hinzufügen und kräftig anbraten, bis es eine goldbraune Farbe angenommen hat. Die Crème fraîche einrühren, das Nudelwasser hinzufügen, einmal aufkochen und 15 Minuten vor sich hin köcheln lassen, sodass das Hühnerfleisch butterweich wird.
3. Abschließend 1 Esslöffel der Lavendelblüten untermengen. Nun die Spaghetti vorsichtig mit der Lavendel-Hühnersauce mischen, auf Tellern anrichten und mit den restlichen Lavendelblüten bestreut servieren.

## Oregano – Griechische Schmetterlinge

### Zutaten

4 Fleischtomaten, gewaschen, entstielt, in kleine Würfel geschnitten
1 gelber Paprika, gewaschen, entstielt, in kleine Würfel geschnitten
1 kleine Salatgurke, gewaschen, kleinwürfelig geschnitten
2 Jungzwiebeln, gewaschen, geschält, in feine Ringe geschnitten
100 g schwarze Oliven ohne Steine
2 EL Kapernknospen
Salz
Schwarzer Pfeffer, frisch gemahlen
2 TL getrockneter Oregano
Olivenöl nach Bedarf
100 ml Tomatensauce (oder Tomatensaft)
500 g Farfalle (Schmetterlingsnudeln; alternativ: andere Nudeln)
1 Knoblauchzehe, geschält, gepresst
250 g Feta-Käse, würfelig geschnitten

### Zubereitung

1. Tomaten, Paprika, Gurke, Jungzwiebeln, Oliven und Kapernknospen in einer Schüssel vermengen. In einer kleinen Schale für die Marinade Salz, Pfeffer, Oregano, Olivenöl und Tomatensauce gut verrühren. Einige Minuten ziehen lassen.
2. Inzwischen die Nudeln in einem großen Topf mit Salzwasser bissfest kochen, danach abseihen, in den Topf zurückgeben, mit der Marinade übergießen, den gepressten Knoblauch dazugeben und alles gut vermischen.
3. Das Gemüse unter die marinierten Nudeln heben, die Farfalle auf Tellern anrichten und den gewürfelten Feta-Käse darüber verteilen.

## Safran – Risotto alla milanese

### Zutaten

| | |
|---|---|
| 1 TL | Safranfäden |
| 60 g | weiche Butter |
| 1 | kleine Zwiebel, geschält, fein würfelig geschnitten |
| 30 g | Rindermark |
| 300 g | Risottoreis |
| | Salz |
| 100 ml | trockener Weißwein |
| 1 l | heiße Rindsuppe |
| 50 g | geriebener Parmesan |

### Zubereitung

1. Die Safranfäden in einer kleinen Tasse in warmem Wasser für rund 2 Stunden einweichen.
2. Die Hälfte der Butter in einer tiefen, beschichteten Pfanne schmelzen, die Zwiebel darin glasig dünsten, das Rindermark hinzufügen und ebenfalls mitdünsten. Nun den Reis beigeben und so lange vorsichtig durchrühren, bis er glasig ist. Dann mit Salz würzen und mit dem Weißwein ablöschen. So lange durchrühren, bis der Reis den Wein vollständig aufgenommen hat. Jetzt mit so viel der heißen Rindsuppe auffüllen, dass der Reis mit der Flüssigkeit bedeckt ist. Langsam vor sich hin köcheln lassen und dabei immer wieder einmal umrühren. Sobald der Reis die Rindsuppe aufgenommen hat, erneut mit Suppe nachgießen und wieder gelegentlich durchrühren. Für rund 30 Minuten so fortfahren, bis die Rindsuppe vollständig aufgebraucht ist.
3. Kurz bevor der Reis bissfest und damit fertig ist, die Safranflüssigkeit durch ein feinmaschiges Sieb in das Risotto hineingießen – die Fäden bleiben damit übrig und können entsorgt werden. Durchrühren. Zum Schluss die restliche Butter sowie den geriebenen Parmesan hinzufügen und alles vorsichtig unterheben, bis das Risotto schön cremig ist. Heiß servieren.

# Würzanwendung
# Ei & Milchprodukte

Bereits in der Antike waren Eier und Milchprodukte, allen voran Käse, sehr beliebt. Eier von Hühnern und anderem Hausgeflügel galten als Aphrodisiakum und wurden mangels Kühlmöglichkeiten etwa durch Einbetten in Stroh, Salz, Bohnenschrot oder Kleie, aber auch durch Einlegen in Salzlake konserviert. Man genoss sie hart gekocht oder als Spiegelei, setzte sie aber genauso zur Bindung von Aufläufen und Pfannengerichten ein. Käse wurde, wie archäologische Untersuchungen von Grabbeigaben belegen, schon im Alten Ägypten erzeugt. Im Rom des Altertums führten sowohl fehlende Kühlgelegenheiten als auch eine verbreitete Laktoseintoleranz der Südeuropäer zu einer enormen Weiterentwicklung der Käseproduktion, zumal das Trinken von Kuhmilch als Sitte der Barbaren aus dem Norden gewertet wurde. Schon damals spielten dabei Kräuter wie Koriander, Minze, Quendel und dergleichen eine große Rolle, verhinderten sie doch die Schimmelbildung, verlängerten die Haltbarkeit und verliehen dem Endprodukt eine spannende Aromatik. Eier und Milchprodukte erfreuen sich auch heute großer Beliebtheit – woran weder aktuelle Nahrungsmittelunverträglichkeiten noch trendige Ernährungsgewohnheiten wie der Veganismus rütteln können. Zweifelsfrei eignen sich diese tierischen Produkte ob ihres meist sanften Eigengeschmacks sehr gut für vielerlei Experimente mit klassischen Würzstoffen. Ob mit aromatischen heimischen Kräutern oder intensiven Gewürzen.

## Gewürzempfehlungen

Bärlauch · Kerbel · Kümmel

Lorbeer · Schnittlauch · Weinraute

# Die Würzpraxis

## Butter zum Konservieren von Kräutern

Der Geschmack frischer Kräuter ist für die kalte Jahreszeit sehr gut in Butter konservierbar. Dazu werden diverse frische Kräuter wie etwa Basilikum, Dille, Petersilie oder Zitronenmelisse fein gehackt und mit Salz, Pfeffer und Zitronensaft sowie weicher Butter vermischt. Aus der entstandenen Masse werden anschließend Rollen geformt und diese bis zu ihrer Verwendung im Tiefkühlfach aufbewahrt. Sie sind für etwa 6–8 Monate haltbar.

## Je mehr Fett, desto mehr Chili

Chili harmoniert ganz wunderbar mit Eiern und Milchprodukten. Je fetthaltiger ein Produkt ist, desto schärfer darf die Chili sein. Das Fett reduziert die Schärfe der Chili, und ermöglicht ihm gleichzeitig dennoch, sein Aroma voll und ganz zu entfalten.

## Gewürzmix ersetzt das Salz auf dem Frühstücksei

Zur Vermeidung von Salz auf dem Frühstücksei empfiehlt sich eine Mischung feiner Gewürze: etwa Bärlauch, Minze, Petersilie und Schnittlauch mit mittelscharfen Chilischrot kombinieren und diese Mischung in eine Gewürzmühle füllen.

## Hitzeempfindliche Gewürze für kalte Milchprodukte

Da die meisten Milchprodukte kalt oder gekühlt genossen werden, eignen sich besonders hitzeempfindliche Gewürze sehr gut zu deren Verfeinerung. Die Kombination mit Milchprodukten entlockt zum Beispiel Bärlauch, Dille, Kresse, Schnittlauch oder Wasabi ihr feines Aroma.

## Aufpeppen mit intensiven Gewürzen

Kurkuma, Lavendel oder Tonkabohne sind nur einige wenige Beweise dafür, dass gerade geschmacksintensive Gewürze wunderbar zu Eiern und Milchprodukten passen. Erlaubt ist, was schmeckt.

## Bärlauch – Bärlauch-Tzatziki

**Zutaten**

1/2 Salatgurke
Salz
300 g griechisches Joghurt
50 g frischer Bärlauch, gewaschen, trocken geschüttelt, in dünne Streifen geschnitten
3 EL Olivenöl
Schwarzer Pfeffer, frisch gemahlen

**Zubereitung**

1. Die Salatgurke schälen, mit einer groben Reibe reiben, in ein Sieb geben, mit etwas Salz bestreuen und rund 10 Minuten abtropfen lassen.
2. Das Joghurt in eine Schüssel geben, Bärlauch und Salatgurke einrühren, das Olivenöl untermischen und mit Salz sowie Pfeffer abschmecken.

## Kerbel – Kerbel-Quiche mit Gemüse und Garnelen

**Zutaten**

250 g Mehl
150 g weiche Butter
1 Ei
1 TL Salz
3 EL kalte Milch
500 g Karotten, geputzt, gewaschen, in Scheiben geschnitten
150 g Tiefkühlerbsen, leicht angetaut
1 EL Olivenöl
1 Knoblauchzehe, geschält, gepresst
250 g tiefgefrorene Königsgarnelen, aufgetaut
Salz
4 Eier
300 ml Schlagobers
2 EL getrockneter Kerbel
Schwarzer Pfeffer, frisch gemahlen
50 g Emmentaler, gerieben

**Zubereitung**

1. Mehl, Butter, Ei, Salz und Milch rasch zu einem Teig verkneten, in Frischhaltefolie einschlagen und 1 Stunde im Kühlschrank rasten lassen.
2. Inzwischen das Backrohr auf 200 Grad Ober- und Unterhitze vorheizen. Wasser in einem Topf zum Kochen bringen und darin die Karotten 5 Minuten kochen, die Erbsen dazugeben und für weitere 2 Minuten kochen. Abseihen und gut abtropfen lassen.
3. In einer kleinen Pfanne das Olivenöl erhitzen, den gepressten Knoblauch darin anschwitzen und die Garnelen hinzufügen. Sollten die Garnelen viel Flüssigkeit abgeben, diese einfach verkochen lassen. Zwischendurch mit Salz abschmecken.

4. Den Teig auf einer bemehlten Arbeitsfläche ausrollen und damit eine Quiche- oder Tortenform auslegen; auch der Rand sollte mehrere Zentimeter hoch ausgekleidet sein. Den Boden einige Male mit einer Gabel einstechen. Mit dem Gemüse und den Garnelen belegen.
5. Nun die Eier verquirlen, das Schlagobers dazugießen und verrühren. Den Kerbel einstreuen und mit Salz und Pfeffer würzen. Alles gut vermischen und in die Quiche-/Tortenform geben. Den geriebenen Käse darüber verteilen und rund 45 Minuten im Rohr backen.

## Kümmel – „Käse mit Musik"

### Zutaten

- 8 EL Maiskeimöl
- 2 TL Kümmelsaat, im Mörser leicht angestoßen
- 8 EL Apfelessig
- Salz
- Schwarzer Pfeffer, frisch gemahlen
- 400 g junger Quargel-Käse, in fingerdicke Scheiben geschnitten
- 2 mittelgroße weiße Zwiebeln, geschält, in feine Ringe geschnitten

### Zubereitung

1. Das Öl in einem Topf vorsichtig erhitzen, den Kümmel hinzufügen und auf geringer Stufe 15 Minuten zur Aromenentfaltung erwärmen. Abkühlen lassen.
2. Das abgekühlte Gewürzöl mit dem Essig sowie Salz und Pfeffer verquirlen. Den Käse auf einer Anrichteplatte auflegen. Die Zwiebelringe darauf verteilen und mit der flüssigen Gewürzmischung marinieren. Vor dem Servieren mindestens 30 Minuten ziehen lassen.

## Lorbeer – Römisches Käsegebäck

### Zutaten

500 g würziger Feta-Käse
1 Ei
100 g Mehl, gesiebt
Lorbeerblätter
Olivenöl zum Bestreichen

### Zubereitung

1. Den Feta-Käse in einer Rührschüssel mit einer Gabel zerkleinern und zerdrücken. Zuerst das Ei und danach das Mehl hinzufügen und händisch zu einem Teig verkneten. Dabei können noch übrig gebliebene kleine Schafkäsestückchen zerdrückt werden.
2. Das Backrohr auf 180 Grad Ober- und Unterhitze vorheizen. Aus dem fertigen Teig zwischen den Handflächen erst Kugeln rollen und diese dann mit dem Handballen flach drücken – es sollen jourgebäckgroße Semmelchen entstehen. Auf einer Seite jeweils ein ganzes Lorbeerblatt leicht in den Teig drücken. Das Gebäck mit dieser Seite nach unten auf ein mit Backpapier ausgelegtes Backblech legen. Auf die Oberseite mit einem Messer jeweils ein Kreuz einritzen und mit etwas Olivenöl bestreichen.
3. Das Gebäck im Rohr backen, bis die Oberfläche gebräunt ist. Nach mindestens 45 Minuten mit einer Backnadel oder der Spitze eines scharfen Messers kontrollieren, ob der Teig durch ist. Wenn nicht, noch einige Minuten kontrolliert weiterbacken lassen und anschließend zum Abkühlen herausnehmen.

## Schnittlauch – Eier in Grüner Sauce

### Zutaten

2 EL frischer Schnittlauch
2 EL frische Petersilie
2 EL Gartenkresse
2 EL frischer Kerbel
2 EL frische Dille
2 EL frischer Liebstöckel
2 EL Sellerieblätter
125 g Mayonnaise
3 EL Sauerrahm
2 TL Estragonsenf
1 kleine Zwiebel, geschält, fein gehackt
1 hart gekochtes Ei, geschält, grob gehackt
1 Prise Zucker
Salz
Schwarzer Pfeffer, frisch gemahlen
Saft einer halben Zitrone
500 g Kartoffeln, weich gekocht, gesalzen
8 Eier, weich gekocht, geschält
8 Schnittlauchhalme, gewaschen

### Zubereitung

1. Alle frischen Kräuter sorgfältig verlesen, waschen, trocken tupfen, von den dicken Stängeln abzupfen und fein hacken.
2. In einer Schüssel Mayonnaise, Sauerrahm und Estragonsenf vermischen und glatt rühren. In einer zweiten Schüssel die gehackten Kräuter mit der Zwiebel und dem hart gekochten Ei vermengen und dann die Senf-Mayonnaise unterheben. Mit Zucker, Salz, Pfeffer und dem Zitronensaft abschmecken.
3. Auf Tellern die Grüne Sauce mit den Kartoffeln anrichten, jeweils zwei Eier in die Sauce setzen und mit je zwei Schnittlauchhalmen garniert servieren.

## Weinraute – Mediterraner Käseaufstrich

### Zutaten

250 g Feta-Käse, in kleine Stücke zerteilt
100 g Mozzarella, in kleine Stücke geschnitten
1 EL Weißweinessig
1 EL frische Weinraute, gewaschen, trocken getupft, die Blätter fein gehackt (alternativ: 1 TL getrocknete Weinraute)
4 Stängel frische Petersilie, gewaschen, trocken getupft, die Blätter fein gehackt
2 Stängel frische Dille, gewaschen, trocken getupft, die Blätter fein gehackt
1/2 Stangensellerie, geputzt, gewaschen, klein gehackt
50 g Pinienkerne, grob gehackt
Olivenöl nach Bedarf
Salz
Schwarzer Pfeffer, frisch gemahlen

### Zubereitung

1. Feta-Käse und den Mozzarella mit dem Stabmixer pürieren, den Essig einrühren. Die frischen Kräuter dazugeben, gut durchmischen und die Pinienkerne unterheben.
2. Damit die Masse cremig wird, nach Bedarf Olivenöl hineinlaufen lassen. Ein Schuss Olivenöl ist in jedem Fall zur Geschmacksabrundung notwendig. Den Aufstrich zuletzt mit Salz und Pfeffer abschmecken.

# Würzanwendung Saucen

Saucen sind seit Jahrtausenden die würzenden Begleiter kalter oder warmer Speisen in der pikanten wie auch in der süßen Küche. Noch heute macht erst die perfekte Sauce ein Gericht mit all seinen Zutaten außergewöhnlich, sie taucht unter vielerlei Namen auf: Sugo, Salsa, Fond, Jus, Reduktion, Emulsion, Sabayon, Coulis, Vinaigrette, Dressing, Dip, Chutney – die Liste ließe sich noch lange fortsetzen.

Ausgehend von der französischen Haubenküche haben sich in der europäischen Saucenkunst gewisse Maßstäbe durchgesetzt, die vielfach internationale Verbreitung gefunden haben. Demnach kommen als Basis für Saucen Suppen, Brühen von Gemüse oder Fleisch, Fond von Fisch oder Wild, Wein, Butter, Öl oder Milchprodukte infrage, die mit weiteren aromatischen Elementen veredelt werden. Man unterscheidet, je nach kulinarischer „Philosophie", vier oder fünf klassische Grundsaucen: die weiße Grundsauce – eine Einbrenn oder Mehlschwitze, auch als Roux bekannt, wie etwa die Béchamelsauce; die braune Grundsauce – die auf braunem Fond basiert; die warm aufgeschlagene Sauce, etwa die Sauce Hollandaise; und schließlich die kalte Grundsauce, mit der einzig die Mayonnaise angesprochen ist. Gelegentlich wird die Tomatensauce als fünfte Grundsauce gewertet. Unter Zuhilfenahme weiterer Geschmacksgeber wie aromatischer Gewürze oder intensiver Kräuter lassen sich daraus zahllose Variationen herstellen. Daneben finden sich weltweit unzählige andere Saucen, in flüssiger bis sämiger Konsistenz, die untrennbar mit vielen landes- oder regionaltypischen Gerichten verbunden sind, man denke an italienische Pasta- oder asiatische Sojasaucen, indische Chutneys, amerikanische Würz- und Barbecue- oder auch exotische Chilisaucen.

## Gewürzempfehlungen

*Erdnuss*

*Sternanis*

*Kren*

*Wacholderbeeren*

*Piment*

*Zimt*

# Die Würzpraxis

## Mit Fingerspitzengefühl auswählen

Da eine Sauce den Geschmack einer Speise unterstreichen und verstärken, nicht jedoch übertönen soll, ist bei der Auswahl von passenden Gewürzen und Kräutern Fingerspitzengefühl gefragt.

## Beim Würzen vorsichtig dosieren

Hocharomatische Gewürze wie Asant, Muskatnuss, Süßholz, Szechuanpfeffer, Tonkabohne, Wacholder, aber auch Salz dürfen in Saucen immer nur wohldosiert eingesetzt werden, um nicht zu dominieren.

## Salz

Flüssigkeiten, die man stark zu einer Sauce einkochen will, sollten nur leicht bis gar nicht gesalzen werden, da die daraus entstehende Reduktion sonst schnell versalzen schmeckt.

## Frische Kräuter erst am Schluss beigeben

Bei der Zubereitung warmer Saucen oder Fonds sollten für die optimale Aromenabgabe selbst kräftige Kräuter wie Thymian oder Rosmarin erst 15 Minuten vor Ende der Kochzeit hinzugefügt werden.

## Gewürze als Farbgeber einsetzen

Manchen Gewürzen, etwa Safran, Kurkuma oder Paprikapulver, fällt in einer Sauce nicht nur eine geschmackliche, sondern auch eine optische Aufgabe zu.

## Pikante Saucen mit süßen Gewürzen verfeinern

Gerade bei Saucen bereitet es großes Vergnügen, üblicherweise für süße Speisen typische Gewürze wie Vanille, Zimt, Kakaobohne oder Gewürznelken für pikante Saucen heranzuziehen.

## Süße Saucen mit pikanten Gewürzen veredeln

Umgekehrt erreicht man beim Einsatz von meist herzhaft orientierten Gewürzen wie Pfeffer oder Chili für süße Saucen ungeahnte geschmackliche Höhenflüge.

## Erdnuss – Exotische Sauce

**Zutaten**

150 g geschälte, ungesalzene Erdnüsse
200 ml Kokosmilch
3 EL Erdnussbutter
1 EL Currypulver
3 EL Limettensaft
3 getrocknete Chilischoten, zerbröselt

**Zubereitung**

1. Die Erdnüsse in einer beschichteten Pfanne ohne Fett goldbraun rösten, etwas abkühlen lassen. Mit einem Stabmixer oder in der Moulinette zerkleinern.
2. Die Kokosmilch mit der Erdnussbutter in einem Topf aufkochen lassen. Die zerkleinerten Erdnüsse unterrühren und mit Currypulver, Limettensaft und Chili würzen.
3. Wenn die Sauce zu dick ist, nötigenfalls mit wenig Wasser verdünnen. Abkühlen lassen und servieren.

***Praxistipp!***
*Die Sauce passt sehr gut zu jeglicher Art von Huhn, etwa zu Hühnerspießen oder Grillhuhn.*

## Kren – Frisch-scharfe Sauce

**Zutaten**

20 g Butter
1 EL Mehl
150 ml Gemüsesuppe
50 ml Milch
1 EL Olivenöl
1 Knoblauchzehe, geschält, halbiert
200 g tiefgekühlte, geschälte Garnelen, aufgetaut
Salz
Weißer Pfeffer, frisch gemahlen
Saft einer Zitrone
125 g Sauerrahm, glatt gerührt
3 EL Crème fraîche
3 EL Kren, frisch gerissen
Saft einer Zitrone
1 Prise Zucker

### Zubereitung

1. Die Butter in einem Topf schmelzen lassen, das Mehl einstreuen, mit einem Holzkochlöffel durchrühren, mit der Suppe aufgießen und mit einem Schneebesen durchschlagen, damit keine Klümpchen entstehen. Die Milch dazugießen und bei niedriger Temperatur ein wenig köcheln.
2. Inzwischen das Olivenöl in eine beschichtete Pfanne geben, die halbierte Knoblauchzehe darin anbraten, wieder entfernen und die Garnelen im Knoblauchöl anrösten, bis sie knusprig sind. Mit Salz und Pfeffer sowie der Hälfte des Zitronensafts abschmecken.
3. Nun Sauerrahm und die Crème fraîche in die Milchsauce einrühren, den Kren unterheben, mit dem Rest des Zitronensaftes, dem Zucker sowie nach Bedarf nochmals mit Salz und Pfeffer kräftig abschmecken und die gebratenen Garnelen untermischen.

> **Praxistipp!**
> *Die Sauce passt wunderbar zu gegrilltem Fisch, Fleisch, Ofenkartoffeln oder Gemüse.*

## Piment – Leicht-scharfe Sauce

### Zutaten

| | |
|---|---|
| 2 EL | Butterschmalz |
| 500 g | Rinderknochen, klein gehackt |
| 1 | Zwiebel, geschält, würfelig geschnitten |
| 150 g | Suppengemüse, geputzt, gewaschen, klein geschnitten |
| 3 EL | Tomatenmark |
| 500 ml | Rotwein |
| 2 l | Wasser |
| 2 TL | Pimentkörner, im Mörser zerstoßen |
| 1 | Lorbeerblatt |
| | Salz |
| | Schwarzer Pfeffer, frisch gemahlen |

### Zubereitung

1. Das Butterschmalz in einem großen Topf schmelzen, die Rinderknochen darin anrösten. Zwiebel, Suppengemüse und Tomatenmark beigeben und ebenfalls einige Minuten mitrösten. Mit dem Rotwein ablöschen, aufkochen und etwas einkochen lassen. Nun mit dem Wasser aufgießen, sodass alles bedeckt ist, und 1 Stunde leise kochen lassen.
2. Jetzt alle Gewürze beigeben und eine weitere Stunde kochen lassen. Wenn die Sauce die gewünschte Konsistenz hat, durch ein feines Sieb passieren, nötigenfalls nochmals mit Salz und Pfeffer abschmecken und servieren.

> **Praxistipp!**
> *Diese Sauce passt sehr gut zu Rind und anderem dunklen Fleisch sowie Beilagen wie Nudeln, Knödeln oder Kroketten.*

## Sternanis – Aromatische Sauce

### Zutaten

| | |
|---|---|
| 4 | Stück Rindsschnitzel |
| | Salz |
| | Schwarzer Pfeffer, frisch gemahlen |
| 1 EL | Olivenöl |
| je 1 | Zweig Thymian und Rosmarin |
| 1 | Knoblauchzehe, geschält, halbiert |
| 500 ml | Rindsuppe |
| 125 ml | trockener Rotwein |
| 2 TL | Sternanis, ganz |
| 1 TL | Koriandersamen, ganz |
| 5 | Gewürznelken, ganz |
| 1 TL | Tomatenmark |
| 1 | getrocknete Chilischote |
| 1 | Zwiebel, geschält, in grobe Würfel geschnitten |
| 1 TL | Speisestärke, in etwas Wasser angerührt |

### Zubereitung

1. Die Rindsschnitzel auf beiden Seiten mit Salz und Pfeffer würzen. Das Olivenöl in einer Pfanne erhitzen und darin die Rindsschnitzel zusammen mit Thymian, Rosmarin und Knoblauch auf beiden Seiten scharf anbraten; dann herausheben und beiseitestellen.
2. Den Bratrückstand in der Pfanne mit Rindsuppe und Rotwein aufgießen. Alle Gewürze, das Tomatenmark, die Chili sowie die Zwiebel hinzufügen und rund 20 Minuten leicht köcheln.
3. Die Sauce durch ein Sieb passieren und mit der in Wasser aufgelösten Speisestärke binden.

**Praxistipp!**
*Diese Sauce passt perfekt zu Rindsschnitzeln, die zum Erhalt des Bratrückstandes verwendet wurden. Diese sollten dann in die Sauce eingelegt und darin nochmals gute 30 Minuten weich gekocht werden. Des Weiteren harmoniert die Sauce sehr gut mit Huhn oder Wild.*

## Wacholder – Kräftiger Wildfond

### Zutaten

| | |
|---|---|
| 2 EL | Butterschmalz |
| 150 g | Bauchspeck, in Streifen geschnitten |
| 700 g | Wildknochen mit Fleischresten, grob gehackt |
| 200 g | Suppengemüse (etwa Karotten, Sellerie, Lauch, Zwiebel, Pastinaken), geputzt, gewaschen, grob geschnitten |
| 500 ml | trockener Rotwein |
| 2 l | Wasser |
| | Salz |
| | Schwarzer Pfeffer, frisch gemahlen |
| je 2 | Zweige Thymian und Rosmarin |
| 10 | Wacholderbeeren |
| 1 EL | Speisestärke, in etwas Wasser angerührt |

### Zubereitung

1. In einem großen Topf das Butterschmalz zerlassen, darin den Bauchspeck und die Wildknochen anbraten. Dann das Gemüse hinzufügen und kurz mitrösten. Mit Rotwein ablöschen, etwas einkochen lassen und mit Wasser aufgießen. Rund 1 Stunde köcheln lassen.
2. Nun alle Gewürze beigeben und eine weitere Stunde leicht kochen lassen. Sollten sich Fett oder Schaum bilden, diese abschöpfen. Nach Ende der Kochzeit den entstandenen Fond durch ein feines Sieb oder ein Tuch abseihen und in einem Topf auffangen. Nach Geschmack mit Salz und Pfeffer nachwürzen, mit der aufgelösten Speisestärke binden.

***Praxistipp!***
*Dieser Fond passt sehr gut zu Wild und dunklem Fleisch, aber auch zu Beilagen wie Knödeln oder Kroketten.*

## Zimt – Mediterrane Sauce

### Zutaten

2 EL Olivenöl
1 Zwiebel, geschält, würfelig geschnitten
1 Karotte, geputzt, gewaschen, klein gewürfelt
50 g Knollensellerie, geschält, gewaschen, klein gewürfelt
1 kg Cherrytomaten, gewaschen, geviertelt
2 Zimtstangen
1 Prise Rohrzucker
Salz
Schwarzer Pfeffer, frisch gemahlen

### Zubereitung

1. Das Öl in einem Topf erhitzen, die Zwiebel darin andünsten, Karotte und Sellerie hinzufügen und schmurgeln lassen, bis das Gemüse glasig wird.
2. Tomaten, Zimt, Rohrzucker sowie Salz und Pfeffer beigeben und rund 45 Minuten vor sich hin köcheln lassen. Gelegentlich umrühren. Abschließend die Zimtstangen entfernen.

***Praxistipp!***
*Die Sauce passt perfekt zu Faschiertem oder Aufläufen mit faschiertem Fleisch sowie Nudelgerichten und Reis.*

# Würzanwendung Dessert

Bereits im alten Rom war die Tradition des Nachtischs bekannt. Im Rahmen des Abendessens, cena genannt, oder großer Gastmähler war die ***mensa secunda*** das, was wir heute als Dessert bezeichnen. Meist wurde frisches Obst serviert, aber auch Nachspeisen mit Nüssen oder Grieß erfreuten sich großer Beliebtheit. Im Unterschied zu heute war Honig damals die einzige Möglichkeit, diesen letzten Gang zu süßen. Mit Sicherheit waren die erst im 16. Jahrhundert in Europa bekannt gewordene Schokolade sowie die breitere Verfügbarkeit von Zucker ab dem 18. Jahrhundert ausschlaggebende Gründe dafür, dass sich das Dessert modernen Formats entwickeln konnte. Gepflegt von französischen Haubenköchen und Gastrosophen, die sich mit der Thematik beschäftigten, manifestierte es sich als Gang, mit dem in der Speisenfolge traditionell ein mehrgängiges Menü beschlossen wird. Die Bezeichnung Dessert – vom Wort ***desservir*** abgeleitet – wird nach dem Abräumen der Tafel genossen. Darunter fallen nicht nur alle Süßspeisen, süßes Gebäck, Zuckerwerk, Speiseeis, Obst, sondern auch Käse, der nicht als eigenständig betrachtet, sondern als abschließender Bestandteil dem Dessert zugerechnet wird. Als große Dessertnationen gelten zu Recht Frankreich, Italien, Österreich, die USA, Indien und der Nahe Osten, in denen der Griff in das reichhaltige Gewürzkästchen zur Verfeinerung des süßen Abschlusses quasi obligatorisch ist.

## Gewürzempfehlungen

*Anis* *Kakaobohnen* *Mohn* *Pistazie*

*Tonkabohne* *Vanille* *Zimtkassie*

# Die Würzpraxis

## Frucht mit Schärfe versetzen

Fruchtige Nachspeisen vertragen sich sehr gut mit einer leichten Schärfe. So können frisches Obst oder ein Fruchtmus hervorragend mit Minze, verschiedenen Pfeffersorten, Piment, aber auch Chili eine spannende Note erhalten.

## Intensive Gewürze für Schokodesserts

Schokoladige Desserts geraten zur überraschenden Gaumenexplosion, wenn man sie mit intensiven Gewürzen wie zum Beispiel Chili, Ingwer, Lavendel, Piment, Rosa Pfeffer oder Tonkabohne kombiniert.

## Mit Zimt und Zucker im Finale

Da Zimt Zucker aromatisiert, ist die geschmackliche Würzkombination im letzten Gang auch abseits von Weihnachten ein Volltreffer.

## Kräftige Gewürze bleiben in Erinnerung

Will man mit dem Dessert dauerhafte Erinnerungen erzeugen, greift man zu hocharomatischen Würzstoffen wie Anis, Amchoor, Sternanis, Tonkabohne, Vanille, Waldmeister, Zimt oder Zimtkassie.

## Spannung durch pikante Gewürze

Thymian, Rosmarin, Basilikum oder Liebstöckel passen nicht nur in die herzhafte Küche. Experimentierfreudige setzen die Kräuter mit Vergnügen in der Süßspeise ein und erschließen damit bisher ungeahnte neue Geschmackswelten.

## Verdauungsanregung am Schluss

Mit Gewürzen und frischen Kräutern, die den Stoffwechsel anregen, kann der finale Gang gleichsam den praktischen Zweck der Verdauungsförderung erfüllen. Geeignet sind etwa Mädesüß, Minze, Süßholz oder Zitronenmelisse.

## Anis – Afrikanisches Mandeldessert

**Zutaten**

- 200 g Mehl
- 80 g heller Sesam
- 125 g geröstete Mandeln, gemahlen
- 75 g Staubzucker
- 3 TL Anis, gemahlen
- 1/2 TL Kardamompulver
- 2 TL Zimtpulver
- 1 Prise Salz
- 1/4 TL gemahlener Mastix
- 110 g Butter
- 125 g Honig
- Staubzucker zum Bestäuben
- ganze Mandeln zum Dekorieren

**Zubereitung**

1. In einer beschichteten Pfanne das Mehl bei mittlerer Hitze unter ständigem Rühren rösten, bis es goldbraun ist. Es darf dabei nicht verbrennen. Dann das Mehl sieben und vor der Weiterverwendung abkühlen lassen.
2. Inzwischen den Sesam in einer separaten Pfanne ohne Fett unter häufigem Rühren rösten, bis er anfängt dunkler zu werden und herrlich zu duften. Abkühlen lassen und mit den gerösteten Mandeln vermischen.
3. Nun alle trockenen Zutaten – das Mehl, die Sesam-Nuss-Mischung, den Staubzucker und die Gewürze – in einer Schüssel vermischen.
4. Die Butter schmelzen, den Honig darin auflösen und beides mit leicht angefeuchteten Händen in die Mischung der trockenen Zutaten einarbeiten und verkneten.
5. In kleinen Tassen anrichten, mit Staubzucker bestäuben und jeweils mit den ganzen Mandeln dekorieren.

## Kakaobohnen – Saftige Schokoladentorte

**Zutaten**
(für eine Kuchenform mit 26 cm Durchmesser)

- 200 g dunkle Kuvertüre
- 2 TL Butter für die Form
- 4 Eier
- 125 g weiche Butter
- 100 g Zucker
- 1 Päckchen Vanillezucker
- 100 g Pinienkerne, sehr fein gehackt
- 50 g Mehl
- 1 EL Staubzucker zum Bestäuben
- 2 EL Kakaopulver nach Geschmack
- 1 EL Pinienkerne, ganz

### Zubereitung

1. Die Kuvertüre in Stücke schneiden und in einem Topf im Wasserbad langsam schmelzen, dabei gelegentlich umrühren. Geschmolzene Kuvertüre etwas abkühlen lassen. Das Backrohr auf 150 Grad Ober- und Unterhitze vorheizen. Die Kuchenform mit der Butter auspinseln.
2. Die Eier in Eiklar und Eigelb trennen. Zuerst das Eiweiß mit dem Mixer zu einer steifen Masse schlagen. Dann die weiche Butter in einer anderen Schüssel mit Zucker und Vanillezucker vermischen, nach und nach das Eigelb dazumischen. Wenn alles gut verrührt ist, löffelweise die Kuvertüre untermengen und die gehackten Pinienkerne hinzufügen. Nun den Eischnee in die Schüssel geben, das Mehl fein darüber sieben und alles vorsichtig mit dem Schneebesen unterheben. Die Masse in die Form füllen und den Kuchen im vorgeheizten Backrohr auf der mittleren Schiene rund 1 Stunde backen. Mit einem Messer oder einer Kuchennadel in den Kuchen stechen und prüfen, ob der Teig gar ist – es dürfen keine Reste daran kleben bleiben. Den Kuchen aus dem Rohr nehmen, 15 Minuten in der Form stehen lassen, dann herauslösen und auf einem Kuchengitter abkühlen lassen.
3. Zuerst den Staubzucker, dann das Kakaopulver darüberstäuben und zum Abschluss die ganzen Pinienkerne darüberstreuen.

## Mohn – Mohn-Muffins mit Limette

### Zutaten

| | |
|---|---|
| 300 g | Mehl |
| 3 EL | Mohnsamen |
| 1/2 TL | Salz |
| 3 TL | Backpulver |
| 150 g | Zucker |
| 125 g | geschmolzene Butter |
| 2 | Eier |
| | abgeriebene Schale und Saft einer unbehandelten Limette |
| 200 g | Naturjoghurt |
| 200 g | Birne, fein gewürfelt |
| | etwas Butter zum Einfetten der Muffinformen |
| 125 g | Staubzucker |
| | Saft einer Limette |

### Zubereitung

1. Das Backrohr auf 190 Grad Ober- und Unterhitze vorheizen. Das Mehl mit Mohn, Salz und Backpulver in einer Schüssel vermischen.
2. In einer zweiten Schüssel den Zucker mit der Butter, den Eiern, der Limettenschale, dem Limettensaft und dem Naturjoghurt verrühren. Diese Mischung mit den trockenen Zutaten vermengen und die Birnenwürfel unterheben.
3. Die Vertiefungen einer Muffinform mit der Butter einfetten, den Teig darin verteilen und etwa eine 1/2 Stunde backen, bis die Muffins goldgelb sind. Zur Sicherheit mit einem Holzstäbchen oder einer Kuchennadel eine Garprobe machen – in die Mitte des Teiges einstechen und Stäbchen oder Nadel wieder herausziehen. Bleibt kein Teig kleben, ist er gar.
4. Staubzucker, Limettensaft und 1 Esslöffel Wasser in einer Schüssel verrühren, bis die Mischung glatt ist. Sollte sie zu dick sein, noch etwas Wasser hinzufügen. Die Muffins mit der Oberseite in die Glasur tauchen, abtropfen lassen und auf einem Kuchengitter trocknen lassen.

## Pistazie – Früchte-Sticks mit Pistazienmousse

### Zutaten

250 g Mascarpone
3 EL Kokossirup
Saft einer halben Orange
Saft einer Limette
100 g geschälte Pistazien, sehr fein gehackt
1 Vanilleschote, der Länge nach aufgeschnitten, das Mark herausgekratzt
2 EL Staubzucker
1 Päckchen Vanillezucker
1 kg frische Früchte nach Wahl, in große Würfel geschnitten (z. B. Melone, Erdbeeren, Marillen- und Nektarinenspalten, Mangos, Ananas)

### Zubereitung

1. Mascarpone mit Kokossirup, Orangen- und Limettensaft verrühren. Die gehackten Pistazien, das Vanillemark, den Staub- und den Vanillezucker unterrühren.
2. Die Früchte abwechselnd auf Holzspieße stecken und mit dem Pistazienmousse zum Dippen servieren.

## Tonkabohne – Überbackene Birne mit Tonkabohne

### Zutaten

etwas Butter zum Einfetten der Form
4 Birnen, geschält, von Kernen und Strunk befreit, in dünne Scheiben geschnitten
4 Eier
160 g Rohrzucker
1 Tonkabohne, gerieben
200 ml Schlagobers

### Zubereitung

1. Das Backrohr auf 180 Grad Umluft (oder 200 Grad Oberhitze) vorheizen. Eine Auflaufform einfetten und die Birnenscheiben darin einschlichten.
2. Die Eier trennen. Eiklar zu sehr steifem Schnee schlagen. Das Eigelb und den Rohrzucker in einem anderen Gefäß schaumig schlagen, die geriebene Tonkabohne und das Schlagobers einrühren. Den Eischnee unter die Tonkabohnen-Masse heben und vorsichtig vermengen.
3. Die Mischung über die Birnen gießen und das Ganze im vorgeheizten Backrohr 20 Minuten goldgelb überbacken und am besten lauwarm servieren.

## Vanille – Vanille-Panna-cotta

**Zutaten**

| | |
|---|---|
| 5 | Blatt Gelatine |
| 500 ml | Schlagobers |
| 100 g | Zucker |
| 1 | Päckchen Vanillezucker |
| 1 | Vanilleschote, längs halbiert, das Mark herausgekratzt |
| 50 ml | Himbeersirup |
| 4 | frische Himbeeren |

**Zubereitung**

1. Die Gelatine in einer Schüssel in kaltem Wasser einweichen.
2. Schlagobers, Zucker, Vanillezucker sowie die Vanilleschote und das -mark in einen Topf geben. Alles aufkochen und 5 Minuten leise köcheln lassen, dann vom Herd nehmen. 15 Minuten ziehen lassen und dann die Vanilleschote entfernen.
3. Die Gelatine gut ausdrücken und im Schlagobers auflösen. In Förmchen füllen und mindestens 3 Stunden, am besten über Nacht, im Kühlschrank fest werden lassen.
4. Die Panna cotta auf Tellern anrichten, mit dem Himbeersirup und den Himbeeren verzieren und servieren.

## Zimtkassie – Feigen in Kassiasirup

**Zutaten**

| | |
|---|---|
| 600 ml | Wasser |
| 2 | Stangen Zimtkassie |
| 6 EL | Honig |
| 100 g | Rohrzucker |
| 1 | Packung Safranfäden |
| 16 | frische Feigen, gewaschen |
| 16 | blanchierte Mandeln |
| 600 g | griechisches Joghurt |
| 100 g | Pistazien, gehackt |

**Zubereitung**

1. Das Wasser in einem Topf zusammen mit der Zimtkassie, Honig, Zucker und Safran unter Rühren zum Kochen bringen. Bei mittlerer Hitze rund 15 Minuten köcheln lassen.
2. In der Zwischenzeit jede Feige von unten mit einer Mandel füllen. Wenn der Sirup eingekocht ist, die gefüllten Feigen in den Sirup legen. Rund 5 Minuten köcheln lassen, bis die Feigen weich sind.
3. Das Joghurt auf Dessertschalen aufteilen und darauf je vier Feigen verteilen. Die Zimtstangen aus dem Sirup entfernen und diesen über die Feigen und das Joghurt gießen. Mit gehackten Pistazien bestreut servieren.

## Würzanwendung
# Getränke

Wasser ist Überlebenselixier Nummer eins, Tee weltweit betrachtet die am zweithäufigsten konsumierte Flüssigkeit. Ohne Getränkebegleitung wäre kein Menü vollständig, denn erst der passende Tropfen im Glas entscheidet über ein bleibendes Gesamterlebnis. Generell lassen sich Getränke in alkoholfreie und alkoholhältige unterscheiden. In die erste Kategorie fallen Frucht- und Gemüsesäfte, Nektare, Fruchtsaftgetränke, Limonaden, alle Arten von Wässern bis hin zum Mineralwasser, Kaffee, Tee, Milch oder Kakaogetränke. In die alkoholische Kategorie fallen Bier, Wein, Schaumwein, weinhaltige und weinähnliche Getränke wie Frucht(-schaum)weine oder Honigwein sowie Spirituosen. Daneben wird nach der Art der Zubereitung sowie dem genussfähigen Zustand unterschieden: Auf der einen Seite gibt es die Kalt- oder Erfrischungsgetränke, die gekühlt genossen werden, auf der anderen Seite die Heißgetränke, die sich durch eine heiße Zubereitung auszeichnen und meist auch als solche getrunken werden. Schließlich kann man nach der verwendeten Basis zwei Kategorien ausmachen: jene Getränke auf Wasserbasis von Fruchtsäften über Getreide- oder Mandelmilch bis zu extrahierten Flüssigkeiten wie Tee oder Kaffee sowie jene auf Milchbasis. Wie spannend abseits von schnöder Flüssigkeitsaufnahme Getränke sein können, wird deutlich, wenn man Gewürze und Kräuter bei der Zubereitung zur Hand nimmt. Da gerät so mancher Trunk selbst zum strahlenden Mittelpunkt des kulinarischen Geschehens.

## Gewürzempfehlungen

*Kaffeebohnen* · *Mädesüß* · *Rosa Pfeffer*

*Selleriesamen* · *Waldmeister* · *Wermut*

# Die Würzpraxis

## Pimp your drink

Heil- und Wildkräuter eignen sich nur für langweilige Gesundheitstees? Ganz und gar nicht. Mit Mädesüß, Minze, Salbei, Thymian, Wermut oder Zitronenmelisse lassen sich geschmackvolle, pfiffige Getränke wie Eistees, Shakes oder Smoothies kreieren.

## Salz und Pfeffer in Cocktails

Die beiden Allroundgewürze können Drinks enorm aufwerten. Ein neuartiger Aperitif entsteht, wenn man hochwertige Pfeffersorten im Mörser zerstößt, einen Schuss Fruchtsirup beifügt und das Ganze mit Champagner auffüllt. Gleichsam lässt sich mit Kräuter- oder Gewürzsalz nicht nur der Glasrand eines Drinks behübschen, sondern man sendet damit auch neue Geschmacksnoten zum Gaumen.

## Mäßig Zucker, viele andere Würznoten

Mit Süßungsmitteln sollten Säfte, Milch oder Kakaogetränke nicht überfrachtet werden, dafür können darin aber Anis, Chili, Kardamom, Kurkuma, Muskatnuss, Safran oder Zimt hervorragend für geschmackliche Höhenflüge sorgen. Unbedingt ausprobieren!

## Kräuter und Gewürze ansetzen

Mit einer Bowle fängt man den Geschmack frischer Kräuter und Gewürze perfekt ein. Diese einfach über Nacht mit Zucker, in Sirup, mit frischen, geschnittenen Früchten oder mit Wein oder Weinbrand ansetzen, durchziehen lassen, am Folgetag entnehmen und mit Schaumwein aufgießen.

## Stirrer mit Aromafunktion

Längliche Gewürze wie Lemongras oder Zimtstangen, aber auch Kräuter mit festen, hölzernen Stängeln, etwa Lavendel, Rosmarin oder Salbei, kann man zum Stirrer umfunktionieren, mit dem Getränke durchgerührt werden können. Praktisch und optimal für eine sanfte Aromenabgabe.

## Kaffeebohnen – Gewürzkaffee

### Zutaten

8 cl heller Rum
8 Gewürznelken, ganz
4 große Espressi, heiß gebrüht
4 cl Rohrzuckersirup, nach Geschmack
4 Zimtstangen

### Zubereitung

1. Den Rum auf vier Kaffeetassen aufteilen, je Tasse zwei Gewürznelken hineinlegen.
2. Nun den Espresso aufgießen, mit dem Sirup süßen und den Trunk jeweils mit einer Zimtstange umrühren und heiß servieren.

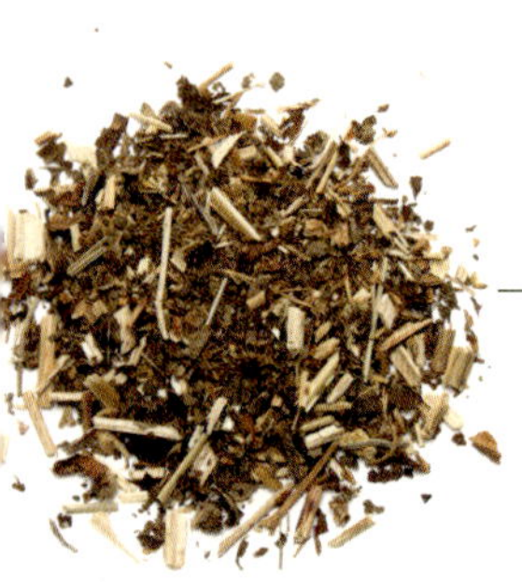

## Mädesüß – Mädesüßlimonade

### Zutaten

1 l Wasser
150 g Rohrzucker
4 EL getrocknetes Mädesüß
Saft einer Orange
Saft einer Limette

### Zubereitung

1. Das Wasser aufkochen, die Herdplatte abdrehen, den Zucker hinzufügen und umrühren, bis er sich aufgelöst hat. Das Mädesüß einstreuen und zugedeckt 15 Minuten ziehen lassen. Danach durch ein feines Sieb gießen und abkühlen lassen.
2. Nun Orangen- und Limettensaft dazugießen und mit Eiswürfeln gekühlt servieren.

## Rosa Pfeffer – La vie en rose

### Zutaten

| | |
|---|---|
| 1 EL + 4 TL | Rosensirup |
| 2 EL | Zucker |
| 12 | Körner Rosa Pfeffer |
| 500 ml | österreichischer Grüner Veltliner Sekt Brut, eisgekühlt |

### Zubereitung

1. Auf einen flachen Teller 1 Esslöffel Rosensirup gießen. Den Zucker auf einem zweiten Teller flach ausbreiten und daneben stellen. Die Glasränder von vier Weißweingläsern nun zuerst in den Rosensirup dippen, leicht abtropfen lassen und dann in den Zucker eintauchen. Die Glasränder sollten nun schön mit dem Rosenzucker benetzt sein.
2. Jetzt den Rosa Pfeffer im Mörser zerstoßen und auf die Schaumweingläser aufteilen. Je 1 Teelöffel Rosensirup pro Glas dazugeben und das Ganze eine gute Stunde ziehen lassen.
3. Mit eisgekühltem Sekt auffüllen und sofort servieren.

## Selleriesamen – Hot Virgin Mary

### Zutaten

| | |
|---|---|
| 2 | Chilis (z.B. rote Habanero Chilis), gewaschen, entstielt, in grobe Stücke geschnitten |
| | Saft von 2 Zitronen |
| 1 l | Tomatensaft |
| 3 TL | Worcestershiresauce |
| 2 TL | Selleriesamen, im Mörser leicht angedrückt |
| | Eiswürfel nach Geschmack |
| | Salz |
| | Schwarzer Pfeffer, frisch gemahlen |
| 4 | Stangen Stangensellerie, geputzt, gewaschen |
| 4 | Limettenscheiben |

### Zubereitung

1. Die in Stücke geschnittenen Chilis mit dem Zitronensaft in einem hohen Gefäß mit dem Stabmixer fein pürieren. Tomatensaft, Worcestershiresauce und 1 Teelöffel Selleriesamen hinzufügen, die Eiswürfel hineingeben und mixen.
2. Mit Salz und Pfeffer pikant abschmecken, in Gläser aufteilen, mit je einer Stange Sellerie als Stirrer versehen, mit den Selleriesamen bestreuen und mit je einer Limettenscheibe garniert servieren.

# Waldmeister – Ehrwürdige Waldmeisterbowle

### Zutaten

(für 2 l Bowle)

- 12 Stängel frischer Waldmeister
- 1,25 l Riesling, gekühlt
- 0,75 l österreichischer Welschriesling Sekt Brut, gekühlt
- 3 EL Zucker, bei Bedarf mehr
- 100 g frische Erdbeeren, geputzt, gewaschen, geviertelt
- 1 l prickelndes Mineralwasser, gekühlt
- Eiswürfel nach Bedarf

### Zubereitung

1. Den frischen Waldmeister als Sträußchen über Nacht an einem trockenen Ort aufhängen. Am leichtesten ist es, die Stängel mit einem Küchengarn zu umwickeln und kopfüber aufzuhängen. Erst wenn die Blätter leicht angewelkt/angetrocknet sind, kann er sein typisches Aroma entfalten.
2. Die Hälfte des Weißweins in ein Bowlegefäß gießen und das Waldmeistersträußchen so hineinhängen, dass die Stängelenden nicht in den Wein getaucht werden, da sonst unerwünschte Bitterstoffe in das Getränk gelangen. Hierfür am besten den Faden um einen Kochlöffel wickeln, der quer über das Bowlegefäß gelegt wird. Mit Alufolie abdecken, 30 Minuten ziehen lassen und danach den Waldmeister entfernen.
3. Den übrigen Wein angießen. Nun mit dem Sekt aufgießen und mit dem Zucker nach Bedarf süßen. Die Erdbeeren einlegen und mit Mineralwasser auffüllen. Nach Bedarf Eiswürfel zum Kühlen hinzufügen und in Bowleschalen eiskalt servieren.

# Wermut – Würz-Cocktail

## Zutaten

- 0,75 l Grüner Veltliner
- 2 Zweige frischer Wermut (alternativ: 1 gehäufter TL getrockneter Wermut)
- 1 Zimtstange
- 3 Gewürznelken, ganz
- 1 Prise Muskatnuss, frisch gemahlen
- abgeriebene Schale einer halben unbehandelten Zitrone
- 50 ml Rohrzuckersirup
- 1 Bund frische Minze, gewaschen, trocken geschüttelt, die Blätter gezupft
- 2 unbehandelte Limetten, gewaschen, geviertelt
- Crushed Ice nach Geschmack
- 4 Zweige frischer Wermut zum Garnieren

## Zubereitung

1. Alle Zutaten bis inklusive dem Rohrzuckersirup in ein verschließbares Gefäß füllen und an einem kühlen Ort 48 Stunden ziehen lassen. Danach abseihen und kalt stellen.
2. Die frische Minze auf Cocktailgläser verteilen, pro Glas zwei Limettenviertel hinzufügen und mit einem Cocktailstößel zerquetschen. Die Gläser mit Crushed Ice füllen, mit dem gekühlten Wermut-Wein aufgießen und mit je einem Wermutzweig garnieren.

# Würzanwendung Vegan

Veganismus wird als Weiterentwicklung des Vegetarismus angesehen, geht aber streng betrachtet über eine Ernährungsgewohnheit hinaus und erstreckt sich auf eine gesamte Lebenseinstellung. Ernährungstechnisch bedeutet vegan den Verzicht auf alle Nahrungsmittel tierischen Ursprungs. Vielfach werden Gerichte, die Zutaten tierischen Ursprungs enthalten, mit veganen Alternativen zubereitet. Anstelle von Fleisch stehen etwa Austernpilze, Seitan, Tofu oder Fleischersatz auf dem Programm. Eier tauscht man zum Beispiel durch pflanzlichen Ei-Ersatz, Soja-, Lupinen- oder Kichererbsenmehl aus. Anstatt Tiermilch werden vorzugsweise Lupinen-, Getreide-, Kokos-, Mandel-, Reis-, Soja- oder Nussmilch verwendet und Käse wird etwa durch Nährhefe, Hefeschmelz, Seidentofu oder Seitan ersetzt. Die großen Herausforderungen, die sich bei einer veganen Ernährung von gehobenem Anspruch stellen, drehen sich um die geschmackliche Abwechslung und eine zufriedenstellende Konsistenz der zubereiteten Speisen. Gerade hierbei können Gewürze und Kräuter wertvolle Dienste leisten, liefern sie doch auf natürliche Weise viel Geschmack und bieten spannende Erlebnisse für die Mundhaptik. Soll die vegane Ernährung nämlich langfristig aus dem Eck einer kulinarischen Nische hervortreten, ist es notwendig, ihr den Anschein einer Vermeidungsküche zu nehmen. Schließlich geht es darum, ihre krampfhafte Bemühung, alle Zutaten tierischen Ursprungs durch passende vegane Alternativen zu ersetzen, in eine selbstbewusste Verwendung sämtlicher pflanzlicher Stoffe umzuwandeln und damit die Ausschöpfung des gesamten Spektrums an natürlichen Gewürzen, Kräutern und Würzstoffen in den Mittelpunkt der Bestrebungen zu stellen.

## Gewürzempfehlungen

*Asant* *Bockshornklee* *Chili*

*Gartenkresse* *Koriander* *Senf* *Zucker*

# Die Würzpraxis

## Intensität auch ohne tierische Ingredienzien

Der Blick in die Kochtöpfe anderer Landesküchen macht es deutlich: Wo intensive Gewürze mit im Spiel sind, sind tierische Zutaten ohnedies oft fern.

## Tofu mit Gewürzen spannend machen

Wenn Tofu als Fleischersatz zur Hand genommen wird, sollten aromatische Kräuter und Gewürze zum Einsatz kommen. Denn der sehr milde, dezente Geschmack darf getrost mit kräftigen Gewürzen aufgewertet werden.

## Chili bringt Erlebnisfaktor

Da die Chili mit ihrer Aromatik nicht nur Geruchs- und Geschmackssinn anspricht, sondern auch den Spürsinn anregt und mit milder bis intensiverer Schärfe animiert, ist sie eine perfekte Gespielin in der veganen Küche – auch in geräucherter Form!

## Beste Geschmacksentfaltung ohne Fett

Die beste Geschmacksentfaltung erreicht man durch das Anrösten der Aromengeber in einer schweren Pfanne, bevor weitere Zutaten beigefügt werden. Ist ein Andünsten in Fett notwendig, greift man zu hochwertigen Pflanzenölen wie etwa Oliven- oder Sonnenblumenöl.

## Süßung via Sirup mit Gewürzen

Da Honig als Süßungsmittel für Veganer entfällt, kann alternativ Zuckerrübensirup in Verbindung mit süßlich anmutenden Gewürzen wie Granatapfel, Heidelbeere, Mädesüß oder Süßholz sehr gute Dienste leisten.

## Gewürzregeln analog anwenden

Die Verwendung von Kräutern und Gewürzen in der veganen Küche ist analog anzuwenden. Der dezente Eigengeschmack vieler veganer Zutaten erfordert eventuell eine höhere Dosierung, wobei hier wie immer gilt: anfangs lieber moderat würzen und im Bedarfsfall je nach Geschmack nachwürzen.

# Asant – Indisches Dal

### Zutaten

| | |
|---|---|
| 200 g | indische Linsen (Sorte Arhar; alternativ: rote kleine Linsen) |
| 1 EL | Sonnenblumenöl |
| 2 TL | braune Senfkörner |
| 1 | große Zwiebel, geschält, in kleine Würfel geschnitten |
| 5 | grüne Chilischoten, gewaschen, entstielt, entkernt, in kleine Würfel geschnitten |
| 1 TL | Asant, gemahlen |
| 2 TL | Kurkuma, gemahlen |
| 3 | Tomaten, gewaschen, entstielt, in kleine Würfel geschnitten |
| 300 ml | Wasser |
| 1 TL | Salz |
| 2 TL | Rohrohrzucker |
| 3 TL | Garam Masala |
| | frischer Koriander nach Belieben, gewaschen, trocken geschüttelt, gehackt |

### Zubereitung

1. Die Linsen 1 Stunde in reichlich Wasser einweichen. Abgießen, in einen großen Topf umfüllen, wieder mit reichlich Wasser bedecken und zum Kochen bringen. Die Hitze reduzieren und in 25–35 Minuten weich kochen. Wenn die Linsen weich gekocht sind, abgießen und mit dem Gemüsestampfer nicht zu fein zerstoßen. Beiseitestellen.
2. Das Öl in einer tiefen Pfanne heiß werden lassen, die Senfkörner hinzufügen und unter Rühren erhitzen, bis sie anfangen zu hüpfen. Dann Zwiebel, Chilischoten, Asant und Kurkuma dazugeben und circa 5 Minuten anbraten. Dabei immer wieder rühren und mit dem Kochlöffel den Boden der Pfanne abschaben, weil die Gewürze das Öl sehr schnell aufnehmen. Nun die Tomaten unterrühren und einige Minuten weich dünsten.
3. Die gestampften Linsen sowie das Wasser hinzugeben, gründlich verrühren und zum Kochen bringen. Salz, Zucker und Garam Masala dazugeben und noch weitere 5 Minuten köcheln lassen. Mit gehacktem Koriander bestreut servieren.

# Bockshornklee – Gemüse Vindaloo

### Zutaten

| | |
|---|---|
| 3 EL | Sonnenblumenöl |
| 3 | getrocknete Chilischoten |
| 2 EL | Kreuzkümmelsamen, ganz |
| 1 TL | Schwarze Pfefferkörner, im Mörser angestoßen |
| 1 TL | grüne Kardamomkapseln, geschält, im Mörser angestoßen |
| 1 | Stück Zimtstange (circa 2 cm lang) |
| 1 EL | schwarze Senfkörner, ganz |
| 1 EL | Bockshornkleesamen, ganz |
| 1 | Stück Ingwer (circa 2 cm lang), geschält, fein gehackt |
| 1 | Zwiebel, geschält, klein gewürfelt |
| 3 | Kartoffeln, geschält, in kleine Würfel geschnitten |
| 2 | Karotten, geschält, in dünne Scheiben geschnitten |
| 3 | Tomaten, gewaschen, entstielt, in grobe Würfel geschnitten |
| 250 ml | heißes Wasser |
| | Salz |

### Zubereitung

1. Das Öl in einer großen Pfanne erhitzen. Die Chilischoten auf einem Brett mit dem Messerrücken leicht andrücken. Alle Gewürze zum Öl geben und rund 1 Minute braten, bis sie duften.
2. Ingwer, Zwiebel, Kartoffeln, Karotten, Tomaten sowie 200 Milliliter heißes Wasser zu den Gewürzen geben. Das Gemüse aufkochen und zugedeckt 30 Minuten weich köcheln lassen. Die Sauce soll sämig, aber nicht trocken sein. Falls nötig, deshalb zwischendurch etwas Wasser angießen. Mit Salz abschmecken und servieren.

## Chili – Ananascurry mit Chili

### Zutaten

| | |
|---|---|
| 2 | Ananas |
| 2 EL | Pflanzenöl |
| 50 g | Zwiebel, geschält, gehackt |
| | einige Curryblätter, gemörsert |
| 1 | Stängel Lemongras, gehackt |
| 4 | rote Chilis (z.B. Thai-Chilis), gehackt |
| 2 TL | Chilipulver |
| 2 TL | edelsüßes Paprikapulver |
| 1 TL | Senfsaatpulver |
| 1 TL | Kurkuma, gemahlen |
| | Salz |
| 400 ml | Kokosmilch |
| 1 TL | Fenchelsaat |

### Zubereitung

1. Die Ananas der Länge nach halbieren, das Fruchtfleisch herausnehmen und in Würfel schneiden. Die ausgehöhlten Hälften beiseitestellen.
2. Das Öl in einer Pfanne erhitzen und darin Zwiebel, Curryblätter, Zitronengras und die Chilis anrösten. Ananasstücke, Chilipulver, Paprikapulver, Senfsaatpulver, Kurkuma und Salz dazugeben und so lange kochen, bis die Ananasstücke weich sind.
3. Vom Herd nehmen, Kokosmilch untermischen und mit Fenchel bestreuen. Nochmals rund 10 Minuten köcheln und zum Schluss in die ausgehöhlten Ananashälften füllen und servieren.

## Gartenkresse – Kresse-Gemüse-Puffer

### Zutaten

| | |
|---|---|
| 6 | mittelgroße Karotten, gewaschen, geschält, fein geraspelt |
| 400 g | Knollensellerie, gewaschen, fein geraspelt |
| 8 EL | gemahlene Mandeln |
| 10 EL | Kichererbsenmehl mit 10 EL Wasser angerührt |
| 1 | Schüssel frische Gartenkresse, gehackt |
| | Salz |
| | Schwarzer Pfeffer, frisch gemahlen |
| 1/4 TL | Muskatnuss, frisch gemahlen |
| | Olivenöl zum Herausbraten |

### Zubereitung

1. Karotten, Sellerie und Mandeln in einer Schüssel gut vermischen. Die Kichererbsen-Wasser-Mischung unter das Gemüse kneten, die gehackte Kresse ebenfalls einkneten. Mit den Gewürzen pikant abschmecken und daraus Laibchen formen.
2. Das Olivenöl in einer Pfanne erhitzen und die Puffer darin auf beiden Seiten goldbraun braten.

## Koriander – Gemüsecurry

### Zutaten

- 400 ml Kokosmilch
- 4 EL rote Currypaste
- 2 TL Ahornsirup
- Saft von 2 Limetten
- 100 g Apfelmark (alternativ: ungesüßtes Apfelmus)
- Salz
- 250 g Champignons, geputzt, in dünne Scheiben geschnitten
- 200 g Süßkartoffeln, geschält, längs geviertelt, in dünne Scheiben geschnitten
- 750 g gemischtes Gemüse (z. B. Brokkoli, Paprika, Zucchini, Lauch), gewaschen, geputzt/geschält, in mundgerechte Stücke geschnitten
- 1 Bund frischer Koriander, gewaschen, trocken geschüttelt, Blätter gezupft, fein gehackt

### Zubereitung

1. Die Kokosmilch mit Currypaste, Ahornsirup, 4 Esslöffel Limettensaft und dem Apfelmark in einem Topf aufkochen, mit Salz würzen. Das Gemüse dazugeben und bei mittlerer Hitze zugedeckt 5 Minuten kochen lassen. Dann das Curry offen weitere 5 Minuten kochen, bis das Gemüse gar, aber noch bissfest ist.
2. Die Hälfte des Korianders unter das Curry rühren, mit Salz und dem restlichen Limettensaft abschmecken.
3. Das Curry auf Suppenteller aufteilen und mit dem restlichen Koriander bestreut servieren.

## Senf – Gemüseauflauf

### Zutaten

- 2 EL Erdnussöl
- 2 Schalotten, geschält, fein gewürfelt
- 2 Knoblauchzehen, geschält, fein gehackt
- 1 grüne Chili (z.B. Jalapeño-Chili), gewaschen, entstielt, in feine Ringe geschnitten
- 1 EL helle Senfkörner, im Mörser gemahlen
- 200 ml Kokosmilch
- Salz
- Schwarzer Pfeffer, frisch gemahlen
- 500 g Brokkoli, gewaschen
- 500 g Karfiol, gewaschen
- 500 g Süßkartoffeln, geschält, gar gekocht, in Scheiben geschnitten
- 2 EL Kokosraspeln
- 1 TL grobes Meersalz

### Zubereitung

1. In einer Pfanne 1 Esslöffel Erdnussöl erhitzen und darin die Schalotten und den Knoblauch glasig anbraten. Die Jalapeño beigeben, das Senfpulver einstreuen, einmal durchrühren und mit Kokosmilch aufgießen. Mit Salz und Pfeffer würzen und 20 Minuten leise köcheln lassen, bis die Sauce eine cremige Konsistenz hat.
2. Den unteren Teil der Strünke von Brokkoli und Karfiol entfernen, den übrigen Strunk in mundgerechte Stücke schneiden, den Rest des Gemüses in Röschen zerpflücken. In einem großen Topf reichlich Wasser zum Kochen bringen, salzen und das Gemüse darin 5 Minuten kochen lassen. In ein Sieb gießen, mit eiskaltem Wasser abschrecken und gut abtropfen lassen. Das Backrohr auf 180 Grad Ober- und Unterhitze vorheizen.
3. Inzwischen eine Auflaufform mit dem restlichen Erdnussöl einfetten, die Süßkartoffelscheiben so einlegen, dass der Boden der Form bedeckt ist, darauf die Brokkoli- und Karfiolstücke verteilen und die eingekochte Senf-Kokos-Sauce darübergießen. Die Kokosraspeln mit dem Meersalz in einem Mörser vermischen und über dem Auflauf verteilen. Im Backrohr etwa 20 Minuten backen.

## Zucker – Aromatischer Gewürzzucker

### Zutaten

| | |
|---|---|
| 6 | grüne Kardamomkapseln |
| 4 | Gewürznelken, ganz |
| 1/2 TL | gemahlener Zimt |
| 1/2 TL | gemahlener Ingwer, frisch gemahlen |
| 1 | Prise Muskatnuss, frisch gemahlen |
| 1 | Prise getrocknete Orangenschale |
| 200 g | Rohrohrzucker |

### Zubereitung

1. Die Samen aus den Kardamomkapseln schälen und diese zusammen mit den Gewürznelken im Mörser fein zerstoßen. Mit Zimt, Ingwer, Muskatnuss sowie der Orangenschale mischen. Abschließend gut mit dem Rohrohrzucker vermischen und in ein gut verschließbares Glas füllen. Nochmals gut durchschütteln und ein bis zwei Wochen durchziehen lassen.
2. Nach dieser Ruhepause ist der Gewürzzucker bereit für seinen Einsatz. Er aromatisiert (Heiß-) Getränke, Süßspeisen, schmückt aber auch das Eigenaroma von Gemüse, Nudeln oder Reisgerichten aus.

## Glossar

| | | | |
|---|---|---|---|
| Backrohr | Backofen | Maroni | Edelkastanie, Esskastanie |
| Beinfleisch | Spannrippe | Melanzani | Aubergine |
| Beiried | (flaches) Roastbeef | Omelette | Omelett |
| dünsten | schmoren | Orange | Apfelsine |
| Duftsackerl | Gewürzkissen | Palatschinke | Eierkuchen, Pfannkuchen |
| Eierspeise | Rührei | Quargel | Harzer Käse |
| Einbrenn | Mehlschwitze | Ribisel | Johannisbeere |
| Faschiertes | Hackfleisch | Rostbraten | rundes oder hohes Roastbeef |
| Fisolen | grüne Bohnen | Sauerrahm | Schmand, saure Sahne |
| Fleischlaibchen | Buletten, Frikadellen | Schafkäse | Schafskäse |
| Frankfurter Würstchen | Wiener Würstchen | (Schlag-)Obers | (Schlag-)Sahne |
| Germ | Hefe | Schlögel | Schlegel, Hinterkeule |
| Hüferscherzel | Hüfte | Schulterscherzel | Schaufelstück, Mittelbugstück |
| Hüferschwanzel | Hüfte | Semmelbrösel | Paniermehl |
| Karfiol | Blumenkohl | Semmel(chen) | Brötchen |
| Kavalierspitz | Teil aus der Dicken Schulter | Siedfleisch | Suppenfleisch |
| klare Suppe | Brühe | Staubzucker | Puderzucker |
| Knödel | Kloß | Stelze | Haxe, Eisbein |
| Kraut | Kohl | Tafelspitz | Schwanzstück |
| Kren | Meerrettich | tauchen | tunken |
| mageres Meisel | Schulterfilet | Topfen | Quark |
| Marille | Aprikose | Vinschgerl | Vinschgauer Brot |
| Marmelade | Konfitüre | Wadschinken | Haxe |

## Quellenverzeichnis

Beiser, Rudi: Unsere essbaren Wildpflanzen, Kosmos 2014
Cech, Brigitte: Lukullische Genüsse. Die Küche der alten Römer, WBG 2013
Enderle, Günter: Quelle von Reichtum, Macht und Wohlbefinden, Fachverband der Gewürzindustrie e.V. 2017
Etzlstorfer, Hannes: Küchenkunst und Tafelkultur, Christian Brandstätter 2006
Frühmann, Ernst/Länger, Reinhard: Heilkräuter unserer Heimat, Eigenverlag Ernst Frühmann 2009
Gollmer, Richard: Das Apicius Kochbuch aus der römischen Kaiserzeit, Regionalia 2016
Habs, Robert/Rosner, Leopold: Appetit-Lexikon, Oase 1997
Harding, Jennie: Kräuterbibel, Parragon Books 2011
Jürgens, Erich: Gesundheit & Genuss mit Kräutern und Gewürzen, Kräuterpark Altenau 2013
Katzer, Gernot/Fansa Jonas: picantissimo. Das Gewürzhandbuch, Die Werkstatt 2011
Mahn, Manuela: Gewürze. Das Standardwerk; Christian 2014
Maie, Robert: Marcus Gavius Apicius. De re coquinaria, Reclam 1991
Malaguzzi, Silvia: Der gedeckte Tisch. Esskultur in der Kunst, Parthas 2007
Mallos, Tess: Die Küche des Orient, Pawlak 1984
Matthaei, Bettina: Gewürze. 70 Küchengewürze von A-Z, Gräfe und Unzer 2015
Matthaei, Bettina: Würzen. Einfach besonders, besonders einfach, Gräfe und Unzer 2004
Meurers-Balke, Jutta/Strank, Karl Josef: Obst, Gemüse und Kräuter Karls des Großen, Philipp von Zabern 2008
Vierich, Thomas/Vilgis, Thomas: Aroma. Die Kunst des Würzens, Stiftung Warentest 2015
Winnington, Ursula: Kleines Gewürzbuch für Kinder, Der Kinderbuchverlag Berlin 1987

**Internetquellen (Stand September 2017)**
www.dasmittelalterkochbuch.de | www.eaudemelisse.com | www.gernot-katzers-spice-pages.com/germ
www.geschichte-des-kochens.de | www.gewuerzindustrie.de | www.heilkraeuter.de | www.kraeuter-buch.de
www.kraeuterpark-altenau.de | www.plant-pictures.de | www.waimann.de | www.zentrum-der-gesundheit.de

## Würzanwendungen im Küchenalltag

# Die Wiedergeburt der
# Würzerei

Nach Jahren der „free from"-Küchen, geschmacksverwirrender Molekular-Kulinarik und künstlicher Aromen in Industrie- und Junkfood erleben natürliche Gewürze in Westeuropa eine Renaissance. Angetrieben wird diese Entwicklung durch neue, spannende Migrationseinflüsse aus exotischen Gewürzregionen im Nahen und Mittleren Osten sowie durch die Rückbesinnung auf Regionalität und Herkunft von Lebensmitteln. Kulinariker im deutschsprachigen Raum schärfen im wahrsten Sinne des Wortes ihre Gaumen und lassen sich auf fremde Gewürze und rassige Kräuter ein, die ungeahnte Geschmackserlebnisse bescheren. Trendgewürze wie Chili, Ingwer, Pfeffer oder Bärlauch halten (wieder) Einzug in die Kochtöpfe. Zusätzlich sind zeitgeistige Ernährungsgewohnheiten wie Veganismus oder Paleo-Ernährung für geschmackliche Aufwertungen dankbar. In den Küchen Westeuropas wird heute mehr denn je geschnitten, gemörsert, gemahlen und geröstet – womit bisher unbekannte aromatische Höhepunkte für Nase und Gaumen garantiert sind.

Doch wie sieht es aktuell in den westeuropäischen Küchen mit den Gewürzen tatsächlich aus? Welche der vielen weltweit aromengebenden Gewürze, Kräuter und Würzmittel sind in Verwendung? Welche Gewürze sind im deutschsprachigen Raum in verlässlicher Qualität erhältlich und aus welchen Kulturerdteilen stammen diese? Wie lassen sich diese Gewürze sicher und problemlos in die lokale und regionale Kulinarik integrieren? Wie verarbeitet man Gewürze richtig, um ihre mannigfaltige Aromatik perfekt zur Geltung zu bringen? Wie wirken diese Gewürze und Kräuter in Speisen und im Körper und wie setzt man sie zur Förderung von Gesundheit und Wohlbefinden richtig ein?

***Das Große Gewürzbuch*** versucht, diese Fragen zu beantworten und versteht sich dabei als Nachschlagewerk für die Anwendung heimischer und internationaler Gewürze in der vertrauten, lokalen Kulinarik im deutschsprachigen Raum. Dazu wurden für den großen Gewürzteil über 100 verschiedene Gewürze von den Autoren persönlich gerochen, verkostet, beschrieben, Gewürzregionen zugeteilt und nach Aromanoten bewertet. Begleitet werden diese pikanten Themen von Wissenswertem aus der jahrhundertealten Geschichte vieler Gewürze, mit denen Geist und Seele auf eine spannende Reise in die Würztradition des Planeten Erde geschickt werden. Damit auch das Wissen um die Heilwirkung von Gewürzen nicht zu kurz kommt, gibt es zu jedem Gewürz einen Abriss zu Wirkung und Anwendung als Heilkraut gegen Krankheiten, Wunden und Verletzungen und zur Förderung der Gesundheit. Abschließend werden alle Gewürze von einer kurzen Anleitung zur Küchenpraxis begleitet – als Überleitung zum anschließenden Praxisteil.

Der praktische Anwendungsteil widmet sich dem richtigen Einsatz von Gewürzen anhand von 15 typischen Würzanwendungen in der Küche, von Rind & Co. über Gemüse oder Saucen bis zu veganen Speisen. Welche Gewürze passen wozu? Was macht das Gewürz

Die in diesem Buch verwendeten Piktogramme für die 15 wichtigsten Würzanwendungen im Alltag

mit den Zutaten? Wie und wann wendet man es an? Diverse Würztechniken und Rezepte runden das Thema praxisnah ab, zudem hilft eine Gliederung der Gewürze nach den wichtigsten Geschmacksgruppen bei der groben Einteilung des eigenen Gewürzregals.

## Gewürze, Kräuter, Gemüse und Würzmittel

Das Wort Gewürz hat seinen Ursprung im mittelhochdeutschen wurz und bedeutet Wurzel. Das Österreichische Lebensmittelbuch (Codex Alimentarius Austriacus) definierte im Jahr 2016 Gewürze als „natürliche Pflanzenteile", die wegen ihres Gehaltes an besonderen Inhaltsstoffen geeignet sind, „Geruch und Geschmack von Lebensmitteln zu beeinflussen". Sie kommen sowohl in getrockneter Form, im Ganzen als auch geschnitten, gerebelt oder pulverisiert in den Handel. Die Pflanzenteile lassen sich in folgende sechs Klassen unterteilen:

- Wurzelgewürze wie Asant, Kren oder Süßholz sowie Rhizomgewürze wie Galgant, Ingwer, Kurkuma oder Wasabi
- Zwiebelgewürze wie Knoblauch und Zwiebel
- Rindengewürze wie Zimt
- Blatt- und Krautgewürze wie Beifuß, Bohnenkraut, Dille, Estragon, Kerbel, Kresse, Lorbeer, Majoran, Petersilie, Salbei, Thymian oder Weinraute
- Blüten- und Knospengewürze wie Färberdistel, Gewürznelke, Kapern, Lavendel oder Safran
- Frucht- und Samengewürze wie Ajowan, Amchoor, Anis, Bockshornklee, Cashew, Chili, Fenchel, Kaffeebohne, Kardamom, Macis, Paradieskörner, Pfeffer, Senf, Sumach, Tonkabohne, Vanille oder Wacholder

Sämtliche frische, nicht getrocknete oder verholzte Teile einer Pflanze werden als Kräuter bezeichnet. So lassen sich beispielsweise Basilikum, Schnittlauch, Liebstöckel oder Waldmeister im frischen Zustand zu den Kräutern rechnen, getrocknet jedoch zu den Gewürzen. Die Abgrenzung zwischen Gewürzen und Gemüse ist noch ungenauer. Chili, Paprika,

Kapern und Zwiebeln können frisch sowohl als Gemüse wie auch zum Würzen eingesetzt werden. Ingwer, Galgant und Knoblauch werden sowohl frisch wie auch getrocknet ausschließlich als Gewürz verstanden. Um die Unterscheidung zwischen den Bezeichnungen nicht unnötig kompliziert zu machen, gilt folgende alte Küchenweisheit: Gut gewürzt ist halb gewonnen, frisch gewürzt ist ganz gewonnen.

Alle sonstigen Mischungen aus würzenden Stoffen mit Zutaten wie Gemüse, Hefeextrakte, Zucker, Salz, Stärke oder Fett werden unter dem Begriff Würzmittel zusammengefasst:

- Zucker
- Honig als einziges Würzmittel tierischen Ursprungs
- Salz mit seiner mineralischen Herkunft
- Senf als cremige Zubereitung aus Senfsamen
- synthetische Aromen wie Vanillin
- flüssige Würzmittel wie Wein, Essig, Kokosmilch oder Sojasauce
- wässrige oder ölige Auszüge aus Pflanzen wie Rosenwasser, Mandelöl, Nelkenöl, Vanilleöl oder Knoblauchöl

***Das Große Gewürzbuch*** geht nun in der Benennung einen Schritt weiter und definiert Gewürze als natürlich vorkommende Substanzen, die keinen eigentlichen Nährwert haben und Speisen sowie Getränken zugesetzt werden, um eine positive Veränderung von Geruch zu Duft und Geschmack zu Aromatik zu bewirken. In diesem Sinne zählen alle aromatisierenden Mittel dieser Welt zu Gewürzen, gleich ob Pflanzenteile wie Samen, Wurzeln, Rinden, Rhizome, Früchte, Blätter, Staubfäden, Blüten oder Knospen, gleich ob Mineralstoffe wie Salz, gleich ob technisch veredelt wie Zucker, Essig oder Öl.

## Aromanoten – Würzen von mild bis wild

Die Nutzung der Aromatik von Gewürzen stellt eine der wesentlichen Bestandteile der Kulinarik dar. Nur über den Duft einer Speise gelingt es, das breite Wirkspektrum von Gewürzen bis tief in die Bereiche der Atemwege, insbesondere der Bronchien und über die Duftsensoren bis in das Gehirn zu transportieren. Jedes Gewürz hat dabei sein ureigenes Geschmacksprofil, seine grundlegende Würzintensität, sein unverwechselbares Aroma. Ganz gleich, wie viel von einem Gewürz verwendet, wann es im Kochprozess eingesetzt oder wie es verarbeitet wird, definiert jedes Gewürz eine eigene Würzkategorie – die im ***Großen Gewürzbuch*** anhand einer zehnteiligen Skala nach Aromanoten eingeteilt wird, ausgehend von mild über harmonisch bis wild und extrem. Dabei steht bei jedem Gewürz die Kombination aus Geschmack, Geruch und Wirkung in einer Speise im Mittelpunkt.

Um zu schmecken, muss man Essen riechen können. Der schnellste Eindruck einer Speise ist die olfaktorische Wahrnehmung des Aromas durch die Nase, bei der die Duftmoleküle durch die Luft an die Riechschleimhäute der oberen Nasenhöhle gelangen und im Gehirn direkt auf das limbische System wirken, wo Emotionen verarbeitet, Triebe gelenkt und Erinnerungen gesteuert werden. Die menschliche Erinnerung ist eng mit Düften und Gerüchen verknüpft – diese werden fast ungefiltert im Langzeitgedächtnis gespeichert. Ein Geruch versetzt einen plötzlich in eine weit zurückliegende Situation, in der man ihn zum ersten Mal wahrgenommen hat, vor allem bei Gerüchen aus der Kindheit. Und das Schöne daran ist, dass man Riechen immer wieder trainieren kann. Ein gesunder Mensch kann über 10.000 verschiedene Duftnoten erkennen und unterscheiden, das Problem liegt meist in der Beschreibung und Benennung einzelner Aromen. Wer sich aber gezielt Düften aussetzt und versucht, diese zu kategorisieren, steigert seine Wahrnehmung und kann damit Aromen von Gewürzen besser beschreiben – völlig ident zur sensorischen Beschreibung von Wein. Auch das Schmecken kann man trainieren und erlernen; denn ob etwas schmeckt oder nicht, kann man erst sagen, nachdem man es probiert hat und immer wieder probiert, bis man etwa Schärfe von Chilis oder Pfeffer nicht als Schmerz, sondern als Geschmacksverstärker wahrnimmt, oder überreifen Camembert nicht aufgrund der kräftigen Ammoniaknote ablehnt. Oder das herzhaft-fleischige Umami-Aroma von Liebstöckel nicht auf Packerl- oder Tütensuppen reduziert (wo in Wahrheit gar kein Liebstöckel drinnen ist).

Vergleichbar mit der Wahl des richtigen Partners, den man riechen können muss, muss auch bei der Wahl der richtigen Gewürze die Chemie stimmen. Genau da setzen die Aromanoten des ***Großen Gewürzbuchs*** an, als eine Richtlinie entlang folgender Geruchs- und Geschmackskomponenten von Gewürzen:

- Würzkraft und Wahrnehmbarkeit in der fertigen Speise
- Komplexität und Vielschichtigkeit in Ergänzung zu anderen Zutaten
- positiver Aromenträger am Ende des Kochprozesses

Demzufolge startet die Aromanote 1 mit Salz, Zucker und der Färberdistel – alle drei keine Gewürze im klassischen Sinne, reduziert auf die einschichtigen Grundgeschmacksrichtungen salzig, süß und bitter. Salz und Zucker sind einerseits immer direkt wahrnehmbar und steuern andererseits mit steigender Einsatzmenge auch ihre einseitige Würzkraft bei – man denke an eine Suppe, die durch Zugabe von mehr Salz einfach versalzen wird. Andererseits riechen sie nicht und beeinflussen folglich keine Aromen in Speisen und Getränken. Streng betrachtet sind sie gar keine Gewürze, sondern nur unterstützende Würzmittel.

Am oberen Ende der Skala stehen mit Aromanote 10 der Szechuanpfeffer, die Tonkabohne, Anis und die Vanille. Wer jemals in den Genuss dieser Premiumgewürze gekommen ist – vorausgesetzt in reiner und edler Form –, weiß, was gemeint ist. Mit diesen hocharomatischen Gewürzen kann man, bei maßvoller Dosierung, unglaubliche kulinarische Höhenflüge erleben, in der Nase wie am Gaumen, die noch lange in der Erinnerung nachhallen.

Natürlich müssen sich die Aromanoten der Kritik stellen, dass sie nicht für jedes Gewürz zu jeder Zeit an jedem Ort der Welt stimmen. Richtig! Verglichen mit einer Flasche Rotwein wird wohl jeder Weinliebhaber zustimmen, dass derselbe Wein in Urlaubsstimmung am rauschenden Meer anders, vermutlich besser, schmeckt als zu Hause, im Alltag und in der Hektik der dröhnenden Stadt. Ähnlich verhält es sich mit den Gewürzen – Geschmack ist individuell und nur schwer standardisierbar; somit können die Aromanoten auch nur einen persönlichen Eindruck beider Autoren zu allen beschriebenen Gewürzen wiedergeben, basierend auf der langjährigen sensorischen und kulinarischen Erfahrung im täglichen Umgang mit ebendiesen Gewürzen.

## Gewürzregionen – Herkunft von Gewürzen

Neben der Einteilung von Gewürzen nach Aromanoten stellt sich die Frage nach der wahren Herkunft von Gewürzen und der Bedeutung ihrer Abstammung hinsichtlich ihrer Verwendung in der heutigen Kulinarik. Gilt es nicht, für manche Gewürze zu hinterfragen, warum sie weltweit so beliebt sind? Liegt es vielleicht daran, dass sie über Jahrhunderte als Handelsgut diverser Handelsmonopole gute Profite brachten und damit eine feste Verankerung in der europäischen Kulinarik gewünscht und gefördert wurde? Tatsache ist, dass die Faktoren Geld (wie die Wirtschaftlichkeit des Transportes) und Tauglichkeit zum Handelsgut (wie Haltbarkeit, Verderblichkeit oder saisonale Verfügbarkeit) ausschlaggebend waren, warum manche Gewürze im Anbau gefördert wurden und andere nicht.

Ein guter Zugang zur Einteilung von Gewürzen nach ihrer Herkunft liefert die Erklärung des deutschen Geografen Albert Kolb aus dem Jahr 1962, der die Welt in Kulturerdteile gliederte, unabhängig von der Einteilung in die bestehenden Kontinente. Kolb teilt die Erdkugel in Weltregionen, die historisch eine zu ihren Nachbarregionen klar abgrenzbare Identität entwickelt haben. Jeder Kulturerdteil besitzt seine eigenständige Kulinarik, prägende Landschaftsformen, bestimmte geistige und gesellschaftliche Ordnungen sowie Wirtschaftsstrukturen mit eigenen Formen des Zusammenlebens. Diese Eigenständigkeit festigt sich zudem durch meist starke politische und religiöse Grundlagen. Legt man nun diese Erdteile auf die wahre Herkunft von Gewürzen um, so ergeben sich neun Gewürzregionen mit starken historischen Verbindungen der einzelnen Gewürze zu ihrer Herkunft und der vor Ort gelebten Kulinarik.

1. Nordamerika ist geprägt durch die Küchen der Einwanderer aus Europa, die europäische Kräuter mit südamerikanischen Gewürzen kombinierten und dabei lokale Zutaten der Ureinwohner Amerikas wie Cranberry, Bohnen, Nüsse, Kürbis, Mais, Tomaten, Melanzanis und vor allem Chilis ergänzten.

2. Lateinamerika umfasst alle Länder südlich der USA, von Mexiko bis Chile, und ist geprägt von der großen Vielfalt an exotischen Gewürzen, Kräutern und Gemüsesorten wie Cashew, Chili, Erdnuss, Kakaobohne, Kapuzinerkresse, Kürbis, Piment, Rosa Pfeffer, Tonkabohne und Vanille.

3. Europa teilt sich bei korrekter Betrachtung ins kühlere Zentral- und Nordeuropa und den warmen Mittelmeerraum mit den Balkanländern – dank des Zusammenwachsens Europas in den letzten Jahrzehnten kam es zu einer starken Vermischung vieler Gewürze der einzelnen Regionen:
   - Zu den heimischen, nördlich der Alpen stammenden Gewürzen und Kräutern zählen unter anderem Bärlauch, Beifuß, Brennnessel, Haselnuss, Heidelbeere, Kerbel, Kümmel, Liebstöckel, Mädesüß, Kren, Minze, Petersilie, Quendel, Schnittlauch, Wacholder, Waldmeister, Walnuss, Weinraute, Wermut und Ysop.
   - Zu den mediterranen Kräutern zählen Bohnenkraut, Currykraut, Estragon, Fenchel, Lavendel, Myrte, Oregano, Paprika, Rosmarin, Safran, Schwarzer Senf, Selleriesamen, Thymian und Weißer Senf.

4. Der Orient steht unter einem traditionellen, religiös-kulturellen Aspekt, geprägt durch den Einfluss des Islams. Nach heutigem Sprachgebrauch bezieht sich der Begriff Orient auf den Nahen Osten und die arabisch-islamische Welt, einschließlich Türkei, Syrien, Irak, Iran, Afghanistan und Nordafrika von Ägypten bis Marokko. Bedingt durch den seit Jahrhunderten starken Handel mit Europa genießen orientalische Gewürze einen hohen Stellenwert und gelten vielerorts meist als heimische, europäische Gewürze: Ajowan, Anis, Asant, Bockshornklee, Brunnenkresse, Dille, Färberdistel, Gartenkresse, Granatapfel, Kapern, Knoblauch, Koriander, Kreuzkümmel, Lorbeer, Majoran, Mandel, Mohn, Pistazie, Salbei, Schwarzkümmel, Sumach, Zitronenmelisse und Zwiebel.

5. Als Schwarzafrika bezeichnet man Afrika südlich der Sahara, zum Großteil im tropischen Klimabereich gelegen. Dieser Teil Afrikas ist stark geprägt durch den neuzeitlichen Kolonialismus, der unter anderem vom Handel mit Kaffee, Kakao und Gewürzen wie Paradieskörner, Senegalpfeffer oder Vanille profitierte.

6. An den Orient grenzt Südasien mit Afghanistan, Bangladesch, Indien, den Malediven, Nepal, Pakistan und Sri Lanka. Südasien gilt als eine der ärmsten Regionen der Welt, alleine in Indien leben über eine Milliarde Menschen. Trotz aller gesellschaftlichen Widrigkeiten hat sich die indische Küche in Europa als Inbegriff von Gewürzvielfalt und der Zubereitung von Currygerichten durchgesetzt. Aus Südasien stammen Amchoor, Basilikum (wer hätte das gedacht?), Brauner Senf, Curryblatt, Ceylon-Zimt, Grüner Kardamom, Kurkuma, Langer Pfeffer, Lemongras, Echter Pfeffer mit all seinen Spielarten und Schwarzkümmel.

7. Südöstlich von Indien beginnt Südostasien, unterteilt in das südostasiatische Festland (mit Thailand, Vietnam, Myanmar und Malaysia) und das Inselreich rund um Indonesien, den Philippinen, Brunei, Osttimor und Malaysia. Von hier stammen weitere asiatische Würzklassiker wie Galgant, Gewürznelken, Kaffirlimettenblatt, Kubebenpfeffer, Macis, Muskatnuss, Pandanblatt und Sesam.

8. Das mächtige Ostasien mit den Wirtschaftshochburgen China, Japan, Taiwan und Südkorea ist stark von der chinesischen Kultur mit Daoismus, Konfuzianismus, Buddhismus und vor allem den Essstäbchen beeinflusst. Die Kulinarik ist geprägt von der Verwendung von Reis, Nudeln, Soja und Fisch sowie das weitgehende Weglassen von Milchprodukten. Gewürze wie Ingwer, Schwarzer Kardamom, Sternanis, Süßholz, Szechuanpfeffer, Wasabi oder Zimtkassie begleiten die vielfältigen regionalen Küchen.

9. Die jüngste aller Gewürzregionen bildet die Inselwelt Ozeaniens, gemeinsam mit Australien und Tasmanien. Ozeanien ist stark geprägt von der Kolonialisierung durch europäische Mächte, die Australien ab dem 19. Jahrhundert als Gegenpol zum erstarkenden Asien besetzten und die Ländereien auf die Produktion von Kolonialwaren, vor allem Zuckerrohr, umstellten. Als einzige Spezialität aus Ozeanien hat sich der Australische Buschpfeffer über Großbritannien nach Europa durchgeschlagen, mit der bekanntesten Sorte Tasmanischer Pfeffer.

## Gewürze als Handelsgut

Gewürze sind nichts Neues auf dieser Welt. Bereits die Urmenschen der Steinzeit wussten ihre Nahrung mit einfachsten Zutaten aufzubessern; Vermutungen zufolge soll das stete Wachstum des steinzeitlichen, energiehungrigen Menschen mit der Erfindung der warmen Zubereitung von Nahrung und dem damit verbundenen Geruch gerösteter Gewürze begründet worden sein. Mit der zunehmenden Zivilisation der Menschheit und der einhergehenden Verfeinerung der Ernährung konnten sich Gewürze mehr und mehr in die praktische Anwendung in der täglichen Kulinarik einbinden – und zudem neben der reinen geschmacklichen Funktion auch wertvolle Aufgaben in der Gesunderhaltung der Bevölkerung und bei der Heilung von Erkrankungen übernehmen. Gewürze konnten somit seit jeher helfen, Nahrung nicht nur besser und hochwertiger, sondern auch gesünder zu machen.

Mit der Erfindung der Schrift während der Uruk-Zeit in Mesopotamien (dem heutigen Iran, Irak und Syrien) im 3. Jahrtausend vor Christus begannen auch die ersten schriftlichen Aufzeichnungen mit Hinweisen zur kulinarischen Anwendung von Gewürzen, die Vorläufer aller Koch- und Gewürzbücher. Der sich von Mesopotamien rasch ausweitende Handel führte mit der Entwicklung der Keilschrift zur wirtschaftlichen Steuerung der Handelsgeschäfte, allen voran mit Gewürzen wie Anis, Asant, Fenchel, Dille, Koriander, Kümmel und Kreuzkümmel (es wurde bereits damals deutlich zwischen beiden Arten unterschieden), Myrrhe, Sesam, Sternanis und Weihrauch. Im benachbarten Babylon ließ König Merodach-Baladan im 7. Jahrhundert vor Christus eine Tontafel anfertigen, die 64 Pflanzen und Gewürze des königlichen Heilkräutergartens aufzählte, bis heute bedeutsam für die Garten- und Medizingeschichte.

Damit begann auch die Geschichte der Gewürze als eines der ältesten Handelsgüter der Welt – die handelstüchtigen arabischen Gewürzhändler waren die ersten Global Player der Wirtschaftsgeschichte. Die Araber sorgten für den Import indischer Spezereien nach Ägypten, in der Ära der großen Pharaonen gab es immer mehr Händler, die sich gänzlich auf den Gewürzhandel spezialisierten. Die Handelswege zu dieser Zeit führten über Karawanenstraßen oder über See die Küsten entlang. So beherrschten die Araber jahrhundertelang zusammen mit den geschäftstüchtigen Phöniziern den Gewürzhandel. Durch sie gelangten Gewürznelken und Muskatnüsse in das antike Athen und Rom. Sie waren so kostbar, dass sich nur die reichsten und vornehmsten Häuser den Luxus exotischer Gewürze leisten konnten. Mit dem Regierungsantritt und der Expansionspolitik Alexanders des Großen um 336 vor Christus schwappte die griechische Kultur über weite Teile der damals bekannten Welt und wirkte jahrhundertelang in Rom und im späteren Byzantinischen Reich fort. Alexander der Große brachte von seinen Indienfeldzügen unter anderem Pfeffer und Zimt mit, die importierten Gewürze galten bei den Griechen als Zeichen des Wohlstandes. Die Römer bedienten sich der griechischen Gewürzkunde und begannen, diese selbst zu kultivieren. Julius Caesar versuchte mit seinen Feldzügen das Handelsmonopol der Araber zu brechen, die sich ihre Gewürze teuer bezahlen ließen.

Hiermit war die über Jahrhunderte andauernde Dominanz von Gewürzen besiegelt: Gewürze wurden mehr als nur Würzmittel, sie wurden zum Statussymbol, man konnte damit Reichtum und Macht besiegeln. Unsichere und schlechte Straßen, Räuber, stetig steigende Steuern und Zölle sowie die starke Nachfrage trieben die Preise von Gewürzen immer wieder in sagenhafte Höhen, die alten Handelswege erwiesen sich zunehmend als nicht mehr zeitgemäß. So suchte man nach Auswegen und schnelleren Routen; vor allem mit dem Beginn der Kreuzzüge in den Orient im 11. Jahrhundert geriet Europa in einen wahren Gewürztaumel, zumal die Kreuzzüge als ein einfacher und direkter Zugang zu den begehrten Gewürzhandelswegen verstanden wurden. Davon profitierten gute 500 Jahre lang die Kaufleute von Venedig, sie brachten die Kreuzfahrer mit ihren Schiffsflotten ins Heilige Land und kehrten mit Gewürzen beladen zurück, die sie vor allem Richtung Nordeuropa verkauften. Diese Blütezeit setzte sich ab dem späten 15. Jahrhundert mit den kühnen Seefahrern aus Portugal und Spanien fort, verlagerte sich jedoch in Richtung Atlantik, zumal die Suche nach direkten Bezugsquellen des begehrten indischen Pfeffers den Alltag vieler Machthaber beherrschte.

Diese unendliche Gier nach Gewürzen machte Menschen erfinderischer, erfolgreicher, mutiger. Seefahrer wie Marco Polo ab 1271, Christoph Kolumbus ab 1492 oder Vasco da Gama ab 1498 standen zu ihrer Zeit als Inbegriff für neue Wege in der Beschaffung und Verbreitung von Gewürzen – und für weitreichende Veränderungen im Ernährungsverhalten ganzer Kontinente wie am Beispiel der Chili deutlich wird: Die Chili wurde durch Christoph Kolumbus in Lateinamerika entdeckt, dessen Reisen vorrangig zum Ziel hatten, das damalige Monopol Venedigs im Pfeffer- und Gewürzhandel zu brechen. Nachdem er seiner Vermutung nach in Indien gelandet war, lernte er dort die scharfen Früchte kennen, die zum Würzen von Speisen verwendet wurden. Unterstützt durch die große Ausdehnung der Kolonialherrschaft Portugals konnte sich die Chili rasch in Richtung Afrika, Naher Osten, Südostasien und bis nach Japan verbreiten, wo sie in Ländern wie Indien und Thailand fixer Bestandteil der lokalen Küche wurde und bis heute blieb, in Ergänzung zu Ingwer und Pfeffer.

Erst die beginnende Industrialisierung ab dem 17. Jahrhundert mit den einhergehenden, starken sozioökonomischen Veränderungen brachte diese lange Gewürzepoche Westeuropas wieder zum Erliegen, der Fokus der Machthaber verschob sich in Richtung Massenproduktion mit massiver Vereinfachung von Arbeitsweisen und damit auch der Ernährung der Menschheit. Die mächtigen Gewürzmonopole brachen aufgrund zunehmender Konkurrenz an Bezugs- und Transportmöglichkeiten auseinander und die Preise fielen, womit eines der blutigsten Kapitel der Kolonialgeschichte zu Ende ging. Aus heutiger Sicht unbeschreiblich, wie umfangreich über Jahrhunderte der Gewürze wegen gelogen, betrogen, gestohlen, geplündert, verbrannt, gekämpft und vor allem gemordet wurde.

## Exkurs: Über die Geschichte der Kulinarik

Die Kulinarik lebt von der Vervielfältigung, der Reproduzierbarkeit wohlschmeckender Gerichte an anderen Orten zu anderen Zeiten von anderen Menschen. Dazu hat die Menschheit Kochbücher als Sammlung von Rezepten erfunden. Der Begriff Rezept stammt aus dem 15. Jahrhundert und wurde aus der Medizin entlehnt, als Anweisung zur Herstellung eines Medikaments. Das recept wurde dem lateinischen receptum entlehnt, gleichbedeutend für „es ist genommen, verwendet worden", als Antwort auf die ärztliche Anweisung recipe für „nimm, verwende". In die Kochkunst wurde das Rezept als Herstellungs- und Zubereitungsvorschrift übernommen, zur Übernahme fremden Gedankenguts in die eigene Küche.

Die vermutlich älteste Rezeptsammlung der Welt ist das indische Kochbuch „Vasavarajeyam", das im altindischen Sanskrit geschrieben wurde und folglich rund 3.500 Jahre alt sein muss. Den wohl größten und nachhaltigsten Einfluss auf die Geschichte der Kochbücher hatte allerdings das römische Kochbuch „De re coquinaria" (Über die Kochkunst), gerne auch Apicius genannt, das älteste erhaltene Kochbuch der römischen Antike. Der Apicius gilt als ***erster Meilenstein*** in der Kulinarikgeschichte Europas, seine Auswirkung auf das Speisenangebot hält in vielen Bereichen bis heute an. Der Text stammt aus dem 3. oder 4. Jahrhundert nach Christus, als Verfasser ist Marcus Gavius Apicius überliefert, jedoch verweist der Name auf mehrere römische Feinschmecker. Keiner von diesen gilt heute als Autor, vielmehr geht man davon aus, dass es sich um eine über einen langen Zeitraum hin immer wieder erweiterte und ergänzte Sammlung von Rezepten handelt. Dass einer der betreffenden Feinschmecker bestimmte Rezepte beigetragen hat und es so zu der Zuschreibung kam, ist denkbar. Es ist auch möglich, dass der Ursprung des Kochbuchs eine zu Ehren eines der Feinschmecker zusammengestellte Rezeptsammlung ist. Römische Köche legten zur Zeit des Apicius ihre ganze Ehre in das Würzen von Gerichten mit exotischen Spezereien – wobei das oft beschriebene Überwürzen von Speisen schon aufgrund der horrenden Preise und der geringen, verfügbaren Mengen an Gewürzen nicht möglich war. Auch waren die Römer bekennende Feinschmecker und keine kulinarischen Barbaren.

Weiter von großer Bedeutung ist die „Naturalis historia“, eine Enzyklopädie des römischen Historikers und Schriftstellers Gaius Plinius Secundus, um 77 nach Christus entstanden. Sie gilt als die älteste, vollständig überlieferte systematische Enzyklopädie. Sie behandelt unter anderem sämtliche damals bekannten Bereiche der Botanik, mit einer Auflistung aller natürlich wachsenden Kräuter, Gewürze und Heilgewächse sowie deren praktische Anwendungen.

Als ***zweiter Meilenstein*** in der Kulinarikgeschichte Westeuropas kann die Landgüterverordnung von Karl dem Großen bezeichnet werden. Die „Capitulare de villis vel curtis imperii“ ist eine Verordnung, die Karl der Große als detaillierte Vorschrift über die Verwaltung seiner Krongüter erließ. Der Erlass über die Krongüter sollte eigentlich der Versorgung Karls des Großen und seines Hofes dienen, der sich laufend auf Reisen befand. Tatsächlich wurde daraus eine der berühmtesten Quellen für die Agrar- und Gartenbaugeschichte. Verfasst wurde die Verordnung im Auftrag des Kaisers von Abt Ansegis von St. Wandrille aus dem Orden der Benediktiner, vermutlich im Jahre 812 nach Christus in Aachen. Dabei griff er ebenfalls auf noch vorhandenes Wissen über die römische Landwirtschaft zurück. Als eine der wichtigsten Bestandteile werden im 70. Kapitel 73 Nutzpflanzen und Heilkräuter sowie 16 verschiedene Obstbäume genannt, die in allen kaiserlichen Gütern von den Verwaltern angepflanzt werden mussten, wenn es die klimatischen Gegebenheiten zuließen. Damit blieben der Nachwelt zum Teil bis heute wertvolle Kräuter wie Minze, Salbei, Estragon, Anis oder Brunnenkresse erhalten. Der Erlass ist in einer einzigen Handschrift überliefert, die in der Herzog August Bibliothek in Wolfenbüttel aufbewahrt wird.

Und es waren auch die Benediktinermönche, die das Wissen aus der Landgüterverordnung als eine Art Reformprogramm in ganz Westeuropa verbreiteten. So gab es im Mittelalter keinen Kloster-, Apotheker- oder bäuerlichen Kräutergarten, der nicht mit den wichtigsten Kräutern und Gewürzen aus der Sammlung Karls des Großen bepflanzt war. Selbst die Äbtissin Hildegard von Bingen griff im 12. Jahrhundert auf diesen Bestand zurück und kombinierte das überlieferte Wissen rund um den Anbau von Gewürz- und Heilpflanzen mit dem Wissen der Volksmedizin. Sie machte damit die Wirkung von Heilkräutern erstmalig einem großen Personenkreis zugänglich.

Auch die ältesten westeuropäischen Kochbücher stammen aus dem späteren Mittelalter, meist als zufällige Ansammlung von Kochanleitungen. Aus dem 13. Jahrhundert ist das „Libellus de arte coquinaria", auch „Harpestreng-Kochbuch" genannt, überliefert. Das französische „Liber de Coquina" gilt als ein Schlüsselwerk zur Erschließung der französischen Esskultur des Mittelalters. Der Text besteht aus zwei unabhängigen Teilen, die als Tractatus (Teil 1) und Liber de Coquina (Teil 2) bezeichnet werden, und beschäftigt sich unter anderem mit Weinzubereitungen, Geflügel und Fleisch, Fisch, Gerichten für reiche Leute, Hülsenfrüchten, Eier, Lauch und Saucen sowie Gerichten aus vielen Zutaten. Um 1350 entstand das Würzburger Kochbuch „daz buch von guter spise" als Anhang eines Tierarzneibuches. Diese Kumulierung von Rezeptsammlungen ab dem Spätmittelalter mit einer signifikanten Weiterentwicklung der Kochfertigkeiten hatte seine Gründe: Technische Verbesserungen bei Mühlen und Weinpressen, die zunehmende Verbreitung der Dreifelderwirtschaft, der Kulturaustausch mit dem Orient durch Kreuzzüge, eine zunehmend bessere Infrastruktur und die Intensivierung des Fernhandels verbreiterte und verbesserte ab dem 13. Jahrhundert das Nahrungsangebot und veränderte damit auch die Ernährungsgewohnheiten – einhergehend mit einer beginnenden sozialen Differenzierung der Esskultur zwischen dem Adel, dem Klerus und der Stadt- und Landbevölkerung.

Als ***dritter Meilenstein*** in der Kulinarikgeschichte Europas gilt die Erfindung des Buchdrucks durch Gutenberg ab 1450. Von da an waren Gewürz- und Kräuterbücher – nach der Bibel – die größten Hits am gerade entstehenden Büchermarkt. Klassiker wie das „Kreütter Buch" aus dem Jahr 1539 vom deutschen Botaniker Hieronymus Bock oder das „New Kreüterbuch" aus dem Jahr 1543 vom deutschen Mediziner und Botaniker Leonhart Fuchs waren in jedem gebildeten Haushalt vorrätig. Und hinter jedes bessere Haus gehörte ab sofort ein eigener Kräutergarten; unzählige europäische und exotische Pflanzen schafften damit ihren Durchbruch als Küchen- und Arzneikräuter.

Der ***vierte Meilenstein*** gebührt Christoph Kolumbus, stellvertretend für unzählige mutige Seefahrer seiner Zeit. Wesentliche technische Erfindungen zur Orientierung auf hoher See wie Kompass, Astrolabium und Jakobsstab (beides Vorläufer des Sextanten zur besseren Winkel- und Streckenmessung), sehr exakte Seekarten sowie die verbesserte Bauweise der portugiesischen und spanischen Karavellen ermöglichten erstmalig in der Geschichte der Seefahrt weite Entdeckungs- und Handelsfahrten bis nach Amerika. Hinzu kam die unendliche Gier nach neuen Wegen in die Gewürzländer, um das Preisdiktat der Venezianer zu brechen. Dass auf der Strecke von Spanien nach Indien ein riesiger Kontinent, die Neue Welt, lag, konnte Kolumbus nicht wissen. Er stieß jedoch auf ein neues Angebot an Gewürzen wie Chili, Piment, Kakaobohne und Vanille, die als Kolumbusgewürze in die Geschichte eingingen und durch ihre rasche Handelsverbreitung weltweit nachhaltige Veränderungen im Ernährungsverhalten ganzer Völker bewirkten.

Zu guter Letzt der ***fünfte Meilenstein*** in der Geschichte der Küchenwürze: Ernährungstrends des 21. Jahrhunderts. Was erfindet die Menschheit, die vermeintlich alles hat? Trends, alte Themen neu interpretiert, wobei einige Megatrends schon länger anhalten. Hier eine Auflistung der bekanntesten Themen, wobei ***Das Große Gewürzbuch*** die durchaus notwendige, konzeptionelle Kritik hinter einigen dieser Trends anderen Fachbüchern überlässt:

**Selbstkochen.** Über Jahrtausende galt Selbstkochen der Erfüllung des Grundbedürfnisses Essen. Bedingt durch den Durchbruch der industriellen Fertignahrung in der zweiten Hälfte des 20. Jahrhunderts gingen die meisten Kochtraditionen Westeuropas verloren. Erst die Rückbesinnung auf Heimat und Regionalität der letzten Jahre hat Kochen wieder zum Trend gemacht. Heute wird die Küche zum Experimentier-Labor, Konsumenten wollen vermehrt selbst etwas Neues ausprobieren, vor allem wenn es gesund und idealerweise nachhaltig und regional angebaut oder gewachsen ist. Die Verbraucher entscheiden sich immer mehr in Richtung Klasse statt Masse und da spielt eine harmonische Würze mit aromatischen, selbst gezogenen Kräutern aus dem Garten und raffiniert-exotischen Gewürzen eine große Rolle.

**Vegan.** Verstärkt wird dieser Trend durch die vegane Küche, vor einiger Zeit noch belächelt, heute unaufhaltsam in seiner Entwicklung. Viele vegane Speisen sind ohne Gewürze und Kräuter nur halb so geschmackvoll, ja geradezu langweilig. Hier punkten vor allem indische Curry-Würzmischungen mit den über Jahrhunderte bewährten Ks der Würzerei: Kurkuma, Koriander und Kreuzkümmel, unterstützt durch Knoblauch und Kardamom.

**Food Pairing.** Ebenso unaufhaltsam ist das Thema Food Pairing, wo Lebensmittel, Getränke, Kräuter und Gewürze kreativ und neuartig miteinander kombiniert werden, um einzigartige Geschmackseindrücke zu erleben. Welche Aromen ergänzen sich gegenseitig am besten und ergeben durch ihre Paarung ein harmonisches Ganzes? Dazu werden Lebensmittel in verschiedene Kategorien – wie senfartig, erdig oder fruchtig – geteilt und anschließend miteinander neu kombiniert. Klingt sehr wissenschaftlich, ist aber grundsätzlich nichts Neues, bereits die Mayas und Azteken kombinierten Schokolade mit Chili, Honig oder Vanille.

**Paleo.** Ein etwas kleinerer Trend, aber ebenso Gewürzen und Kräutern zugetan, ist die Paleo-Küche. Paleo steht dabei als Kurzform für das Paläolithikum, die Altsteinzeit; die Kulinarik dazu nennt man auch Steinzeiternährung. Diese setzt sich ausschließlich aus Nahrungsmitteln zusammen, von denen angenommen wird, dass sie schon in der Altsteinzeit gegessen wurden. Darunter fallen vor allem Gemüse, Wildfleisch, Fisch, Meeresfrüchte, Eier, Obst sowie Kräuter, Pilze, Nüsse und Honig. Milch und Milchprodukte sowie Getreideprodukte werden vermieden, ebenso industriell verarbeitete Nahrungsmittel wie Zucker, alkoholische Getränke oder Fertiggerichte. Als Getränke werden Wasser und Kräutertees empfohlen.

**Heilkräuter.** Zu guter Letzt führt der Wunsch einer älter werdenden Gesellschaft nach Gesundheit und Vitalität dazu, dass die traditionelle Pflanzenheilkunde (Phytotherapie) ihren Wiedereinzug in die Kulinarik findet. Das Motto lautet: Heilkraft aus der Küche, Endorphine im Bauch durch gesunde Ernährung. Essen soll nicht krank machen, es soll vielmehr auch gesund machen. Gewürze und Kräuter besitzen Heilkräfte. Langsam sickert dieses alte Wissen wieder in die breite Bevölkerung. Das hat beispielsweise den Siegeszug des Ingwers befeuert und einst exotische Gewürze wie Safran, Kubebenpfeffer, Sternanis, Salbei oder Lemongras sind heute keine Unbekannten mehr.

**Longevity Food.** Aus der Ecke der Heilkräuter hat sich vor wenigen Jahren der Trend zum nachhaltigen, lebensverlängernden Essen ergeben. Dabei geht es um den konzentrierten Einsatz von Gewürzen, Kräutern oder auch alter Gemüsesorten, die durch ihren Genuss Krankheiten wie Krebs oder Herzinfarkt vorbeugen sollen und beispielsweise gegen Erkältungen, als Antidepressivum oder zur leichteren Wundheilung und Verdauung eingesetzt werden. Diese Entwicklung wird jedoch von Pharmazeuten, Kräuterpädagogen und Heilkräuter-Coaches als übertrieben und zum Teil auch als bedenklich angesehen – und vermutlich hätte das auch der berühmte Pfarrer Sebastian Kneipp so gesehen. Gewürze und Kräuter gehören zwar zur Kneipp-Medizin, jedoch als Teil einer ganzheitlichen Betrachtungsweise, mit bewusster Lebensführung und gesunder Ernährung durch die Nutzung von Heilpflanzen. Dabei verstand er Gewürze nicht nur als Genussmittel, sondern auch als lebensnotwendigen Bestandteil für das Wohlbefinden und die Leistungsfähigkeit des Menschen.

In all diesen Trends stehen aromatische Gewürze und Kräuter als natürliche Helfer zur Seite, um frische Grundzutaten wie Fleisch, Gemüse und Obst zu veredeln und gemeinsam mit dem Koch oder der Köchin eine gute Mahlzeit zu bereiten, die jedem schmeckt.

## Zu guter Letzt: die Statistik

Der Gewürzhandel ist ein Milliardengeschäft, ein boomendes noch dazu. Gemäß der UNO-Datenbank Comtrade wurden im Jahr 2012 weltweit Gewürze im Wert von rund 7,7 Milliarden US-Dollar gehandelt, wobei sich der Exportwert seit 1998 verdreifacht hat. Auf den König der Gewürze, den Pfeffer, entfielen dabei rund zwei Milliarden US-Dollar. Der Rest teilt sich auf folgende wichtige Gewürze auf: Ingwer, Gewürznelken, Zimt und Vanille. Hinzu kommen noch Paprika, Muskat, Kardamom, Kreuzkümmel, Anis und Safran. In diesem Zusammenhang beantwortet sich auch die Frage nach den teuersten Gewürzen der Welt: Diese sind aktuell Kardamom, Macis, Pfeffer (in allen Varianten und Sorten – je spezieller, umso teurer), Vanille (vor allem Bourbon-Vanille und Mexiko-Vanille) und Safran. Indien gibt dabei im Export den Ton an, 2012 mit einem wertmäßigen Anteil am Welthandel von 18 Prozent, gefolgt von Vietnam, Indonesien und China.

Für so manche Überraschung sorgt die tatsächliche Herkunft vieler beliebter Gewürze. Paprikapulver beispielsweise wird von den meisten Konsumenten mit ungarischer Herkunft in Verbindung gebracht. Das deutsche Online-Portal Statista berichtet jedoch, dass 2015 nur rund fünf Prozent des in Deutschland erhältlichen Paprikapulvers aus Ungarn stammten, satte 48 Prozent kamen aus China und rund 34 Prozent aus Spanien. Ähnlich verhält es sich bei Knoblauch, 2007 wurden laut der UNO, den Vereinten Nationen, unglaubliche 77 Prozent der Weltproduktion an Knoblauch in China hergestellt, mit stark steigender Tendenz. China ist laut der UNO auch Vorreiter in der Chiliproduktion, 2013 wurden in der Volksrepublik über 50 Prozent der weltweiten Gesamtmenge von über 31 Millionen Tonnen produziert, aus Mexiko kamen lediglich sieben Prozent.

Statista zeigt auch, dass der Verbrauch von unverarbeiteten Gewürzen in Deutschland zwischen 1995 und 2015 um über 60 Prozent angestiegen ist, von rund 41.000 Tonnen im Jahr 1995 auf knapp 67.000 Tonnen im Jahr 2015. Gemessen an den aktuellen Verbrauchsmengen in Deutschland sind laut der zuletzt veröffentlichten Außenhandelsstatistik folgende Gewürze mengenmäßig am wichtigsten: Pfeffer (circa 26.000 Tonnen), Ingwer (circa 14.000 Tonnen), Paprika (circa 13.000 Tonnen), Kümmel/Anis/Sternanis/Fenchel (circa 10.000 Tonnen), Koriander (circa 4.000 Tonnen), Zimt (circa 4.000 Tonnen), Muskatnuss (circa 1.500 Tonnen), Gewürznelken (circa 1.000 Tonnen), Kardamom (circa 550 Tonnen) und Macis (circa 400 Tonnen). Erstaunlich dabei ist, dass sich Ingwer in der Statistik der letzten Jahre vor den Würzklassiker Paprika geschoben hat – Schärfe liegt im Trend!

Und damit ist noch lange nicht genug. Laut dem Deutschen Fachverband der Gewürzindustrie e.V. wird der merkbare Wandel im Umgang mit Gewürzen weiter anhalten. Es wird nicht nur der Verbrauch einzelner Gewürzsorten steigen, es wird auch vielseitiger und abwechslungsreicher gewürzt. Basierend auf den Statistiken des Fachverbandes lassen sich folgende Gründe für einen weiter ansteigenden Gewürzverbrauch in Westeuropa zusammenfassen:

- Es wird gerne und viel gereist, man lernt ferne Länder kennen und bringt neue Gewürzideen mit nach Hause.
- Unzählige Print- und Onlinemedien sowie diverse Foodblogger motivieren durch die Veröffentlichung fremder Rezepte mit exotischen Gewürzen zu höherem Gewürzkonsum.
- Die Menschen leben zunehmend ernährungsbewusster; gesundes Essen gehört zum Lifestyle, Salze und Fette werden durch Gewürze und Kräuter ersetzt.
- Zusätzlich sind vegane Ernährungsgewohnheiten für jede geschmackliche Aufwertung dankbar.
- Gewürze und Kräuter ermöglichen neue Kreativität in der Küche und sorgen für eine persönliche Note in der Zubereitung von industriell vorbereiteten Fertigprodukten aus der Dose oder der Tiefkühltruhe.
- Auch Ernährungsindustrie und Nahrungsmittelhandwerk verfeinern ihre Produkte immer stärker mit exotischen Gewürzen und gesunden, lokalen Kräutern.
- Und zuletzt bringen die starken Migrationsbewegungen aus Ländern des Orients, die bekanntlich gut und gerne würzen, neue Ernährungs- und Würzgewohnheiten nach Westeuropa.

Vor allem der letzte Punkt in dieser Aufzählung ist ein Garant für weitere, unaufhaltsame aromatische Trends in der großen Küche Europas.

# Gewürze

## von A bis Z

# Ajowan

*Trachyspermum ammi*

*Authentische indische Küche ist ohne den königlichen Kümmel Ajowan kaum vorstellbar.*

Königskümmel, indischer Kümmel

## Aromatik

Die getrockneten Ajowanfrüchte, manchmal ungenau auch als Ajowansamen bezeichnet, sind für ihr typisch starkes Thymianaroma bekannt und schmecken brennend-aromatisch, ähnlich dem Kreuzkümmel.

## Beschreibung

Botanisch betrachtet zählt Ajowan zu den weiß blühenden Doldenblütlern. Sowohl die optisch dem Kümmel ähnlichen Früchte wie auch die ganze Pflanze verströmen den typischen Thymiangeruch. Verantwortlich für dieses Aroma ist das ätherische Öl ***Thymol***, das sich in Thymian, Oregano und Bohnenkraut wiederfindet und für ein Taubheitsgefühl der Zunge sorgen kann. Ajowan stammt aus dem östlichen Mittelmeergebiet, seine traditionellen Anbaugebiete liegen seit dem Altertum in Ägypten, im Iran und in Äthiopien. Durch den gewaltigen Expansionsdrang Alexanders des Großen verbreitete sich Ajowan ab dem 4. Jahrhundert vor Christus im gesamten hellenistischen Großreich und drang somit bis nach Indien vor, wo das Gewürz bis heute in großen Mengen angebaut wird. Auch sein Name leitet sich von einer alten Sanskrit-Bezeichnung für ***griechisch*** ab.

## Küchenpraxis

Optimal passt Ajowan zu stärkehaltigen Speisen, zu Hülsenfrüchten, Wurzeln und sogar zu Mehlspeisen, oft findet man es in indischen Currys sowie als Dekoration auf Backwaren. Aufgrund des bitteren, leicht scharfen und intensiven Geschmacks genügt eine kleine Menge, die man bevorzugt mitkocht oder mitbäckt, damit sich die betäubende Wirkung der Früchte komplett abbaut. Je länger man sie gart, umso zarter und milder werden sie im Geschmack. Um die scharfen Aromen harmonischer zur Geltung kommen zu lassen, röstet man die Früchte vorher trocken an. Da die enthaltenen Aromastoffe gut fettlöslich sind, verleiht Ajowan eine besonders intensive Note, wenn man die Früchte in Öl anbrät oder zum Aromatisieren von Gewürzölen ansetzt.

## Einkauf

Ajowan kauft man ausschließlich als ganze Früchte im Orient- und Asialaden, sie werden entweder im Ganzen verwendet oder als Pulver aus dem Mörser.

## Heilwirkung

Aufgrund des hohen Thymol-Gehalts wurde Ajowan durch seine desinfizierende und bakterizide Wirkung in früheren Zeiten zur Bekämpfung von Atemwegserkrankungen wie Asthma verwendet. Zudem wurde Ajowan früher gerne auch als Schmerzmittel eingesetzt, hat es doch angeblich eine ähnlich schmerzlindernde Wirkung wie Morphium. Die Intensität des Gewürzes erkennt man am einfachsten, wenn man die Samen kaut. Diese verbreiten rasch einen bitteren, scharfen Geschmack, der sich im kompletten Mundraum ausbreitet und betäubend wirkt. Die ayurvedische Medizin Indiens nutzt Ajowan auch gegen Verdauungsbeschwerden. Dazu werden die Früchte eine Zeitlang gekaut und anschließend mit heißem Wasser geschluckt.

## Wissenswertes

Ajowan wird heute vor allem wegen des angenehmen Geschmacks als Aromastoff in Mundwässern, Zahnpasten, Hustensäften oder Lutschbonbons sowie in alkoholischen Lösungen zur Hautdesinfektion eingesetzt. In der arabischen und indischen Küche wird Ajowan gerne in Gerichten aus Linsen oder Bohnen verwendet, um diese leichter verdaulich zu machen und um die Bewegungen des Magen-Darm-Trakts günstig zu beeinflussen.

### *Praxistipp!*

*Ajowan spielt eine wichtige Rolle in der bekannten, scharfen Gewürzmischung* ***Berbere****, die vor allem in der äthiopischen Küche zu Hause ist und eine perfekte geschmackliche Verbindung zwischen indischen und arabischen Vorlieben herstellt. Die Zubereitung der Mischung unterliegt keinem fixen Rezept, wesentliche Bestandteile sind aber neben Ajowan auch Chili, Ingwer, Zimt, Knoblauch, Gewürznelke, Koriandersamen und Piment.*

# Amchoor

*Mangifera indica*

*Was dem Westeuropäer seine Zitrone, ist dem Inder sein säuerliches Mangopulver.*

Amchur, Aamchur, grünes Mangopulver

## Aromatik

Amchoor hat einen herb-säuerlichen Geschmack mit einer fruchtigen, leicht harzigen Note. Sein Aroma verdankt das Gewürz den grünen, unreifen Mangos, aus denen es hergestellt wird.

## Beschreibung

Amchoor ist die Hindi-Bezeichnung für ein Gewürzpulver aus der indischen Küche, das aus den herben, unreifen Früchten des immergrünen Mangobaums aus der Familie der Sumachgewächse hergestellt wird. Die noch grünen Mangos werden nach der Ernte von ihrem Kern befreit, in dünne Scheiben geschnitten und an der Sonne getrocknet. Im Anschluss werden sie entweder in der Küche als ganze Scheiben für Pickles und Chutneys verwendet oder zu Pulver gemahlen. Mangopulver wird bevorzugt in Nordindien, vor allem in vegetarischen Gerichten, eingesetzt, ist aber auch in Südindien in vielen Füllungen der typischen ***Samosas***, das sind dreieckige Teigtaschen, oder zum Würzen der im traditionellen Lehmofen, dem ***Tandur***, hergestellten Grillgerichte nicht wegzudenken.

## Küchenpraxis

Die Verwendung von Amchoor in der indischen Küche ist mit dem Einsatz von Zitrone in der westlichen Küche zu vergleichen – ein Teelöffel Amchoor entspricht in etwa drei Teelöffeln Zitronensaft. Es ist ein Säuerungsmittel, das vor allem in der vegetarischen und der Getreideküche intensiv genutzt wird. Es wird gerne in Suppen und ***Dals*** (indisches/pakistanisches Gericht aus Hülsenfrüchten) verwendet, verfeinert aber auch Huhn, Fisch oder indische Zubereitungen diverser Gemüse von Kartoffel und Kichererbse bis zu Karfiol, (grünen) Bohnen und Melanzani. Da Mangopulver sehr leicht verbrennt, heißt es, während des Kochvorgangs sehr achtsam zu sein. Wer es authentisch mag, geht mit Amchoor nicht allzu sparsam um, sondern würzt recht kräftig damit. Um aber keine unerwünschten geschmacklichen Ergebnisse zu riskieren, sollte man neben der wunderschönen gelblichen Farbgebung durch das Mangopulver nicht seinen Säuerungseffekt vergessen.

## Einkauf

Amchoor findet man in Westeuropa meist unter dem Begriff ***Mangopulver***, häufig jedoch nicht im herkömmlichen Supermarkt. Vielmehr sind es Ethnoläden oder indische Spezialitätengeschäfte, die das traditionsreiche Gewürz zur Zubereitung indischer Gerichte anbieten.

## Heilwirkung

Wie die Mango ist das Gewürz mit einer Vielzahl an positiven Wirkungen in Verbindung zu bringen. Es stärkt das Immunsystem, ist appetit- und stoffwechselanregend und wirkt positiv auf die Verdauung, das Nervensystem, die Haut, die Muskeln, die Knochen und die Zähne. In Indien schreibt man der Frucht und dem Gewürz zudem eine blutungsstoppende Wirkung zu.

## Wissenswertes

In Indien wurden Mangos schon vor 6.000 Jahren kultiviert und sie werden dort nach wie vor auf viele Arten genutzt. In der tamilischen Sprache Südindiens nannte man die unreifen Früchte ***mangai***. Dies hörten portugiesische Seefahrer im 16. Jahrhundert in Häfen und auf Märkten und nahmen diese Bezeichnung samt den noch unreifen Früchten nach Europa mit. Mangos blieben dann über Jahrhunderte ein exotischer Luxus für die Oberschicht. Heutzutage wird die Mango rund um den Globus in Gebieten mit tropischem bis subtropischem Klima kultiviert. In vielen Ländern Europas ist die Frucht ganzjährig auf den Märkten zu finden.

### *Praxistipp!*

*Das säuerlich-fruchtige Amchoor ist unverzichtbarer Bestandteil der indischen Gewürzmischung* ***Chat Masala****. Diese wird für Salate, Chutneys, Raitas (indische Beilage auf Joghurtbasis), Desserts und Süßspeisen eingesetzt. Neben Amchoor findet man in der Gewürzmischung meistens Asant, Kreuzkümmel, Granatapfelsamen, Koriander, Ingwer, Paprika, Schwarzen Pfeffer und Salz. Auch wenn es ein gänzlich eigenständiges Aroma hat, so erinnert Chat Masala doch entfernt an hiesige Universalwürzmittel à la Maggi Fondor oder Knorr Aromat.*

# Anis

*Pimpinella anisum*

*Bereits von den alten Griechen und Römern als Duft- und Gewürzpflanze hoch geschätzt.*

## Aromatik

Der Geruch und Geschmack von Anis werden vom ätherischen Öl ***Anethol*** bestimmt, ähnlich zu Fenchel oder Sternanis, mit denen Anis botanisch betrachtet jedoch nicht verwandt ist. Typisch für Anis ist die süße, zart minzige, an Gewürznelken und Lakritze erinnernde frische Aromatik, beim schnellen Hineinriechen oft auch ein wenig beißend. Durch Erhitzen von Anis bilden sich zusätzliche likörartige Röstaromen. Rundum also ein duftender Alleskönner.

## Beschreibung

Der Anis stammt aus der Familie der Doldenblütler, im Speziellen aus der Pflanzengattung der Bibernellen. Davon leitet sich auch der lateinische Name Pimpinella ab, nicht zu verwechseln mit dem Kleinen Wiesenknopf, der umgangssprachlich gerne Pimpernell genannt wird, jedoch ein Rosengewächs ist. Aus dem doppeldoldigen Blütenstand reifen die trockenen, braunen, zweigeteilten Anisfrüchte. Die Herkunft von Anis wird im östlichen Mittelmeerraum vermutet, heute wird das Gewürz beinahe weltweit angebaut. In der Europäischen Küche wird Anis vor allem in Brot und Backwaren und als Beimischung zu den bekannten Anislikören verwendet. Dabei wird Anis zunehmend vom ertragreicheren und günstigeren Sternanis aus China abgelöst. Eine kleine, aber witzige Rolle spielt Anis bei der Herstellung der berühmten ***Les Anis de Flavigny***-Bonbons aus dem kleinen ostfranzösischen Flavigny. Hier werden nachweislich seit 1591 in Handarbeit leckere Anisbonbons produziert, jedes Bonbon mit einem Kern aus echtem Anis. Schon seit Jahrhunderten wird Anis auch in der Duftindustrie eingesetzt. Ausgrabungen auf der griechischen Insel Santorin ergaben, dass die Verwendung von Anis als Duftöl bereits vor Christi Geburt üblich war. Auch wurde Anis in Griechenland gerne als Duftmittel in den alten Würzweinen gebraucht.

## Küchenpraxis

Anis wird bevorzugt zum Verfeinern von Süßspeisen, Backwaren und Spirituosen eingesetzt. Ob weihnachtliche Plätzchen, Früchtebrote, Kuchen oder helle Weizenbrote – sie alle erhalten durch Anis eine besondere Note. In pikante Gerichte passt Anis ebenfalls sehr gut, unter anderem in deftige Gemüsesuppen, Eintöpfe mit Hülsenfrüchten oder in Fleisch- und Fischspeisen, denen man eine liebliche, leicht exotische Note verleihen möchte. Als sehr guter Aromaträger harmoniert Anis perfekt mit geschmacksintensiven Gemüsesorten wie Rote Rübe, Paprika oder Tomate.

## Einkauf

Anis kauft man als ganze Samen, die erst kurz vor der Verwendung im Mörser leicht zerstoßen werden, damit sie ihren vollen, erfrischenden Duft entfalten können. Die geschmackstragenden, ätherischen Öle verflüchtigen sich sehr rasch. Daher sollte man frisch angebrochenes Anispulver schnellstmöglich verbrauchen und es immer in einer luftdichten Dose lagern.

## Heilwirkung

Aufgrund jahrtausendealter Erfahrung gilt Anis heute als perfekter Schleimlöser und Hustenstiller und wird dank seiner krampflösenden und blähungstreibenden Wirkung auch bei Magen-Darm-Beschwerden eingesetzt. In Kombination mit den Partnerpflanzen Fenchel und Kümmel wird Anistee bei Verdauungsbeschwerden, Blähungen, Koliken und Krämpfen verabreicht. Und es ist kein Zufall, dass Anis bevorzugt in Mittelmeerregionen dem Gebäck, den Süßwaren und dem Likör zugesetzt wird. Aufgrund der Wärme und der leichteren Verderblichkeit von Lebensmitteln kommt es häufiger zu Magen-Darm-Infektionen, denen Anis gut entgegenwirken kann.

## Wissenswertes

Die milchige Eintrübung der Anisliköre Raki, Ouzo, Sambuca, Arak, Pastis oder Absinth mittels Beigabe von Wasser nennt man ***Louche-Effekt***, eine rein physikalische Reaktion. Ursache dafür ist das ätherische Öl Anethol, das sich zwar in Alkohol, aber nicht in Wasser auflöst. In hochprozentigen Spirituosen schwimmt jedes Anetholmolekül einzeln isoliert im Glas, die Flüssigkeit wirkt klar. Gibt man nun Wasser hinzu, sinkt der prozentuelle Anteil des Alkohols am Gesamtvolumen im Glas und die einzelnen Anetholmoleküle schließen sich zu größeren Einheiten zusammen. An diesen Grenzflächen zwischen Wasser und Öl wird das Licht gestreut, was die milchig-weiße Trübung ergibt.

***Praxistipp!***

*Anis gilt seit jeher auch als idealer Schutz vor schlechten Träumen und bösen Geistern und empfiehlt sich als fixer Bestandteil in jedem Traum- oder Duftsackerl mit getrockneten Heilkräutern: Dazu ein kleines Stoffsackerl zu gleichen Teilen mit gestoßenen Anisfrüchten, Lavendelblüten, Salbeikraut und Waldmeisterkraut füllen, fest verschnüren und zu den kleinen (oder großen) Kindern ins Bett legen.*

# Asant

## *Ferula assa-foetida*

*Trotz seiner strengen Duftnote und seines intensiven Geschmacks war Asant schon bei den antiken Römern ein begehrtes Würzmittel.*

Asafoetida, Teufelsdreck, Stinkasant

## Aromatik

Asant ist ein pulverisiertes Harz, das intensiv nach Knoblauch und Zwiebel riecht. Sein Geruch wird anfangs als eher unangenehm wahrgenommen – daher der Beiname Stinkasant. Es ist der enthaltene Harzanteil, der Asant einen bitteren, fast beißenden Geschmack verleiht. Wird er allerdings in der Küche verwendet, ändern sich sein Geruch und Geschmack in Richtung Zwiebel und Knoblauch.

## Beschreibung

Asant ist eine Pflanzenart, die zur Familie der Doldenblütler gehört. Die bis zu vier Meter hohe Staude weist schierlingsähnliche Blätter und gelbgrüne Blütendolden auf. Sie stammt ursprünglich aus dem Iran und aus Afghanistan und gelangte schon zu Zeiten der Römer auf dem Landweg in den Mittelmeerraum. Damals wie heute gewinnt man das gummiartige Harz aus der Wurzel, die in kräftige Scheiben geschnitten wird. Der austretende Milchsaft wird nach dem Trocknen abgeschabt und zu Klumpen verknetet. Schließlich bricht man kleine Stücke vom Harzklumpen ab, vermischt diese mit Mehl, um eine weitere Klumpenbildung zu verhindern, und zerstampft alles zu Pulver. Heute ist Asant vor allem im Iran, in Afghanistan, in Russland und bis ins westliche Pakistan hinein verbreitet und ein gern verwendetes Gewürz in der Küche Indiens. Eingeweihten ist außerdem bekannt, dass sich Asant als eine Zutat in der bekannten ***Worcestershiresauce*** verbirgt.

## Küchenpraxis

Wer sich durch den strengen Geruch, den Asant verströmt, nicht abschrecken lässt, wird seine kulinarischen Vorzüge rasch schätzen lernen. Sein wahres Aroma entfaltet Asafoetida, wenn man es in Öl oder ***Ghee*** (indisch-pakistanisches Butterschmalz) anbrät, selbst mit einer Messerspitze davon setzt man starke geschmackliche Akzente. Möglich ist auch, Asant vor der Verarbeitung in ein wenig heißem Wasser aufzulösen und so der Speise beizugeben. Durch seine verdauungsfördernde Wirkung kommt Asant gerne in der indischen und ayurvedischen Küche und in Verbindung mit Bohnengerichten zum Einsatz, passt aber auch gut zu Suppen, Fisch, Fleischeintöpfen, in Relishes oder Pickles.

## Einkauf

Asant erhält man heutzutage ausschließlich als Pulver, vorwiegend in indischen Geschäften. Es sollte in luftdicht verschlossenen Dosen kühl und trocken gelagert werden. Das Gummiharz selbst lässt sich nicht mahlen, daher wird es meist vorher mit Bockshornkleesamen versetzt. Häufig findet man das Gewürz auch mit Mehl oder Speisestärke gestreckt, was ihm seine starke Intensität nimmt.

## Heilwirkung

Bereits in Mesopotamien war Stinkasant, respektive sein Saft, in der Heilkunde in Verwendung. Paracelsus schwor auf die Ausräucherung von Pesthäusern mittels Asant. Unter dem Namen Asafoetida war das getrocknete Gummiharz jahrhundertelang fixer Bestandteil des Arzneischatzes von Europa bis nach Indien. Als Nerven- oder Beruhigungsmittel leistete es, damals wie heute, ebenso gute Dienste wie als Aphrodisiakum.

## Wissenswertes

Schon in der griechischen und römischen Antike schätzte man das sogenannte ***silphium*** oder ***sylphion***, in römischen Quellen auch ***laser*** genannt, als Gewürz- und Heilpflanze. Die Heimat des Silphiums war ein Landstrich im heutigen Libyen, die Kyrenaika. Man verwendete damals den Milchsaft des Stammes, genauso wie die Wurzeln, den Stamm selbst sowie die Blätter. Da die Pflanze nur in der Wildnis gedieh und nicht kultiviert werden konnte, war sie extrem wertvoll, durfte nur in vorgeschriebenen Mengen geerntet werden und ihr Harz wurde sogar als Teil des römischen Staatsschatzes gehortet. Bedauerlicherweise führte menschliche Gier im ersten Jahrhundert nach Christus zu ihrem Aussterben. Als passenden Ersatz hatte man bald das Asafoetidaharz aus dem Iran und Afghanistan bei der Hand, das in den Rezepten des Apicius als Zutat für Saucen, Fleisch, Geflügel, Fische und Meeresfrüchte, Gemüse und Hülsenfrüchte eingesetzt wurde.

### *Praxistipp!*

*Das Gebot im Umgang mit Asant heißt Sparsamkeit, denn notfalls kann man immer noch nachwürzen. Dosiert man es in kleinen Mengen, verstärkt es positiv andere Gewürze und Aromen. Vermeiden sollte man allerdings die Kombination mit Zwiebeln – dadurch entsteht eine zu intensive Geschmacksentwicklung.*

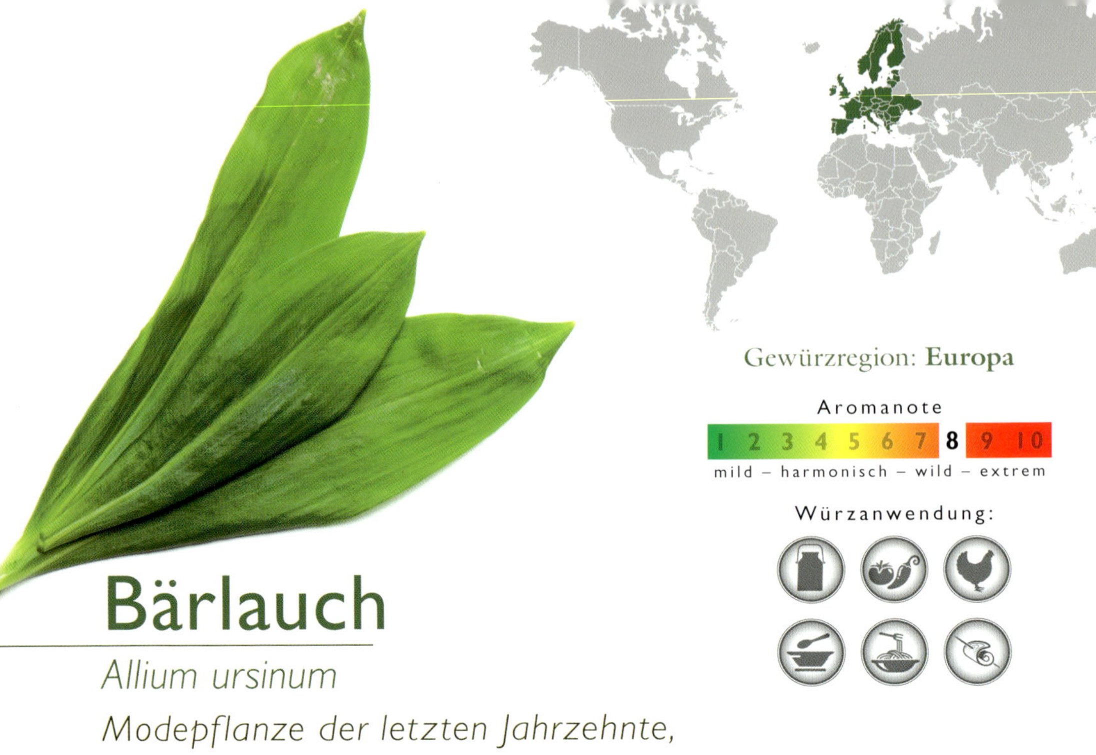


# Bärlauch

## *Allium ursinum*

*Modepflanze der letzten Jahrzehnte, fand sogar ihren Weg in die Haubenküche.*

Bärenlauch, Knoblauchspinat, wilder Knoblauch, Waldknoblauch, Hexenzwiebel

## Aromatik

Der Bärlauch steht mit seiner unverkennbaren Aromatik in enger Verwandtschaft zum Schnittlauch (***Allium schoenoprasum***), zum Knoblauch (***Allium sativum***) und zur Zwiebel (***Allium cepa***). All diesen Pflanzen typisch ist das hocharomatische Lauchöl, das sich beim Bärlauch vor allem in den Blättern befindet, mit kräftigem Knoblauchduft und scharf zwiebeligem Geschmack. Dieses Aroma entsteht aus dem Inhaltsstoff ***Allicin*** – eine flüchtige schwefelhaltige Verbindung, die besonders bei der Zerkleinerung der Blätter aus einer schwefelhaltigen Aminosäure, dem ***Alliin***, gebildet wird und in das stark riechende Lauchöl übergeht.

## Beschreibung

Der Bärlauch ist eine in Zentraleuropa stark verbreitete, früh im Jahr austreibende Pflanze aus der Gattung der Lauchgewächse, die sich zum Großteil in schattigen, feuchten und humusreichen Auwäldern und Laubwäldern oder an Bächen findet. Meist ab März treiben zwei, selten ein oder drei Bärlauchblätter aus dem Boden, die Blattoberseite glänzt und ist von dunklerem Grün als die matte Unterseite. Die Blütezeit reicht von April bis Mai, der Blütenstand präsentiert sich als wunderschöne, reinweiße Scheindolde mit sternförmigen Einzelblüten.

### Hinweise für Leserinnen & Leser

Kräuter und Gewürze können medizinisch wirksame Stoffe enthalten, die grundsätzlich mit Vorsicht zu verwenden sind. Dabei sind die Möglichkeiten der Selbstmedikation nicht zu überschätzen, ernsthafte Erkrankungen gehören in die Hand eines Arztes. Dieses Buch liefert grundlegende Informationen zu Heilwirkungen von Kräutern und Gewürzen, versteht sich aber nicht als medizinisches Fachbuch. Die Autoren und der Verlag lehnen jede Haftung für eventuelle Folgen ab, die sich aus der Benutzung der angeführten Kräuter und Gewürze ergeben können.

### Impressum

Bibliografische Information der Deutschen Nationalbibliothek
Die Deutsche Nationalbibliothek verzeichnet diese Publikation in der Deutschen Nationalbibliografie; detaillierte bibliografische Daten sind im Internet über http://dnb.d-nb.de abrufbar.



1. Auflage 2017

Servitengasse 5, A-1090 Wien
www.braumueller.at

Fotos: © Michael Rathmayer
Andere Bezugsquellen: S. 4, 22/23, 384: © Mathias Lenz; S. 16: Plinius der Ältere, Historia naturalis in der Handschrift Florenz, Biblioteca Medicea Laurenziana, Plut. 82.4, fol. 3r., via Wikimedia Commons; S. 51: shutterstock/© Svetlana.Is; S. 81: shutterstock/©bunnyphoto; S. 89: shutterstock/©Yakov Oskanov; S. 143: shutterstock/©Franck Boston; S. 153: shutterstock/©Lawrence Wee: S. 163: shutterstock/©Menna; S. 209: shutterstock/©Arthit Sunshine; S. 223: shutterstock/© Pascal Lagesse; S. 235: shutterstock/ © Bildagentur Zoonar GmbH; S. 264/265: © Katharina Schiffl; Piktogramme: Vorspeisen: iStock/ © bubaone; Suppe: iStock/© browndogstudios; Nudeln: iStock/© MrPlumo; Fisch: shutterstock/ © VKA; Schwein/Huhn/Rind: shutterstock/© Vlad Klok; Schaf: shutterstock/© larryrains; Wild: shutterstock/© Julia Kutanina; Milch: shutterstock/© Dn Br; Saucen: shutterstock/© icon99; Getränke/Gemüse: iStock/© youngID; Vegan: iStock/© Ganna Galata; Dessert: iStock/© artsstock; Karten: World_Map_wikicommons_CC BY-SA 3.0

Druck: EuroPB, Dělostřelecká 344, CZ 261 01 Příbram
ISBN 978-3-99100-229-1

*Für unsere Kinder und unsere Familien –
die uns auf unseren aromatischen Gaumenreisen stets treu begleiten*

Simone Taschée, geboren 1974 in Wien, studierte Handelswissenschaften und promovierte 2003. Nach spannenden Jahren in der österreichischen Lebensmittelbranche gründete die diplomierte Käse-Sommelière und Diplom-Kaffee-Sommelière ihre eigene Marketing- und PR-Agentur mit Fokus auf Food & Beverages. Daneben profilierte sie sich als Chefredakteurin sowie freie Redakteurin diverser österreichischer Fachmagazine im Kulinarikbereich und lernte auf zahlreichen Reisen durch Asien sowie Mittel- und Südamerika die verführerische Geschmackswelt von Gewürzen, Würzmischungen und Kräutern kennen. Heute ist sie Partnerin einer Gewürzmanufaktur in Wien, verfasst regelmäßig Fachartikel zu vielfältigen kulinarischen Themen und gibt ihr weitreichendes kulinarisches Wissen in Kochkursen, Workshops sowie Fachvorträgen an Interessierte weiter.

Klaus Postmann, geboren 1974 in Wien, studierte Volkswirtschaften und promovierte 2003 in Wirtschafts- und Sozialgeschichte. Nach einer erfahrungsreichen Zeit im internationalen Lebensmittelhandel gründete der diplomierte Weinakademiker und Diplom-Kaffee-Sommelier gemeinsam mit Simone Taschée eine Marketing- und PR-Agentur mit Fokus auf Food & Beverages. Er ist als Redakteur mehrerer österreichischer Fachmagazine im Wein & Kulinarikbereich tätig und hat bereits diverse Fachbücher veröffentlicht. 2012 wurde er mit dem Gourmand Award „best wine book of the year" der Paris Cookbook Fair ausgezeichnet. Als geprüfter Heilkräutercoach widmet er sich vor allem den gesundheitlichen Aspekten von Gewürzen und Kräutern und gibt sein umfassendes kulinarisches Wissen in Seminaren sowie Fachverkostungen an Interessierte weiter.

**Weitere Infos unter: www.würzwerkstatt.at**